인류본사

오리엔트-중동의 눈으로 본

1만 2,000년 인류사

인류본사

이희수 지음

H

책을 펴내며

왜 인류본사인가?

'인류본사(人類本史)'라는 도발적인 제목을 달았다. 낯설고 새로운 시도가 되었지만 어쩌면 당연한 제자리 찾기란 생각이다. 지금까지 연구되고 축적된 학문적 결과에 따르면 인류가 최초의 문명을 일군 역사의 산실은 지금의 터키반도인 아나톨리아와 그 남쪽에 자리한 메소포타미아다. 유프라테스강과 티그리스강이라는 두 생명의 물줄기를 따라 상류에서는 괴베클리 테페와 차탈회위크 등이, 두 강이 만나는 하류에서는 바빌론을 중심으로 메소포타미아의 수메르와 후계문명·국가들이 연이어 인류의 새로운 시대를 열어왔다. 그리고 오늘의 우리 삶을 풍요롭게 해주었다.

아나톨리아는 지구 안의 또 다른 지구다. 그 속에서 수많은 문명이 명멸해 가며 다양한 삶, 신앙, 공동체, 제도, 과학기술이 실험되고 배태되었다. 동양과 서양이 만나고 이슬람과 기독교가 공존하는 곳, 지중해와 흑해가 보스포러스라는 좁은 해협을 통해 서로 섞이면서 아나톨리아는 태생적으로 서로 다른 문화를 받아들여 문명을 일구고 문명을 통해 세상과 소통하는 용광로이자 삶의 도서관이었다. 빛을 머금은 문명은 지중해를 통해 그리스-로마로, 남쪽의 메소포타미아로, 카스피해 남부를 지나 실크로드라는 문명의 젖줄을 따라 중앙아시아와 동방으로 전달되었다.

어느 순간 물질자본주의와 유럽중심주의가 종교적 우월감과 인종주의라는 절대가치의 무기를 들고 세상을 호령하면서 경제적으로 낙후되고, 정치적으로 약자이고, 종교적으로 이슬람의 전통을 고수해 온 문명의 본고장은 '앗수, 오리엔트, 중동, 서아시아, 서남아시아, 아랍, 이슬람, 아나톨리아, 레반트, 소아시아' 등 각자의 이해관계나 개념에 따라 제멋대로 불리거나 '막연한 동방'으로 인식되면서 철저히 주변부로 밀려났다. 동서로 문명을 전파한 역사적 역할은 일정 부분 인정되었지만, 19세기 이후 서양 문화의 절대적 우월성은 너무나 확고해 보였다.

1983년, 동양과 서양이 만나는 이스탄불에서 중동 역사와 이슬람 문화를 공부하면서 이 책은 발아되었다. 더 정확히는 40년 전 관성적 사관에 젖어있던 한국의 초보 역사학도가 받은 지적 충격에서 비롯되었다. 아나톨리아반도와 메소포타미아를 연결하는 문명지대를 역사의 중심에 두고 동서양을 가지로 접근하는 인식론 때문이었다.

그동안 동양과 서양이라는 이분법이 아닌 중앙이란 통합과 교류의 개념으로 새로운 인류역사 읽기를 시도한 선학들도 더러 있었다. 타밈 안사리는《이슬람의 눈으로 본 세계사》에서 이슬람 세계를 동서양 어느 곳에도 편입되지 않은 고유한 중양으로 인식하며 세계사를 서술했고, 사세휘(謝世輝) 같은 일본의 교수들도 일찍이 《세계사를 서양인의 눈으로 보지 말고 동양인의 눈으로 보자》는 책을 통해 중양의 중요성을 설파해 왔다. 한국 학자 김기협도 "19세기 말 유럽중심주의가 세상을 휩쓰는 동안 …… 유럽인이 근대문명의 전개를 주도하면서 유럽사의 흐름이 인류역사의 본류라는 생각"이 오랫동안 우리 인식을 지배해 왔다고 진단하면서 "문명의 중양 지대에서 다양한 사상과 종교가 나타나고 유행했다"며 중양의 문명 발전과 지속가능성의 원천을 관용에서 찾았다. 20세기 후반에 들어서는 서양 역사학자들에 의한 유럽중심주의에 대한 비판은 물론이고, 강정인은《서구 중심주의를 넘어서》에서, 강철구는《역사와 이데올로기》에서 서양 역사학을 우리의 입장에서 재검토하여 보다 공정하고 균형 있는 새로운 세계사 체계의 필요성을 역설했다. 신일희와 김중순은《횡으로 읽는 문명 이야기》에서 동서양의 이분법 대신 중반구란 개념을 적극적으로 개진했다.

중양과 중반구의 핵을 이루는 아나톨리아와 메소포타미아는 단순히 고대의 문명전파자 역할에만 머물지 않았다. 우리에게 친숙한 제국의 찬연한 역사와 문명들이 때로는 신비로움에 싸이고 더러는 신화와 혼재되면서도 굳건한 실체로 존재해 왔다. 그곳에는 괴베클리 테베-차탈회위크-아카드-바빌로니아-트로이-히타이트-페니키아-프리기아-헤브라이-아시리아-우라르투-신바빌로니아-리디아-메디아-페르시아-파르티아-사산조 페르시아가 7세기 중엽까지 1만 년 이상 세계 최고 수준의 과학과 기술, 세련된 문화와 체계적인 거버넌스를 바탕으로 제국을 일구었고, 이슬람 시대 이후에는 우마이야(시리아)-압바스(이라크)-셀주크(터키·이란)-호라즘샤(중앙아시아)-티무르(우즈베키스탄)-나스르(안달루시아)-사파비(이란)-말리와 송가이(서아프리카)-오스만(아시아·유럽·북아프리카)-무굴(인도) 제국에 이르는 다채로운 역사가 고스란히 남아있다. 이 책에 그 수많은 제국과 기나긴 역사를 압축적으로 담았다. 그야말로 인류문명의 모태에서 출발해서 인류역사의 본류를 집중적으로 다루는 '인류본사'다.

휴머니스트 출판사와 처음 이 책을 기획하고 원고를 탈고한 이후 출간까지 만 6년의 세월이 흘렀다. 그동안 수많은 자료를 새롭게 섭렵하고 재해석하면서 편집부와 수정과 보완을 거듭했다. 이 과정에서 1984년 내 박사학위 지도교수가 된 이스탄불대학교 역사학과 메흐메트 사라이 교수의 고언을 수시로 되새겼다. 마지막 순간까지 책을 손에서 놓지 말고, 자신의 지식을 한 방울 남기지 않고 모두 주고 떠나는 레몬 같은 학자가 되라는 노교수의 당부 말씀이 아직도 귓가에 맴돈다. "레몬은 향과 색깔을 위해 존재하는 것이 아니고 레몬의 가치는 그 즙에 있으며, 그것은 남에 의해 철저히 짜일 때 비로소 역할을 다하는 것이다." 네. 선생님. 이제부터라도 마지막 역할을 다하겠습니다.

2022년 6월

霞山硏室(하산연실)에서 이희수

차례

2부 인류 대번영을 이끈 이슬람 문명의 역사

일러두기

- 이 책에 등장하는 인명·지명 등 고유명사는 현재 통용되는 국립국어원 외래어 표기법에 따라 영어 이름으로 쓰는 것을 원칙으로 삼았으나, 아나톨리아반도를 주요 배경으로 하는 3장·4장·14장에서는 되도록 터키어 발음에 따라 표기했다.
- 터키어 발음에 따라 외래어를 표기한 경우, 원어 병기도 터키어를 사용했다.
- 국립국어원 표기법이 현지 발음과 현저히 차이 날 경우에 한해 현지 발음을 살려 표기했다.
  예) 송하이→송가이, 수니→순니, 아바스→압바스, 쿠란→꾸란 등
- '-족', '- 부족', '- 종족' 등으로 끝나는 표현을 되도록 삼가고, '-인', '- 사람' 등으로 대체했다.
- 인명 옆에는 황제나 왕 또는 이에 상응하는 지위의 인물일 경우 재위 기간을, 그 외의 인물일 경우 생몰년을 부기했다. 재위 기간 또는 생몰년을 특정하기 어려운 경우에는 부기하지 않았다..

프롤로그

문명의 요람,
아나톨리아에서 시작하는
인류 이야기

동서양을 아우르는 중간문명

세계는 동양과 서양으로만 이루어져 있는 것이 아니다. 고대 유럽인들이 '오리엔트(Orient)'라고 불렀던 중간문명이 존재한다. '해가 뜨는 곳'이란 의미의 라틴어 '오리엔스(Oriens)'에서 유래한 오리엔트는 지역과 시대에 따라 아나톨리아, 레반트, 중동 등 다양한 이름으로 불렸지만, 인류 최초로 문명이 발아하고 성숙해 간 인류역사의 중심 무대였다. 그럼에도 우리가 배우는 세계사에서 고대 오리엔트나 중세 이후 중동의 역사는 동양사와 서양사 양쪽으로부터 외면당하는 보잘것없는 지역사에 불과하다. 하지만 필자가 터키 이스탄불대학교 역사학과 박사과정 강의를 들을 때 접한 세계사는 충격적일 만큼 우리와 관점이 달랐다. 중동-이슬람권이나 제3세계에서 가르치는 세계사에서 고대 오리엔트 지역은 인류문명의 산실이자 5,000년 세계사 흐름에서 적어도 4,800년간 인류의 진보를 주도해 나간 인류역사의 중심축이다. 동양과 서양을 아우르는 중양(中洋)의 역사 인식이 존재하는 것이다.

우리나라에서는 세계 4대 고대문명을 살짝 소개하고는 유럽문화의 뿌리라며 그리스-로마 역사에서 출발하여 중세의 암흑기, 대항해시대-르네상스-종교개혁을 거쳐 산업혁명과 근대화로 귀결되는 서양의 역사 흐름을 중심으로 세계사를 가르친다. 우리나라의 세계사 교육이 태생적으로 해방 이후 미국계 미션스쿨들에 의해 주도된 데다 근대화를 서구화와 동일시하면서 그들의 세계관을 우리 것으로 그대로 받아들였기 때문일 것이다. 1970년대 이후 동서양의 균형을 내세우며 일부 대학에서 동양사학과를 개설했지만, 그마저 중국사 중심이었다. 나머지 세상은 지역사, 변방사, 비주류 역사로 치부될 뿐이었다.

그러다 보니, 정작 인류사의 핵심을 소홀히 다룰 수밖에 없었다. 우선 인류문명의 모태이자 넓고 깊고 단단한 문명의 요람인 아나톨리아반도(지금의 터키 영토에 속하는 반도)의 역사와 문명을 심층적으로 다루지 못했다. 그 후속 문명들의 내용도 덩달아 잊혔다. 최초의 문명으로 인식되는 메소포타미아 문명권이 티그리스강-유프라테스강 하류 지역에 집중됨으로써 두 강의 상류 지역, 즉 모태문명이 펄펄 살아있는 아나톨리아 동남부 지역은 거의 조망되지 못했다. 아나톨리아에는 적어도 약 1만 2,000년 전 신전도시 '괴베클리테페'를 시발로 9,500년 전 8,000명 규모의 도시 '차탈회위크', 이어 '트로이'와 '히타이트'라는 지울 수 없는 족적을 인류역사에 남긴 왕국들이 있었다. 이뿐만 아니라 아나톨리아는 당나귀 귀와 황금 손을 가진 '프리기아의 왕 미다스'와 여인왕국 '아마존', 알렉산드로스 왕이 동방 원정 중에 잘랐다는 '고르디오스의 매듭' 이야기 같은 흥미로운 신화와 전설의 고향이기도 하다.

성서고고학의 측면에서 보더라도 노아의 방주가 걸렸다고 추정되는 아라라트산, 반(Van)호수 주변의 에덴동산, 아브라함의 활동 무대였던 하란, 사도 바울의 생가, 성모 마리아가 여생을 보냈다는 마리아 하우스는 물론, 초대 7대 교회와 니케아, 칼케돈, 에페스같이 공의회가 열린 장소, 산타클로스의 실제 무대인 성 니콜라스 주교 성당이 모두 아나톨리아반도 문명의 용광로 속에 살아있다. 그리스 역사학의 아버지 헤로도토스, 불멸의 대서사시 《일리아스》와 《오디세이아》의 작가인 호메로스, 의학의 아버지 히포크라테스, 밀레투스학파의 3대 철학자인 탈레스, 아낙시메네스, 아낙시만드로스도 모두 아나톨리아 문명이 길러낸 인물들이다. 인류문명의 시원과 역사발전의 맥락을 제대로 이해한다면, 왜 세계 4대 문명 중 세 곳이 아나톨리아반도를 중심으로 중동 일대에서 탄생하게 되었는지, 어떻게 지중해를 통해 인류의 찬연한 역사와 문명이 꽃필 수 있었는지에 대해 좀 더 신선한 실마리를 찾을 수 있을 것이다.

다행히 20세기 말과 21세기 초를 지나며 활발한 고고학적 발굴과 새로운 방법론의 진전, 고대문자의 해독 등으로 오랜 의문이 조금씩 풀리면서 아나톨리아 문명에 대한 새로운 인식이 확산되고 있다. 인류의 초기 역사를 고스란히 품고 있는 아나톨리아반도의 문명사적 의미가 되살아남으로써 트로이, 히타이트, 프리기아, 페니키아, 아시리아, 우라르투, 리디아, 메디아, 페르시아, 셀주크 튀르크, 오스만 튀르크 등 인류의 주류 문명이 찬연한 빛을 발하며 우리에게 다가오기 때문이다.

이집트 문명도 마찬가지다. 초목이 우거졌던 사하라가 사막화하면서 주변 아프리카 문명들이 나일강 하류로 집합되었고, 이로써 이집트 문명이라는 최고의 선물이 주어졌음에도 그 역사는 상대적으로 사각지대로 남아있다. 인류의 발자취가 동부 아프리카에서 최초로 확인된 이후 20세기까지 아프리카 전역에서 한 치의 빈틈도 없는 정교한 역사와 문화가 쿠시, 악숨, 가나, 말리, 송가이 왕국을 중심으로 이어져 왔음에도 오랜 시간 그 역사는 공백으로 방치되었다. 그러다가 갑자기 근세의 노예무역과 유럽 열강에 의한 영토 분할, 에이즈와 에볼라로 상징되는 저주의 땅으로 재현되고 있다.

이 책은 인류문명의 뿌리에 집중하면서 중간문명으로서 동서양 양 문명에 깊은 영향을 끼친 중동의 왕국과 제국의 역사와 문화를 새롭게 정리한 내용으로 구성했다. 그 과정에서 몇 개의 큰 원칙을 내세웠다. 첫째, 서양 중심의 역사에서 벗어나 동시대 카운터파트였던 고대 오리엔트 역사를 대등한 입장에서 조망하려 했다. 그리스에 대항한 아케메네스조 페르시아, 로마에 대항한 파르티아, 동로마에 맞선 사산조 페르시아의 문명사적 역할과 의미를 충분히 되살리고자 했다. 그래야만 두 문명권 간의 오랜 전쟁과 쟁패의 혼란 속에서 이슬람이 일어나는 시공간적 맥락을 제대로 밝힐 수 있다. 둘째, 모든 문명은 갑자기 생겨나는 것이 아니라 오랜 시행착오와 상호 유기적인 관계의 결실이라는 지극히 당연한 원칙을 존중하려 했다. 그래서 트로이, 히타이트, 프리기아, 페니키아, 이집트, 아마존 왕국, 헤브라이 왕국 등이 명멸한 역사를 하나의 무대에 놓고 퍼즐 맞추기를 시도했다. 셋째, 실크로드라는 문명의 젖줄을 통해 동서양을 연결해 주는 위대한 제국들의 실체를 재평가해 보았다. 중앙아시아의 호라즘샤 왕국, 티무르 제국, 이베리아반도의 나스르 왕조, 이란의 사파비 왕국, 인도의 무굴 제국은 물론 아프리카와 아랍 세계, 인도양을 연결해 준 아프리카의 송가이 제국 등을 재조망해 보려 했다.

세계 3대 문명의 발상지 '오리엔트'

인류문명의 발상지 네 곳 중 세 곳이 오리엔트 지역에 있다. 이집트의 나일강, 메소포타미아의 티그리스강-유프라테스강, 인도 아대륙의 인더스강 유역이 그곳이다. 인더스 문명은 그 이름 때문에 인도 아대륙이 중심인 것 같지만, 사실은 지금의 아랍 세계와 연결되는 파키스탄 지역에서 탄생했다. 파키스탄 북서부의 모헨조다로와 하라파가 대표적인 유적지이다. 무엇보다 이집트, 메소포타미아, 인더스 문명은 서로 인접했다. 최근에는 메소포타미아 문명과 인더스 문명의 중간 교역로 역할을 한 딜문 왕국의 유적들이 사우디아라비아 동부 광범한 해안지대에서 대거 확인됨으로써 이 사실이 더욱 명료해졌다. '딜문(Dilmun, 혹은 Telmoon)'은 아라비아의 고대어인 셈어를 사용하는 정치 공동체로, 기원전 3000년경부터 존재했다. 딜문은 사우디아라비아 동부에서 바레인, 쿠웨이트, 카타르에 걸친 큰 나라로, 메소포타미아와 인더스 계곡 간 해상 교역으로 번성했다. 고대 문헌에도 아카드 왕국의 사르곤이 정복한 영토 중 한 곳으로 언급되기도 한다. 무엇보다 고대 수메르 신화에서 딜문은 살인도, 질병의 고통도 없는 이상사회로 칭송되었다. 에덴동산 신화와 매우 유사하다.

이집트, 메소포타미아, 인더스 세 문명 간에 이미 5,000년 전부터 광범위한 접촉과 문화적 교류가 있었다는 것이 현대 고고학의 기본 입장이다. 황허를 중심으로 발아한 중국 문명은 파미르고원이라는 인간이 넘을 수 없는 지리적 장벽 탓에, 이 세 문명과는 다른 독자적인 문명권으로 존재했다고 보는 게 맞을 것이다. 나아가, 인류의 삶에 지금까지 가장 큰 영향을 끼치고 있는 기독교, 유대교, 이슬람교도 모두 오리엔트에서 탄생하고 뿌리를 내렸다. 그리고 이곳에는 오늘날까지 단절 없는 찬란한 역사와 문화가 이어져 왔다. 서양 중심의 역사에서 왜곡, 축소되거나 소외되었을 뿐이다.

역사 방정식 1: 산토리니 대폭발과 트로이 전쟁

산토리니 대폭발, 크레타의 미노아 문명, 트로이 전쟁, 여인왕국 아마존, 히타이트 제국, 이집트의 람세스 2세, 모세의 출애굽, 페니키아 해상왕국, 프리기아 왕국의 등장과 프리기아 왕 미다스의 신화, 헤브라이 왕국의 건설 등 우리 귀에 익숙한 이 열 개의 역사적 사건이나 정치 공동체가 별개의 독립된 것이 아니라면? 이들이 오리엔트라는 한 공간에서 하나의 역사 방정식으로 퍼즐을 맞출 수 있는 관계라면 고대역사에 대한 흥미로운 접근이 가능할 것이다. 물론 가설이지만 거대한 고대문명의 용광로였던 아나톨리아 문명을 재조명한다면 의외의 실마리를 찾을 수도 있다.

서양문명의 뿌리라고 주장하는 그리스 문명은 에게해에서 출발했다. 바로 청동기시대 에게해의 크레타섬과 그 주변 섬들에서 꽃을 피운 미노아 문명이다. 크레타섬은 남쪽으로는 이집트, 동쪽으로는 아나톨리아반도, 북쪽으로는 그리스 본토로 연결되는 삼각 등거리 상에 위치한다. 크레타섬의 미노아 문명은 남쪽으로부터의 이집트 문명과 동쪽의 오리엔트 문명을 받아서 완성한 종합 해양문명인 셈이다.

그리스 신화에 등장하는 아테네의 왕자 테세우스와 크레타의 공주 아리아드네의 러브 스토리는 에게해의 문명이 크레타에서 미케네 쪽으로 중심을 이동하는 시기와 관련지어 생각해 볼 수 있다. 그런데 테세우스의 미노아 원정은 산토리니 대폭발과 깊은 연관이 있는 것으로 보인다. 기원전 1600년경 그리스 본토와 크레타섬 사이에 있는 산토리니섬에서 화산이 폭발했다. 지난 몇천 년간 지구상에서 일어난 가장 큰 화산 폭발이라고 할 만큼 엄청난 규모였다. 산토리니에 아틀란티스라 불리던 유토피아 국가들이 존재했었다는 주장이 여기저기서 제기되는데, 아틀란티스가 종적을 감추는 시기와 관련해 이 산토리니 대폭발과 연결하는 이론이 많다. 기원전 1450년경에도 산토리니섬의 화산이 폭발했는데, 산토리니섬 남쪽으로 약 110킬로미터 거리에 있는 크레타섬의 미노아 문명이 이 일련의 폭발에서 온전할 수는 없었다. 이 대폭발은 결국 미노아 문명이 멸망하고 에게 문명의 무게중심이 크레타에서 그리스의 미케네로 옮겨가는 계기가 되었다. 그리고 아테네의 테세우스 왕자가 미노아의 복속에서 벗어나 승리해서 귀환하는 신화의 시기와 연관 지을 수 있다. 신화는 민중역사의 압축이고 거울이니 말이다.

그 사이 이집트와 오리엔트 문명도 모두 지중해라는 문명의 호수를 배경으로 역동적으로 성장해 나가고 있었다. 이집트만 해도 약 2,500킬로미터에 걸쳐 지중해를 접하고 있는데, 나일강이 지중해와 만나는 곳에는 대규모 어장이 형성되어 고대 이래 풍성한 먹

거리를 제공해 왔다. 산토리니 대폭발 이후 나일강 일대의 생태계가 상당 부분 교란되면서 삶의 터전이 심각한 위기에 직면할 수밖에 없었을 것이다. 이집트의 자급자족경제가 붕괴 위기를 맞자 파라오들은 이집트 바깥으로 대규모 원정을 시도한다. 시나이반도를 지나 비옥한 오리엔트 지역을 향해 북상한 것이다.

정치·경제적으로 크레타의 복속과 위협에서 벗어난 그리스 본토도 산토리니 대폭발 이후 사정이 녹록지 않았다. 화산 폭발이라는 대재앙 속에서 지중해 전역이 생존을 위협받게 되자 그리스도 비옥한 오리엔트를 향해 정복전쟁을 떠나게 되었다. 호메로스의 서사시 《일리아스》는 '트로이 전쟁'이라 불리는 이 정복전쟁의 마지막을 노래한 것이다. 그리스반도 코앞에 있는 아나톨리아반도 서쪽 끝 비옥한 트로이가 그리스 연합군의 일차적 약탈 대상이 되는 것은 당연했다. 돌아갈 곳 없는 절박한 상황이었던 그리스 연합군은 죽기 살기로 덤볐지만 트로이는 결코 무너뜨리기 쉬운 상대가 아니었다. '트로이의 목마' 같은 트릭이 등장하게 된 배경이다.

기원전 12세기 트로이 전쟁 시기에 흑해 쪽에 '아마존'이라는 여인왕국이 있었다. 남자들은 종족 보존에 필요한 역할을 끝내면 죽여버렸다는 둥, 화살을 잘 쏘는 여인들은 활 쏘는 데 방해가 된다고 오른쪽 가슴을 도려냈다는 둥, 극단적인 이야기들로 가득 찬 왕국이다. 전승에 의하면 이 왕국은 히폴리테 왕비가 헤라클레스에게 욕보임을 당한 데다 히폴리테의 동생 안티오페까지 테세우스에게 납치당하는 치욕을 당하자 그리스에 대한 적개심을 불태우게 되었고, 때마침 그리스 연합군이 트로이를 공격하자 트로이 편에 서서 그리스군에 맞서 싸웠다고 한다. 아마존 왕국의 강력한 저항에 혼쭐이 난 그리스 연합군은 목마를 이용한 위장 전술이 성공한 덕에 겨우 승리를 거둘 수 있었다. 당시 그리스 전역에서 출동한 연합군의 무력으로도 무너뜨리기 힘들 만큼 트로이의 국력이 만만치 않았다는 것을 잘 알 수 있다. 결국 트로이가 무너지면서 동맹인 아마존 왕국도 자취를 감추게 된다.

'아마존'이라는 이름은 그로부터 2,500여 년이 흐른 후 다시 등장한다. 15세기 말, 에스파냐와 포르투갈의 병사들이 라틴아메리카를 공략했을 때, 지금의 브라질을 동서로 관통하는 긴 강의 저지대에서 원주민들로부터 강한 저항을 받았다. 특히 여인들이 울창한 밀림 속에 몸을 숨기고 독화살을 쏘아대는 통에 수많은 병사가 목숨을 잃었다. 에스파냐 병사들은 자신들을 괴롭히는 이들을 전설 속 아마존 왕국의 여인들이 환생한 것이라 믿었다고 한다. 브라질의 그 강에 '아마존'이라는 이름이 붙게 된 배경이다. 지금은 모두가 아마존강만 알 뿐, 아마존 왕국에 대해서는 잘 알지 못한다.

테세우스 왕자의 미노아 원정

테세우스는 아테네의 왕 아이게우스의 아들이다. 두 번의 결혼에도 후계자를 얻지 못하던 아이게우스는 델포이에서 영웅의 탄생을 암시하는 신탁을 받고 아테네로 돌아가던 중 트로이젠의 공주와 잠자리를 같이하게 된다. 아이게우스는 공주에게 아들을 낳으면 자신이 바위 아래 묻어둔 칼과 신발을 가지고 자신을 찾아오게 하라는 당부를 한 뒤 아테네로 돌아간다. 임신한 공주가 낳은 아들이 바로 테세우스다. 장성한 테세우스는 결국 바위를 들어내고 아버지가 묻어둔 칼과 신발을 찾아서 아테네로 향한다. 천신만고 끝에 아버지를 만나게 되고, 아이게우스 역시 테세우스가 아들임을 확인한다. 그러나 해후의 기쁨도 잠시, 테세우스는 당시 아테네의 가장 큰 정치적 현안이자 골칫거리였던 조공 문제를 해결하기 위해 크레타로 떠난다. 당시 아테네는 크레타에 9년에 한 번씩 젊은 남녀를 공물로 바쳐야 했는데, 이들은 크레타 미궁에 갇혀있는 괴물 미노타우로스의 먹이가 되어야 했다. 이에 아테네 주민들의 불만이 커져가자 왕의 아들 테세우스가 끌려가는 소년·소녀들 틈에 끼어 크레타로 향한 것이다. 아이게우스는 힘들게 되찾은 귀한 아들을 적지에 보내면서 몇 가지 약속을 하는데, 살아오면 하얀 돛을 올리고 만약에 무슨 변고가 생기면 검은 돛을 달기로 한다.

크레타에 도착한 테세우스 왕자는 미노아 왕국의 공주 아리아드네와 사랑에 빠져 그녀가 알려준 대로 실타래를 들고 미로에 들어가 미노타우로스를 처치하고 미로를 무사히 빠져나오는 데 성공한다. 그러나 아테네로 귀환할 때, 풍랑을 만나서 하얀 돛을 제대로 올릴 수가 없었다. 매일 절벽에서 수평선을 바라보며 아들의 무사 귀환을 염원하던 아이게우스는 돌아오는 배에 검은 돛이 펄럭이는 것을 발견하고 절망한다. 어렵게 찾은 아들이 자기 때문에 죽었다고 생각한 아이게우스는 절벽에서 스스로 바다에 몸을 던진다. 그가 몸을 던진 바다가 바로 아이게우스(Aegeus)의 이름을 딴 에게해(Aegean Sea)다. 그래서 에게해는 슬픈 바다이다.

역사 방정식 2:
인류 최초의 세계대전에서 프리기아까지

트로이가 그리스군의 공격에 무너지자 트로이 왕국의 복속국이었던 프리기아가 고개를 들고 서서히 힘을 키운다. 그들은 이미 전쟁으로 피폐해진 트로이의 영역인 아나톨리아 서쪽을 버리고 동쪽으로 진출하려 했다. 동쪽에 버티고 있던 제국 히타이트가 이 무렵에는 프리기아의 적수가 되지 못했기 때문이다. 히타이트는 람세스 2세가 이끄는 이집트와의 전쟁을 성과 없이 끝낸 뒤 지친 몸으로 마지막 숨을 헐떡거리고 있었다.

여기서 이집트의 람세스 2세와 히타이트의 무와탈리 2세가 맞붙은 전쟁으로 돌아가 보자. 산토리니 대폭발 이후 생태계가 교란된 상태에서 해마다 흉년과 기근에 시달리던 이집트는 람세스 2세의 군벌체제 아래서 오리엔트를 공략함으로써 새로운 돌파구를 마련하고자 했다. 람세스 2세는 2~5만 명의 병사를 이끌고 시나이반도를 건너 북상했다. 그런데 마찬가지로 기근에 허덕이던 히타이트도 대규모 군사를 이끌고 이집트를 향해 남진하고 있었다. 두 세력은 지금의 시리아 카데시에서 만났다. 각각 이집트와 오리엔트 문명을 대표하는 두 세력, 즉 두 문명권이 충돌하는 인류 최초의 세계대전이 벌어진 것이다. 그러나 우열을 가리기 힘든 오랜 전쟁 끝에 위기를 느낀 양측은 평화조약을 맺기로 합의한다. 카데시 전투가 벌어지고 16년 후(기원전 1258년경) 양측은 유명한 카데시 조약을 체결한다. 인류 최초의 성문 평화조약으로서 각자의 문자로 기록된 양측의 버전이 모두 남아있는 것이 특징이다. 카데시 조약의 히타이트 버전 원본은 이스탄불 고고학 박물관, 사본은 평화의 상징으로 뉴욕의 유엔 본부에 전시되어 있다.

이 전쟁은 평화롭게 끝난 것 같지만 양국 모두에 재앙이었다. 국내 수요를 충족할 공급망을 확보하지 못하고 소득 없이 귀환했기 때문에 상황은 악화일로였다. 프리기아가 트로이의 멸망을 틈타 힘을 키운 것이 이 무렵이다. 프리기아는 이미 폐허로 변한 서쪽을 버리고 아나톨리아평원을 가로질러 동쪽으로 움직였고, 이집트와의 전쟁을 막 끝낸 히타이트를 공격했다. 기원전 1200년경 히타이트 제국의 멸망에 대해서는 여러 가지 학설이 난무하지만, 히타이트 제국의 멸망과 거의 동시에 아나톨리아반도에 프리기아라는 제국이 등장한 사실은 새로운 해석을 필요로 한다. 프리기아는 트로이가 소멸하고 히타이트가 빠진 아나톨리아 전역을 빠르게 장악해 나갔다. 전성기 프리기아의 왕이 뭐든 만지기만 하면 황금으로 변하게 했다는 신화의 주인공으로 우리에게 익숙한 미다스이다. 만지는 대로 다 황금이 되었다는 표현은 전성기 프리기아의 풍요를 상징한다. 신화를 흔히 역사적 사실의 은유적 표현이라고 하는데, 바로 이런 경우가 아닐까?

막대한 전쟁 비용만 치르고 소득 없이 귀환하기는 이집트군도 마찬가지였다. 이는 이집트의 국력이 급속히 약화하는 계기가 되었다. 여기서 우리는 수많은 제국이 멸망하는 과정에서 공통적으로 드러나는 패턴을 떠올리게 된다. 인간의 욕망은 쉽게 줄지 않는다. 욕망은 수요를 낳고 한 사회의 수요를 충족하려면 공급이 뒷받침되어야 한다. 이를 해결하는 방법은 전통적으로 두 가지였다. 하나는 교역을 통해서 물자를 공급하는 것이고, 다른 하나는 전쟁을 통해서 전리품을 획득하는 방법이다. 물론 부가가치는 교역에 비해 전쟁이 월등히 높다. 제국의 통치자들이 전쟁을 선호하는 이유이다. 전리품으로 충족된 욕망은 또 다른 전리품에 대한 수요를 낳고, 이를 위해 정복활동을 계속하게 된다. 전리품이 전리품을 낳는 상황이 도래하는 것이다. 그래서 한번 정복을 시작하면 동기부여란 면에서 엄청난 가속도가 붙어 단숨에 영역을 팽창하게 된다는 이론이다. 물론 한 제국이 오랜 생명력을 유지하기 위해서는 전쟁만으로는 부족하다. 제국을 통치해 나갈 지속 가능한 시스템, 즉 거버넌스(governance)가 구축되어야 한다. 그러나 단순한 정복활동만으로 거버넌스가 구축되지는 않는다. 알렉산드로스나 티무르, 칭기즈칸의 제국이 오래 버티지 못한 것도 단단한 거버넌스를 구축하지 못했기 때문이다. 역사에서 개인의 리더십이 사라지면서 제국도 거품처럼 사라지는 사례를 자주 목격하게 된다. 어느 순간 정복활동을 멈추면 더 이상 전리품이 들어오지 않는다. 한 사회 내부의 수요는 줄어들지 않는데, 외부로부터의 공급이 줄어들면 어떻게 될까? 내부에서 더 큰 힘을 가진 자가 약자를 수탈할 수밖에 없을 것이다. 그러면 집단 간·계급 간 격차가 점점 벌어지면서 양극화가 심화되고 사회의 내분과 혼란이 증폭된다.

국력을 소진한 상태에서 패잔병이 되어 귀환한 수만 명의 이집트 병사들은 무장을 한 채 이집트 역사상 가장 가혹한 가렴주구와 민생수탈을 자행한다. 많은 사람이 목숨을 잃었을 것이고, 일부는 견디다 못해 다른 곳으로 떠났을 것이다. 모세가 이집트를 탈출,

즉 '출애굽'하는 시기와 맞아 떨어진다. 아직은 성서신화의 영역이지만, 히브리인들의 이집트 탈출을 역사적 사실로 보는 역사학자가 적지 않다. 그리고 그중 다수가 그 시기를 기원전 13세기로 보고 있다. 이집트가 히타이트와 카데시 전투를 치른 이후 벌어진 사건일 가능성이 있는 것이다. 《구약》에서는 히브리인들이 이집트에서 핍박을 받는 상황에서 하나님이 약속하신 젖과 꿀이 흐르는 땅 가나안으로 가게 되었다고 한다. 이미 수십만 명의 이집트 병사가 히타이트를 공격하는 과정에서 가나안 땅을 일으켜 놓았고, 가는 길을 잘 닦아놓은 데다, 귀환한 병사들에 의해 그곳 사정을 손바닥 보듯이 알 수 있게 되었으니, 히브리인들의 이동은 실제로 얼토당토않은 일만은 아니었을 것이다. 그렇게 보면 모세의 출애굽과 카데시 전투는 결코 무관하지 않다. 가나안 땅에 정착한 모세의 무리에 의해 후일 이 땅에 일신교를 모태로 하는 헤브라이 왕국이 탄생하게 되는 것도 지극히 당연한 영성의 귀결이었을 것이다.

이 무렵 히타이트와 이집트 사이에는 페니키아인들이 숨죽이며 살고 있었다. 페니키아인들이 누구인가 하면, 산토리니 대폭발이 일어났을 때 피신해 온 바닷사람들이다. 대재앙에서 살아남은 사람들이 배를 타고 동쪽으로 가장 가까운 해안인 지중해 동부, 지금의 레바논 쪽에 상륙해서 명맥을 이어갔다. 그들은 오랫동안 히타이트, 이집트라는 강대국 사이에서 겨우겨우 숨죽이면서 연명했다. 그러다가 카데시 전투로 두 강대국이 모두 약화되는 틈을 타서 새로운 기회와 기운을 얻게 된다. 히타이트나 이집트를 무너뜨리기에는 역부족이었지만, 최소한 힘을 키울 수 있는 여건과 시간을 벌 수 있

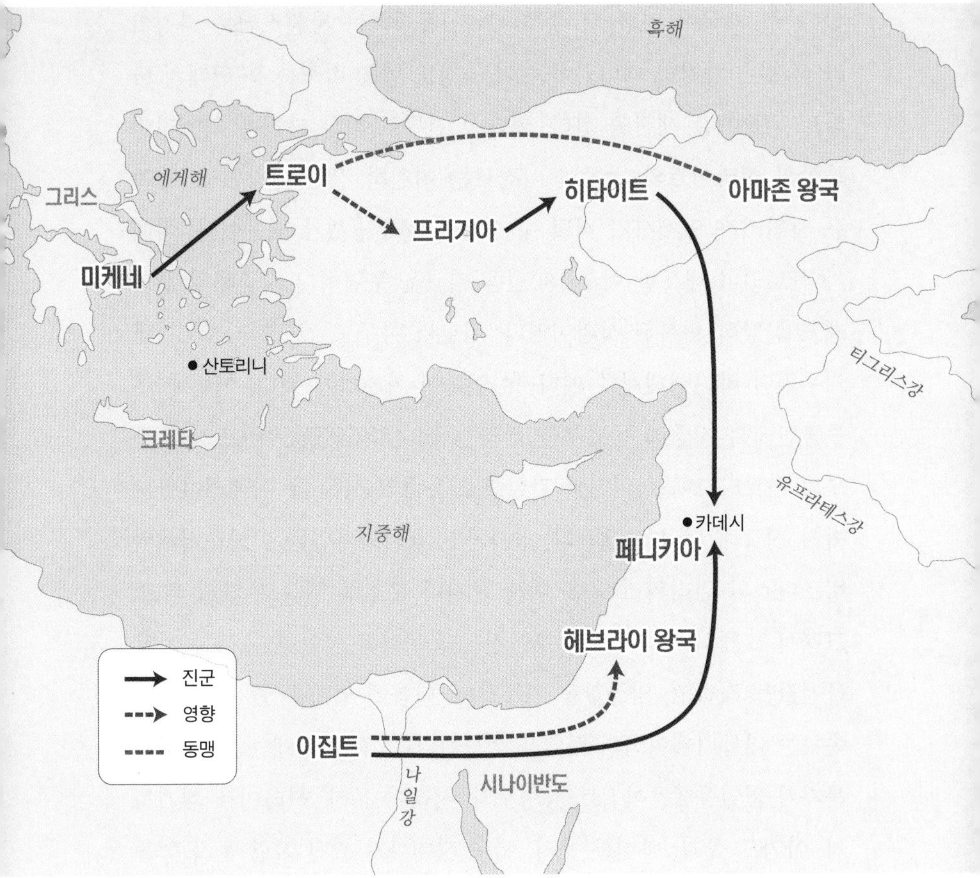

고대 오리엔트를 읽는 역사 방정식

'역사'를 단절된 사건들로, 파편적으로 인식하기보다는 사건들이 상호 유기적으로 영향을 주고받는 '역사 방정식'의 과정으로 이해해 보자.

었다. 한 제국이 망한 뒤 후계국가가 등장하는 자연스러운 과정이라 하겠다. 하지만 페니키아는 어느 정도 힘을 비축한 후 원래의 바다로 되돌아갈 생각을 한다. 카데시 전투로 비록 타격은 입었지만 북쪽의 히타이트와 남쪽의 이집트는 여전히 강한 나라였고, 동쪽은 사막이라 언제까지 버틸 수 있을지 불투명했기 때문이다. 이때가 산토리니 대폭발 이후 180년쯤 지났을 무렵이니 지중해의 생태계도 상당히 회복된 상황이었다. 이로써 아무도 건드리지 않고 남겨두었던 바다생태계를 페니키아인들이 차지하게 된다. 이렇게 무주공산에서 지중해 동남부를 장악한 페니키아인들은 아프리카 북부의 카르타고에 식민지를 건설하고 유럽의 서쪽 끝 이베리아반도까지 진출해 왕국을 세운다. 장사꾼인 페니키아인들은 신용거래와 비즈니스의 편리와 효율을 위해 문자나 부호를 필요로 하게 되고, 그래서 22개의 자음으로 이루어진 표음문자를 창안한다. 그 문자로 물건값을 정하고, 외상값을 기록하고, 다음에 얼마를 줄 것인지 약속하는 커뮤니케이션의 혁명을 선도한다. 그럼 이전에는 그 지역에 문자가 없었을까? 이집트 상형문자, 시리아 문자, 히타이트 쐐기문자, 아카드 문자, 바빌론 문자, 예수 시대까지 썼던 아람 문자 등등 뛰어난 문자가 많았다. 그런데 오늘날 인류가 사용하는 문자는 대부분 이 페니키아 문자에 토대하거나 그 표음체계를 따른다. 왜 그럴까?

그 이전 문자들은 1퍼센트도 안 되는 슈퍼엘리트들이 독점하는 지식 권력의 전유물이었다. 이집트의 상형문자를 비롯한 이전 문자들은 하나의 문자가 일정한 의미를 띠는 표의문자로서, 언어에 따라 수백에서 수천 개의 문자가 존재한다. 그래서 자신의 노동력으로 생계를 꾸려야 하는 일반인들은 배우기도 어려웠지만 배울 기회조차 갖지 못했다. 이 문자들은 일반인들과 공유할 수 없는 슈퍼 엘리트들만의 폐쇄적 문자였다. 그런데 페니키아 문자는 하나의 문자가 하나의 소릿값을 가진 표음문자로서 적은 수로도 한 언어의 소리를 모두 나타낼 수 있다. 그래서 배우기도 쉽고 사용하기에도 편하다. 이 문자는 처음으로 민과 민이, 대중과 대중이 자유롭게 소통하고 공감하는 수단이 되었고, 페니키아인들의 교역활동을 통해 지중해 주변으로 급속히 전파되었다. 이후 그리스인들이 페니키아 문자를 차용해 모음을 더한 그리스 문자로 발전시켰으며 지금도 가장 많은 인류가 사용하는 라틴 문자가 되었다. 문자의 대중화와 해상 교역의 독점으로 페니키아는 지중해의 강대국으로 성장한다.

이제 아나톨리아반도를 중심으로 전개되었던 고대사의 10대 사건이 어느 정도 맥락을 갖고 이해가 되었을 것이다. 산토리니 대폭발과 미노아 문명의 멸망, 그리스 미케네 문명의 새로운 성장, 그리스 연합군의 트로이 침공, 아마존 왕국의 트로이 지원, 히타이트와 이집트의 카데시 전투, 이후 프리기아의 아나톨리아반도 제패, 람세스 2세의 폭압으로 인한 모세의 출애굽, 해상왕국 페니키아의 번성, 일신교적 전통을 가진 헤브라이 왕국의 탄생 등이 하나의 공간에서 시대적 맥락을 갖고 연결될 것이다. 물론 이것은 가설이다. 아직 열 개의 역사적 사건 각각에 대한 정교한 연구가 미진하여 그 정확한 연도나 지리적 위치 등 앞으로도 풀어야 할 과제들이 산적해 있다. 향후 고고학적 발굴의 성과와 더욱 정교한 연구를 통해 이러한 과제는 조금씩 해결될 수 있을 것이다. 다만 아나톨리아반도를 중심으로 펼쳐진, 소외되어 온 역사를 복원하여 인류역사의 전체적인 모습을 재조망하고 시대적·공간적 배경을 이해하는 방식으로는 제법 의미 있고 유용한 접근이라는 생각이다.

문명의 본토에서 떨어져 나간 줄기문명, 그리스-로마

어떻게 보면 그리스-로마 문명은 인류문명의 뿌리이자 모태인 오리엔트에서 뻗어나간 줄기문명이다. 그리스 문명은 보통 크레타를 그 출발점으로 상정한다. 아직 그리스 본토에서 문명이 발아하기 전 크레타섬에서 남쪽의 이집트 문명과 동쪽의 오리엔트 문명의 영향을 받아 종합 해양문명이 꽃을 피운다. 여러 가지 가설이 존재하지만, 크레타 문명은 기원전 1450년경 산토리니 대폭발로 무너진다. 그 후 그리스 본토에서 크레타 문명의 영향을 받은 미케네 문명이 발흥한다. 미케네 문명은 펠로폰네소스반도 동부의 미케네 왕국을 중심으로 발달한 청동기문명이다. 그리스 문명은 미케네의 후계문명으로서 기원전 6~기원전 5세기에 도시국가 아테네를 중심으로 화려하게 빛을 발한다. 이 시기에 파르테논 신전, 소크라테스로 대표되는 그리스 철학, 헤라클레스상같이 완벽한 인체 구도를 표현한 조각상과 아름다운 그리스 도자기 등 놀라운 예술작품과 학문이 탄생한다. 그리스 문명을 역사적으로 계승한 것이 로마 문명이다. 그러나 서로마가 476년 게르만에 의해 무너지면서 유럽은 긴긴 천 년 중세의 암흑기를 경험하게 된다. 물론 움베르토 에코(Umberto Eco, 1932~2016) 같은 유럽 출신 학자들은 유럽의 중세가 인류문명에 기여한 측면이 적지 않았다고 강조하지만, 당시 지구촌의 다른 세상과 비교해 봐도 유럽은 종교적으로 가장 편협하고 문화적으로 가장 야만적이었다는 평가에서 자유로울 수 없다. 그러던 유럽이 암흑 속에서 나와 문명의 부활을 경험한 시기가 우리가 탄복하는 15~16세기 르네상스 시대이다. 이어 대항해시대, 종교개혁, 계몽주의와 산업혁명을 거쳐서 19세기 과학의 시대를 맞이하고, 20세기 제1, 2차 세계대전을 치르면서 오늘의 모습을 갖추게 되는 것이 우리가 배워왔던 세계사, 특히 서양사의 큰 줄기이다.

문명의 시작점인 오리엔트에서도 그사이 괄목할 만한 역사와 문명의 발전이 있었다. 오리엔트에도 로마 제국 이상으로 가르쳐야 할 크고 의미 있는 제국과 역사가 존재했다. 그러나 그간 이를 제대로 가르치기는커녕 실체를 왜곡하거나 가볍게 취급해 버린 것이 사실이다. 온전한 인류역사의 복원이나 보편적인 역사 흐름의 이해를 위해서도 아카드, 바빌로니아, 히타이트, 페니키아, 트로이, 프리기아, 아시리아, 우라르투, 메디아, 페르시아, 파르티아, 사산조 페르시아, 압바스 제국, 사파비 제국, 오스만 제국 등의 역사에 대해 그리스-로마 제국과 후속 유럽 국가들 못지않은 비중을 두면서 체계적으로 배우고 가르쳐야 한다. 필자는 그 작업을 이 책에서 시도해 보려 한다.

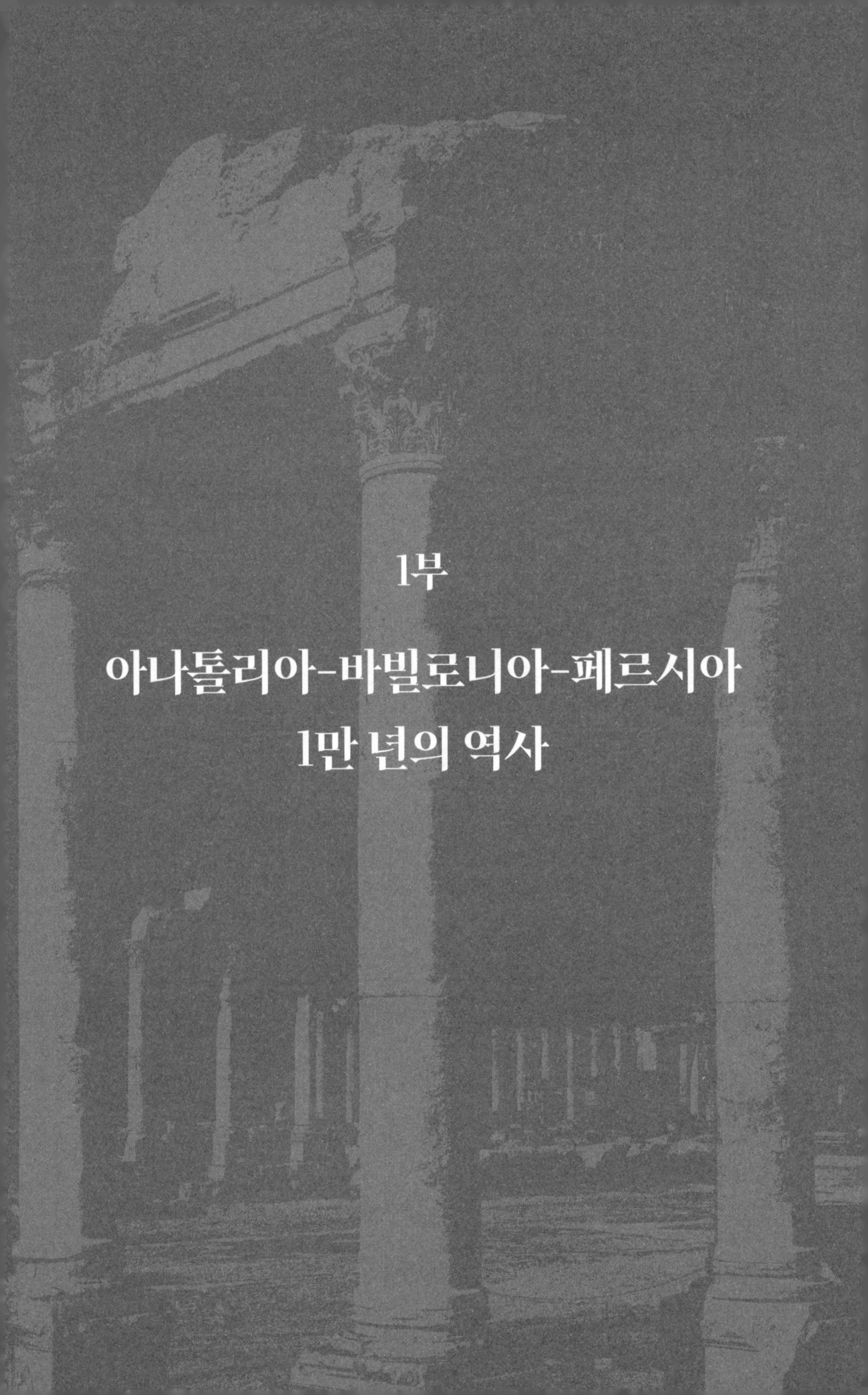

1부

아나톨리아-바빌로니아-페르시아 1만 년의 역사

1장

인류역사의 태동
아나톨리아 문명

기원전 1만 년경	괴베클리 테페 건설
기원전 7500년경	차탈회위크 건설
기원전 5750년경	'차탈회위크의 앉아있는 여인' 테라코타 모신상 제작
기원전 4500년경	수메르 문명 태동

이집트의 나일강, 메소포타미아의 티그리스강과 유프라테스강, 파키스탄의 인더스강, 중국의 황허 유역에서 찬란한 인류 문명의 꽃이 피었다. 우리는 이를 '세계 4대 문명'이라 부른다. 그러나 피라미드의 위업도, 수메르 문명의 정교한 거버넌스와 수준 높은 수학과 천문학도, 인더스 문명의 깊은 영성적 성찰과 놀라운 도시구획도 하루아침에 생겨난 것이 아닐진대, 이에 대한 우리의 관심과 연구는 상대적으로 빈곤한 것이 현실이다. 그런데 티그리스강-유프라테스강 상류에서 발원한 고대 아나톨리아 문명의 유산들이 하나씩 모습을 드러내면서 이집트-메소포타미아-인더스 문명의 뿌리와 모태로서 아나톨리아 문명의 실체가 확인되고 있다. 이는 비단 고고학뿐만 아니라 도시계획, 문학, 신화, 건축, 사회진화론, 문명발전론 전반에 걸쳐 기존 학설에 대한 강한 의문을 제기하면서 근원적인 재고(再考)를 요구하고 있다. 바야흐로 '아나톨리아 문명의 재발견'이라는 새로운 화두의 등장이라 할 정도로 많은 발굴과 발견이 진행되고 있기 때문이다. 이에 관해서는 일찍이 성서고고학 분야에서 많은 실마리를 던져주었다. 《구약》 〈창세기〉에 등장하는 노아의 방주가 걸린 곳이라고 믿어왔던 해발 5,137미터

의 중동 최고봉 아라라트(Ararat)산이 아나톨리아평원 동쪽에서 아르메니아와 접경을 이루고, 에덴동산으로 추정되는 반(Van)호수 주변, 아브라함의 고향인 하란 등이 모두 아나톨리아 지역에 산재해 있어 인류문명의 시원과 밀접한 관련성을 맺어왔다. 그 후 아나톨리아 전역에서 체계적인 고고학 발굴이 진행되고, 연구 결과 새로운 사실들이 드러나면서 '해 뜨는 곳(anatole)'이라는 의미의 '아나톨리아(Anatolia)'란 이름이 다시 친숙해지고 있다. 그중에서도 단연 괴베클리 테페와 차탈회위크, 퀼테페에서 발굴 중인 신석기시대 유적이 우리의 관심을 끌고 있다.

01 괴베클리 테페

1만 2,000년 전 등장한 완벽한 신전도시

사방이 뚫린 들판에 올리브와 피스타치오 나무가 무성한 터키 샨르우르파(Şanlıurfa) 시내에서 북동쪽으로 18킬로미터를 가면 이 도시에서 가장 높은 하란(Harran)고원의 정상부가 나온다. 이곳에는 300미터 정도의 반경에 주변보다 15미터 정도 높은 널따란 언덕이 하나 있다. 터키어로 '괴베클리 테페(Göbekli Tepe)'라 불리는 곳으로, '배불뚝이 언덕'이라는 의미이다. 이곳은 이슬람을 받아들인 이후에도 오랫동안 주민들이 자신들의 일상을 의존하던 기복신앙의 성소였다. 그런데 놀랍게도 언덕 아래에 세상의 상식과 역사발전 이론을 송두리째 흔들어놓을 만한 신전 유적이 묻혀있었다.

1963년 처음 이곳에서 지표조사를 시작한 미국 시카고대학교의 고고학자 피터 베네딕트(Peter Benedict, 1938~)조차 신석기시대의 흔적이 일부 보이지만 돌기둥이나 바닥은 중세시대 무덤 관련

유적일 것이라고 추정했다. 그런데 1994년부터 독일 출신의 고고학자 클라우스 슈미트(Klaus Schmidt, 1953~2014)가 이끄는 발굴조사단이 2014년까지 20년간 이 지역을 집중탐사 하고 발굴을 계속한 결과, 믿기지 않는 역사적 비밀을 캐냈다. 이 유적지가 적어도 약 1만 2,000년 전의 신전도시 유적이라는 사실이었다.

발굴 작업에 참여한 샤르우르파 주민들에 따르면, 한 농부가 밭을 갈다가 돌기둥을 발견했는데, 이를 파내보니 돌기둥에 꽤 정교한 무늬가 조각되어 있었고, 돈이 되겠다고 판단한 농부는 이를 시장에 내다 팔려다가 경찰에 덜미가 잡혔다고 한다. 이 소식이 마침 인근 네발르 초리(Nevalı Çori)에서 신석기 유적을 발굴 중이던 슈미트 교수에게까지 알려졌다. 그는 그 농부와 함께 돌기둥 발견 장소를 찾아갔고, 이를 확인하는 과정에서 그 일대에 매몰된 신전을 찾아냈다.

2014년 8월까지 밝혀진 바에 따르면, 이곳은 인류 최초의 신전 유적으로, 멀리 160킬로미터 떨어진 곳에서 참배하러 올 정도로 중요한 종교적 순례지였다. 이를 뒷받침하듯 제의를 위한 도살 흔적이 있는 동물 뼈가 많이 발견되었고, 여러 개의 돌기둥이 원형으로 열을 지어 서있는, 신전으로 보이는 구조물들이 20개가량 확인되었다. 이 구조물들은 지금까지 분석한 바로는 약 1만 2,000년 전에 세워진 것이다. 1만 2,000년 전이면 아직 농업혁명이 시작되기 전인 수렵·채집시대에 해당한다. 인류 최초의 도시 유적으로 알려진 이스라엘의 예리코(Jericho, 여리고)나 아나톨리아 중부의 차탈회위크보다도 약 2,000년이나 앞선 문명인 것이다. 이는 영국의 스톤헨지

(Stonehenge)가 형성된 시기나 세계 4대 문명이 꽃을 피운 시기보다 무려 6,000년이나 앞서서 인류가 체계화된 도시문명을 이루고 구조화된 신앙과 사회체계를 갖췄음을 보여준다. 그래서 이 유적의 발굴은 인류학을 공부하는 사람들에게도 충격적인 대사건이었다. 무엇보다 고대도시문명이 농경과 동물 사육을 중심으로 대량의 인구가 정착생활을 영위한 농경·정착시대의 산물이라는 기존의 이론을 깨고, 농경 이전의 수렵·채집시대에도 대규모의 도시 공동체와 문명이 존재했다는 새로운 가설을 정립하는 계기가 되었다.

문명 발생의 패러다임을 깨다

전문가들은 괴베클리 테페 신전도시 건설에 엄청난 인력이 동원되었을 것이라고 한다. 이곳에 세워진 돌기둥만도 200개가 넘는데, 그중 규모가 큰 것은 높이가 6미터, 무게가 10톤에 달한다. 그 수와 무게를 고려하면, 바위를 옮기고 가공하는 데 1,000명 정도의 인력이 지속적이고 집중적으로 투입되어야 하며, 신전 건축을 지휘할 존재가 필요했을 것이다. 이는 농경시대에나 가능했다고 여겨지던 지휘·통제체계가 이미 수렵시대에 정립되었다는 것을 의미한다.

다시 말하면 괴베클리 테페의 발견은 19세기 초 독일 경제학자 프리드리히 리스트(Friedrich List, 1789~1846)를 중심으로 '야만→목축→농업→농·공업→농·공·상업'으로 인류사회의 경제발전 모델을 정의한 경제발전 5단계설이나, '원시공산제→고대 노예제→중세 봉건제→자본주의→공산주의'로 생산양식의 진화를 설명하는 마르크스의 사적유물론 모두에 근원적인 의문을 제기하는 사건이었다. 괴베클리 테페 유적은 무엇보다 '신석기혁명'이라는 문명의 발생에 관한 기존의 패러다임을 뒤엎을 새로운 사고의 틀을 마련해 주었다.

잘 알려진 대로 인류는 수십만 년 동안 수렵과 채집에만 의존하여 살다가 약 1만 년 전 신석기시대에 이르러 농경이라는 새로운 생산 양식과 함께 정착 생활을 시작했으며 체계적인 도시문명을 일구게 되었다. 빙하기가 끝나는 시점에 기후를 비롯한 자연환경의 변화가 농경에 적합했고, 농경과 함께 동물을 사육하고 집단을 이루어 정착 생활을 하면서 인류는 자연에 순응하는 단계에서 자연을 개발하는 단계로 발전할 수 있었다. 그 결과 잉여생산물이 생겨나면서 인구가 급증했고, 토기 제작과 직물 생산이 가능해졌으며 일사불란한 계층 간의 위계질서로 씨족사회에서 부족국가로 진입하면서 초기 고대문명이 형성되었다. 이어 문자와 금속 도구가 발명되면서 세계사에서는 이 일련의 변화를 근대 산업혁명 못지않은 대변화로 여겨 흔히 '신석기혁명' 혹은 '농업혁명'이라 불러왔다. 이는 기원전 8000년경 메소포타미아에서 시작되었다고 보았다. 터키 동남부의 차탈회위크와 이스라엘의 예리코 등지가 그 구체적인 예였다.

그런데 괴베클리 테페 유적에서는 신전 터만 발굴되고 있을 뿐 농경이나 정착 생활의 흔적은 나오지 않았다. 괴베클리 테페를 신전도시라고 부르는 것도 그 때문이다. 이는 신석기혁명 이론을 토대로 농경이 문명을 촉발한 절대적인 요인이라던 기존의 믿음을 뒤흔들 만한 가설을 가능하게 만들었다. 즉, 주거와 일상을 달리하는 다양한 개인과 집단이 순례지인 이곳에 모여 종교 의례를 행하면서 자신의 기억과 경험을 나누는 과정에서 문명의 근간을 이룰 농사기술을 터득한 것은 아닌지, 달리 말하면 종교적 의례가 농경보다 앞선 문명의 시발점이었을 수 있다는 가설이다. 아직 유적의 10퍼센트만 발굴된 상태인 만큼 농경이나 거주지의 흔적이 발견될 가능성이 없는 것은 아니나, 일대에서 괴베클리 테페를 잇는 후속문명들이 속속 발견됨으로써 새로운 역사를 쓰게 될 것은 분명해 보인다.

괴베클리 테페 유적에서 특히 흥미로운 사실은 23곳이나 되는 신전 터를 통해 당시 사람들이 주기적으로 이동하면서 새로운 신전을 건설했음을 알 수 있다는 것이다. 어느 정도인지는 모르지만 시간이 흐르면 기존의 신전을 그대로 덮어버린 후 새로운 곳을 선택해 새로운 신전을 건설한 것이다. 게다가 갈수록 신전 규모가 작아지고 있는데, 어떤 곳은 돌기둥 하나만 덩그러니 서있다. 그렇게 2,000년이란 시간이 지난 후, 그곳은 수렵·채집시대에서 농경·목축시대로 접어들었고 사람들이 이 신전을 영원히 버린 것이라고 추정할 수 있다. 괴베클리 테페 유적은 2018년, 인류가 영원히 기념할 유네스코 세계문화유산으로 등재되었다.

역사의 현장에서

괴베클리 테페 언덕에 서서

터키의 샨르우르파 현지 고고학자들로부터 간간이 괴베클리 테페 발굴 소식을 전해 듣던 필자는 클라우스 슈미트 교수의 발굴 보고서가 나온 직후인 2014년 8월에 현장으로 날아갔다. 11시간의 비행 끝에 이스탄불 아타튀르크 국제공항에 도착한 것이 새벽 5시였다. 그곳에서 국내선으로 갈아탄 뒤 또 2시간을 날아가 마침내 샨르우르파 공항에 도착했다. 4년째 계속된 시리아 내전의 여파로, 무려 50만 명의 난민을 수용한 거대한 텐트촌이 형성된 터라 공항 경비가 어느 때보다 삼엄했다. 방문 목적을 묻는 공항 요원의 목소리가 날카로웠다. 이웃 나라 시리아와 이라크의 혼란에 한 치 앞을 내다볼 수 없는 상황에서 자신들도 잘 모르는 곳을 방문한다고 했으니, 어안이 벙벙한 모양이었다. 그래서 터키어로 유적의 중요성을 설명하고 인류학자로서 꼭 보고 싶다는 뜻을 피력했더니, 그제야 찾아가는 길이며 주의 사항을 친절하게 일러주었다. 게다가 공항 밖까지 따라 나와 택시기사에게 내 안전을 당부했다. 이게 진짜 터키 사람들의 모습이다.

샨르우르파의 8월 중순 기온은 섭씨 40도를 웃돌았다. 괴베클리

괴베클리 테페 신전 발굴 현장

2014년 8월 인류사를 뒤흔들어 놓은 괴베클리 테페의 신전들은 무려 1만 2,000년 전에 세워졌다. 이는 그동안 인류 최초의 도시 유적으로 알려져 온 이스라엘의 예리코나 터키의 차탈회위크보다 2,000년이 앞서고, 세계 4대 문명보다 무려 6,000년이 앞선 문명이다.

테페를 찾아가는 길은 의외로 아스팔트 포장도로였고, 이정표도 잘되어 있었다. 하지만 유적지 입구에 들어서자 그때부터는 흙먼지가 날리는 비포장도로가 펼쳐졌다. 땅속 어디서 무엇이 나올지 모르는 상황에서 무턱대고 땅을 덮어버릴 수 없기 때문이었을 것이다. 언덕으로 가는 길 여기저기서 돌무더기가 눈에 들어왔다. 한눈에 보아도 다듬어진 돌들이었다. 건축자재로 사용된 것이 틀림없었다. 언덕 정상을 중심으로 광범위한 지역에 걸쳐 신전 또는 다른 구조물이 있었다는 의미이다.

언덕 정상에 못 미친 곳에 중심 유적이 있었다. 신전의 지름은 30미터였고, 평균 5미터 높이의 돌기둥들이 원을 이루어 서있었다. 신전 한 곳당 10~12개의 T자형 석회암 기둥이 보였다. 설계 전문가들에 따르면, 이 신전 구조물은 설계 단계부터 기하학적 지식과 고도의 측량기술이 사용되었다고 한다. 초기에 지어진 신전 세 곳의 바닥을 측정한 결과도 흥미로웠다. 원형으로 설계된 각각의 구덩이 한가운데 즉 원의 중심 세 곳을 연결했더니 정삼각형이 그려졌다고 한다. 어떤 신화적 의미가 함축된 것일 테다.

몸돌은 이곳에서 약 500미터 북쪽에 있는 바위층으로부터 떼어내 옮긴 것이 분명했다. 옮기는 도중에 깨어져 나간 것으로 보이는 파편들이 곳곳에 흩어져 있었다. 험난했을 이동 과정을 묵묵히 대변해준다. 각각의 돌기둥에는 알 수 없는 부호와 동물 문양이 일련의 질서와 규칙을 갖고 표현되어 있다. 그들의 독특한 문자이자 소통 방식이었을 것이다. 특히 여우, 가젤, 뱀, 전갈, 멧돼지 같은 다양한 동물이 살아 움직이는 듯 생생하게 조각되어 있었다. 더러는 공격 자세로 더러는 강자로부터 자신을 보호하려는 듯한 낮은 자세로 적나라하면서도 투박한 원시예술의 진수를 맘껏 보여주고 있었다. 비석에 새겨진 동물들의 표정 하나하나의 의미를 완전히 읽을 수는 없지만, 그 동물들은 아마도 죽은 자의 영혼을 보호하는 존재일 것이고, 부호들은 우주에 관한 상징적인 메시지일 것이라 학자들은 해석하고 있다. 특히 두상이 없는 돌기둥이 몇 개 서있는데, 조각의 형태나 손 장식 표현으로 보아 인근 발륵르괼(Balıklıgöl)에서 출토된 소위 '최초의 인물 석상'과 매우 유사하다. 클라우스 슈미트 교수의 표현에 따르면,

T자형 석회암 기둥

T자형 기둥 측면에 두 종류의 동물이 보인다. 굵게 돋을새김한 포식자가 얇게 부조된 동물을 잡아먹으려는 듯한 모습이다. 하단의 동물은 멧돼지로 보인다. 특히 꼬리를 치켜세우고 거칠게 포효하는 듯한 포식자의 카리스마와 생동감은 그저 원시예술이라 치부하기 어려울 만큼 탁월하다.

괴베클리 테페 출토 석비와 조각상들

터키 샨르우르파박물관에 전시된 괴베클리 테페 유물이다. 1994년부터 20년간 1,000여 명이 노력한 결과 전체 유적의 10퍼센트가 우리 앞에 모습을 드러냈다. 앞으로도 60년 정도 작업을 계속할 계획이라고 한다. 끝내 주거의 흔적을 발견하지 못한다면 우리는 어떤 결론을 내려야 할까? 인류의 문명은 '도시보다 신전이 먼저'였다고 해야 할까?

이 괴베클리 테페 유적은 신석기시대 '언덕 위의 대성당(cathedral on a hill)'이었다.

사방이 내려다보이는 언덕 위에 올라서자 척박한 대지가 끝없이 펼쳐져 있었다. 숨쉬기도 어려울 만큼 뜨거운 햇빛이 맹렬하게 내리쬐는 중에도 젊은 고고학자들과 인부들은 텐트 안에서 비닐을 둘러치고 힘든 발굴 작업을 계속하고 있었다. 원형과 타원형의 신전 터가 그대로 드러나 있었는데, 현재까지 모두 23곳에서 크고 작은 신전 터가 확인되었다고 한다. 도대체 얼마나 많은 사람이, 왜 이렇게 많은 신전을 지었을까? 여기서 무엇을 했을까? 그들의 신앙은 무엇이고 그들이 섬기던 신들의 모습은 어땠을까? 질문이 꼬리에 꼬리를 물고 머릿속에 맴돌았다.

일반에 공개된 구역으로 가까이 다가가 봤다. T자형 기둥 상단에 살아있는 듯한 포식동물 한 마리, 꼬리를 치켜들고 거칠게 포효하는 포식자의 카리스마와 생동감은 단순한 원시시대 예술로 치부할 수 없을 만큼 묘사가 탁월하다. 철기는커녕 청동기도 꿈꾸기 전의 일이다. 그저 단단한 돌로 비교적 무른 석회암을 다듬은 것일 텐데, 원석 하나를 깎고 갈고 다듬고, 발가락 하나, 허공에 내뱉는 숨결까지 세세히 조각해 놓았다. 탁월한 과학 지식을 바탕으로 마치 무에서 유를 창조하듯 황폐하고 마른땅에 문명을 만들어낸 또 하나의 위대한 인류가 있었음을 깨닫는다.

02 차탈회위크

9,500년 전 인류 최초의 계획도시

차탈회위크(Çatalhöyük)는 터키 중부의 주요 도시 코니아(Konya)에서 동남쪽으로 52킬로미터 떨어진 곳에 있는 선사시대 유적지다. 해발 1,000미터 언덕 위에 형성된 이곳은 선사시대 인간의 역사를 이해하는 데 가장 중요한 유적 중 하나로, 신석기시대 마을이라고는 믿기지 않을 정도로 엄청난 규모에 수준 높은 문명을 구가한 흔적이 남아있다. 차탈회위크는 인류 최초의 계획도시라 할 만한 규모와 구조를 가진 선사시대 거주지로서, 도시문명의 뿌리이자 수메르로 대표되는 고대 오리엔트 문명의 어머니다.

차탈회위크는 1958년 영국의 고고학자 제임스 멜라르트(James Mellaart, 1925~2012)에게 그 가치를 인정받았고, 1961년 처음 발굴이 시작된 이래 1965년까지 아나톨리아 문명의 역사를 새로 쓸 만한 놀라운 발견으로 세계의 이목을 집중시켰다. 그러나 멜라르트가 이른바 '도락 사건(Dorak Affair)'이라는 유물 밀수 스캔들에 휘말려 터키 입국을 금지당하면서 이후로 30년 가까이 방치되었다. 그러던 1993년 또 다른 영국인 고고학자 이안 호더(Ian Hodder, 1948~)가 발굴을 재개했고, 그 후로 25년간 발굴 작업을 이어갔다.

발굴된 18개의 지층을 분석한 결과, 차탈회위크는 기원전 7500년에서 기원전 5700년까지 2,000년 가까이 존속한 대규모 거주지임이 확인되었다. 발굴 지점 옆에 당시의 진흙집들을 복원해 놓았는데, 9,500년 전 그 지역 주민들의 삶을 상상해 보기에 충분하다. 발굴 현장을 보면, 비슷한 진흙집들이 벌집처럼 다닥다닥 붙어있다. 집과 집 사이에 지나다닐 만한 거리나 골목이 없다. 차탈회위크 주민들은 지붕 위로 걸어 다녔고, 지붕에 마련된 구멍에서 사다리를 내려 방으로 들어가는 가옥구조를 유지했다. 지붕이 집을 드나드는 통로이자 길이었던 셈이다. 이 가옥들은 평균 70년가량 수명을 유지했고, 다음 세대가 이 가옥들을 지반으로 삼아 그 위에 다시 가옥을 지었다. 가옥의 크기도 가로세로 2~4미터, 높이 3미터가량으로 거의 일정하다.

게다가 이 가옥들은 단순한 구조물이 아니라 가옥마다 창고와 부엌, 거실이 있고, 정교한 벽화와 부조, 조각으로 꾸며져 있다. 가장 두드러진 특징은 집마다 북쪽 벽에 뿔 달린 황소의 머리를 걸고 흙벽을 채색해 장식했다는 점이다. 벽에는 별과 태양계, 사람과 여신, 사냥 장면 등이 묘사되어 있어 황소 머리와 함께 자연의 섭리를 숭상하는 초기 자연주의 신앙을 엿볼 수 있다. 그림의 표현 기법이나 색감, 사람들의 두려움과 자연에 대한 인식, 공동체의 협업과 활

차탈회위크의 가옥

앙카라에 있는 아나톨리아 문명 박물관에 재현된 차탈회위크 가옥의 내부 모습이다. 북쪽 벽의 황소 머리 장식과 사다리로 연결된 지붕 등을 확인할 수 있다.

동 내용 등이 '과연 그 당시 사람들이 그린 것일까?' 하는 의구심이 들 정도로 충격적이다. 사람들의 인지구조나 섬세한 표현들을 하나씩 살피다 보면, 문명이란 흉기를 휘두르며 그들의 맑고 순수한 정신세계를 원시와 야만이란 단어로 애써 폄하하는 지금 우리의 부끄러운 자화상을 떠올리게 된다. 특히 눈길을 끄는 것은 벽에 독수리와 머리 없는 사람의 형상이 공통적으로 그려져 있다는 것인데, 독수리에게 시신을 바치고 하늘에 가까이 다가가기를 소망한 것은 아닌지 궁금증이 풀리지 않는다.

평등한 공동체 사회

이안 호더 교수의 설명에 의하면, 차탈회위크는 한때 약 200채의 가옥과 8,000여 명의 인구로 구성된 대도시였다고 한다. 도시구조를 보면 작은 개천을 경계로 거주 구역이 남북으로 나뉘어있었고, 그 사이에서 통혼이 이루어졌을 것이라 한다. 주목할 만한 점은 이 도시가 평등한 공동체 사회였다는 것이다. 가옥의 규모가 거의 동일하고 공회당이나 행정관서 같은 권위적 건물이 존재하지 않는다는 것이 강력한 증거다. 남녀 간의 역할이 구분되지 않았고 차별도 없었던 것으로 보인다. 한 방에서 나온 유골들의 치아 DNA를 분석한 결과 남녀 성비가 같고, 먹는 음식도 남녀 차이가 없었으며, 같은 종류의 노동을 한 사실이 확인된 데서 이를 알 수 있다. 이안 교수는 또한 그들 사이의 혈연관계가 드러나지 않는 것으로 보아 네 자식 내 자식 구분없이 공동으로 아이를 돌보는 공동육아체제를 갖추었으며 차별 없는 공동체 생활을 영위했다고 힘주어 강조했다. 차탈회위크에서는 이처럼 혈연에 얽매이지 않는 공동체의 틀 속에서 함께 생산하고 함께 나누는 삶의 방식이 자리를 잡았다.

곡식의 낱알은 물론 사람의 뼈와 함께 양과 염소의 뼈가 7 대 1 비율로 다량 수습된 것으로 보아 차탈회위크에서 농경과 목축이 시작되었음을 알 수 있다. 하지만 농사에 필요한 수로를 개발하지 못해 곡물생산량이 많지 않아 채집을 멈출 수 없었고, 목축의 규모도 크지 않아 야생동물을 사냥해서 끼니를 보충해야 했다. 특히 몸집이 크고 사나운 야생동물은 생존을 위한 싸움의 경쟁 상대였다. 그래서 동물 희생 의례를 통해 야생동물을 제압하며 집단의 결속력을 다졌고, 집마다 벽에 붉은 안료를 사용하여 들소와 멧돼지를 그리고 장례의식과 소망을 표현했다. 집마다 의례와 주거, 취사 공간을 구분했는데, 북쪽은 의례 공간이고 남쪽은 주거 공간과 취사 공간이었다. 남쪽 벽에는 조리용 화로와 난로가 있었던 흔적이 뚜렷하다. 북쪽 벽은 황소 뿔로 장식하고 그 밑에 시신이나 유골을 안치했다. 한 구역에서 무려 62구의 유골이 발굴되기도 했다. 독수리에게 시신을 바치는 조장을 한 후 뼈를 수습하여 집 안 의례 공간에 안치하면서 조상의 영혼과 그들의 지혜를 이어가려는 신앙 공동체의 성격을 띠고 있었다. 조상들을 육신의 소멸과 함께 사라진 존재가 아니라 기억 속에 살아있는 존재로 여겼던 것이다. 그래서 의례 공간은 조상들의 경륜과 지혜를 집안에 보존하면서 교훈과 가르침을 얻고 이를 후손들에게 전하는 진정한 역사 공간이다. 죽은 조상을 몇 대에 걸쳐 살아있는 식구로 여기며 매 끼니 수저와 식사를 차려놓고 일상의 대화를 나누고 어려움에 처한 종족 공동체의 현명한 선택을 자문하던 아프리카 전통사회의 '살아있는 사자(Living Dead)' 개념을 연상케 한다. '살아있는 사자'란 예를 들어 음부티라는 이름의 남자가 살아있을 때 태어난 손자 응고르가 음부티가 죽고 난 후에도 그를 기억하며 살아있는 사람과 똑같이 그와 일상의 대화를 나누고 공동체의 일을 상의하면서 그의 지혜와 경륜을 이어간다는 개념이다. 응고르가 죽고 그 마을에 음부티를 기억하는 사람이 한 사람도 남아있지 않을 때 비로소

음부터는 '자마니(Zamani)'. 즉 과거의 시간, 망각의 세계로 돌아가는 것이다.

20미터 정도 높이의 층위에서 시대를 달리하는 다양한 생활 도구와 토기는 물론 밀·보리 등 곡식의 낱알, 소·양·염소 등 동물을 사육한 흔적이 발견되었다. '오로크스(Aurochs)'라 불리는 거대 야생 소를 사냥하는 일은 항상 위험을 수반하는 공동 작업이었다. 그래서 야생 소를 사냥할 때마다 마을에서는 축제를 벌였을 것이다. 고대 아나톨리아 지방 곳곳에서 나타나듯이 소는 차탈회위크에서 중요한 의례의 상징이었다. 최고의 신으로 모셔졌고, 그 고기의 분배와 식육은 공동체 구성원들이 신성성을 나누고 영험한 능력을 취하는 일상의 삶이자 신앙이었다. 차탈회위크에서 출발한 황소 숭배신앙은 고대 이집트의 아피스(Apis) 신화로 이어졌고, 그리스-로마 중심의 지중해 문명권으로 널리 퍼져갔을 것이다.

차탈회위크 최고의 유물이라 할 수 있는 테라코타(terra cotta) 모신상이 출토된 곳도 바로 이 언덕 상층부였다. 이 테라코타는 차탈회위크의 최초 발굴자 멜라르트에 의해 발견된 후 풍요와 다산의 상징으로 해석되어 왔다. 현장에서 출토된 유물 대부분은 수도 앙카라에 있는 아나톨리아 문명 박물관에 전시되어 있다. 차탈회위크는 수렵·채집에 의존하던 인류의 농경·정착 과정을 가장 잘 보여주는 최초의 고대도시 유적으로 평가받아 2012년 유네스코 세계문화유산에 등재되었다.

차탈회위크의 앉아있는 여인
(Seated Woman of Çatalhöyük)

아나톨리아 문명 박물관에서 가장 인상적인 차탈회위크 유물을 꼽으라면 단연 이 테라코타로 만든 여인상일 것이다. 1961년 제임스 멜라르트의 발굴조사단에 의해 세상에 모습을 드러냈다. 통상 양쪽에 소와 양을 상징하는 동물을 끼고 앉아 출산하는 모습을 형상화한 것으로 해석되어 왔다. 기원전 5750년경의 유물로 후일 키벨레, 이슈타르, 아르테미스, 아나히타, 비너스, 아프로디테 등 오리엔트나 그리스-로마 세계 지모신의 근원이 된 모신상이라 할 수 있다.

차탈회위크에서 수메르까지 2,200년의 공백

차탈회위크 유적은 기원전 7500년경부터 기원전 5700년경까지 이어진다. 그리고 기원전 3500년경 티그리스강과 유프라테스강이 만나는 메소포타미아 남부에서 수메르 문명이 찬란한 꽃을 피운다. 우리가 알고 있는 소위 세계 4대 문명 중 하나의 번성기다. 그러면 차탈회위크 말기에서 수메르의 번성까지 약 2,200년의 공백을 메워줄 연결 고리는 무엇일까?

그보다 앞서 약 1만 2,000년 전, 즉 기원전 1만 년경의 괴베클리 테페와 기원전 7500년경부터 조성되기 시작한 차탈회위크 사이의 공백을 메워줄 흔적부터 살펴보자.

최근에 괴베클리 테페와 차탈회위크 사이를 연결할 만한 문명의 흔적이 확인되었다. 차탈회위크 바로 북동쪽에 위치한 본주클루(Boncuklu) 유적에서 대규모의 주거지 터가 발굴되었는데, 이곳 집 벽면에서 수습된 의례용 황소 뿔은 차탈회위크의 종교 의례용 황소 뿔보다 적어도 1,000년 이전 것으로 밝혀졌다. 차탈회위크와 수메르 간 공백을 메워줄 문명의 흔적도 이 일대에서 속속 발견되고 있다. 지금 이 일대에서 광범위하게 진행 중인 고고학 발굴 성과의 중간 결과만 보아도 퀼테페(Kültepe), 아슬란 테페(Aslan tepe), 아스클르회위크(Aşıklıhöyük), 귀지르회위크(Güzirhöyük) 등지에서 차탈회위크와 수메르를 연결할 유적이나 유물이 대량으로 출토되고 있는 상황이다. 아나톨리아 문명이 지닌 인류학적·문명사적 가치와 위치가 재조명되어야 할 이유가 점점 더 분명해지고 있는 것이다. 이처럼 티그리스강-유프라테스강 상류 고원지대에서는 메소포타미아 선행문명들이 6,000년 이상 문명 실험을 했다. 아나톨리아 문명 공부는 이제 시작이고 이를 통해 인류는 훨씬 실체적이고 진전된 뿌리를 찾아갈 수 있을 것이다.

2장

함무라비법의 나라
바빌로니아

기원전 6750년경	우바이드 문명 태동
기원전 4500년경	수메르 문명 개막
기원전 2350년경	아카드 왕국 수립
기원전 2150년경	아카드, 구티인들에 의해 멸망
기원전 1895년경	고바빌로니아 왕국 건설
기원전 1792년경	고바빌로니아 왕국의 함무라비, 6대 왕 등극
기원전 1754년경	함무라비법 제정
기원전 1595년경	히타이트의 침략으로 바빌로니아 왕국 멸망, 카시트 왕조 수립
기원전 911년경	신아시리아 제국 건설
기원전 625년경	신바빌로니아 왕국 건설
기원전 539년경	신바빌로니아 왕국, 아케메네스조 페르시아 제국에 의해 멸망

티그리스강-유프라테스강 사이에서 번성한 수많은 오리엔트 제국 중에서도 가장 뚜렷한 족적을 남긴 나라가 바로 기원전 18세기경의 바빌로니아 왕국이다. 기원전 2350년경 바빌로니아 북부에서 발흥하여 최초로 오리엔트 전역을 통합한 아카드 왕국은 기원전 2150년경 이란고원의 구티인들에 의해 멸망한다. 그 후 생긴 오랜 혼란과 공백을 딛고 다시 오리엔트를 통일한 왕국이 바빌로니아이다. '바빌로니아'란 국명은 오늘날의 바그다드 남쪽에 있던 왕국의 수도 '바빌론'에서 유래했다. 바빌로니아란 이름은 아카드 왕국의 사르곤 왕 시대의 점토판에서 처음 언급된 바 있고, 《구약》에도 등장한다. 아카드어와 수메르어를 공용어로 사

용한 바빌로니아 왕국은 북쪽의 아시리아, 동쪽의 엘람 등과 쟁패하면서 함무라비 왕 때 전성기를 누렸다. 바빌로니아는 아카드를 모태로 수메르 문명의 전통과 오리엔트의 신앙체계를 그대로 계승하면서 후대의 수많은 오리엔트 군소국가에 큰 영향을 끼쳤다. 특히 함무라비 왕 때 제정된 282개 조항의 '함무라비법'은 이후 로마법과 이슬람율법의 기초가 되었으며, 오늘날의 관점에서도 귀 기울여 봄직한 지혜와 메시지를 담고 있다. 그러나 바빌로니아 왕국은 함무라비 왕 사후 내부 분열과 외부로부터의 공격으로 급속히 쇠퇴했고, 기원전 1595년경 히타이트 제국의 침략으로 멸망했다. 이후 이 지역은 여러 소국으로 분열되었는데, 바빌로니아의 명맥은 카시트 왕조와 신바빌로니아 왕국으로 이어졌다. 바빌로니아의 거버넌스와 신앙, 신화 같은 문화유산들은 후일 그리스-로마는 물론 페르시아와 이슬람 문명을 거쳐 오늘날 인류 문명의 단단한 바탕이 되었다.

01

메소포타미아 문명과 중간지대 문명의 복원

우바이드 문명

아나톨리아 동쪽 고원에서 각각 발원한 유프라테스강과 티그리스강은 남으로 나란히 시리아와 이라크를 관통하며 흐르다가 이라크 남부에서 만나 페르시아만으로 빠져나간다. 나란히 흐르는 두 강 사이에 비옥하고 풍성한 삶의 조건이 형성되는데, 이곳이 메소포타미아(Mesopotamia, '두 강 사이의 땅'이라는 뜻) 지역이다. 아나톨리아반도 동남부의 괴베클리 테페와 차탈회위크, 이스라엘의 예리코 등지에서 약 6,000년간 도시문명의 시행착오를 거듭한 인류는 남쪽의 메소포타미아 지역에서 기원전 3500~기원전 3000년경 급속히 집단화를 이루면서 우리가 알고 있는 세계 4대 문명 중 하나를 꽃피웠다. 메소포타미아 북부의 자르모(Jarmo) 지방에서 이미 기원전 6750년경부터 원시 경작촌이 생겨났는데, 밀과 보리 등의 곡물을 재배한 것은 물론 개, 염소, 돼지, 양 등의 동물도 사육하기 시작했다. 메소포타미아 전 지역에 경작촌이 일반화한 것은

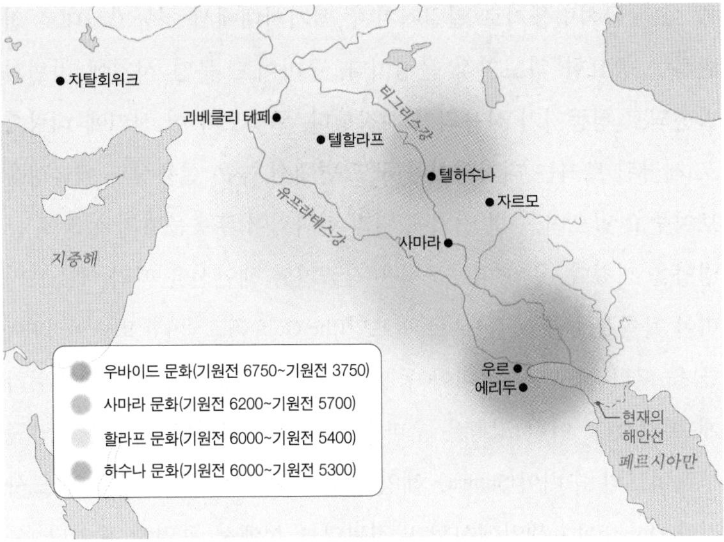

기원전 6000년경 원시 경작촌

유프라테스강과 티그리스강 사이 비옥한 메소포타미아 지역에는 메소포타미아 문명이 꽃피기 전 이미 원시 경작촌들이 자리 잡았다. 그중 오늘날 이라크 남부 텔알우바이드(Tell al-'Ubaid) 지역을 중심으로 우바이드 문명이 발아했다.

기원전 6000년경이었다. 이러한 원시 경작촌들이 관개수로의 건설과 함께 도시로 성장했고, 기원전 4250년에서 기원전 3750년 사이에 보다 진전된 작은 도시 공동체들이 무수히 나타났다.

우루크(Uruk)를 중심으로 수메르 문명이 본격적으로 형성되기 전까지 약 3,000년간(기원전 6750~기원전 3750) 메소포타미아 남부 일대에 생겨난 도시 공동체 중심의 문명 시기를 '우바이드('Ubaid) 문명' 시대라 한다. 우바이드 문명의 특징은 흔히 석기와 동기를 함께 쓰던 금석병용기로 일컬어지며, 석기시대에서 청동기시대로 전환하는 중요한 과도기적 문명이다. 우바이드 문명 시기에 바퀴가 발명되고 청동기가 사용되기 시작했다. 무엇보다 이 시기에 대량으로 제작된 토기는 디자인이나 구도 면에서 높은 실용성과 예술성을 보여주고 있으며 주변 지역에 널리 전파되어 후속문명의 성장에 큰 영향을 끼쳤다. 우바이드 문명은 강줄기와 해안선을 따라 메소포타미아 북쪽은 물론, 남쪽으로 걸프만(the Gulf, 페르시아만 또는 아라비아만)을 따라 사우디아라비아 동부와 오만의 해안지대까지 광범위하게 펼쳐졌다. 이런 정황은 우바이드 시기의 토기와 장식들이 남쪽 쿠웨이트의 수비야(Subiya) 해안이나 사우디아라비아 동부의 도사리야(Dosariyah) 해안에서도 발견된다는 점에서 분명해 보인다. 특히 우바이드 시기에 가공된 날카로운 석영칼들이 도사리야 해안지대에서 아홉 점이나 수습되었다. 우바이드의 마지막 시기는 사우디아라비아 동부 해안이나 오만 해안에서 발굴된 기원전 3800년경의 유물과 유적에서 관찰된다. 그 이후 사막화의 가속화로 이 지역은 문명의 암흑기를 맞았다. 그렇지만 우바이드 시기 문명의 잔재들은 공백기 이후에도 살아남아 새롭게 등장한 걸프만 지역의 딜문 문명과 멀리 인더스 문명에도 그 흔적을 남기고 있다. 우바이드 문명에 이어 이른바 도시국가로 대표되는 우루크 문화(기원전 4000~기원전 3100년경)가 발전한다. 이른바 화려한 수메르 문명의 시작이다.

고대 문명의 시원, 수메르

메소포타미아 남부 지역으로 남하하는 사람들의 숫자가 늘어나면서 도시의 규모도 확장되어 갔다. 일 년 내내 물을 구할 수 있고 풍성한 어패류가 있는 강변에서는 비교적 굶어 죽을 위기를 넘기기 쉬웠기 때문이다. 이러한 생태조건은 가족의 힘만으로 엄두가 나지 않던 일들을 가능하게 했다. 사람들은 힘을 합쳐 댐을 쌓아 강물을 가두고 수로를 만들어 농경지에 물을 댔다. 관개사업을 벌여 농사를 짓는 데 필요한 물을 확보함으로써 농업생산의 비약적인 증대를 가져왔다. 물론 이런 대규모 사업을 기획하고 지휘하는 계층들이 생겨났다. 그 결과 이전과는 비교할 수 없는 새로운 삶이 찾아왔다. 체계적이고 협동적인 치수·관개사업을 통해 이 지역에서는 점차 도시국가가 생겨났고, 사람들은 문자를 만들어 자신들의 삶을 기록하고 맥주를 만들어 마셨다. 우루크로 대표되는 체계적인 도시 공동체를 통해 메소포타미아 문명의 실체를 최초로 뚜렷하게 선보인 지역이 바로 메소포타미아 남부의 수메르였다.

'수메르(Sumer)'의 뜻은 정확히 알려져 있지 않지만, 후일 셈(Sem)족의 한 갈래인 아카드인들이 메소포타미아 남부에서 오래전부터 살고 있던 주민들을 '수메르'라고 부른 데서 유래했다. 우바이드의 도시문명을 이어 명실상부한 최초의 고대문명을 꽃피운 주인공들이다. 이들은 체계적으로 경작을 시작했으며 잉여농산물을 토대로 수준 높은 문명시대를 열어갔다. 수메르 문명 시기는 크게 세

단계로 나뉘는데, 크게는 기원전 4500년경부터 기원전 1900년경까지 무려 2,500년 이상 자신들의 문화적 맥락을 이어간 것으로 알려져 있다. 가장 번성하던 시기는 기원전 3000년경에서 기원전 2500년경 사이로 본다.

수메르 문명의 가장 특징적인 시기는 우루크 시대(기원전 4000~기원전 3100년경)다. 우루크 시대는 무엇보다 토기 제작 방식에서 이전과는 뚜렷한 차이와 발전을 보였다. 우바이드 시대에는 채색토기가 주로 제작되었는데, 물레의 속도가 느린 탓에 생산량이 그다지 많지 않았다. 그에 비해 우루크 시대에는 빠른 물레를 이용해 무색의 토기를 대량 생산하는 시대가 열렸다. 이는 물레 제작기술의 발전과 함께 인구 팽창으로 사회적 수요가 급증했음을 시사한다. 또한 효율적인 국가 운영을 위해 왕을 중심으로 비교적 체계를 갖춘 정치체제와 전문화된 노동계층이 형성되었을 것이다. 정복 지역이 늘어감에 따라 북쪽 아나톨리아의 토로스(Toros) 산악지대와 서쪽의 지중해, 이란 중부 지역으로부터 조달된 노예 노동력도 존재했다. 이를 보여주는 초기 기록이나 고고학적 증거도 나타난다. 우루크 시기는 수메르 문명의 가장 큰 특징이라 할 수 있는 대규모 신탑(神塔)이 처음으로 건설된 때이기도 하다. 이를 '지구라트(ziggurat)'라 하는데, '높은 곳'이라는 뜻이다. 그중에서도 수메르 최고의 신 아누(Anu)를 모시는 신전이 있는 지구라트는 기원전 4000년경 축조되었다고 알려졌다. 이 지구라트 꼭대기에 있는 화이트 템플(White Temple)은 조사 결과 기원전 3500년경 건축된 것으로 밝혀졌다. 수메르 신화는 오리엔트 지방의 신앙이나 신화 형

아누 지구라트

지구라트는 고대 메소포타미아의 거대한 탑이라고 할 수 있는데, 계단형으로 기단을 쌓고 꼭대기에 신전을 두는 형식이다. 사진의 지구라트는 기원전 4000년경에 세워진 계단식 탑으로, 약 500년 후 그 꼭대기에 아누 신을 모시는 신전이 축조되었다. 이 신전을 가리키는 '화이트 템플'이란 이름은 신전의 벽이 하얀색 판으로 덮힌 데서 유래했다.

성에 깊은 영향을 남겼다. 최근의 연구들은 수메르 지역의 지구라트들이 이집트의 왕묘, 곧 파라오의 무덤인 피라미드의 건축에 영향을 끼쳤을 가능성을 뒷받침하고 있다. 무엇보다 형태 면에서 이집트 초기 피라미드의 전형인 '조세르 왕의 계단식(스텝) 피라미드(Step Pyramid of Zoser)'와 매우 닮았다.

북에서 남으로 흐르는 강줄기를 통한 무역이 활성화되면서 1만 명 이상의 인구를 가진 새로운 도시국가들이 탄생하고 이들이 서로 경쟁하고 협력하면서 우루크에 이어 수메르 문명시대를 견인했다. 이때 번성한 대표적인 도시들로는 북에서 남으로 마리(Mari),

키시(Kish), 니푸르(Nippur), 기르수(Girsu), 라가시(Lagash), 라르사(Larsa), 니나(Nina), 우르(Ur), 에리두(Eridu) 등이 있다.

수메르 문명 집단의 도시국가들은 기원전 2350년경 셈족의 한 갈래인 아카드가 메소포타미아 지역을 장악하여 통일왕국을 세움으로써 국가의 수명을 다했다. 그러나 수메르가 남긴 신화와 종교, 기술적 업적들은 후일 메소포타미아 지방의 후계문명들에 그대로 계승되어 깊은 흔적을 남겼다. 수메르에서 시작된 메소포타미아 문명이야말로 우리가 교과서에서 배웠던 인류고대문명의 출발이자 중동-오리엔트 5,000년 역사의 굳건한 토대였다. 이때부터 4대 고대문명이 시작되는 것이다.

지도를 보면 티그리스강과 유프라테스강이 발원하는 아나톨리아반도 남동쪽에서 우리가 앞에서 보았던 최초의 고대문명이 발견된다. 두 강의 하류 지역이 바빌로니아이다. 여기서부터 기원전 4500년경 메소포타미아 문명이 꽃을 피우는데, 두 강 상류 지역과 하류 지역 사이의 중간지대가 오늘날의 시리아다. 지금은 내전 이후 혼란 상태라 접근하기 어렵지만, 두 강 상류의 아나톨리아 선행문명과 하류의 메소포타미아 문명, 즉 수메르 문명 사이를 연결해주는 중간지대 도시문명의 발굴과 실체가 확인되고 있다. 이 지역에 대한 고고학적 관심이 새롭게 집중되는 배경이다. 따라서 앞으로 시리아 도처에 산재해 있는 중간지대 도시문명의 발굴이 매우 중요한 의미를 갖게 될 것이다. 두 강 상류에서 1만 2,000년 전 도시문명이 꽃핀 이래 기원전 4500년경 두 강 하류인 바빌로니아 지역에서 수메르 문명이 발아할 때까지 약 5,500년의 문명 공백기가 발

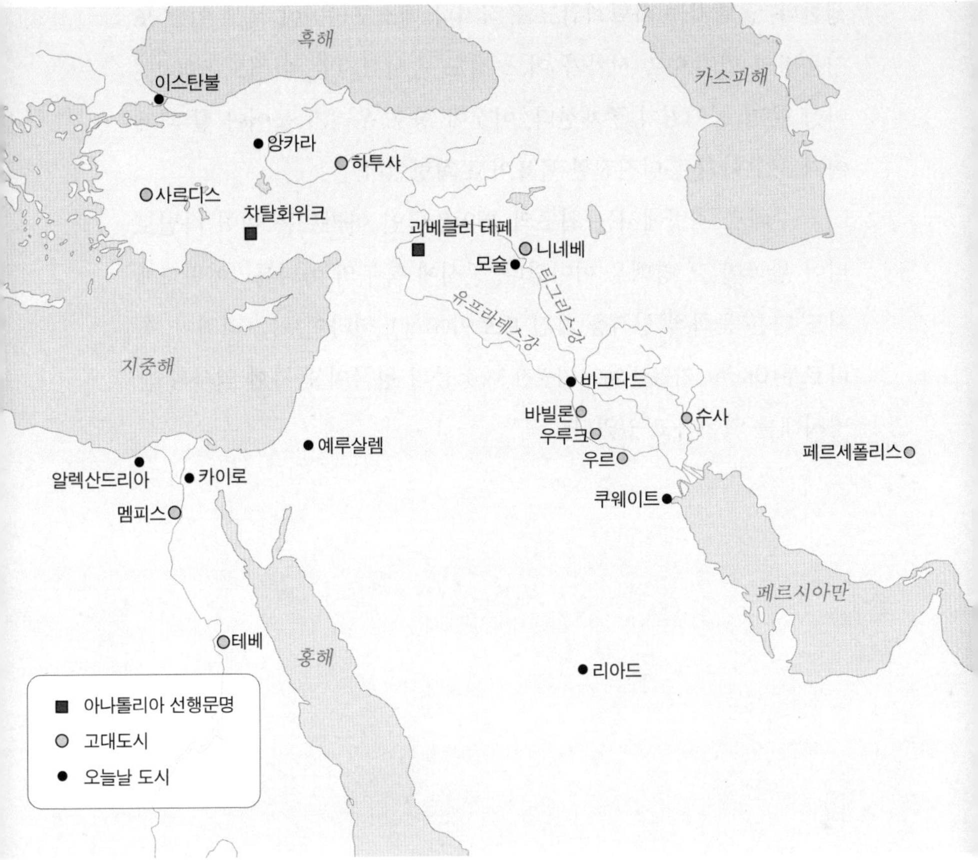

유프라테스강과 티그리스강

유프라테스강과 티그리스강 지역은 빛나는 인류고대문명이 숨 쉬는 곳이다. 아나톨리아 문명과 수메르 문명 사이의 공백을 메꿔줄 새로운 발견이 여전히 기대되는 지역이기도 하다.

생한다. 공백기는 차탈회위크 유적지나 메소포타미아 북부 일부 도시문명의 발견으로 시차가 어느 정도 좁혀졌지만, 아직도 5,000년 이상 문명 공백기가 존재한다. 이것이 향후 우리가 풀어야 할 과제이자 고고학의 흥미진진한 목표이고 희망이다.

수메르 지방에서는 최초의 통일왕국인 아카드를 이어 바빌로니아 왕국이 그 명맥을 이어갔다. 동시에 북부의 아나톨리아반도에서도 다른 문화적 성격을 가진 트로이(Troy), 히타이트, 프리기아, 우라르투(Urartu, 기원전 860~기원전 585) 등의 왕국이 독특한 역사와 문명시대를 열어가고 있었다.

02 고바빌로니아 왕국

아카드와 우르 제3왕조

오리엔트 최초의 통일왕국은 기원전 2350년경에 일어난 아카드 왕국(Akkadian Empire, 기원전 2350~기원전 2150)으로 알려져 있다. 아카드 왕국이 수립되면서 바빌로니아의 북반부를 '아카드', 남반부를 '수메르'라고 부르게 되었다. 수도 아카드(Akkad, 혹은 아가데Agade)는 오늘날 바그다드 남쪽 인근으로 추정된다. 아카드 왕국은 약 56년간 재위한 사르곤(Sargon, 재위 기원전 2333~기원전 2279) 때 메소포타미아는 물론 서쪽으로 레반트(Levant)와 북쪽으로 아나톨리아 동부, 남쪽으로 아라비아반도의 딜문과 마간(Magan, 오늘날의 바레인과 오만에 해당)까지 영향력을 행사하며 전성기를 누렸다. 그러나 그의 사후 기후변화와 경제적 침체, 아들들 간의 권력 다툼으로 약화되었다가 4대 왕 나람신(Naram-Sin, 재위 기원전 2254~기원전 2218) 치세에 잠시 제국의 권위를 회복했다. 그러나 기원전 2150년경 결국 동쪽의 이란고원에서 침입해 온 구티인의 손에 무너졌다. 메소포타미아에서 구티인의 시대가 얼마나 이어졌는지는 확실치 않다. 분명한 것은 아카드가 무너진 후 메소포타미아 전역에서 다시 군소국가들이 쟁패하는 상황이 재현되었다는 점이다. 기원전 22세기 말에 우르남무(Ur-Nammu, 재위 기원전 2112~기원전 2095)가 세운 수메르인들의 왕조 우르 제3왕조가 약 100년간 메소포타미아 남부를 장악했을 뿐이다. 그러나 기원전 2004년경 동쪽의 엘람인의 공격을 받은 끝에 막을 내리며 역사에 수메르인이 세운 마지막 왕조로 기록되었다. 이후 메소포타미아 남부에서 엘람인을 몰아낸 것은 셈계의 아모리인이었다. 이들이 바빌로니아 왕국을 건설한 주인공이다.

고바빌로니아 왕국

바빌로니아(Babylonia)는 그리스어로 '신의 문'이라는 뜻이다. 학자들은 바빌로니아 왕국이 바빌론(Babylon)을 중심으로 기원전 1895년경에 건국되어 기원전 1595년 히타이트에 의해 멸망할 때까지 약 300년간을 '고(古)바빌로니아 시대'로 분류한다. 카시트나 신바빌로니아 왕국 등의 이름으로 바빌로니아 왕국의 명맥이 이어졌기 때문이다. 바빌로니아는 서쪽의 시리아나 레반트의 여러 도시들과 광범위하고 체계적인 교역을 계속했고, 이를 통해 국가경제의 기틀을 마련했다. 왕국의 공식적인 기록용 언어는 아카드어였으나, 수메르어가 바빌로니아의 문학, 특히 종교와 법률 관련 언어로서 오랫동안 생명력을 유지했다. 물론 기록 언어로서 아카드어는 기원전 5세기 아케메네스조 페르시아 제국 시대까지 권력의 핵심부에서 중요한 역할을 담당했다.

바빌로니아 왕국은 수무아붐(Sumu-Abum, 재위 기원전 1897~기원전 1883)이 건국한 것으로 알려져 있다. 수무아붐은 같은 아모리인들이 세운 메소포타미아의 강력한 도시국가인 카잘루(Kazallu)로부터 바빌론을 해방시킨 인물이다. 왕을 자칭하지는 않았지만, 통상 그를 바빌로니아 왕국의 시조로 간주한다. 처음으로 자신을 바빌론의 왕으로 칭한 인물은 5대 왕 신무발리트(Sin-Muballit, 재위 기원전 1813~기원전 1792)였다. 그는 한때 바빌론 남쪽의 강력한 도시국가 이신(Isin)을 점령하기도 했다.

고바빌로니아 왕국의 전성기는 신무발리트의 아들인 6대 왕 함무라비(Hammurabi, 재위 기원전 1792~기원전 1750)의 42년 통치기였다. 그는 대대적인 도시정비계획을 통해 바빌론을 왕국의 수도라 할 만한 큰 도시로 확장하고, 왕국의 영속적이고 체계적인 통치를 위해 중앙집권적인 관료제를 마련하고 조세제도를 개편했다. 함무라비는 특히 왕국의 영토 확장에 힘을 기울여 당시 바빌론에서조차 영향력을 행사하던 엘람인들을 바빌론은 물론 메소포타미아 남부에서 완전히 몰아냈다. 나아가 이 지역의 대표적인 도시국가들인 이신, 라르사, 에슈눈나(Eshnunna), 키시, 라가시, 니푸르, 보르시파(Borsippa), 우르, 우루크, 움마(Umma), 아답(Adab), 시파르(Sippar), 라피쿰(Rapiqum), 에리두 등을 정복하고 하나의 국가로 통합했다. 메소포타미아 남부가 바빌로니아라는 이름을 얻은 것은 함무라비

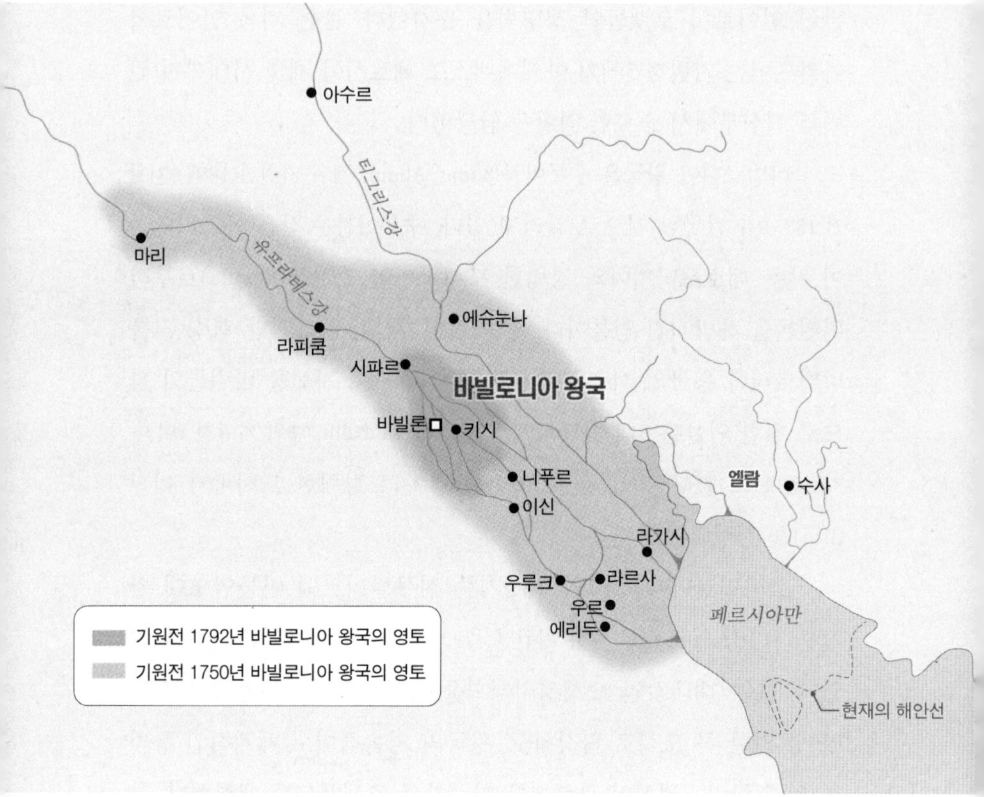

함무라비 시대 바빌로니아 왕국의 영토 확장

함무라비가 부왕 신무발리트로부터 양위받은 기원전 1792년과 재위 말년인 기원전 1750년 바빌로니아 왕국의 영토를 비교한 지도다.

시대부터이다.

이로써 메소포타미아 남부는 오랜 혼란 끝에 안정을 되찾았고, 바빌로니아 왕국은 주요 도시국가들을 모두 병합하면서 새로운 제국이라 불릴 만한 권위와 체제를 갖출 수 있었다. 이제 함무라비의 정복에는 거침이 없었다. 힘이 힘을 부르고, 전리품의 매혹이 낳은 시너지 효과로 정복전쟁은 대성공을 거두었다. 동쪽으로는 엘람과 카시트를 포함해 훗날 이란에 속할 왕국들, 서쪽으로는 마리 왕국을 비롯해 같은 아모리인들이 레반트에 세운 나라들, 북쪽으로는 아시리아가 장악하고 있던 아나톨리아 남부까지 통제할 수 있었다. 앞선 아카드 왕국에 버금갈 만한 광대한 영토를 효율적으로 통치하기 위해 함무라비는 내치(內治)를 다음 목표로 삼았다. 수메르와 아카드에서 전해온 법전들을 손질하여 대대적으로 확대 개편한 함무라비법전이 제정되는 배경이다.

함무라비 왕이 이룩한 또 다른 업적은 메소포타미아의 문화와 종교의 중심지를 니푸르에서 바빌론으로 옮긴 것이다. 이는 1,500년 이상 메소포타미아 최고신으로 군림해 온 니푸르의 주신 엔릴(Enlil)의 지위를 바빌론의 주신 마르두크(Marduk)에게 넘긴 것을 의미했다. 새로운 신전이 지어졌고, 수도 바빌론은 이제 메소포타미아의 성도(聖都)가 되었다. 그곳에서 함무라비 왕은 한층 강화된 권력과 영적인 카리스마를 겸비한 리더십을 발휘할 수 있었다.

국가경제의 기틀은 교역이었다. 오래전부터 역내 교역을 담당해 온 아모리인들을 통해 바빌로니아는 메소포타미아 전 지역과 활발히 교역했고, 이를 토대로 부를 축적했다. 주된 교역품은 식량과 농기구 같은 생필품과 무기였지만 청금석 같은 귀중품도 거래 품목에 포함되었다. 그러나 함무라비 사후 제국은 급격히 해체되어 갔다. 함무라비의 아들 삼수일루나(Samsu-iluna, 재위 기원전 1749~기원전 1712)가 왕위를 이어받자마자 복속도시들이 독자 행보를 걸으며 떨어져 나가기 시작했다. 한번 시작된 왕국의 해체는 걷잡을 수 없었다. 이후 100여 년간의 시련 끝에 고바빌로니아 왕국은 결국 종말을 맞았다. 종말의 첫 신호는 동쪽에서 울려 퍼졌다. 이란 북서쪽 고원에서 일어난 카시트가 이제 막 왕위에 앉은 삼수디타나(Samsu-Ditana, 재위 기원전 1626~기원전 1595)의 숨통을 조여왔다. 삼수디타나는 재위하는 31년간 왕국을 지키기 위해 안간힘을 썼지만 결국 북쪽 아나톨리아에서 세력을 키운 무르실리 1세의 히타이트군에게 바빌론을 점령당하며 무릎을 꿇고 말았다. 이때가 기원전 1595년경으로, 바빌론에서 나라를 세운 지 300년 만이었다.

함무라비법전

1901년, 이란의 고대도시 수사(Susa, 오늘날의 슈시Shush)에서 문명의 금자탑이 또 하나 확인되었다. 프랑스와 이란의 고고학 발굴단이 수사의 한 언덕에서 2.25미터 높이의 검은색 석비를 발굴했는데, 원기둥 모양으로 다듬어진 섬록암에 수메르의 쐐기문자로 아카드어를 새긴 석비였다. 바로 함무라비법전 석비이다. 1951년 이라크의 니푸르 유적지(바그다드 남동부 소재)에서 발

함무라비법전 석비

석비 함무라비법전은 바빌로니아의 수도 바빌론에 세운 일종의 전시용 기념비다. 그런데 이것이 바빌론이 아닌 수사에서 발굴된 것은 기원전 11세기 엘람의 왕 슈트루크나훈테(Shutruk-Nahhunte)가 바빌론에서 이를 전리품으로 약탈해 자신들의 수도 수사로 가져갔기 때문이다. 제국 각지의 총독들에게 보낸 실제 법전은 점토판으로 만들었다. 루브르박물관에는 이 석비와 점토판 법전이 나란히 전시되어 있다.

견된 수메르 시대 우르 제국의 우르남무법전(기원전 2050년경 제정)과 에슈눈나의 에슈눈나법전(기원전 1930년경 제정), 이신의 리피트-이슈타르법전(기원전 1870년경 제정)에 이어 고대 메소포타미아 국가들의 통치철학과 사회상, 문명의 수준을 알 수 있는 또 하나의 법전이 발견된 것이다. 엘람인을 추방하고 왕국이 정착한 뒤 6대 왕 함무라비의 지시로 기원전 1754년경 제정된 이 법전은 현재 프랑스 루브르박물관에 소장되어 있는데, 총 44줄 28구절로 282개 법 조항이 새겨져 있다.

이 282개 법 조항은 상호 보완적이고 내용도 매우 구체적이다. 구체적인 상황이나 사건을 제시한 후 그에 상응하는 결정을 내리는 식이다. 이 법은 명예훼손, 부정부패, 절도, 장물 취득, 뇌물 제공 및 수수, 횡령, 살인, 상해, 가축의 토지 훼손, 대추야자 불법 벌목, 납치, 임대차, 노사관계, 공정거래, 여행, 신용거래, 고리대금 이자율, 세금 징수원의 법적 지위, 의사나 법관 등 전문직 종사자들의 직업 윤리와 법적 책임, 재난 상황에서의 매뉴얼과 윤리적 책무, 노예가 자유민이 되는 데 드는 비용, 노예 매매, 도망간 노예 처리, 동물과 배의 대여 조건과 대여료, 신붓값(혼인 시 신랑 측이 신부 측에 지불하는 돈), 이혼, 상속, 입양, 결혼한 여성의 재산 상속과 재산 처분 등에 관한 광범위한 내용을 다루고 있다.

법전의 구성을 구체적으로 살펴보면, 재판(1~5조), 절도(6~25조), 군대(26~41조), 농업 및 가옥(42~87조), 상거래(88~111조), 채무 및 공탁(112~126조), 친족(127~195조), 이혼(137~143조), 취첩(144~149조), 간통(129~132조), 배우자의 장기 부재(133~136조), 근친상간(154~158조), 상속(165~184조), 양자(185~193조), 유모(194조). 존속폭행(195조), 상해 및 치사(196~214조), 임신부에 대한 상해(209~214조), 의사, 건축업자와 선원 등 각종 직업 및 축력과 인력의 사용(215~277조), 노예(278~282조)에 관한 법률 등으로 구성되어 있다. 이 조항들은 근대법 체계로 분류하여 비교해 봐도 될 만큼 체계적이고 조직적이다. 이로써 바빌로니아 왕국이 정교한 거버넌스(통치 시스템)와 리더십이 체계적으로 작동하는 고도의 정치체제였다는 것을 알 수 있다. 몇 가지 예를 보자.

- **누군가 재판에서 거짓증언을 했거나 그가 한 진술이 성립하지 않는 경우, 그 재판이 사형까지도 선고될 수 있는 사건에 관한 재판이라면 거**

짓으로 진술한 이를 사형에 처한다.

- **재판관이 판결문을 작성한 뒤 이를 변경할 경우 벌금을 내야 하며 재판관 자리에서도 영구히 해임된다.**
- **불이 난 집에 불 끄러 온 사람이 몰래 집주인의 물건에 손을 댈 경우 그자를 불 속에 던져 넣는다.**
- **빚 때문에 노예가 된 경우 채권자의 집에서 3년 동안 노예로 일하게 한 뒤에는 풀어줘야 된다.**

특히 마지막 조항에 보이는 노예는 오히려 중세 농노보다 처지가 훨씬 나은 듯 보인다.

부부관계에 관한 내용도 있다. "아내가 남편과의 잠자리를 거부할 경우 그 배경과 전후 사정을 조사해 아내는 정절을 지키고 과오가 없는 반면 남편은 외출이 잦고 평소 아내를 크게 멸시했다면, 아내를 나무랄 수 없다. 그럴 경우에 아내는 자기 재산을 가지고 친정으로 돌아갈 수 있다."

의사의 직분과 직업윤리에 관한 규정도 있다. 의사가 성공적으로 환자를 치료했을 경우 환자의 경제적 사정이나 사회적 지위에 따라 치료비를 다르게 청구할 수 있었다. 치료한 환자가 부자라면 고액을, 빈자라면 그보다 적은 돈을 치료비로 청구할 수 있게 한 것이다. 예를 들어, 귀족은 10세켈(shekel), 평민이면 5세켈, 노예라면 2세켈 등 치료비의 차등화를 명문화했다. 나아가 의사가 치료 도중 중대한 과실을 범해 환자를 죽음에 이르게 했다면 의사도 그에 상응하는 책임을 져야 했다. 사람의 생명을 다루는 의사의 엄중한 책무를 규정하고 있는 셈이다.

함무라비법전은 형법에 '탈리오 법칙(lex Talionis)'을 적용하고 있다. '동해보복법(同害報復法)'이라고도 하는 이 법칙은 '눈에는 눈, 이에는 이'로 잘 알려져 있다. '해를 입은 만큼만 되갚는다'는 원칙 때문에 굉장히 야만적이고 반인권적인 법의 대명사처럼 인식되고 있지만, 법의 취지를 살펴보면 오히려 근대법의 기본 원칙이 담긴 혁명적인 법치의 출발점이기도 하다. 그 이전 법은 권력자나 가진 자가 약자들에게 횡포를 부리는 데 유용한 수단이었고, 그들의 권익을 지키기 위한 사적인 법에 머무는 경우가 많았다. 그러나 함무라비법전은 누구든 잘못을 저질렀을 때는 지위 고하를 불문하고 법적으로 처벌을 받도록 규정하고 있으며 피해에 대한 법률적 보상을 명문화하고 있다. 이를 역사적으로 보면, 무차별적이고 무제약적인 복수를 허용하던 단계에서 복수의 대상을 가해자 개인으로 한정하고 피해를 입은 정도와 같은 정도로 보복을 제한한 것, 즉 이전과 비교해 진일보한 것이라 할 수 있다. 물론 사회적 지위와 성별에 따라 법 적용을 차등화한 점은 부인할 수 없다. 부자나 자유민, 남성이 빈자나 노예, 여성보다 더 유리한 위치에서 법의 보호를 받았다. 그럼에도 3,750여 년 전 인류가 이렇게 법에 의한 지배를 명문화했다는 점은 놀랍다. 더욱이 함무라비법전이 이후 인류사회가 발전시키고 정비해 나간 수많은 법전의 모태가 되었다는 점에서 높이 평가할 만하다.

여기서 하나 더 강조하고 싶은 것은 함무라비법전의 서언과 결언에 깃든 법철학 정신이다. 함무라비법전 석비 상부에는 태양신 샤마시(Shamash)와 함무라비 왕의 모습이 묘사되어 있다. 왼쪽에 서 있는 인물이 함무라비이고, 오른쪽에 앉아있는 인물이 태양신 샤마시다. 학자들은 샤마시가 함무라비에게 통치권을 부여하는 장면이라고 해석한다. 서언에는 다음과 같이 기록되어 있다.

> **아누와 엔릴은 이 땅을 정의로 다스려 사악한 자들을 멸하라며 신을 경외하는 군주인 나, 함무라비의 이름을 불렀다. 이는 강자가 약자를 해치지 못하고, 인류의 더 나은 안녕을 위해 이 땅을 깨우치도록 나에게 샤마시처럼 머리가 검은 사람들(수메르인들은 스스로를 검은 머리의 사람이라고 불렀다-지은이 주)을 다스리라 한 것이다.**

샤마시 신은 함무라비 왕에게 통치권을 하사하면서 두 가지를 주문했다. 정의로운 사회를 구현할 것과 약자가 고통받지 않는 국가 운영을 주문한 것이다. 따라서 이러한 정신이 실현되지 않을 때 권력의 정통성은 사라지고, 이는 왕권 교체의 정당한 사유가 될 수 있었다. '게르만인은 모두가 자유롭고, 라틴인은 일부가 자유로우며, 오리엔트에서는 한 사람만 자유롭다'라며 제왕적 절대 권력체계가 오리엔트의 특징이라고 강조해 온 서구 오리엔탈리스트들의 편견을 이제는 바로잡을 필요가 있다. 제왕적 절대 권력의 제한이라는 함무라비법전의 기본 정신은 오늘을 사는 지도자들에게도 귀 기울여야 하는 준엄한 가르침으로 다가온다.

03 바빌로니아의 후계국가

카시트와 아시리아

히타이트는 삼수디타나의 바빌로니아 왕국을 점령하고 약탈했지만, 자국의 내분 때문에 군대를 철수해야 했다. 이 공백을 틈타 이 지역에 새롭게 세력을 키운 왕조가 카시트(Kassite, 기원전 1595~기원전 1155)였다. 카시트의 종족·언어적 기원은 명확치 않으나, 바빌로니아의 신앙과 문화를 500년 가까이 그대로 이어갔기 때문에 바빌로니아의 후계국가로 분류하곤 한다. 카시트 왕조 역시 고바빌로니아 왕국처럼 바빌론을 중심으로 세력을 떨쳤다. 그들은 말을 숭배했는데, 그 결과 바빌로니아에 처음으로 말을 이용한 전차가 도입되었다. 그러나 기원전 12세기, 엘람에 바빌로니아를 빼앗겼다.

카시트가 지도에서 사라진 메소포타미아 지방에서는 대규모 영역국가 대신 도시 규모의 군소국가들이 이합집산하는 상황이 이어졌다. 기원전 12세기 중반부터 약 300년 동안 필리스티아인

(Philistines, 《구약》에 등장하는 '블레셋'으로, 여기서 팔레스타인Palestine이라는 지명이 유래함)과 아람인, 히브리인이 팔레스타인과 시리아 지역에서 활동을 계속했고, 그사이 이란과 메소포타미아 지방에는 인도-유럽어계의 메디아인과 셈계의 칼데아인이 대거 이주하여 혼란 속에서 교류와 쟁패를 거듭했다.

기원전 10세기 초 신아시리아 제국(Neo-Assyria Empire, 기원전 911~기원전 609)이 이러한 혼란과 분열을 종식했다. 티그리스강 상류의 고대도시 아수르(Assur)에서 그 이름이 유래한 아시리아(Assyria)는 메소포타미아와 아나톨리아 지방에서 오랫동안 정치적·문화적 명맥을 유지한 왕국이자 종족이다. 기원전 2450년경 등장해서 기원전 609년 신아시리아가 멸망할 때까지 1,800년 이상 존속했다. 이 기간 동안 아시리아는 적어도 세 차례 제국을 건설했다. 그중에서도 가장 강력하고 우리에게도 친숙한 나라가 신아시리아 제국이다. 메소포타미아 북부 티그리스 강변을 중심으로 오래전 수메르, 아카드, 이어서 바빌론과 지속적으로 접촉하며 언어는 물론 풍습이나 신앙 등이 셈(Sem)화했으며, 이 지역의 문화와 축적된 기술을 토대로 대제국을 운영했다.

신아시리아는 아슈르바니팔(Ashurbanipal, 재위 기원전 668~기원전 631) 때 전성기를 누렸다. 아슈르바니팔은 무려 38년간 재위하며 정복전쟁을 통해 동쪽의 엘람에서 남쪽으로 이집트 테베(Thebae)까지 영토를 넓혔을 뿐만 아니라, 문화 창달에도 남다른 노력을 기울였다. 여러 언어를 익혀 직접 고전을 읽었으며, 수학적 지식도 상당했던 것으로 알려져 있다. 그가 수도 니네베(Nineveh)에 세운 아슈

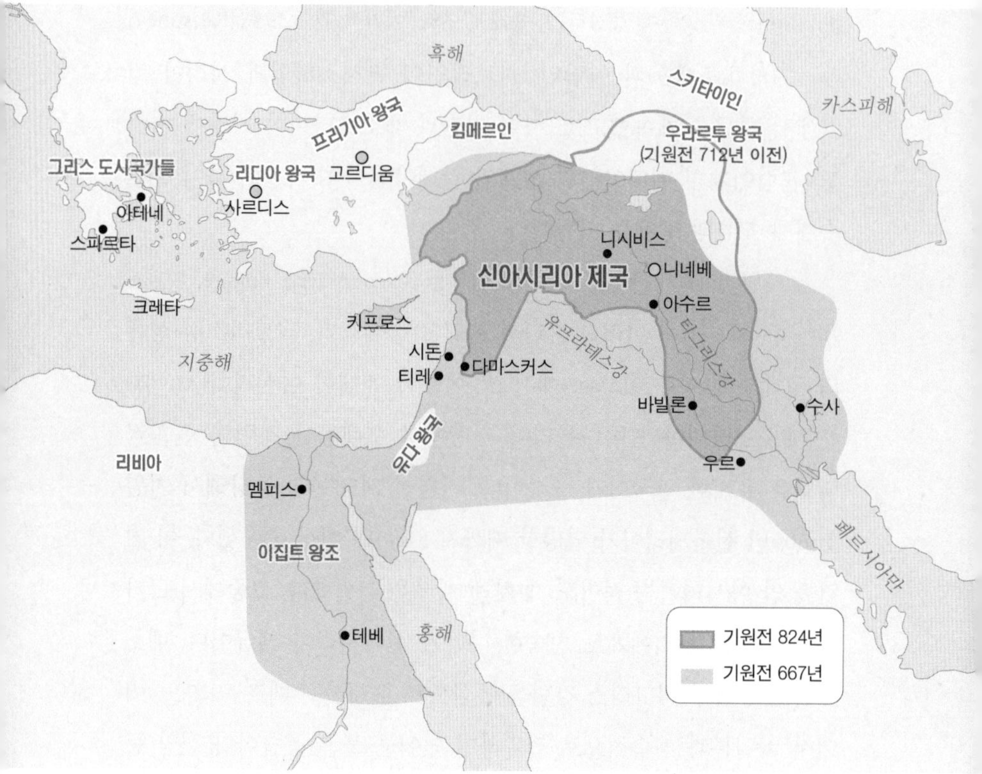

신아시리아 제국의 영토

메소포타미아 지역 군소국가의 난립을 종식한 신아시리아는 기원전 7세기 엘람에서 아나톨리아 동남부와 이집트까지 세력을 확장하며 강력한 제국의 면모를 보인다. 선으로 표시된 우라르투 왕국 영역은 신아시리아 제국이 기원전 9세기에 한시적으로 정복했던 지역이다.

르바니팔 도서관(Library of Ashurbanipal)은 역사상 최초로 장서를 체계적으로 분류한 도서관으로도 유명하다. 아슈르바니팔은 수메르어, 아카드어 등 다양한 언어를 쐐기문자로 기록한 점토판을 수집하여 누구나 알기 쉽게 분류하여 도서관에 비치했다.

19세기 중엽 이후 니네베 발굴로 수많은 부조와 점토판 등이 세상에 공개되었고, 이에 대한 연구를 통해 역사에서 거의 잊혔던 아시리아란 존재와 그 문화가 하나둘씩 모습을 드러내기 시작했다. 이를 통해 우리는 《길가메시 서사시》, 《천일 야화》의 원형, 오리엔트 지방의 신화와 설화의 실체에 조금씩 다가갈 수 있게 되었다. 흔히 아시리아는 잔혹함과 비인도적 폭압으로 왕국의 존립이 위협받아 멸망에 이르게 되었다고 한다. 그러나 아시리아의 통치 방식이 다른 왕국들에 비해 특별히 잔혹했다고 단정할 만한 역사적 근거는 미약하다. 신아시리아 왕들이 내부의 반역이나 외부의 군사적 공격에 대항하는 과정에서 비전투원이나 민간인들을 상대로 집단학살이나 박해, 부녀자 약탈 같은 반인권적 행위를 자행한 예를 찾기도 힘들다. 《구약》에 '존귀한 오스납발'로 잠깐 언급된(에스라서 4:10) 아시리아 종족은 지금도 시리아를 중심으로 기독교로 개종한 소수의 토착인으로 남아있다. 아시리아는 아슈르바니팔 사후 끔찍한 내전에 휩싸이며 해체되기 시작했는데, 기원전 609년경 메디아-신바빌로니아 연합군에게 아시리아-이집트 연합군이 참패하면서 멸망했다.

신바빌로니아 왕국

아시리아 제국의 멸망으로 오리엔트는 메디아(Media)와 리디아(Lydia), 이집트, 신바빌로니아 네 나라의 무대가 되었다. 그중 '칼데아 제국'이라고도 불리는 신바빌로니아 왕국(Neo-Babylonian Empire, 기원전 625~기원전 538)이 가장 번영했다. '칼데아(Chaldea)'란 이름은 신바빌로니아 왕들이 이미 바빌로니아인이라고 할 만큼 바빌로니아에 동화되어 버린 칼데아족의 후손인 데서 비롯한 이름이다. 바빌로니아 지역은 고바빌로니아 왕국이 히타이트에 멸망(기원전 1595)한 후 곧바로 카시트에 편입되어 400년 넘게 지배를 받다가 기원전 729년 다시 신아시리아 제국에 병합되었다. 그러나 바빌로니아인들은 독립을 위해 신아시리아에 간단없이 저항했고, 한 세기의 기나긴 투쟁 끝에 자신들의 나라를 세웠다. 기원전 626년 신아시리아 제국의 장군 나보폴라사르(Nabopolassar, 재위 기원전 625~기원전 605)가 아시리아의 내전을 틈타 반란을 일으켰고, 이어 바빌론에서 새로운 왕국을 선포했다. 기원전 612년에는 메디아군과 함께 아시리아의 수도 니네베를 함락했고, 3년 뒤 하란에서 이집트-아시리아 연합군을 격파했다. 앞에서도 언급했듯이, 이 전투로 신아시리아 제국은 종말을 맞았다. 나보폴라사르가 세운 이 나라는 고바빌로니아 왕국이 멸망하고 거의 1,000년이 지난 뒤에 등장했지만, 분명 고바빌로니아 왕국처럼 바빌로니아인들이 세운 왕국이었다. 이 나라를 신바빌로니아 왕국으로 칭하는 것도 그 때문이다.

그 중심지인 바빌론은 세계의 수도로 불릴 만큼 크게 번창했다. 신바빌로니아는 나보폴라사르의 아들 네부카드네자르 2세(Nebuchadnezzar II, 재위 기원전 605~기원전 562) 때 전성기를 맞이했다. 그는 무려 43년간 통치하면서 적극적인 군사활동으로 주변 국가들을 병합해 나갔다. 서쪽으로 멀리 레반트 지역의 티레(Tyre), 시돈(Sidon), 다마스커스(Damascus)는 물론 아라비아반도 남부의 아랍인들까지 복속했다. 무엇보다 기원전 587년 팔레스타인 지역을 다스리던 유다 왕국(Kingdom of Judah, 기원전 930~기원전 587)의 예루살렘을 파괴하고 유대인들을 바빌론으로 끌고 와 노역시킨 왕으로 유명하다. 유대인들이 바빌론에 잡혀있던 이 시기(기원전 587~기원전 538)를 '바빌론 유수(Babylonian captivity)'라고 한다. 네부카드네자르 2세 때 수도 바빌론은 옛 명성을 되찾았고 교역의 중심지가 되었다. 바빌론에는 엄청난 부와 새로운 문화가 몰려들었다. 세계 7대 불가사의의 하나로 회자되는 바빌론의 공중정원도 이 시기에 건설되었다. 바빌론은 단단한 성채에 둘러쌓인 요새도시였는데, 그리스 역사가 헤로도토스(Herodotos, 기원전 484?~기원전 425?)에 따르면, 성벽 높이가 12미터를 넘었고, 특히 성벽의 폭은 말 네 마리가 끄는 전차 네 대가 나란히 달릴 정도로 넓었다고 한다.

《구약》의 바벨탑 이야기나 대홍수 이야기도 이 시기 바빌론에 끌려온 유대인들에 의해 소개되었다고 보는 종교학자들이 많다. 《구약》에는 사악한 도시 바빌론에 사는 사람들이 하늘에 더 가까이 다가가기 위해 바벨탑을 쌓자, 하나님이 이 탑을 무너뜨리고 인류를 세계 곳곳으로 흩어지게 한 뒤, 다시는 서로 소통하지 못하도록

바벨탑비

1917년 바빌론에서 출토된 네부카드네자르 2세의 석비이다. 오른쪽 상단에는 네부카드네자르 2세, 그의 왼쪽에는 바빌론의 마르두크 신전인 '에테메난키(Etemenanki)'가 새겨져 있다. 비문에는 "내가 세계인들이 놀랄 이 바빌론의 지구라트 '에테메난키'를 만들었다. 내가 그 꼭대기를 하늘에 닿게 하여 입구로 향하는 문을 만들고 역청과 벽돌로 덮었다"라는 내용이 있다. 그래서 이를 일명 '바벨탑비(Tower of Babel stele)'라고 부른다.

여러 언어를 만들었다는 이야기가 있다. 《구약》의 바벨탑 이야기는 바빌론의 주신 마르두크를 모시는 지구라트를 연상케 한다. 실제로 중동의 고대사를 연구하는 학자들은 《구약》의 바벨탑을 지구라트와 연계하여 해석하기도 한다. 이들은 유대인들이 바빌론에서 목격한 거대한 지구라트와 《길가메시 서사시》를 중심으로 메소포타미아 지방에 널리 퍼져있던 홍수 이야기가 후일 성서를 확립하는 과정에서 도입되었다고 주장한다.

그러나 폭압과 차별을 앞세운 신바빌로니아의 운명은 오래가지 못했다. 네부카드네자르 2세가 사망하고 단 20여 년 만인 기원전

539년에 아케메네스조 페르시아 제국을 건설한 키루스 2세에 의해 정복되고 말았다. 신바빌로니아는 페르시아 대군에 제대로 맞서 싸워보지도 못하고 전략적 요충지인 시파르를 빼앗겼고, 이틀 뒤에는 바빌론마저 페르시아군에게 내주었다. 키루스 2세의 바빌론 함락으로 메소포타미아 지역은 아케메네스조 페르시아 치하에 들어갔고, 마르두크 신전이나 공중정원 같은 신바빌로니아 문명의 정수들도 파괴되어 역사 속으로 사라졌다. 다만 키루스 2세는 50여 년 전에 바빌론으로 끌려와 노역하던 유대인들의 귀환을 허용함으로써 성경이나 유럽 역사서에 성인으로 기록되는 영광을 얻었다.

기원전 1895년 바빌론에서 출발한 바빌로니아인들의 왕국은 이로써 끝이 났지만, 1,300년 이상 지속된 바빌로니아 문명은 페르시아 제국에서 그 명맥이 이어졌다. 나아가 그 문명의 정수를 품은 바빌론은 기원전 4세기 서쪽 저 멀리 마케도니아에서 알렉산드로스란 이름의 한 젊은 왕이 바빌론에 머물며 여생을 마침으로써 다시 한번 세계사의 주목을 받았다.

04 바빌로니아의 문화

메소포타미아라는 지리적 배경

사방이 개방된 메소포타미아 지역은 이민족의 침입이 잦아 수많은 제국이 난립하는 양상을 보였다. 이 지역은 식량과 천연자원이 부족하여 교역을 통해 목재, 석재, 구리, 청동 등을 주변 지역의 식량과 교환했다. 특히 금속을 이용한 도구를 개발하여 초기 기술진보의 터전을 마련했으며, 그 결과 금속의 사용이 문명의 지표처럼 받아들여지게 되었다. 금속의 사용과 문자의 발명으로 다른 지역보다 앞선 문명이 발아했으며, 우르, 라가시 같은 도시국가들이 생겨나서 인류의 초기 문명 실험을 성공적으로 이끌었다. 나아가 무기와 농기구 생산을 위한 금속 응용 기술의 유용성과 첨단 정보의 필요성을 자각하게 해주어 기술진보의 원동력이 되었다.

메소포타미아의 초기 도시는 중심부에 지구라트라는 신전을 세우고, 주변은 벽돌담으로 둘러싼 형태였다. 파라오가 태양신의 아들로서 자신을 신과 동일시하던 이집트 문명과는 달리, 메소포타미아의 왕은 철저히 신의 대리를 자처했다. 그 아래 신관과 군인이 지배층을, 평민과 노예가 피지배층을 형성했는데, 이는 근세까지 인류 사회 계층 구성의 전형이었다.

개방된 지리적 특성상 빈번한 정치체제의 교체와 상시적으로 노출된 생존의 위협으로 메소포타미아 지역 사람들은 임기응변적인 태도와 실리적 성향을 갖게 되었을 것이다. 이는 파라오를 중심으로 영생과 내세의 삶을 강조하던 이집트와 달리 현세를 중시하는 종교관이 발달하는 데 영향을 미쳤다.

천문학과 수학

바빌로니아 사람들은 해와 달, 별을 신으로 섬겼다. 그래서 천체의 움직임에 관심이 컸고, 많은 것을 천체의 움직임과 연관시켜 사고했다. 바빌로니아에서 출토된 점토판 중에는 1년 동안 일조시간의 변화를 기록한 것들이 있다. 수세기 동안 천체의 온갖 현상을 관찰한 기록도 남아있다. '에누마 아누 엔릴(Enūma Anu Enlil)'로 알려진 약 70개의 점토판이 그것이다. 그중 63번 점토판은 금성을 관찰한 기록으로, 적어도 21년에 걸쳐 금성이 언제 모습을 나타내고 언제 사라지는지를 기록했다. 이는 이때 이미 행성이 주기적으로 움직인다는 사실을 인식하고 있었다는 증거이다. 7일이 일주일의 단위가 된 것도 그들이 천체의 움직임을 관찰한 결과였다. 바빌로니아인들은 관찰을 통해 주기적으로 움직이는 5개의 행성을 찾아냈고, 그것들이 태양, 달과 함께 하루씩 시간을 관할한다고 판단했다. 그래서 7일을 한 주기로 묶고, 태양과 달, 5개의 행성을 자신들이 모시는 신과 결부시켰다. 예를 들면, 난나(Nanna)는 달, 샤마시는 태양, 마르두크는 목성, 이슈타르(Ishtar)는 금성과 결부되었다. 그리고 그 행성이 보이는 날마다 각각의 신에게 제사를 드렸고, 마지막 날에는 해와 달에게 제물을 바쳤다. 제사를 드리는 신으로 날을 헤아린 것이다. 그것이 오늘날의 요일로 표현되었다. 즉 태양(日)이 일요일(Sun-day)로 달(月)이 월요일(Monday)로 화성, 수성, 목성, 금성, 마지막으로 토성이 각각 요일로 표현되었다. 바빌로니아판 아스트롤라베(astrolabes, 고대 천체 관측기구)로 불리는 최초의 천문학 점토판도 확인되었다. 각 달과 관련된 36가지 별의 목록이 적혀있으며, 기원전 1100년경의 것으로 추정한다.

우리가 시간이나 각도를 나타내는 데 사용하는 60진법도 바빌로니아인들이 남긴 문화유산이다. 60진법은 60을 한 단위로 묶어서 윗자리로 올려가는 기수법(記數法)인데, 이를 이용해 우리는 1시간을 60분으로, 1분을 60초로, 원의 각도를 360(60×6)도로 나타낸다.

의학

이스탄불의 고대 오리엔트 박물관에는 기원전 18세기경 제작된 바빌로니아의 의료 처방전이 전시되어 있다.

바빌로니아의 의료 처방전 점토판

기원전 18세기, 니푸르에서 출토된 이 점토판에는 중독치료에 필요한 의학적 처방이 새겨져 있다. 무려 여덟 가지의 의학적 처방을 내렸는데, 예를 들면 "겨자, 피스타치오, 견과류, 달콤한 혼합 음료, 구운 곡물, 백리향 등을 와인이 담긴 작은 잔에 넣어 피부에 붓고 문지르면 살아날 것이다"라는 식이다. 이와는 반대로 마법을 써서 중독을 치료하는 방법도 소개하고 있다. 이스탄불 고대 오리엔트 박물관 소장.

이라크의 니푸르에서 출토된 이 점토판에는 중독을 치료할 방법들이 기록되어 있다. 이 처방전을 분석한 학자들에 의하면, 바빌로니아 의사들은 환자를 진료하고 병증을 분석할 때 매우 합리적이고 과학적인 방법을 동원했다. 과거의 임상경험들을 토대로 새로운 질병의 원인들을 진단했으며, 이를 기록해 사례를 축적했다.

가장 오래된 바빌로니아의 의학 관련 자료는 아카드어로 쓰인 기원전 2000년경의 것이다. 그러나 가장 광범위한 내용을 담고 있는 자료는 바빌로니아 제4왕조의 아다드아플라이디나(Adad-apla-iddina, 재위 기원전 1069~기원전 1046) 때의 것이다. 바빌로니아 제4왕조는 카시트가 무너지고 신아시리아에 병합되기 전까지 바빌로니아에 존재한 왕국 중 하나이다. 자료는 아다드아플라이디나의 움마누(ummânū, 수석 학자) 에사길킨아플리(Esagil-kin-apli)가 집필한 진단 핸드북《사키쿠(Sakikkū, 수메르어로 '병든 정맥/근육'을 의미)》로, 환자의 증상을 통해 병의 원인을 파악하고 예후를 정리한 일종의 의학 논문이다. 이 핸드북은 모두 6개의 장(章)으로 이루어져 있는데, 그중 제3장은 전염성이 있는 질환에 관한 내용이고, 제4장은 간질, 발작, 뇌졸중 등 신경학적 증상을 다루면서 안면마비, 갑작스러운 발작 등 다양한 증상을 제시했다. 제5장은 피부병변이나 열 같은 증상으로 알 수 있는 특정 질병의 치료법을 살피고, 특히 병의 특성에 따라 질병에 이름을 붙이는 데 할애했다. 마지막 장은 여성과 유아, 즉 부인과에 관한 내용으로, 예를 들면 유두의 모양과 색의 변화같이 임신 중에 나타나는 증상으로 태아의 성별을 감별하고 운세를 점치는 식이다. 이처럼 다양한 증상과 함께 진단검사를 통해 환자의 질병과 병의 진행 과정, 가능한 치료법과 회복 가능성까지 기록하고 있어 현대적 의미의 의학서라 할 수 있을 정도다. 그러나 저자는 기본적으로 병을 '신이 보낸 메시지'로 간주했다. 진단의 일차적인 목적도 신의 메시지를 가려내는 데 있었다. 그래서 붕대, 연고, 알약 같은 치료 수단 외에 초자연적인 진단 및 치료법을 제안했다. 바빌로니아 의사들은 환자가 육체적으로 치유될 수 없다고 판단하는 경우 퇴마의식을 동원하거나 심리요법을 병행했다.

문학

바빌로니아인들이 남긴 가장 오래된 문학적 금자탑은 아무래도 《길가메시 서사시(Epic of Gilgamesh)》일 것이다. 《길가메시 서사시》는 사실 시대적 배경이 각기 다른 별도의 이야기들을 길가메시 한 사람의 이야기로 통합한 것이다. 가장 오래된 이야기는 기원전 2000년경의 작품으로 보이는 5편의 수메르어 시라고 하는데, 바로 우루크의 왕 길가메시에 관한 시였다. 오늘날 전거가 되는 판본은 기원전 13세기와 기원전 10세기 사이에 신레키 운닌니(Sîn-lēqi-unninni)가 수메르어를 아카드어로 번역하여 편찬한 것이다. 19세기 중엽 영국의 고고학자 오스틴 헨리 라야드(Austen Henry Layard, 1817~1894)가 이라크 니네베의 아슈르바니팔 도서관 유적에서 2만 4,000여 점의 점토판을 발굴했는데, 그중에 《길가메시 서사시》 점토판이 섞여있었다. 이 서사시는 그리스 대문호 호메로스(Homeros)의 《일리아스(Ilias)》와 《오디세이아(Odysseia)》보다 무려 1,500년이나 앞선 것으로, 오리엔트 지방의 신화와 역사, 인간의 삶과 죽음, 사후세계에 대한 두려움, 영생에 대한 갈망을 함축적으로 담아낸 생각의 보고이다. 12개의 점토판에 길가메시의 각기 다른 모험담이 담겨있는데, 일부 이야기가 뒷날 첨가되거나 변형된 것으로 보인다.

《길가메시 서사시》

수메르의 도시국가 우루크의 통치자 길가메시는 3분의 2가 신이고, 3분의 1이 인간인 반신반인으로, 초월적인 힘을 가졌다. 최고신 아누는 그가 지혜와 용기를 갖춘 지도자가 되기를 바랐으나, 그는 이런 신의 뜻을 저버리고 오만한 폭군이 되고 말았다. 백성들이 그를 물리칠 장수를 보내달라고 신에게 탄원하자, 최고신 아누는 점토로 만든 야수 엔키두(Enkidu)를 지상으로 내려보낸다. 서로를 꺾어야 하는 적으로 만난 길가메시와 엔키두는 격렬한 전투 끝에 친구가 되어 모험을 떠나기로 한다. 그런데 둘이 함께 목재를 구하러 백향목 숲에 갔다가 거인 후와와를 만났고, 힘을 합쳐 후와와를 죽이고 우루크로 돌아온다. 이제 개과천선한 길가메시가 엔키두와 함께 나라를 다스린다. 그들은 악을 제거하고 선정을 베풀면서 우루크를 최고의 나라로 만들어간다. 멋진 길가메시에게 연심을 품은 이슈타르 여신이 그를 유혹하지만, 엔키두와 의기투합한 길가메시는 여신의 청혼을 거절하고 그에게 모욕을 준다. 이슈타르는 격노하여 아버지 아누에게 길가메시를 죽일 천상의 황소를 보내달라고 간청한다. 지상에 풀어놓은 황소 때문에 우루크는 7년 동안 기근에 시달린다. 또 다시 길가메시와 엔키두가 힘을 합쳐 황소를 물리쳤고, 엔키두는 황소 뒷다리를 이슈타르의 얼굴에 집어 던지는 것으로 신의 섭리에 정면으로 도전한다. 결국 아누의 분노를 산 엔키두는 12일 만에 죽음에 이르고, 친구이자 영적인 동반자를 잃은 길가메시는 비탄과 실의에 빠져 모든 것을 내던지고 영생의 비결을 알고 있다는 우트나피슈팀(Utnapishtim)을 찾는 긴 여정에 오른다.

갖은 고생 끝에 우루크를 떠난 지 40일 만에 슈루파크(Shuruppak, 노아의 방주가 걸렸다는 곳)라는 곳에서 은자 우트나피슈팀을 만난다. 우트나피슈팀은 그에게 영생의 비밀을 설명하면서 자신이 겪은 대홍수에 관해 이야기해 준 뒤, 불로초가 있는 장소를 알려준다. 길가메시는 노력 끝에 불로초를 구해 고향으로 돌아온다. 그러나 고향이 바라다보이는 냇가에서 목욕을 하는 사이, 풀숲에 있던 뱀이 불로초를 먹는 바람에 모든 것이 허사로 돌아간다. 길가메시는 허무함에 눈물을 흘리다가 우루크로 돌아간다.

여기까지가 점토판 11개의 내용이다. 영생의 비결도, 불로초도 없다. 결국 길가메시 자신도 엔키두처럼 언젠가는 죽을 수밖에 없다. 인간은 모두 언젠가는 죽을 수밖에 없는 유한한 존재임을 말하고 있다.

마지막 12번째 점토판은 내용이 다소 뜬금없다. 학자들은 이 내용이 앞서 언급한 수메르어 시를 아카드어로 번역한 내용이라고 하는데, 이미 죽은 엔키두가 멀쩡히 살아있다. 길가메시가 자기 물건들을 지하세계(저승세계)에 떨어뜨렸다고 엔키두에게 투덜대자 엔키두가 물건들을 가지러 지하세계에 갔다가 갇혀버린다. 이에 길가메시가 신들에게 친구를 돌려달라 기도하자, 샤마시 신이 그를 위해 땅을 가른다. 엔키두는 간신히 그곳에서 나왔고, 길가메시가 엔키두에게 지하세계에서 무엇을 보았는지 질문하는 내용으로 이 대서사시는 막을 내린다.

《길가메시 서사시》에서 주목해야 할 또 다른 내용은 은자 우트나피슈팀이 길가메시에게 해준 대홍수 이야기이다. 11번째 점토판의 내용인데, 기원전 18세기에 아카드어로 새겨진 서사시 《아트라하시스(Atra-Hasis)》와 기원전 3000년경에 기록된 수메르 신화에도 이 대홍수 이야기

《길가메시 서사시》 11번째 점토판

영국박물관에 소장된 11번째 점토판은 1852년 니네베의 아슈르바니팔 도서관 유적지에서 호르무즈드 라쌈(Hormuzd Rassam, 1826~1910)이 발굴했다. 그로부터 20년이 지난 1872년, 영국박물관 연구원 조지 스미스(George Smith, 1840~1876)가 점토판에 적힌 대홍수 이야기를 해독했다.

가 있다.

후일 대홍수신화는 서사구조가 거의 그대로 《구약》 〈창세기〉의 '노아의 방주' 이야기에 이입되었는데, 학자들은 기원전 587년 바빌론에 끌려간 유대인들이 포로 생활을 하면서 들은 이 홍수신화를 기억했다가 기원전 400년경 〈창세기〉를 최종적으로 편집하면서 '노아의 홍수'로 연결했다고 추정한다.

다음은 대홍수 이야기의 세 가지 버전 중 기원전 3000년 무렵에 기록된 수메르 신화의 내용이다. 주인공은 대홍수 이전 수메르의 마지막 왕으로 수메르 왕 목록(Sumerion King List)에도 이름이 등장하는 지우수드라(Ziusudra)이다.

신이 벽을 통해 지우수드라에게 계시했다.

내가 너에게 비밀을 알릴 테니 그대로 실행하여 목숨을 구해라. 인류를 땅 위에서 모두 없애기 위해 대홍수를 일으키기로 결정했다. 즉시 모든 재물을 털어 내가 시키는 대로 배를 만들어 가족과 모든 생물의 종자를 한 쌍씩 싣도록 하여라. 홍수는 7일간 쉬지 않고 계속될 것이다.

지우수드라는 신이 알려준 대로 홍수가 시작되자 가족과 친척, 기술자 그리고 모든 생물의 종자 등을 배에 싣고 6일간 홍수와 폭풍우를 피했다. 7일째가 되자 과연 폭풍우가 멎고 하늘이 맑아졌다. 지우수드라가 배의 창문을 열자, 햇빛이 쏟아져 들어왔다. 그는 신께 감사의 기도를 올린 뒤 배가 머물 곳을 찾아 헤매다가 니시르산(Mount Nisir, 오늘날 터키 동부 아라라트산으로 추정) 꼭대기에 닿았다. 그는 다시 이곳에서 6일간 물이 빠지기를 기다렸다. 그리고 7일째 되는 날, 물이 빠졌나 알아보기 위해 새들을 차례로 날려 보냈다. 비둘기와 제비를 차례로 날려 보냈는데, 모두 앉을 곳을 찾지 못하고 되돌아왔다. 마지막으로 까마귀를 날려 보냈다. 그런데 까마귀는 며칠이 지나도 돌아오지 않았다. 이제 물이 다 빠졌다고 생각한 지우수드라는 가족과 함께 배에서 나와 산꼭대기에서 새로운 생명을 주신 신들에게 제물을 바쳤다.

《길가메시 서사시》에 실린 대홍수 이야기는 약간 변형되었지만, 기본 줄거리는 바뀌지 않았다. 바뀐 내용은 살아남은 인간이 지우수드라에서 우트나피슈팀으로 달라졌고, 홍수가 일어난 곳이 유프라테스강 언덕의 슈루파크라는 곳으로 구체화되는 정도이다. 이 대홍수 이야기는 수천 년을 내려와 〈창세기〉에 나오는 노아의 홍수 이야기로 이어졌다.

3장

철기시대를 연 첨단기술 강국
히타이트

기원전 1780년경	히타이트족의 피타나, 네샤 점령
기원전 1650년경	하투실리 1세, 네샤에서 하투샤로 수도를 옮기며 히타이트 왕국 시대 개막
기원전 1595년경	무르실리 1세, 고바빌로니아 왕국 침략, 아나톨리아반도 장악
기원전 1400년경	철기 생산기술 개발
기원전 1274년	카데시 전투
기원전 1259년	카데시 조약 체결
기원전 1200년경	프리기아 등장
기원전 1180년경	히타이트 멸망

히타이트는 아나톨리아평원에서 인류역사상 처음으로 철기문명의 꽃을 피운 500년 대제국이다. 그러나 제국이 멸망한 후 히타이트는 사람들의 기억 속에서 사라졌고, 그리스나 로마인은 물론 19세기 중후반까지도 이들의 존재를 아는 사람은 없었다. 잊혔던 히타이트가 다시금 인류역사의 무대에 올려진 것은 19세기 중반 아나톨리아에서 히타이트의 흔적을 발견하고 이후 100년 동안 히타이트의 역사를 재해석하고 히타이트 문자를 해독하는 일에 매달린 천재 학자들의 공헌 덕분이라 할 수 있다. 3,500년 전 히타이트의 철기 사용과 놀라운 기술혁명을 그냥 지나치기에는 인류문명에 끼친 영향과 공헌이 너무 크다. 철기 사용은 인류역사에서 가장 드라마틱한 패러다임의 변화를 가져온 기폭제였다. 어쩌면 인류는 지금도 철기시대의 연장선상에 살고 있다고 할 수

있다. 긴 인류역사에서 보면 청동기에서 철기로의 변화는 20세기 아날로그에서 디지털로의 변화와는 비교도 안 될 만큼 깊고 의미 있는 문화혁명이었다. 오늘날 과학기술이나 IT기술을 이야기할 때 히타이트를 빼놓을 수 없는 이유이다.

어쩌면 우리는 인류역사에서 히타이트를 로마 제국 이상으로 평가하고 기억해야 할 것 같다. 히타이트 문자의 거의 완벽한 해독으로 신비에 싸였던 대제국의 실체가 하나하나 베일을 벗고 있기 때문이다. 트로이 발굴로 트로이 신화가 역사가 되고 미다스 왕묘의 발굴로 프리기아의 왕 미다스가 신화의 주인공에서 엄연한 역사 속 인물로 자리 잡게 된 것과 마찬가지다. 20세기 최대의 발굴 사업이 모두 아나톨리아평원에서 이루어진 사실도 결코 가볍게 넘길 일이 아니다. 아나톨리아반도야말로 인류의 역사와 문명의 씨앗이 깊고도 넓게 뿌리내린 곳이다. 아나톨리아의 넓은 평원을 무대로 500년 가까이 오리엔트 전역을 호령한 히타이트의 흔적을 찾아가는 공부는 그래서 더욱 흥미롭고 특별하다.

01

히타이트의 역사와 거버넌스

히타이트의 역사

'히타이트(Hittite)'라는 이름은 이 제국을 건설한 종족 이름에서 유래했다. 이집트 상형문자 파편에 'ht'라는 표기가 있었는데, 고대 이집트어를 비롯해 고대에 쓰인 대부분의 언어는 모음을 거의 표기하지 않았다는 점에 착안해 이집트학 전문가들은 이를 '하티(Hatti)'로 해석했다. 하티인은 〈창세기〉에서부터 〈열왕기〉에 이르기까지 《구약》에도 등장하는 '헷족'으로 알려져 있다. 다윗의 아내이자 솔로몬의 어머니인 밧세바의 전남편이 바로 헷족 출신이라고 《구약》 〈사무엘서〉 하권 11장에 나와있다. 〈열왕기〉 하권 7장 6절에는 히타이트의 왕이 이집트의 파라오와 나란히 언급된 구절도 있다. 당시 히타이트의 국력과 위상을 짐작하게 하는 대목이다.

히타이트족은 기원전 2000년 이전에 흑해 북부에서 소아시아로 이주했고, 오리엔트의 기존 문명을 뒤엎고 새로운 아나톨리아 통일시대를 열었다. 기원전 1750년까지 아나톨리아의 중앙부 대부분을 차지한 히타이트는 약 100여 년 뒤 하투실리 1세(Hattuşili I, 재위 기원전 1650~기원전 1620) 때 본격적인 히타이트 왕국 시대를 열었다. 히타이트 왕국은 하투실리 1세의 뒤를 이은 무르실리 1세(Murşili I, 재위 기원전 1620~기원전 1590)가 메소포타미아의 최강자 고바빌로니아 왕국을 멸하고, 기원전 14세기 중엽 슈필룰리우마 1세(Şuppiluliuma I, 재위 기원전 1344~기원전 1322)가 미탄니 왕국(Kingdom of Mitanni, 기원전 1600~기원전 1260)을 정복하면서 강성해졌다. 19세기 말, 거대한 성벽으로 둘러싸인 고대도시가 시리아 북부에서 터키 전역에 이르는 광대한 지역에서 확인되어 발굴과 복원이 진행 중이다.

히타이트의 역사는 고대 이집트 역사처럼 크게 세 시기로 나눌 수 있다. 고왕조(기원전 1650~기원전 1500), 중왕조(기원전 1500~기원전 1430), 신왕조(기원전 1430~기원전 1180)가 그것이다.

히타이트어로 된 최초의 기록인 〈아니타 문서(Anitta text)〉에는 '피타나(Pithana)'와 '아니타(Anitta)'란 이름이 등장한다. 히타이트 고왕조로 발전할 쿠샤라(Kuşşara) 왕국의 통치자들이다. 피타나가 기원전 1780년경 네샤(Neşa, 카네시Kaneş 또는 퀼테페로도 알려져 있음)를 점령한 뒤, 그의 아들 아니타가 왕국의 중심지를 쿠샤라에서 네샤로 옮기고 이곳에서 100년 넘게 존속했다고 한다. 〈아니타 문서〉는 이 시기 히타이트의 전신으로서 쿠샤라 왕국의 실체를 보여주는 자료이다. 오랫동안 학자들은 아니타를 신화적인 인물로 간주했다. 그런데 히타이트의 전신 쿠샤라 왕국의 수도였던 네샤, 지금의 퀼

알라자회위크의 청동기

터키 초룸(Çorum)주에 있는 하티인의 유적지 '알라자회위크(Alacahöyük)'의 무덤에서 출토된 청동기들로, 초기 청동기시대 것으로 추정된다. 히타이트 유물 중에는 순수한 철기도 있지만, 이는 일부일 뿐 청동기가 대부분이다. 디스크(disk) 모양의 청동기(왼쪽)와 뿔 달린 사슴과 두 마리의 황소로 장식된 고리 모양의 청동기(오른쪽)가 아주 인상적이다. 히타이트 왕국 설립 이전 아나톨리아반도에 살던 하티인들의 제례 도구로 추정된다. 땅과 태양을 상징하는 디스크 모양의 청동기 윗부분의 뾰족한 형상은 자연의 재생과 풍요를 상징한다고 한다. 이런 상징은 고스란히 히타이트 제국 문화에 이입되었다. 조각의 역동성이나 정교함이 돋보일 뿐만 아니라, 하티인들의 우주관이 고스란히 담긴 뛰어난 작품이다. 바로 이 두 개의 청동기가 터키의 수도 앙카라의 상징물로 사용되고 있다.

테페 왕궁 터에서 그의 이름이 새겨진 문서가 발견된 것이다. 퀼테페는 아니타가 건설한 쿠샤라 왕국의 수도로 상, 하 두 개의 도시로 구성되었다. 왕실과 궁전, 하티인들은 상도시에, 외국 상인들과 피지배 민족들은 '카룸(Karum)'이라 부르는 하도시에 따로 모여 살았을 정도로 도시의 규모가 크고 상업이 발달했다. 〈아니타 문서〉와 함께 상도시 창고 터에서 동으로 만들어진 단검도 한 점 발견되었는데, 여기에도 '아니타'란 글자가 새겨져 있었다.

왕국의 수도를 네샤에서 하투샤(Hattuşa)로 옮긴 것은 하투실리 1세 때인데, 그 이름(하투실리는 '하투샤의 아들'이란 의미)으로 보면 이 무렵부터 하투샤가 제국의 단단한 중심지가 되었던 것이 틀림없다. 이때부터 히타이트인들은 자신들의 나라를 '하투샤 왕국'이라 불렀다고 한다. 하투샤에 도읍한 히타이트 왕국은 무르실리 1세 치세 말기인 기원전 16세기 초에 첫 번째 절정기를 맞았다. 이 시기에 고바빌로니아를 점령하면서 제국으로 발돋움할 발판을 다졌다. 무르실리 1세 사후 내외의 혼란으로 국력이 일시 쇠퇴했으나, 투드할리야 1세(Tuthaliya I)가 보위에 오른 기원전 1430년경부터 다시 힘을 회복했다. 많은 학자가 이때 이후를 히타이트 신왕조로 분류하고 본격적인 히타이트 제국 시대가 열린 것으로 평가한다. 기원전 14세기 중반부터 13세기 초반까지, 즉 슈필룰리우마 1세와 무르실리 2세(Murşili II, 재위 기원전 1321~기원전 1295) 때 제국은 아나톨리아 전역과 오늘날의 시리아, 가나안 지방까지 정복했다. 특히 슈필룰리우마 1세는 동맹을 위해 바빌로니아의 공주와 결혼했으며, 당시 강력한 세력을 형성하고 있던 동쪽의 미탄니 왕국을 속국으로 삼아 명실공히 오리엔트의 절대 강자로 군림했다.

히타이트의 정복활동은 기원전 1300년경 남으로 이집트 국경까지 뻗쳤고 기원전 1274년에 결국 오늘날 시리아의 카데시(Kadesh)에서 이집트와 충돌했다. 이를 '카데시 전투(Battle of Kadesh)'라고 하는데, 이후 하투실리 3세(Hattuşili III, 재위 기원전

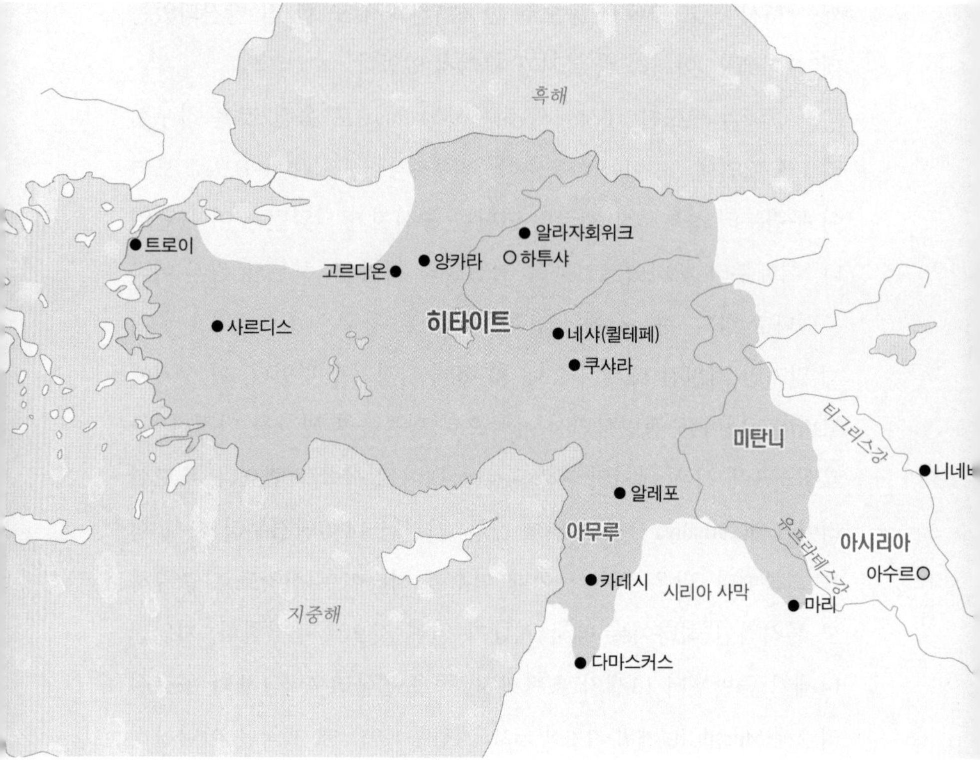

기원전 14세기 히타이트 제국의 영토

슈필룰리우마 1세와 무르실리 2세는 아나톨리아 전역과 시리아, 가나안 지역에 이르는 방대한 영역을 정복하면서 제국으로서의 면모를 갖췄다. 신왕조 시기 히타이트는 여러 소왕국들이 연합한 거대한 중앙집권적인 통치체제를 완성했으며, 거대 건축물을 통해 아나톨리아 최대의 도시문명을 이룩했다.

하투샤 출토 청동서판

세계 최대의 히타이트 문명 전시관인 아나톨리아 문명 박물관에는 히타이트의 수도 하투샤에서 발견된 수천 점의 점토판이 전시되어 있다. 점토판 내용을 읽다 보면, 각종 계약서와 집문서, 개인 간 주고받은 연애편지에 이르기까지 당시의 삶을 재현해 놓은 듯한 감동이 전해진다. 더욱 흥미로운 것은, 중요한 내용은 훼손되기 쉬운 점토가 아니라 은이나 청동 같은 금속에 새겨 보관했다는 사실이다. 대표적인 유물이 투드할리야 4세(Tuthaliya IV, 재위 기원전 1237~기원전 1209) 때인 기원전 1235년경에 제작된 청동서판이다. 히타이트어 쐐기문자로 새겨진 이 청동판은 총 4장으로 구성되어 있는데, 투드할리야 4세와 그의 조카 쿠룬타(Kurunta) 사이에 체결된 협약서로, 아나톨리아에서 출토된 유일한 청동서판이다.

1267~기원전 1237)의 딸과 이집트의 람세스 2세가 결혼을 하면서 두 나라는 공식적으로 전쟁 대신 평화를 택했다.

그러나 카데시 전투 이후 양국의 국력 쇠퇴는 막을 길이 없었다. 신왕조 말기는 제국 쇠퇴의 전형적 패턴을 따랐다. 왕위 계승을 둘러싼 분쟁과 갈등이 가속화되었고, 기원전 1180년경 외적의 침입에 속수무책으로 무너졌다. 일부가 기원전 700년경까지 살아남아 '신히타이트(Neo-Hittite)'라 통칭되는 도시국가들로 이어지기도 했지만, 제국은 잊히고 제국의 오랜 문화와 언어의 잔재들은 리디아, 리키아(Lycia), 카리아(Caria) 같은 후계국가에 녹아들었다. 또 일부

언어는 이란 지방에서 흥기한 페르시아의 언어로 살아남았지만, 마케도니아의 왕 알렉산드로스의 침공 이후 그리스적인 요소들이 강화되면서 기원전 4세기 이후에는 히타이트의 명맥마저 찾아보기 힘들어졌다. 히타이트 역사의 종말이었다.

히타이트 문자 해독의 기적적 스토리

히타이트 유적의 발굴과 문자 해독에는 수많은 학자의 열정과 함께 기적에 가까운 행운이 따랐다. 히타이트의 존재가 처음으로 알려진 데는 고대 아시리아의 식민지 퀼테페에서 발견된 한 개의 점토판이 계기가 되었다. 이 점토판에 아시리아 상인들이 어딘가 모를 '하티의 땅(land of Hatti)'에서 교역을 했다는 기록이 있었다. 그런데 그 점토판에 새겨진 이름 중 일부는 하티인의 이름도 아시리아인들의 이름도 아니었다. 분명한 것은 인도-유럽어계의 이름이라는 점뿐이었다.

1834년 프랑스의 고고학자 샤를 텍시에(Charles Texier, 1802~1871)가 터키 여행 중 보아즈쾨이(Boğazköy, 보아즈칼레Boğazkale)를 방문했다. 어느 날 우연히 인근에서 바큇자국을 발견하고 이를 따라서 언덕에 올라갔다가 거대한 돌덩이들이 열을 지어 서있는 것을 보았고, 그 주변의 잔해들을 살펴본 결과 이것이 거대한 도시의 흔적임을 알게 되었다. 하지만 당시 어느 역사가도 고대 아나톨리아 지방에 거대한 도시가 있었고 그런 거대한 도시를 경영할 만한 민족이 있었을 것이라고 생각하지 못했다. 텍시에도 자신이 본 것이 정확히 무엇인지 몰랐다.

야즐르카야의 히타이트 12신 부조

야즐르카야(Yazılıkaya)는 터키어로 '글이 새겨진 바위'란 뜻이다. 히타이트 왕국의 석조 신전으로 보아즈쾨이 도시 유적에서 북동쪽으로 멀지 않은 곳에 있다. 1834년 텍시에는 지역 주민의 안내로 이곳을 방문했고, 먼저 본 도시 유적과 이곳의 모습을 스케치해 5년 뒤 파리에서 《소아시아의 소묘(Description de L'Asie Mineure)》를 출간했다. 사진의 부조는 히타이트인들이 섬기던 수천여 신들 중 지하세계의 신들을 묘사한 작품이다.

1884년에는 아일랜드의 선교사 윌리엄 라이트(William Wright)가 시리아 중부 하마(Hamah, 하마트Hamath)에서 상형문자가 새겨진 석비(일명 하마트석)를 발견하고 탁본을 떴다. 시리아 북부의 알레포에서도 비슷한 상형문자가 발견되었다. 그러던 1891년 영국인 이집트학자 윌리엄 피트리(William Petrie, 1853~1942)가 이집트의 텔엘아마르나(Tell-el-Amarna)에서 발굴한 점토판들 중에서 파라오 아멘호테프 4세(Amenhotep IV, 재위 기원전 1379~기원전 1362)의 외교 서신을 발견했는데,

누군가 아멘호테프의 즉위를 축하하며 보낸 편지였다. 쐐기문자로 새긴 것이어서 소리 내어 읽을 수는 있지만 이해할 수는 없었다. 누구도 알지 못하는 언어였기 때문이다. 우리말을 영어 알파벳으로 써놓으면 영어권 사람들이 소리 내어 읽을 수는 있지만 이해하지는 못하는 것과 같다.

그런데 얼마 지나지 않아 영국의 아시리아학자이자 언어학자인 아치볼드 헨리 세이스(Archibald Henry Sayce)가 아멘호테프에게 편지를 보낸 나라, 《구약》에 등장하는 '헷'이 '하티'와 같은 존재라는 주장을 펼쳤다. 〈열왕기〉에 다윗의 아내 밧세바의 전남편으로 언급되는 우리야가 바로 헷 출신이었다. 세이스는 이 헷족을 텍시에가 아나톨리아에서 발견한 대도시의 경영자들과 연결시켰다. 수수께끼의 존재가 헷족이라는 세이스의 가설을 비웃는 학자들도 있었지만, 이를 계기로 텍시에가 발견한 보아즈쾨이 유적에 대한 관심이 증폭되었고, 1906년을 전후로 영국과 독일의 탐험가와 학자 들이 아나톨리아를 방문해 유적을 찾기 시작했다.

그중 보아즈쾨이에서 발굴된 점토판 해독 작업을 하던 독일의 고고학자 후고 빙클러(Hugo Winckler)가 1906년 기적 같은 행운을 만나게 된다. 당시 빙클러의 고고학 조사단은 보아즈쾨이 언덕 위에 있는 큰 구조물 안에서 1만여 점의 아카드어 쐐기문자로 기록된 점토판을 수습했는데, 어느 날 막 발굴된 외교문서 하나를 살펴보다가 놀랍게도 그 내용이 이집트 카르나크 신전 벽에 상형문자로 새겨진 이집트-히타이트 평화조약과 똑같은 것임을 알게 된다. 카데시 전투가 있고 몇 년 후 히타이트와 이집트가 맺은 평화협정의 내용이었다. 무려 3,000년 만에 잊혔던 조약의 한쪽 당사자가 기록한 내용이 발견된 것이었다. 이로써 자신이 서 있는 그곳, 보아즈쾨이 인근의 고지대가 조약의 당사국 히타이트의 대

도시, 그것도 수도임을 확신하게 되었다. 왕이 기거하는 궁정 서고가 아니라면 이런 중요한 내용이 보관되어 있을 리 없기 때문이었다. 운 좋게도 텔엘아마르나 점토판에 쐐기문자로 새겨진 미지의 언어와 같은 언어로 된 점토판도 발굴되었다. 그는 이제 이 미지의 언어가 히타이트의 언어임을 확신했다. 하지만 히타이트어를 해독하지 못한 채 1913년 세상을 뜨고 만다.

그리고 몇 년 후, 체코의 언어학자 베드르지흐 흐로즈니(Bedřich Hrozný, 1879~1952)가 히타이트어를 해독하는 데 성공한다. 히타이트어 해독의 실마리는 한 줄의 문장 속에서 찾아졌다. 바로 "nu ninda-anezzatteni vadar-ma ekutenni"라는 문장이었는데, 먼저 흐로즈니는 '닌다(ninda)'라는 단어가 수메르어로 '빵'을 의미한다는 사실을 밝혀낸다. 그 뒤 '빵'이라는 단어 뒤에 '먹는다'라는 의미의 단어가 이어질 것이라고 가정하고 문장 속에서 동사 '먹다'를 찾아낸다. 'ezza'가 바로 그 단어였다. 이런 식의 작업을 통해서 흐로즈니는 결국 이 문장이 "당신은 빵을 먹고 물을 마신다"는 뜻임을 알게 된다. 이 문장을 시작으로 1930년대에는 히타이트어 쐐기문자로 된 대부분의 점토판을 해독할 수 있었다. 히타이트가 수천 년의 침묵을 깨고 자신들의 이야기를 들려주기 시작한 것이다. 본격적인 해독이 경쟁적으로 이루어지면서 '무르실리', '슈필룰리우마' 등 위대한 히타이트 왕들의 이름이 하나둘씩 세상에 드러나고 그들의 치적이 알려졌다. 아멘호테프에게 즉위 축하 서신을 보낸 왕도 슈필룰리우마 1세였다. 이제 히타이트는 전설에서 생생한 역사로 위치이동을 하게 된다. 히타이트 제국의 놀라운 거버넌스와 꼼꼼한 기록문화 덕분이었다. 보아즈쾨이 인근의 광활한 고지대, 즉 히타이트의 수도 하투샤

베드르지흐 흐로즈니

고고학자들은 끈기와 열정으로 끝내 잊힌 역사를 발굴하고 복원해내고야 만다. 그것이 바로 고고학의 매력이다. 트로이를 발굴한 독일인 하인리히 슐리만도 그랬다. 열심히 일해서 경제력을 갖춘 뒤 평생의 꿈이었던 트로이 발굴을 시작했다. 이집트에서 로제타 스톤을 발견하여 이집트 상형문자를 해독한 프랑스 학자 장프랑수아 샹폴리옹도 그렇지만, 특히 히타이트어 해독에 성공한 흐로즈니는 제1차 세계대전 참전 중에도 해독에 매진했다. 무엇보다 우리는 터키인 고고학자 타흐신 외즈귀츠(Tahsin Özgüç, 1916~2005) 박사를 기억하지 않을 수 없다. 그는 독일 연구팀과 힘을 합쳐 1948년부터 2005년 목숨을 다할 때까지 무려 57년 동안 퀼테페의 히타이트 유적을 발굴하는 데 온 힘을 기울였다. 이들의 헌신으로 이제 인류는 잊혔던 히타이트의 찬란한 역사를 마주할 수 있게 되었다.

의 궁정 서고에서 발견된 점토판들을 연구한 결과, 히타이트는 '히타이트 쐐기문자'로 불리는 변형된 쐐기문자를 사용했음을 알 수 있었다. 당시 여러 지역과 민족들 사이에서 공통어처럼 쓰이던 아카드어는 물론, 히타이트를 구성하는 여러 지역의 방언들로 기록된 점토판도 많았다. 사라졌던 히타이트는 이렇게 많은 이의 끈질긴 노력 끝에 우리 곁으로 돌아왔다.

히타이트 제국의 거버넌스

일부 지방 통치자의 독립성을 묵인하기도 했지만, 히타이트의 정치체제와 행정조직은 대체로 중앙집권적인 고대왕국의 예를 따랐다. 히타이트 정치체제의 가장 큰 특징은 상호 견제에 기초한 권력 분산이었다. 권력이 타바르나(Tabarna, 왕), 타와난나(Tavananna), 판쿠시(Pankuş, 귀족회의) 세 주체에 분산되어 상호 견제하는 구조를 갖춘 것으로 보인다. 여기서 타와난나는 여성에게 부여되는 최고 지위로서 제사장 역할을 겸했으며, 왕의 배우자 혹은 왕의 모친이 이 지위에 올랐다. 기원전 1500년경 히타이트 고왕조의 마지막 왕 텔레피누(Telepinu, 재위 기원전 1525~기원전 1500)는 하투실리 1세 사후 계속된 왕위 계승 분쟁을 종식하고자 칙령(텔레피누 칙령Telepinu Fermanı)을 내려 히타이트의 왕위 계승에 관한 엄격한 기준을 제시했다. 이에 따르면 의회 격인 판쿠시의 동의를 얻지 못하면 왕이나 타와난나의 지위를 계승할 수 없었다. 왕이 후계자를 지명할 때도 반드시 판쿠시의 동의를 구하도록 했다. 이는 한편으로 왕의 권력 행사를 제한하는 조치였다.

관료들 중 일부는 독자적인 권한을 행사했다. '갈 메세디(Gal Mesedi)'라 불리는 왕실 근위대장과 '갈 게스틴(Gal Gestin)'이라 부르는 주방 책임자가 대표적이었는데, 이 직위에 앉는 사람들은 대체로 왕족 출신이었다. 그리고 필경사들의 수장인 '갈 두브사르(Gal Dubsar)'가 왕국의 관료조직을 이끌었다.

히타이트가 500년이나 존속할 수 있었던 것은 나름대로 체계적인 거버넌스가 작동하고 있었기 때문이다. 특히 정교한 법체계는 500년 제국을 떠받치는 근간이었다. 오리엔트 지역에는 이미 함무라비법전으로 대표되는 법체계가 완비되어 있었다. '눈에는 눈, 이에는 이'라는 구절로 상징되는 탈리오 법칙이 법체제의 근간을 이루고 있었음은 틀림없는 사실이다. 탈리오 법칙은 앞에서도 언급했다시피 무제한적이고 무차별적으로 이루어지던 보복행위를 법을 근거로 제한하는 것이다.

히타이트법은 이보다 진일보하여 민사와 형사상의 문제를 대체적으로 구분했다. 이 중 민사에 관계된 법은 형벌보다는 배상이 중심이고 형사에 관계된 법도 고의와 과실을 구분하는 등 근대법의 정신에도 부합하는 면이 적지 않았다. 기본적으로 재산과 신분, 성별에 따라 법 적용을 차등화한 점은 함무라비법과 다르지 않다. 예를 들어 함무라비법에서는 가해자의 신분이 피해자의 신분보다 낮을 경우 그 반대의 경우보다 훨씬 가혹한 처벌을 받았다. 히타이트법도 처벌과 배상액이 상대적으로 높은 신분에 유리했다. 그러나 동일 범죄에 대해 가해자가 자유민이 아닌 경우 이들이 배상해야 할 금액을 가해자가 자유민일 때보다 낮게 책정했다. 성별·종교·사회적 지위 등과 관계없이 모두가 '법 앞에 평등'하다는 근대적 법철학의 관점에서 보면 전근대적이지만, '권한이 적은 사람이 의무도 적다'라는 원칙에서 보면 훨씬 합리적인 법 적용일 수 있다. 여성의 권리가 이전에 비해 신장된 점도 주목할 만하다. 여성은 적당한 조건에서 이혼할 권리가 있었다. 이때 양육권은 남편이 갖지만, 협의를 통해 아내도 자식 한 명을 선택해 데리고 살 수 있었다.

퀼테페 출토 점토판에 보이는 히타이트의 언어는 제국을 건설한 아나톨리아 거주민들이 사용한 인도-유럽어 계통의 언어로, 기원전 19세기경부터 제국이 멸망 때까지 폭넓게 사용되었다. 점토판에 의하면, 히타이트인들은 자신들의 언어를 '네실리(Nešili)'라고 불렀다. 이는 하투샤 이전 히타이트인들의 중심도시 네샤에서 유래된 이름이다. '카니숨닐리(Kanisumnili)'라는 이름도 한 점토판에 등장하는데, 네샤의 또 다른 이름인 카네시에서 유래한 것이다.

역사의 현장에서

히타이트의 심장부 하투샤

3,600년 전 제국의 중심도시

히타이트 제국의 풍모를 엿보기 위해서는 아무래도 수도 하투샤로 가야 한다. 도시의 크기가 동서로 약 1.3킬로미터, 남북으로 약 2.1킬로미터이니, 3,600년 전 제국의 위세와 규모를 한번 짐작해 보라. 전성기 히타이트 제국의 수도 하투샤로 가기 위해서는 오늘날 터키의 수도 앙카라에서 동쪽으로 약 150킬로미터 떨어진 보아즈쾨이로 달려가야 한다. 초룸 지방의 보아즈쾨이와 알라자회위크 같은 고지대에 고스란히 히타이트 제국의 옛 모습이 남아있기 때문이다. 기원전 1650년과 기원전 1200년 사이에 번성한 히타이트는 고대 오리엔트 역사에서 아시리아와 함께 가장 중요한 문명이었다.

보아즈쾨이에 도착하면 우선 인근 고지대에 펼쳐진 거대한 도시 유적을 만날 수 있다. 험준한 계곡과 산을 등진 해발 960미터 고지대에 건설된 규모를 가늠하기 어려운 옥외박물관이다. 고원에 펼쳐진 도시의 광대한 규모와 대칭성은 하투샤가 철저한 계획도시임을 알려준다.

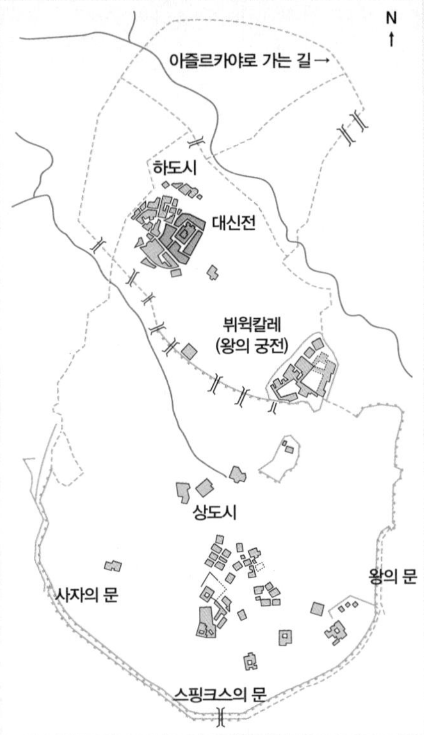

하투샤의 도시구조도

히타이트인들은 자연 지형이 허락하는 한 대칭을 추구했던 것 같다. 하투샤는 기복이 심한 지형을 그대로 이용해 상, 하 2개의 도시로 구성되었으며, 가장 높은 곳에는 왕궁과 신전이 자리했다. 도시 조망과 방어를 위한 선택이었을 것이다.

상, 하 2개의 도시 중 상도시에는 수십 개의 신전이 있었는데, 국가의 통합을 꾀하는 국가의 심장부였다. 지금까지 대신전을 비롯해 30곳이 넘는 신전 터가 확인되었고, 20톤이 넘는 석회암 덩어리를 가

공해 벽을 세울 정도로 견고하고 장대하다. 더욱 놀라운 것은 돌에 구멍을 뚫는 천공(穿孔)기술이 발달했다는 점이다. 돌에 구멍을 내고 그 구멍 사이로 돌들을 연결하는 방식으로 건물을 세우면 건물의 내구성이 강화된다. 히타이트인들은 천공기와 물, 모래를 이용해 돌에 일정한 크기의 구멍을 뚫어 그 구멍 사이로 두 돌을 연결했다. 미끄러지거나 무너지기 쉬운 부분은 일정한 간격으로 돌에 구멍을 뚫어 못을 박아 고정시켰다. 3,500년의 세월을 이기고 여전히 박혀있는 청동제 못을 보며 히타이트인들의 건축술을 재평가하게 된다.

전성기에는 4~5만 명 정도가 거주했을 것으로 보이는 이 도시는 8킬로미터가 넘는 이중 성벽으로 둘러싸여 있었는데, 복원한 성벽을 보면 중간의 2미터 폭의 공간을 포함해 두께가 무려 8미터다. 성벽에는 3개의 주요한 출입구가 있었다. 오늘날 '왕의 문', '사자의 문', '스핑크스의 문'으로 불리는 출입구들이 그것이다. 문은 커다란 바위를 이용해 기둥을 세우고 돔 형식을 이용해 튼튼한 방어문을 구축했다. '왕의 문' 입구에 서있던 왕의 조각상들은 앙카라의 아나톨리아 문명 박물관 히타이트실에 전시되고 있다. 특히 사자의 문은 그리스 미케네 유적의 출입문인 '사자의 문' 구조와 너무나 흡사하다.

상도시와 하도시가 만나는 도시 중앙부 동쪽 끝 비탈진 언덕 위에 보이는 유적은 오늘날 뷔윅칼레(Büyükkale, 터키어로 '큰 요새'라는 의미)로 알려진 왕의 궁정이다. 건물의 흔적은 없으나 우물 2개가 남아 있는데, 계곡 아래쪽에서 도시로 물을 수송하는 시스템이 구축되어 있었다. 계곡 아래에서 위로 퍼올려진 물은 언덕 정상의 우물에 저장되었다가 물레방아와 상수로를 통해 아래쪽(하도시)의 주거지로 전달

하투샤 출토 석재에 뚫린 구멍

화강암처럼 단단한 돌에 마치 튜브 드릴을 사용한 듯 깔끔하게 동그란 구멍을 냈다.

사자의 문(왼쪽)과 스핑크스의 문(오른쪽)

주 게이트는 사자의 문이다. 지상의 권위를 상징하는 사자상은 이집트의 스핑크스에서 처음 출발한다. 이집트의 스핑크스형 사자는 오리엔트로 건너오면서 훨씬 동양적이고 해학적인 모습을 띠게 된다. 이집트의 사자는 굉장히 근엄하고 무서운 데 반해, 히타이트의 사자는 강아지처럼 혀를 내민 익살스러운 생김새다. 한국 전통문화 속 사자의 모습과 비교하면 더욱 재미있다. 결국 이집트와 아프리카에서 출발한 사자가 오리엔트와 실크로드를 거치면서 사자춤이 만들어지고, 이게 한국까지 전래되어 북청사자놀이 같은 민속놀이가 된 것이다. 사자를 구경한 적도 없는 한반도에서 어떻게 사자춤이 우리의 민속놀이가 되었을까 하는 질문의 답이다. 문화는 이처럼 놀랍도록 빠르게 전파되면서 영향을 주고받고, 다른 문화를 받아들여 자기화한다. 이를 '문화접변'이라고도 한다. 문화가 통섭되면서 자기화하는 과정을 살펴보는 것이 문화 공부의 또 다른 재미다.

예르카프

예르카프(Yerkapı)는 하투샤 남쪽 끝에 있는 일종의 성벽이다. 가로 약 250미터, 세로 약 70미터, 높이 약 30미터의 장방형 피라미드 모양이다. 터키어로 '예르(Yer)'는 '땅', '카프(kapı)'는 '문'을 의미하니, 예르카프는 '땅의 문'이라는 뜻이다. 그 이름처럼 예르카프 성벽 아래쪽 중간지점에는 지하 출입구처럼 보이는 긴 터널이 있는데, 약 70미터 길이의 'ㅅ' 자형 좁고 긴 터널이다. 한 명씩 지나갈 수 있을 정도로 폭이 좁은데, 이 터널을 통해 도시를 드나들 수 있다. 특히 터널 벽은 지금 봐도 빈틈 하나 없다. 돌을 이용한 축조기술이 믿을 수 없을 만큼 정교하다. 예르카프 꼭대기에도 문이 있다. 바로 스핑크스의 문이다. 왜 이렇게 하나의 구조물에 완전히 다른 형태의 출입구를 만들었는지 학자들 사이에 이견이 분분하다.

되었다.

또 하나 눈에 띄는 것은 북동쪽에 있는 계곡에 다리를 놓은 흔적이 남아있다는 점이다. 아마도 도시에서 동북쪽으로 2킬로미터 가량 떨어져 있는 야즐르카야로 가기 위해 놓은 다리일 것이다. 계곡 양편에 청동으로 만든 주춧돌을 놓고 단단하게 고정시킨 다음 밧줄로 두터운 나무판자를 엮어 만든 다리였다. 우물이 있는 언덕에서 조금 아래로 내려오면, 궁정 서고가 있었던 자리가 나온다. 이 일대에서만 약 2만 점 이상의 점토판이 출토되었다고 한다. 그 당시 묻혀있던 항아리들도 그 자리에 복원되어 있다. 대형 항아리들은 주로 포도주나 물, 식량을 저장했을 것 같은데, 수백 개의 항아리가 줄지어 있다. 상당히 많은 사람이 성안에서 거주했다는 것을 알 수 있다.

신들의 계곡—야즐르카야

야즐르카야는 도시 유적에서 동북쪽으로 20킬로미터 정도 떨어진 곳에 자리한 하투사의 성역이다. 야즐르카야(Yazılıkaya)는 터키어로 '문자가 새겨진〔Yazılı〕 바위〔kaya〕'란 뜻이다. 바위로 둘러싸인 이 공간은 약 1,000명의 신을 모시는 신전이었다. 최고신은 폭풍의 신 테슙(Teşub)이었다. 야즐르카야 계곡 벽에는 신의 모습을 묘사한 정교한 부조와 함께 군데군데 문자들이 새겨져 있다. 히타이트의 초기 상형문자들이다. 점토판 중에도 이 상형문자가 새겨진 것들이 있는데, 히타이트 상형문자는 시기적으로 이집트 상형문자보다 조금 늦게 출현한 것으로 보인다. 다행히 히타이트 상형문자는 약 30개의 알파벳으로 구성되어 있고, 점토판이 해독되면서 의문의 실마리들이 풀리고 있다.

투드할리아 4세와 산신 샤룸마

작은 방 동쪽 외벽에 새겨진 부조로, 고깔 모양의 모자를 쓴 산신 샤룸마가 왼팔로 투드할리아 4세를 감싸고 있는 모습이다. 오른쪽 상단의 문양은 산신 샤룸마를 의미하는 '카르투시'이다.

야즐르카야는 전체가 마치 조각공원 같다. 전체적으로 바위틈을 이용해 만든 두 개의 크고 작은 방과 바위 앞에 지은 건물로 구성되어 있으며, 히타이트 시대의 건축 양식을 잘 보여준다. 특히 큰 방 바깥쪽 벽에는 64명의 신이 행진하는 모습이 부조되어 있는데, 서쪽 벽에는 남신, 동쪽 벽에는 여신의 행렬이 조각되어 있다. 양쪽의 신들은 모두 중앙의 북쪽 벽을 바라보고 있고, 북쪽 벽에는 폭풍의 신 테슙과 태양의 여신 헤바트(Hebat) 부부의 모습이 부조되어 있다. 모두 이들을 향해 행진하고 있는 것이다. 이 북쪽 벽이 무대의 중심 역할을 하고 있는 셈이다. 별도의 출입구가 있는 작은 방으로 들어가는 입구에는 사자의 머리와 인간의 몸통, 그리고 날개를 단 반인반수의 두 신이 좌우 양쪽에서 수호신 역할을 하고 있다. 입구를 지나쳐 좁은 통로로 들어가면 맞은편에 투드할리아 4세를 의미하는 '카르투시(Kortuş)', 즉 '왕이나 신의 이름을 기록한 상형문자'가 보이고, 거기서 오른쪽으로 돌면 서쪽 외벽에는 지하세계의 12신, 동쪽 외벽에는 고고학자들이 '검의 신(god of sword)'이라 부르는 지하세계를 관장하는 신 '네르갈(Nergal)'과 투드할리야 4세를 보호하는 산신 샤룸마(Şarrumma)를 묘사해 놓았다. 특히 3면을 다듬어놓은 벽감들이 보이는데, 제물이나 히타이트 왕족들의 유해가 담긴 단지를 놓았던 곳으로 추정된다.

야즐르카야 바위에 새겨진 신들의 모습을 유심히 살펴보면, 군인이나 왕들의 모습은 물론, 히타이트의 복식과 장신구, 무기, 매듭, 나아가 종교 의례까지 알 수 있다. 특히 왕이나 신의 이름을 나타내는 카르투시에 등장하는 독수리 문양이 후일 페르시아 제국의 공식 문양이 되었다는 사실도 이곳에서 확인할 수 있다. 히타이트의 문화가 페르시아 문화에 영향을 주었던 것이다.

02 카데시 전투

최초의 대륙 간·문명 간 전쟁

기원전 13세기 오리엔트는 히타이트와 아시리아, 이집트 세 제국이 자웅을 겨루는 형국이었다. 생존의 새로운 활력소를 찾아 팽창을 계속하던 히타이트는 남으로 시리아 지역을 넘어 이집트를 넘보았고, 이집트는 히타이트에 빼앗긴 무역로를 탈환하기 위해 동북으로 시나이반도를 넘어 시리아 지역으로 향했다. 그리하여 두 제국은 시리아의 평원에서 충돌하게 된다. 아나톨리아 문명을 대표하는 히타이트의 무와탈리 2세(Muvatalli II, 재위 기원전 1295~1272)와 이집트 문명의 최강자인 람세스 2세(Ramesses II, 재위 기원전 1279~기원전 1213)의 정면 대결은 양국이 처한 절박한 사정이 낳은 피할 수 없는 충돌이었다.

북으로는 지중해, 서쪽으로는 사하라사막, 남쪽으로는 열대우림, 동쪽으로는 홍해로 막혀있던 이집트의 유일한 생존 출구는 시나이반도 너머 무역에 중요한 레반트 지역이었다. 그중에서도 시리아 지역은 오리엔트의 또 다른 강국 히타이트의 세력권이었다. 이집트 역사를 연구하는 학자들은 람세스 2세의 부친인 세티 1세(Seti I, 재위 기원전 1290~기원전 1279) 때 이집트가 이미 시리아 지역을 둘러싼 양국의 충돌을 피하기 위해 무와탈리 2세의 히타이트와 비공식적인 불가침협정을 맺었을 것이라 한다. 그 협정 안에 세티 1세가 왕권의 약화로 잃어버렸던 해외의 영토를 상당 부분 회복하고도 이집트 내부 문제 해결에 집중하기 위해 무역의 거점이던 시리아 지역의 카데시를 사실상 히타이트에 양도하는 내용이 있었을 것이라고 주장한다. 그리고 람세스 2세가 부친에 이어 군소왕국의 난립 등 이집트 내부 문제를 해결하고 카데시를 비롯한 시리아 지역을 회복하려 했다는 것이다. 이를 위해 람세스 2세는 주변의 다양한 용병을 기용하고 전차 부대를 창설하는 등 군사력을 강화한 뒤 시나이반도를 넘어 북쪽으로 진군했다. 히타이트 또한 북쪽의 흑해, 남쪽의 아라비아사막, 동쪽의 산맥과 서쪽의 지중해 때문에 더는 팽창할 수가 없는 상황이었다. 그래서 이집트를 목표로 남하했고, 카데시에서 북상하던 이집트군과 맞닥뜨렸다.

기원전 1274년경이었다. 카데시 전투는 아시아와 아프리카 두 대륙, 메소포타미아와 이집트 두 문명, 나아가 철기와 청동기문명이 처음으로 충돌한 역사상 최초의 대륙 간·문명 간 전쟁이었다. 이 전투는 처음으로 세세한 전술의 변화와 양군의 부대 편성이 기록된 전투이기도 하다. 히타이트의 무와탈리 2세는 이집트에 대항해 전쟁 역사상 처음으로 3,500대의 전차를 사용했다. 이 전쟁은 철기와 전차를 사용하는 히타이트와 청동 무기로 무장한 이집트의 격돌이었지만, 결국 수적인 열세에도 불구하고 철기의 우월함을 증명한 히타이트의 승리로 끝났다. 양군이 일진일퇴를 거듭하던 전투는 퇴각했다고 믿었던 히타이트군이 매복해 있다가 오론테스(Orontes) 강줄기에서 추격해 오던 이집트군을 기습 공격하면서 승패가 갈렸다. 전세를 오판한 람세스 2세는 간신히 퇴로를 만들어 목숨을 건졌다.

이집트 군대는 퇴각했고 카데시는 히타이트의 식민지로 남았다. 본국으로 돌아가는 길에 무와탈리 2세와 동생 하투실리(향후 하투실리 3세)는 본보기 삼아 이집트 편에 섰던 나라들을 응징했다.

카데시의 감동
인류 최초의 평화조약

오리엔트의 두 강자가 진검승부를 펼친 카데시 전투는 사실상 이집트의 판정패로 끝났지만, 오랫동안 역사는 이집트를 승자로 기억했다. 이집트로 귀환한 람세스 2세가 신전의 벽화와 부조, 시로 이집트의 승리를 선전한 데다, 이집트는 히타이트 멸망 후에도 오랫동안 살아남아 람세스 시대의 기록들을 고스란히 후대에 전했기 때문이다. 반면, 히타이트의 목소리는 멸망하고 몇백 년 후부터 19세기 말까지 누구도 듣지 못했다. 역사는 때로 기록자의 손끝에서 놀아나거나 살아남은 승자의 기록에 전적으로 의지한다. 카데시 전투도 그런 경우 중 하나였던 것이다. 그러나 카데시 전투 경과를 면밀히 검토해 보면 4개 군단이 양쪽으로 분산되어

하투실리 3세의 승전 기념 부조

히타이트의 왕들은 점령 지역에 전승 기념비를 세우곤 했는데, 터키 중부 화산지대에 있는 에르지예스(Erciyes)산 프락틴(Fıraktin) 바위에도 기념비 중 하나가 조각되어 있다. 카데시 조약을 맺은 하투실리 3세의 전승 기념비이다. 현재까지 터키 중부 카이세리(Kayseri) 지역에서만도 4개의 전승 기념비가 확인되었다.

있던 이집트군은 초반에 이미 히타이트의 전술에 말려 병력의 절반가량을 잃었다. 이집트는 그 상태에서 람세스 2세가 나머지 병력을 이끌고 신출귀몰하면서 히타이트군을 전멸시켰다고 기록했지만, 이는 과장된 측면이 강하다. 이집트군이 철수한 후에도 히타이트는 남으로 계속 진군하며 우피(Upi, 현재의 다마스커스 부근) 등 이집트의 주요 거점들을 차지했고, 결국 이집트의 오랜 동맹국이던 아무루 왕국(Amurru Kingdom, 기원전 2000?~기원전 1200?)마저 복속하는 등 히타이트가 분명히 승리한 것으로 보인다.

하지만 이집트는 여전히 강대국이었다. 람세스 2세는 이후 몇 차례나 더 원정에 나서며 히타이트를 괴롭혔다. 몇몇 전투에서 성과를 거두었지만 히타이트의 손에서 시리아 지역을 빼앗아 올 수는 없었다. 그사이 히타이트에서는 무와탈리 2세와 함께 카데시 전투에 참전했던 무와탈리의 동생 하투실리가 형을 이은 조카 무르실리 3세(Murşili III, 재위 기원전 1272~기원전 1265)를 쫓아내고 히타이트의 새로운 주인이 되었다. 그러나 무르실리가 이집트로 망명해 왕위를 되찾으려 한 데다 동쪽에서 이미 바빌로니아를 집어삼킨 아시리아가 시리아 지역까지 치고 들어오자 하투실리는 고민이 깊어질 수밖에 없었다. 하투실리도 람세스도 다른 길을 모색해야만 했다. 결국 두 나라는 성과 없는 갈등을 끝내는 길을 택한다. 카데시 전투가 끝난 지 15년 만인 기원전 1259년 두 나라는 이집트의 궁정에서 일종의 불가침조약, 즉 평화조약에 서명했다. 이를 우리는 카데시 조약(Treaty of Kadesh) 혹은 이집트-히타이트 평화조약(Egyptian–Hittite Peace Treaty)이라고 부른다.

카데시 조약의 내용을 보면 놀랍다. 근대 이후 체결된 국가 간 조약의 형식과 불가침조약들이 담고 있는 원칙을 골고루 갖추고 있기 때문이다. 이집트와 히타이트는 이 조약에서 기존의 양국 국경선을 인정하고 상호불가침, 호혜평등의 원칙을 확인했다. 전문 12개조로 되어있는 인류 최초의 성문 국제조약의 핵심은 다음과 같다.

이집트-히타이트 평화조약 원본(히타이트판)

조약은 이집트 버전과 히타이트 버전 두 가지로 기록되어 전해진다. 12개 조문의 내용은 같으나 이집트 버전은 람세스 2세에 대한 미사여구로 시작되고, 히타이트 버전은 쐐기문자, 이집트 버전은 이집트 고유의 신성문자로 기록되었다는 점이 다르다. 원래는 양국 모두 은판에 이를 기록했으나 지금은 남아있지 않다. 사진의 점토판은 히타이트 측 기록으로, 하투샤에서 출토된 것이다.

이집트와 히타이트 사이의 영원한 평화와 우정을 위해 조약을 맺는다. 만일 두 나라 중 한 나라가 외적의 침입을 받아 도움을 요청한다면 군사와 전차를 보낼 것이다. (중략) 전쟁 중 도망간 병사는 본국으로 소환한다. 그러나 도망병들은 엄한 벌은 받지 않을 것이며, 눈물을 흘리지 않을 것이고, 그 앙갚음으로 그들의 아내와 아이들을 벌하는 일도 없을 것이다.

조약 후반부 내용에서도 알 수 있듯 전시의 탈영병, 민간인 등에 관한 인도적인 내용들이 포함되어 있어 이를 세계 최초의 국제 인도법이라 보는 학자들도 있다. 히타이트어 점토판 원본은 지금 이스탄불 고고학 박물관의 오리엔트관에 상설전시되고 있고, 유엔 본부 총회장 앞에 그 복제품이 걸려있다. 이처럼 카데시 조약은 평화를 기리는 인류의 상징이 되었다.

03 철기 생산과 히타이트 멸망의 미스터리

철의 나라 히타이트의 기술력

오랫동안 고대인들에게 철은 하늘의 선물이자 천상의 금속이었다. 우연히 타고 남은 운석에서 철과 니켈을 얻을 수 있었던 고대인들은 황금보다 귀한 철을 만들기 위해 여러 가지 시도를 해보게 된다. 최초로 철을 제련하고 생산한 주인공이 누구인지는 알 수 없지만, 청동기시대에 소아시아에서 철을 가장 먼저 제련해 내고, 가장 잘 만들어 이용한 사람들이 히타이트인들이라는 점만은 확실해 보인다.

그런데 아직도 풀지 못한 최대의 미스터리는 철광석에서 순수한 철을 추출해 내려면 열을 1,540도까지 끌어올려서 유지해야 하는데, 어떻게 그게 가능했냐는 점이다. 흔히 도자기를 생산할 때 온도를 1,300도 이상으로 유지해야 한다고 한다. 1,200도 이하에서 구워낸 것을 '도기(陶器, earthenware)'라 하고 1,300도 이상에서 구워야 '자기(磁器, porcelain)'라 불린다. 그런데 열을 1,200도에서 1,300도로 올리는 그 100도 차이가 첨단기술이냐 아니냐를 가름한다. 오늘날에도 이것은 쉽지 않은 기술이다. 그런데 철광석을 녹여 거기에서 불순물을 건져내고 순수한 철만 남기는 제련 작업이 가능하려면 열을 무려 1,540도까지 끌어올려야 한다. 히타이트의 수도 하투샤에서 철기 생산이 가능했다면 이런 기술이 있어야 한다. 철제품에 관한 기록이 남아있기 때문이다. 철 제련기술은 전문가들도 고개를 가로젓는 고도의 첨단기술이다. 하투샤의 풍부한 철광석을 녹인 용광로 흔적이 아직도 남아있다. 도시 상부와 야즐르카야로 통하는 좁고 깊은 계곡의 센 바람을 이용하고, 참숯에다가 구리 가루를 넣으면서 온도를 원하는 극점까지 높였을 것이다. 이렇게 히타이트인들은 수백 년간 수도 하투샤를 중심으로 철기를 생산했고, 바람을 공급하는 테슙이 히타이트 최고신이 되었다.

또 한 가지 본질적인 의문은 1,540도를 일시적으로 올릴 수 있었다 하더라도 철광석이 완전히 녹을 때까지 그 온도를 어떻게 지속 가능하게 했냐는 점이다. 철광석이 완전히 녹아야 쇳물을 틀에 부어 원하는 무기나 농기구 등 철제품을 생산할 수 있기 때문이다. 인류는 일찍부터 1,000도 이하에서 제작이 가능한 청동기를 개발하여 오랫동안 사용해 왔다. 구리와 주석의 합금이 청동인데 구리를 제련하는데는 1,086도, 청동은 900도의 열이 필요하다고 한다. 이렇게 청동을 제조하는 데 필요한 온도보다 약 500도 더 높은 열을 내는 기술은 오늘날 아날로그시대에서 디지털시대로 가는 것 이상으로 드라마틱한 기술혁신이었을 것이다.

주석 공급이 끊긴 기원전 1000년부터 본격적인 철기시대가 시작되었다는 점에서 높은 사회적 수요가 철기 생산을 견인했다고 볼 수 있다. 인류가 본격적으로 철기를 사용하기 시작한 것은 기원전 1000년경이지만, 히타이트가 처음으로 철기를 생산할 수 있게 된 것은 기원전 1400년경이다. 철기가 상용화되기까지 적어도 400년 이상 걸렸던 것이다. 히타이트인들이 생산한 철제품의 기능이나 질에 대한 논란도 여전하다. 생산의 초기 단계였던 만큼 아직 강철 수준은 아니고 질이 낮은 수준의 철제품을 생산한 것만은 분명하다. 물론 부식되기 쉬운 철의 특성상 남아있는 유물은 거의 없지만 당시의 기록으로 히타이트에서 철이 생산된 정황을 알 수 있다. 히타이트의 기록에 대왕의 말을 "그 무엇으로도 깨뜨릴 수 없는 철의 말씀"이라고 표현한 구절이 있는데, 철기에 대한 인식은 물론 철기를 만들고 있었다는 증거이다. 또한 건축 발주서에 두 쌍의 철제 황소를 부착하라는 내용이 있고, 43킬로그램이나 되는 거대한 제사용 그릇이나 장식품을 주문한 기록이나 무기와 농기구를 철로 만들었다는 기록도 남아있다. 철을 값비싼 장식품 소재로 생각했던 주변 국가와는 다른 모습이다.

이처럼 히타이트는 철의 제국이었다. 철을 구하려는 상인들이 제련소가 있는 도시로 몰려들었을 것이다. 철을 통해 히타이트는 주변 국가들을 압도해 나갔고, 이웃 강국 이집트와도 피할 수 없는 일전을 치르면서 승리를 거둘 수 있었다.

히타이트 시대 철의 가치는 금의 5배, 은의 40배로 알려져 있다. 따라서 히타이트가 이런 고급 기술을 이집트에 쉽게 전해 주었을 리가 없다. 철 제련기술이 상용화되어 철제 도구나 무기를 만든 것은 200년쯤 뒤로 알려져 있다. 철제기술을 개발한 것은 기원전 14세기경이지만, 기원전 12세기에야 비로소 철제 단검이 등장한다. 철 제련기술의 개발과 철기 생산이야말로 히타이트 500년 제국의 경제적 원천이었고, 제국 팽창의 원동력이었다. 고대 기술 입국의 전형적인 예라 할 수 있다.

그렇지만 히타이트 시대는 대부분 청동기와 철기가 공존하는 시대였다. 히타이트에서 제한적으로 철기를 사용하기는 했지만 매우 귀하고 특수한 물품이었고, 여전히 주된 도구는 청동기였을 것이다. 히타이트인들이 자신들의 철기 제조 기술을 주변 국가에 전파함으로써 철기시대를 열었다는 것이 학계의 통설이지만, 당시 철은 지금의 철과는 많이 달랐다. 히타이트 이전의 철기는 주로 운철을 이용해 만들었고, 철광석에서 선철을 제련하는 기술은 히타이트인들이 처음 시도한 것으로 보인다. 이런 기술의 축적 덕분에 인류는 철기라는 새로운 도구 혁신 시대를 열었고, 오늘날까지 기술에 기술을 더해 철기시대를 풍요롭게 가꾸어 가고 있다.

히타이트 멸망의 미스터리

그런 히타이트가 왜 멸망했을까? 히타이트는 500년을 이어온 대제국이다. 기원전 1600년경에는 아시리아를 대신해 아나톨리아반도 전역을 장악했고 남쪽의 고바빌로니아 왕국마저 병합하면서 명실공히 오리엔트를 통일했다. 무엇보다 히타이트는 교역과 전쟁으로 다져진 아시리아의 정비된 시스템과 통치 역량을 그대로 이어받아 청동기문화를 바탕으로 철기라는 새로운 도구를 인류에게 선사했다. 하지만 이런 대제국도 결국 역사의 무대에서 사라졌다. 히타이트의 슈필룰리우마 2세(Şuppiluliuma II, 재위 기원전 1207~기원전 1178)는 이방인들과 싸우며 하투샤를 재건하려 했지만, 그를 마지막으로 히타이트는 끝이 난다. 그런데 멸망의 배경에 대해서는 아직도 정립된 이론이 없다.

히타이트의 멸망 원인으로 천재지변, 기후변화, 전쟁 등을 꼽는 가설들이 적지 않다. 그중에서도 도시가 화마에 휩쓸렸을 것이라는 가설에 무게가 많이 실렸는데, 지금까지 수백 곳의 유적을 발굴했지만 대형 화재의 흔적은 발견되지 않았다. 천재지변으로 인해 멸망했다는 주장도 설득력이 약하다. 그 당시 서아시아에는 히타이트 외에 아시리아, 우라르투, 페니키아(Phoenicia) 같은 수많은 군소 왕국이 있었는데, 천재지변이나 화산 폭발의 흔적 같은 것은 보이지 않는다. 도시를 폐허로 만들 만한 엄청난 화재나 약탈의 흔적도 없다. 전쟁이나 자연재해로 인한 피해의 흔적이 거의 없다는 것이 히타이트의 멸망 원인을 살피는 데 가장 힘든 부분이다. 오히려 히타이트 말기로 갈수록 더 많은 수의 크고 작은 도시 유적이 발견된다는 점이 특이하다. 혹시 히타이트인들은 일정 시기가 지나면 의도적으로 살던 도시를 버리고 다른 곳을 찾아 그곳에서 새로운 도시를 건설한 것은 아닐까? 신앙 때문이었는지 혹은 자원 고갈 때문이었는지 그 어떤 것도 단언할 수는 없지만, 주기적으로 살던 도시를 버리고 새로운 곳에 새 도시를 건설했다는 가정은 가능하다. 라틴아메리카의 마야 문명도 주기적으로 새 도시를 건설하는 특징을 가진 문명으로 알려져 있다. 히타이트 멸망의 수수께끼를 푸는 일은 이렇게 히타이트의 존재를 세상에 알린 문자 해독보다 더 어려운 과제가 되었다. 인류가 풀어야 할 또 하나의 미스터리다.

그렇다면 누가 히타이트를 대신했을까? 이것이 하나의 열쇠가 될 수 있다. 히타이트가 멸망하고 그 영역에 새롭게 등장한 정치 세력이 프리기아다. 프리기아가 등장하는 기원전 1200년경이 되면 철광석 산지와 철기, 철제 주조 기술을 차지하려는 나라들이 빈번하게 전쟁을 벌이는 혼란의 시기가 이어졌다. 오리엔트에서 통일국가의 기틀을 다진 나라가 프리기아다. 프리기아는 원래 트로이에 복속된 아나톨리아 서부의 작은 나라였다. 그런데 트로이가 그리스와의 전쟁에 패하면서 쇠약해지자, 그 틈을 이용해 힘을 키웠다. 그렇지만 아직 프리기아에 에게해 건너편에 있는 그리스는 벅찬 상대였다. 차선책으로 동쪽으로 방향을 돌리고 앞으로 나아가면서 아나톨리아 동북부에서 히타이트와 충돌했다. 트로이의 영향권에서 벗어나 동쪽으로 진출한 프리기아가 히타이트와의 격돌을 피할 수 있는 방법은 없었다. 그런데 두 나라가 전쟁을 했다는 기록은 없다. 아직까지 찾지 못한 것인지, 아니면 그런 일이 아예 없었던 것인지는 모르겠지만, 어디에서도 분명한 실마리를 얻지 못하고 있다. 중요한 것은 바로 그 무렵인 기원전 1180년경 히타이트가 속절없이 무너져 버렸다는 사실이다. 프리기아가 히타이트를 무너뜨리고 아나톨리아를 다시 통일했다는 가설이 가장 유력한 설명이 될 수밖에 없는 이유다.

아무리 큰 제국일지라도 속으로 곪아 터진 상태라면 바깥에서 약간의 충격만 와도 쉽게 무너질 수 있다. 이를 두고 '제국의 수명이 다했다'라고 한다. 히타이트는 시리아 지역의 카데시에서 국력을 총동원해 이집트와 결전을 벌였지만, 결국은 별 성과 없이 기수를 돌려야 했고, 이후 숨도 고르기 전에 바로 내부의 피비린내 나는 권력 다툼에 휩싸였다. 그러니 바로 옆에서 힘을 키워온 프리기아의 적수가 되지 못했을 것이다. 이제 아나톨리아반도에는 히타이트를 이어 프리기아라는 새로운 제국이 등장한다. 제국이 무너진 후 히타이트인들은 남쪽으로 내려가 시리아 지역에서 기원전 8세기경 신히타이트라고 불리는 작은 도시국가를 건설하고 옛 제국의 명맥을 유지해 간다. 하지만 이 나라도 기원전 717년경 신아시리아에 의해 멸망하면서 옛 히타이트의 명성과 이름은 역사 속으로 자취를 감추어 버렸다.

4장

신화에서 역사로, 미다스 왕의 신비
프리기아

기원전 1200년경	프리기아 왕국 수립
기원전 8세기	미다스 왕, 아나톨리아반도의 중서부를 장악하며 프리기아의 전성기 주도
기원전 7세기	킴메르인, 프리기아의 수도 고르디온 약탈
기원전 695년경	미다스 왕 사망
기원전 620년경	리디아, 킴메르인을 쫓아내고 프리기아 지역 점령
기원전 540년경	페르시아군, 리디아를 정복하며 프리기아 지역 복속

프리기아 왕국은 아나톨리아반도 중서부에 실재한 왕국이다. 무엇이든 만지기만 하면 황금으로 변하게 만든다는 그리스 신화 속 주인공 미다스 왕이 다스린 왕국이다. 미다스는 〈임금님 귀는 당나귀 귀〉, 〈벌거벗은 임금님〉 같은 우리에게 익숙한 동화의 주인공이기도 하다. 그러고 보면 프리기아가 인류사에서 차지하는 역할과 의미가 남다르다. 〈고르디오스의 매듭〉이라는 동화로도 익숙한 고르디온이 바로 프리기아 왕국의 수도였다. 프리기아는 1957년 미다스 왕묘로 추정되는 거대 고분이 고르디온에서 발굴됨으로써 역사적 실체로 자리 잡았다. 실제로 트로이 시대와 히타이트 시대를 지나 아나톨리아반도에서 수준 높은 문명과 과학기술로 인류사에 적지 않은 영향을 끼쳤다.

01 프리기아의 역사와 문화

프리기아의 등장

아나톨리아반도에서 기원전 1200년경부터 등장하는 프리기아(Phrygia)의 원류에 대해 아직도 명확한 결론을 내린 상태는 아니지만, 최근 많은 학자가 종래 유럽으로부터의 이주설보다는 히타이트 제국에 복속되어 있던 아나톨리아 주민 중 일부라는 해석을 우선한다. 이들은 프리기아의 중심도시 고르디온(Gordion)이나 미다스(Midas)가 건설한 앙키라(Ancyra, 터키의 수도 앙카라Ankara의 옛 이름) 같은 도시가 트로이 전쟁 전부터 존재했다는 사실을 그 증거로 든다. 반면, 그리스 역사가 헤로도토스는 프리기아인들의 고향을 마케도니아로 기록했다. 우리에게 익숙한 '황금손 신화'의 주인공인 미다스도 마케도니아 출신이고, 마케도니아에는 미다스의 이름을 딴 장미 정원도 있었다고 전한다. 로마 시대의 그리스인 지리학자이자 역사학자인 스트라본(Strabon, 기원전 64?~23?)도 프리기아인들이 발칸반도 쪽에서 아나톨리아로 이주했다며 그

트로이 전쟁기의 아나톨리아 지역

호메로스의 《일리아스》에도 프리기아에 대한 기록이 보이는데, 그들이 트로이 전쟁 이전에 이미 사카리아강 주변에 터전을 잡은 것으로 묘사된다. 이에 따르면 프리기아인들은 아나톨리아 서쪽 지방에 사는 사람들로, 기마술과 와인을 빚는 솜씨가 뛰어났다고 한다. 이 책에는 트로이의 젊은 왕 프리아모스(Priamos)가 군대를 이끌고 아마존 왕국의 침략에 맞서 프리기아를 지원한 내용도 있다. 프리아모스는 이런 연유로 프리기아의 왕 디마스(Dymas)의 딸 헤카베(Hecabe)와 결혼했고, 이로써 양국 간 동맹이 결성되었다. 따라서 기원전 12세기 트로이 전쟁 때 프리기아가 그리스의 침공에 맞서 트로이를 지원한 것도 당연한 일이었다.

리스적인 연원을 갖고 있다고 주장한다. 어쨌든 아나톨리아에 정착해 살던 프리기아인들이 독자적인 국가를 이룬 것이 기원전 1200년경 히타이트 제국의 쇠퇴를 전후한 시기인 것만은 분명해 보인다. 프리기아의 영역인 아나톨리아 서쪽 지방에서 히타이트 시기에 제작된 것으로 보이는 매듭을 묶은 토기들이 발견된다는 사실에서도 두 제국이 교류한 사실을 확인할 수 있다. 이 토기들은 일부 역사학자가 프리기아를 히타이트 제국의 일부로 간주하는 증거가 되기도 한다.

프리기아의 번성과 쇠퇴

프리기아의 전성기는 보통 기원전 8세기경으로 거론된다. 당시 프리기아는 사카리아(Sakarya)강 상류에 있는 고르디온을 수도로 아나톨리아 중부와 서부를 거의 장악하면서 대국으로 성장했다. 그 결과 동남쪽으로는 아시리아, 북동쪽으로는 우라르투와 경계를 맞대고 쟁패하게 되었다. 전성기를 이끈 왕의 이름이 미다스였는데, 신화의 주인공인 미다스와 같은 인물인지는 확인하기 어렵다.

기원전 8세기의 미다스에 대한 기록은 다양하다. 기원전 709년 사르곤 2세(Sargon II, 재위 기원전 722~기원전 705) 재위기 아시리아의 기록에는 이 미다스 왕이 무슈키(Mushki)의 왕 '미타(Mita)'로 표기되었다. 무슈키는 원래 아나톨리아 동부인들인데, 당시 아시리아에

기원전 8세기 프리기아의 왕묘

터키 앙카라 서쪽 야스휘위크(Yassıhüyük)에는 들판에 시대를 달리하는 100여 개의 크고 작은 고분이 있다. 그중 가장 큰 고분은 지름이 300미터, 높이가 53미터에 달한다. 경주 대릉원의 고분군보다도 월등히 큰 규모다. 1957년 미국 펜실베이니아대학교의 로드니 영(Rodney Young) 교수가 지휘하는 고고학 발굴단이 한 고분의 출입구를 발견하고 갱도 안으로 들어가 세상을 놀라게 할 비밀을 밝혀냈다. 가로 5.15미터, 세로 6.2미터, 높이 3.25미터 크기의 목관을 발견했는데, 그 안에는 나이 60세, 키 159센티미터가량 되는 남성 미라가 안치되어 있었다. 탄소연대측정 결과 목관의 축조 시기는 기원전 740년경이었다. 무덤 속에는 목관 외에도 나무 의자와 테이블, 다량의 청동 그릇과 토기들이 놓여있었다. 처음에는 이 무덤을 프리기아의 전성기를 이끈 미다스 왕의 묘로 추정했으나, 정밀한 후속 연구를 통해 미다스 왕의 사망보다 훨씬 이른 시기에 축조된 사실을 확인했다. 현재는 무덤 주인공을 미다스의 아버지 고르디오스(Gordios)나 그의 조상으로 추정하고 있다.

서는 프리기아인들도 무슈키라고 불렀다. 프리기아인들이 군사 원정에 나설 때 종종 무슈키들과 손을 잡았기 때문이다. 이 시기 프리기아의 미다스 왕은 아시리아와 충돌을 멈추고 휴전에 돌입한 것으로 보인다. 미다스는 그리스와도 좋은 관계를 유지하면서 활발하게 교역했다. 그리스 측 자료에는 미다스가 키메(Cyme)의 왕 아가멤논(Agamemnon)의 딸 다모디스(Damodice) 공주와 결혼했고, 이후 두 나라 사이에 긴밀한 교역이 이루어졌다고 전한다. 다모디스 공주는 최초로 동전을 주조한 인물로 알려져 있다. 이 시기에는 페니키아 문자를 변형한 프리기아 문자가 고안되었으며, 광택 나는 프리기아 도기가 대량 생산되어 인기 있는 교역품으로 거래되었다.

그러나 기원전 7세기에 프리기아는 킴메르인들의 침략을 받아 수도 고르디온이 약탈당하고 파괴되면서 쇠퇴하기 시작했다. 스트라본에 의하면 제국의 쇠퇴를 막을 수 없었던 미다스 왕이 황소 피를 들이켜고 자살했다고 한다. 고르디온을 파괴한 킴메르인들은 프리기아 서부에 남아 리디아와 이 지역을 두고 경쟁했다. 그러던 기원전 620년경 리디아가 프리기아 서부에서 킴메르인들을 쫓아내고 동쪽으로 확장을 거듭하여 결국 프리기아 지역을 손에 넣었다. 기원전 540년경에는 페르시아군이 리디아를 정복하면서 이 지역은 페르시아의 영토가 되었다.

'황금손' 미다스 왕의 전설

• 고르디오스의 매듭

무엇이든 그가 만지기만 하면 황금으로 변하게 만들었다는 미다스 왕의 이야기는 식음을 전폐한 채로 황금손을 달라는 헛된 기도만 하다가 굶어 죽었다는 아리스토텔레스의 이야기를 비롯해 여러 가지 버전이 있는 데다, 서로 상충되는 내용이 많다. 그중 한 가지를 살펴보면, 미다스는 프리기아의 도시 페시누스(Pessinus, 터키 앙카라 근교)의 왕이었고, 고르디오스 왕에게 입양되었다고도 한다.

2세기 로마 제국의 그리스인 역사가 아리안(Arrian of Nicomedia)의 기록을 보면, 미다스는 고르디오스의 아들이었지만 가난한 농부였다. 그가 잘생기고 용감한 청년으로 자랐을 무렵 프리기아는 내부 갈등으로 고통받고 있었는데, 마차 한 대가 혼란을 수습하고 나라에 번영을 가져다줄 왕을 태우고 올 것이라는 신탁을 받게 된다. 그런데 마침 미다스가 부친 고르디오스와 함께 마차를 타고 나타나 그들 앞에 멈춰 선다. 그들은 미다스를 신탁의 주인공으로 여겨 왕으로 추대하고, 왕이 된 미다스는 프리기아의 내부 갈등을 수습한다. 그 뒤 타고 온 고르디오스의 마차를 매듭으로 단단히 묶어 제우스에게 바친다. 이외에도 마차에 관한 다른 이야기가 통용되었는데, 마차를 묶은 매듭을 푸는 자가 아시아를 지배하게 될 것이라는 내용이었다. 소위 '고르디오스의 매듭'으로 알려진 전설이다.

〈미다스 왕과 그의 딸〉

미국의 작가 너새니얼 호손(Nathaniel Hawthorne)의 동화책《소년 소녀를 위한 원더 북(A Wonder Book for Boys and Girls)》의 1893년판 삽화 중 하나이다. 미다스가 자신의 딸에게 손을 대자마자 황금상으로 변해버린 장면을 묘사한 것이다.

• 미다스 전설 1. '황금손'

어느 날, 디오니소스(Dionysos)의 스승이자 술의 신인 실레노스(Silenus)가 술에 취해 쓰러져 있는 것을 프리기아의 한 농부가 발견하여 미다스 왕에게 데려갔다. 그가 누군지 알아본 미다스는 열흘 밤낮을 극진하게 대접한 뒤 11일째 되는 날 실레노스를 리디아에 있는 디오니소스에게 데려갔다. 감동한 디오니소스는 미다스에게 고마움의 표시로 소원 한 가지를 들어주겠다고 했다. 이에 미다스는 고민 끝에 '만지기만 하면 모든 것이 황금이 되게 해달라'고 했다. 소원대로 된 그는 최고의 부와 사치를 누리게 된다. 그러나 이 순간도 잠시, 먹는 음식은 물론 왕자와 공주들까지 만지는 동시에 황금으로 변하자, 몹시 후회하며 신탁 해제를 간청한다. 디오니소스는 팍톨로스(Pactolus)강에 몸을 씻는 것으로 신탁을 풀어준다. 참고로, 팍톨로스강은 터키 최대의 사금 산지로 알려져 있다.

• 미다스 전설 2. '임금님 귀는 당나귀 귀'

이후 부귀와 영광의 부질없음을 깨달은 미다스는 목신 판(Pan)을 찾아가 트몰로스(Tmolus)산에 있는 그의 동굴에서 지내기로 한다. 그런데 판이 어느 날 태양신이자 음악의 신이기도 한 아폴론에게 그의 음악과 자신의 음악을 비교하며 음악 대결을 제안했다. 둘은 대결을 벌이게 되는데, 산의 신 트몰로스가 심판을 맡았다. 판은 피리로 단순한 멜로디를 연주했다. 하지만 판 자신도 그 자리에 우연히 참석한 미다스도 크게 만족했다. 이에 아폴론이 익숙한 솜씨로 리라의 현을 튕기자, 심판인 트몰로스가 그 즉시 아폴론의 승리를 선언했다. 그런데 유독 미다스만 부당하다며 트몰로스의 심판에 불복했다. 화가 난 아폴론은 더는 그 싸구려 귀 때문에 시달리고 싶지 않다며 잘 듣고 제대로 평가하라고 미다스의 귀를 크게 늘려 당나귀 귀로 만들어버렸다. 그는 평소 모자로 귀를 가리고 다녔지만 이발사만은 그 비밀을 알고 있었다. 아무에게도 비밀을 말할 수 없어 답답했던 이발사는 들판에 나가 구멍을 파고 그 이야기를 속삭이고는 그 구멍을 막아버렸다. 그러나 그 구멍 속에서 갈대가 자라면서 "임금님 귀는 당나귀 귀다"라는 속삭임이 들판 전체로 번져나갔고, 결국 온 세상이 왕의 비밀을 알게 되었다.

이런 종류의 전설은 중앙아시아에도 있다. 이슬람 이전 중앙아시아의 전설이다. 예니세이(Enisey)분지의 오소우네스(Ossounes) 왕이 당나귀 귀를 가졌는데, 이 사실을 숨기고 싶었던 왕은 비밀을 누설할까 두려워 이발사들을 죽이곤 했다. 그중 한 이발사는 우물 속에다 그 비밀을 털어놓았다. 하지만 그 뒤에 우물 뚜껑을 닫지 않아 물이 흘러넘쳤고, 온 나라가 이 물속에 잠겨버렸다. 이 이야기는 키르기스스탄의 산정호수 이시크쿨(Issyk-Kul)호수에 관해 내려오는 전설이다. 넘친 우물물이 오늘날 이시크쿨호수가 되었다는 것이다. 아일랜드에도 비슷한 전설이 있다. 라브레이드 로잉세치(Labraid Loingsech) 왕이 말의 귀를 가졌는데, 1년에 한 번씩 제비뽑기로 이발사를 뽑아 머리를 손질하게 한 후 머리 손질이 끝나면 이발사를 사형에 처했다. 어느 날 자신의 외아들이 왕의 이발사로 뽑혔다는 소식을 들은 한 과부가 왕에게 아들의 목숨을 살려달라고 간청하자 비밀을 유지한다는 조건으로 그를 살려주었다. 비밀을 지키느라 병이 난 이발사는 교차로에 가서 처음 눈에 보이는 나무에 비밀을 털어놓으면 병이 나을 것이라는 한 성직자의 말을 듣고 버드나무에 비밀을 털어놓는다. 하지만 하프 연주자가 그 버드나무로 하프를 만들어버렸고, 그가 연주할 때마다 하프가 왕의 비밀을 노래했다.

우리나라에도 비슷한 전설이 전해온다. 일연(一然)의 《삼국유사(三國遺事)》에 신라 48대 경문왕(景文王, 재위 861~875)이 왕위에 오른 뒤 갑자기 당나귀처럼 귀가 길어졌다는 이야기가 있다. 경문왕의 두건을 만드는 사람 하나만 이 비밀을 알고 있었는데, 평생을 참다가 죽을 때가 되어 경주 남쪽의 대나무숲에 가서 '임금님 귀는 당나귀 귀'라고 외쳤다. 그 후로 대나무숲에 바람이 불 때마다 이 소리가 났고, 이에 화가 난 경문왕은 대나무를 모두 베어버렸다. 그 뒤로는 "우리 임금님 귀는 길다"라는 소리가 들려왔다 한다. 1,500년의 시차가 있지만 미다스 왕의 전설에 가장 근접한 것이 바로 이 《삼국유사》의 경문왕 이야기이다.

프리기아의 문화

고르디온에서 출토된 프리기아 시대 유물들을 분석해 보면 이 시기에 이미 매우 정교하고 수준 높은 청동기 문화를 향유하고 있었음을 알 수 있다. 프리기아는 인접한 그리스와 오랫동안 다양한 방식으로 교류한 때문인지 문화에 그리스적인 색채가 강하다.

프리기아인들은 아나톨리아의 지모신인 키벨레(Cybele) 여신을 특이하게도 '산의 어머니'나 산신으로 숭배했다. 프리기아인들이 묘사한 키벨레는 전형적인 프리기아식 복장을 갖추고 있다. 즉, 허리를 졸라매는 긴 치마에 전신을 부드러운 천으로 감싼 채 머리에는 긴 원통형 모자를 쓰고 있다. 사실상 프리기아형 키벨레는 기원전 5세기의 그리스 조각가 아고라크리투스(Agoracritus)로부터 비롯된 것이다. 그의 작품이 점차 에게해 주변과 로마에까지 널리 영향을 끼쳤다. 이 시기에 정형화된 키벨레는 머리에 권위적인 원통형 왕관을 쓴 채 한 손은 수행하는 사자 위에 얹고, 다른 한 손은 원반을 쥐고 있다.

특히 프리기아인들은 사바지오스(Sabazios)를 말을 탄 태양신이자 신들의 아버지로 숭배했는데, 그리스인들도 이 신을 제우스 같은 최고신으로 숭배했고 후일 로마에서조차 이 신은 대표적인 기마인들의 신으로 모셔졌다. 토착 지모신과 태양신은 자주 최고의 권력을 두고 다투었으며 영역 싸움도 벌인 것으로 알려져 있다. 이렇게 보면 그리스 문화의 상당 부분이 오리엔트에서 전해진 것으

프리기아식 복장을 한 키벨레

아나톨리아 문명 박물관에 있는 키벨레의 석회암 동상이다. 키벨레는 프리기아에서 대지의 여신으로 숭배되었다. 기원전 6세기경 만들어진 것으로, 보아즈쾨이에서 발굴되었다. 긴 원통형 머리 장식을 한 여신은 한 손은 가슴에 얹고, 한 손으로 석류를 쥐고 있다. 여신의 양옆에 피리와 하프를 연주하는 두 남성이 서있다.

로 추정할 수 있다. 전쟁 분위기를 고조시키는 그리스 전쟁 음악만 해도 프리기아에서 출발하여 아나톨리아 서남부의 그리스 식민도시들을 통해 그리스 본토로 전해진 것으로 보인다. 프리기아의 왕 미다스는 신화에 의하면 음악의 신 오르페우스(Orpheus)의 제자였고, 미다스 왕의 귀가 당나귀 귀가 되는 것도 스승 오르페우스의 음악을 편들다가 제우스의 노여움을 산 때문이다. 고대 그리스인들이 가장 사랑했던 갈대로 만든 관악기 아울로스(Aulos)도 프리기아에서 유래했다고 전해진다. 프리기아의 음악문화를 엿볼 수 있는 대목이다. 고대 그리스인들은 조각이나 부조에 조로아스터교의 태양신 미트라가 썼다는 프리기아식 모자를 새겨넣어 트로이의 왕자 파리스가 그리스인이 아님을 나타냈다. 그리스인들의 인식 속에 오리엔트와 프리기아의 이미지가 밀접하게 맞닿아 있음을 알 수 있다.

5장

인류 최초의 대제국 아케메네스조 페르시아

기원전 559년	키루스 2세 즉위
기원전 550년	키루스 2세 메디아 왕국 정벌
기원전 546년	키루스 2세, 리디아 점령
기원전 539년	키루스 2세, 바빌론 정복, 키루스 원통 제작
기원전 522년	다리우스 1세 즉위
기원전 499년	이오니아 반란(~기원전 493)
기원전 492년	다리우스 1세, 첫 그리스 원정
기원전 480년	살라미스 해전에서 그리스에 패배
기원전 449년	페르시아 전쟁 종식
기원전 333년	이소스 전투에서 알렉산드로스의 마케도니아군에게 패배
기원전 331년	가우가멜라 전투에서 마케도니아군에게 패배
기원전 330년	다리우스 3세 피살, 아케메네스조 페르시아 멸망

인류역사상 명실상부한 최초의 대제국은 페르시아였다. 페르시아는 600년 뒤 로마 제국의 번영을 뒷받침할 거버넌스의 기초를 제공했다. 그리고 그들이 꽃피운 문명은 이란 지방을 중심으로 수많은 후계국가에 계승되면서 중동-오리엔트 역사에서 페르시아 문명이라는 이름으로 1,200년간 이어졌다. 기원전 550년부터 기원전 330년까지 오리엔트를 지배한 페르시아 제국은 사산조 페르시아 등 이후 1,200년에 걸쳐 흥하고 쇠한 다른 페르시아계 국가들과 구분하기 위해 아케메네스조 페르시아라고 칭한다. 페르시아 제국의 축적된 전통과 다양한 문화적 콘텐츠들은 후일 이

슬람 제국의 번성에도 중요한 자양분 역할을 했고, 이슬람 세력이 확산되면서 중앙아시아, 인도, 동아시아의 문화에도 깊은 영향을 끼쳤다. 페르시아는 메디아를 제압한 뒤 창건자 키루스 대제의 관용정책과 다문화철학을 이어받으며 영토를 넓혀갔는데, 서쪽으로는 이집트를 넘어 리비아 동부까지, 동쪽으로는 인더스강과 힌두쿠시 지방까지 진출했다. 그런 대제국 페르시아의 거버넌스는 지방분권이 핵심이었다. 유네스코 세계문화유산으로 지정된 수도 페르세폴리스에서 장엄한 페르시아 대제국의 위용과 문명 수준을 가늠할 수 있다. 종교적으로는 조로아스터교를 받아들여 적극적으로 보호했는데, 조로아스터의 일신교 사상과 교리는 유대교와 기독교는 물론 이슬람교의 형성과 발전에도 커다란 기여를 했다.

페르시아는 다리우스 대제와 크세르크세스 1세 시기에 이웃 그리스와 10여 년에 걸쳐 11차례의 대규모 전쟁을 벌이면서 국력을 소진했다. 결국 두 세력이 약화된 틈을 노린 그리스 북쪽 마케도니아의 왕 알렉산드로스에 의해 기원전 330년경 멸망하고 말았다. 아케메네스조 페르시아 제국의 멸망 이후 오리엔트 일대는 알렉산드로스의 부하 장수들이 할거하는 소위 헬레니즘 시대가 열렸다. 그러나 얼마 지나지 않아 파르티아가 옛 페르시아의 영토를 통일하고 이어 사산조 페르시아 제국이 파르티아를 계승함으로써 페르시아의 전통은 1,200년간 이어졌다. 그럼에도 페르시아의 역사와 문화적 실체의 대부분은 적대적 이해당사자였던 그리스 역사학자 헤로도토스의 《역사》, 크세노폰의 《아나바시스》와 《키로파에디아》, 《타키투스의 연대기》 같은 로마 자료를 토대로 이해되어 왔다. 그리스인들은 '헬라스인'이라는 우월감에 젖어 페르시아인들을 포함한 이방인들을 '야만인(Barbaroi)'이라고 표현해 왔다. 따라서 그리스-로마 중심 자료의 한계를 극복하면서 새롭게 해독된 다리우스 대제의 베히스툰 비문 및 여러 쐐기 문자 기록 등의 고고학적 성과를 중심으로 페르시아의 역사를 제대로 복원하고자 하는 노력은 하나의 문명을 온전히 되살리는 의미 있는 작업이 될 것이다.

01

아케메네스조 페르시아 제국의 역사

페르시아 제국의 모태, 메디아

페르시아 제국의 어머니 국가는 메디아(Media, 기원전 728~기원전 550)라 할 수 있다. 메디아는 지금의 이란 지방에서 흥기하여 기원전 8세기경 오리엔트 지역을 재통일했다. 메디아의 마지막 왕 아스티아게스(Astyages, 재위 기원전 585~기원전 550)의 외손자가 페르시아 제국을 건설한 키루스 2세(Cyrus II, 재위 기원전 559~기원전 530)다. 키루스가 외할아버지를 살해하고 모반해서 역성혁명을 한 셈이다. 메디아에서 페르시아로 이름은 바뀌었지만 통치 방식이나 언어, 지배계층, 문화에서 페르시아가 메디아의 연장선에 있을 수밖에 없는 이유다.

메디아는 기원전 8세기경 이란인의 일파인 메디아인이 아시리아로부터 독립하여 건설한 국가다. 이란인이 세운 최초의 왕조로서 남부 이란과 소아시아에 걸친 광대한 영토를 차지했으나, 지방 속주들과 혈연관계나 정치·군사적 이해관계로 느슨하게 얽힌 연방제에 기초한 나라였다. 기원전 621년 메디아 왕국의 키악사레스(Cyaxares, 재위 기원전 625~기원전 585) 왕은 바빌론과 연합하여 아시리아를 무너뜨리고 메소포타미아 북부를 점령했다. 그의 아들 아스티아게스는 정복의 고삐를 늦추지 않고 비옥한 이라크 지역마저 장악하기 위해 신바빌로니아 왕국과 대적했다. 신바빌로니아의 왕 나보니두스(Nabonidus, 신바빌로니아의 마지막 왕, 재위 기원전 556~기원전 539)는 아스티아게스의 외손자인 아케메네스가의 키루스 2세와 동맹을 맺고 기원전 550년에 메디아 왕국을 정벌했다.

아케메네스조 페르시아(Achaemenid Persia, 기원전 550~기원전 330)의 창건자는 키루스 2세로 알려져 있다. 원래 아케메네스(Achaemenes) 가문은 이란 남부 안샨(Anshan) 지역을 통치하고 있었다. 아케메네스의 아들인 테이스페스(Teispes)가 기원전 691년 부친의 이름을 딴 아케메네스 왕국을 건설했으나 크게 성장하지 못했고, 그의 사후 왕국은 둘로 쪼개졌다. 남부는 장남 키루스 1세(Cyrus I)가, 북부는 차남 아리아람네스(Ariaramnes)가 통치했다. 키루스 1세는 조금씩 영역을 넓혀가면서 페르시아인들을 통합하기 시작했고, 그의 아들 캄비세스 1세(Cambyses I, 재위 기원전 580~기원전 559)가 메디아 왕국의 공주 만다인(Mandane)과 혼인함으로써 새로운 전기를 맞았다. 그 사이에서 난 캄비세스 1세의 장남이 키루스 2세다. 이란어로는 쿠루시(Kurush)라고도 불렸으며, 키루스 2세가 메디아를 정벌한 기원전 550년을 아케메네스 왕조의 시작으로 본다.

페르시아 제국의 흥망

아케메네스조 페르시아 제국은 이렇게 메디아를 무너뜨리면서 시작되었다. 여름 수도는 수사(Susa)였고, 겨울 수도는 페르세폴리스(Persepolis)였다. 지금의 이란 중부지방에서 팽창을 시작했지만, 남쪽에는 페르시아만이 있고, 주변은 모두 사막지대다. 북쪽 카스피해 쪽으로는 해발 4,000미터가 넘는 엘부르즈(Elburz)산맥이 가로막고 있어서, 페르시아 제국의 팽창 방향은 고도의 선행문명을 꽃피웠던 서북쪽의 아나톨리아가 될 수밖에 없었다. 키루스 2세는 아나톨리아반도의 서쪽 끝으로 세력을 넓혀나갔다. 당시 이 일대는 '이오니아(Ionia)' 지방으로 그리스의 식민지였다. 따라서 페르시아가 서쪽으로 팽창을 계속하려면 그리스 본토의 폴리스(polis, 도시국가)들과 충돌할 수밖에 없었다. 그리스 본토의 폴리스들 역시 자신들의 핵심적 물자 공급지인 아나톨리아반도를 빼앗길 수 없었다. '페르시아 전쟁'이 일어나게 되는 배경이다.

그러나 월등한 군사력과 국력에도 불구하고 페르시아는 작은 폴리스들의 연합체인 그리스를 완전히 이기지 못했다. 오랜 전쟁은 오히려 페르시아의 국력이 약해지는 원인이 된다. 양측 모두 11차례의 소모전으로 쇠약해져 있을 때, 그리스 북쪽 마케도니아에서 알렉산드로스라는 젊은 왕이 등장해 두 나라 모두를 위협하게 된다. 그리고 결국 모두를 무너뜨렸다. 두 경쟁자를 동시에 제거한 알렉산드로스는 이제 전속력으로 말을 달려 단숨에 이집트에서 인도 동쪽 히말라야까지 자신의 발 아래 무릎 꿇렸다. 그가 건설한 제국은 약 2,000년 후 몽골 제국이 등장할 때까지 역사상 가장 짧은 시간에 가장 넓은 영토를 차지한 제국이었다.

다문화 관용정책을 편 키루스 대제

페르시아 제국을 건설한 키루스 2세는 '키루스 대제'로도 불리며, 성경에는 '고레스(Koresh)'란 이름으로 등장한다. 신바빌로니아의 나보니두스와 손을 잡고 메디아를 무릎 꿇린 키루스는 리디아와 신바빌로니아마저 손에 넣었고, 결국 이집트를 제외한 오리엔트 대부분을 차지했다. 키루스의 제국은 키루스가 속한 가문의 이름을 따서 아케메네스조 페르시아 제국으로 불린다. 키루스의 제국 통치를 관통하는 대원칙은 다문화 시너지 효과와 관용정책이다. 고대사에서 다문화와 관용정책을 제국의 통치철학으로 삼은 예는 찾아보기 힘들다. 키루스는 단순한 선언으로서가 아니라 국가 운영의 모든 부분에서 일관되게 복속민에 대한 포용과 소수집단에 대한 관용정책, 다문화 전통을 유지했다. 페르시아 제국의 번영이 어디에서 비롯되었는지 한마디로 표현하라면, 필자는 서슴지 않고 체계적인 다문화정책과 관용정신이라고 할 것이다. 키루스는 포로로 잡은 적장 신바빌로니아의 왕 나보니두스를 매우 극진하게 대우했고 그가 죽었을 때에도 국장을 치러 예우했다. 키루스 자신이 무너뜨린 메디아 왕국의 유민(遺民)들을 가장 많이 중용했으며 출신과 계층에 상관없이 인재를 발탁해 능력을 마음껏 발휘하게 했다. 또한 메디아의 지방분권 시스템인 사트랍(Satrap, 지방 총독) 제도를 그대로 수용했으며, 나아가 메디아의 수도였던 엑바타나(Ecbatana, 오늘날 이란의 하마단)의 입지와 번성을 통치 내내 보장했다. 무엇보다 메디아 주민에 대한 차별 없는 정책을 강조했다. 집권 초기 지방에서 여러 차례 반란이 일어나기도 했지만, 피지배 민족 대부분은 아케메네스 왕조로 통치자가 바뀐 것을 거의 인지하지 못할 정도로 일상의 삶을 유지해 나갈 수 있었다.

키루스 대제의 관용정신이 가장 잘 드러나는 역사적 사건이 바로 기원전 538년 칙령을 통해 바빌론에 잡혀있던 유대인을 해방한 일이다. 기원전 587년 신바빌로니아의 네부카드네자르 2세에 의해 유다 왕국에서 바빌론으로 끌려가 반세기 넘게 끔찍한 노역에 시달리며 힘든 삶을 이어가던 수만 명의 유대인을 다시 예루살렘으로 돌려보내 준 것이다. 그냥 돌려보낸 것이 아니라 칙령을 통해 그동안의 노임을 계산하여 챙겨주고 신전을 지을 비용까지 대주었다. 그래서 유대인들은 그를 존귀하고 정의로운 왕으로 추앙했다. 성경에도 그를 극찬하는 구절이 남아있다. 《구약》에는 키루스 대제가 바빌론에 포로로 잡혀있던 유대인들을 고향으로 돌려보내며 예루살렘에 성전을 지으라고 돈까지 쥐여줬다는 내용이 있다(에스라서 1:1~4). "여호와께서 그의 기름 부음을 받은 고레스에게 이같이 말씀하시되, 내가 그의 오른손을 붙들고 그 앞에 열국이 항복하게 하며 내가 왕들의 허리를 풀어 그 앞에서 성문들을 열게 하고 그 문들을 닫지 못하게 하리라"(이사야서 45:1)는 구절도 확인된다.

다른 나라의 지도자임에도 성경에서까지 언급할 정도면 당시

키루스 2세와 유대인

키루스 2세는 바빌론에 갇힌 유대인들이 그들의 고향으로 돌아가 예루살렘에 성전을 재건하도록 허락했다. 15세기 프랑스 화가 장 푸케(Jean Fouquet)가 1470년경 그린 그림으로, 프랑스 국립도서관 소장품이다.

에도 대단히 존경받는 인물이었음을 알 수 있다. 오늘날에도 많은 국가 지도자가 키루스 대제의 업적과 지도력을 칭송하곤 했다. 미국의 제3대 대통령 토머스 제퍼슨(Thomas Jefferson), 이란의 국왕 무함마드 리자 팔레비(Muhammad Rizā Pahlevī), 이스라엘의 건국자이자 초대 총리인 다비드 벤구리온(David Ben-Gurion) 등도 키루스 예찬론자로 알려져 있다. 그리스 아테네 출신의 역사가이자 철학자인 크세노폰(Xenophon, 기원전 430?~기원전 354?)은 8권짜리 저술《키로파에디아(Cyropaedia)》에 역사소설이란 형식을 빌려 키루스의 생애와 구체적인 제국 경영 방식, 철학, 사상을 담았다. 이 책에서 크세노폰이 그려낸 키루스는 사람들의 자발적인 동의를 얻어 그들을 다스리며 공공의 질서와 안녕을 고민하는 그야말로 이상적인 지도자다.

키루스 대제의 인권의식과 관용의 정신은 '키루스 원통(Cyrus Cylinder)'으로 알려진 인권선언문의 발견으로 더욱 빛을 발하게 되었다. 키루스 원통은 기원전 539년 그가 바빌론에 입성하여 신바빌로니아 왕국을 손에 넣은 후 바빌론의 마르두크 신전을 재건할 때 건물의 기초 부분에 넣어둔 일종의 정초매장물(foundation deposit)이다. 1879년 바빌론에서 발견된 이 구운 원통형 점토판에는 아카드어 쐐기문자로 총 45행의 놀라운 문장이 새겨져 있다. 키루스 원통에는 이전 메소포타미아 지방에서 명멸한 통치자들의 비문이 그렇듯 온 세상의 주인으로서 키루스의 기개와 천하관을 기본적으로 담고 있지만, 주된 내용에서는 확연한 차이를 보인다. 왕 중의 왕 키루스의 가계도가 확립되어 있고, 바빌로니아 정복의 정당성이 강조되어 있다. 또 바빌로니아의 신 마르두크의 입을 빌려 바빌로니아 왕 나보니두스를 독재자로 비난하고 키루스를 마르두크가 선택한 새로운 통치자로 찬미한다. 세상의 왕 키루스는 피지배 민족의 보호자로서 그들의 삶을 향상시켰을 뿐만 아니라 공정하고 정의로운 정책을 폈다. 특히 끔찍한 노역에 시달리던 유대인을 그들의 거주지로 무사히 돌려보냈고, 바빌로니아인의 마르두크 숭배를 용인하는 등 종교활동의 자유를 보장하고 파괴된 신전을 지어주었다. 정

키루스 원통

1879년 영국의 고고학자 호르무즈드 라쌈이 바빌론의 마르두크 신전 유적에서 발견한 원통형 도기로, 키루스 대제의 포고문이 아카드어 쐐기문자로 새겨져 있다. 현재는 라쌈의 고고학 발굴단을 후원한 영국박물관이 소장하고 있다.

복당한 바빌로니아 시민과 피지배 소수민족을 대하는 키루스의 태도에서 드러나는 관용정신과 평화의식 등은 고대사회의 통상적인 전제군주와는 판이한 모습이다. 이런 덕목과 관용정책이 그에 대한 성경의 극찬과 결합되면서 키루스 대제는 인권의식을 지닌 고대의 통치자로 우뚝 섰고, 키루스의 원통은 그 내용의 실체와 상관없이 일부 학자들의 주장과 이란 왕 무함마드 리자 팔레비의 적극적인 홍보에 힘입어 세계인권선언의 효시로 여겨지게 되었다. 키루스 원통은 현재 영국박물관에 소장되어 있고, 유엔 본부 2층 복도에 그 복제품이 전시되어 있다. 1971년 이란의 공주 아슈라프 팔레비(Ashraf Pahlevī)의 요청을 받은 당시 유엔 사무총장 우탄트(U Thant)의 주선으로 키루스 원통의 내용이 고대 인권선언문으로 받아들여

키루스 왕묘

페르세폴리스에서 약 30킬로미터 떨어진 파사르가다에평원에 있는 무덤으로, 키루스 대제의 묘로 추정된다. 그 일대에서 기원전 546년경에 건설된 것으로 보이는 거대한 궁전 터가 발굴됨으로써 페르세폴리스로 수도를 이전할 때까지 파사르가다에가 페르시아의 중심지였음을 확인할 수 있었다. 파사르가다에 중앙부에 위치한 키루스 무덤 주변에는 정교한 관개 시설을 갖춘 아름다운 정원이 꾸며졌는데, 오늘날 이란은 물론, 이라크, 인도, 파키스탄, 아프가니스탄, 중앙아시아, 멀리 그라나다의 알함브라 궁전에서도 볼 수 있는 '페르시아 정원'의 전형이었다. 이곳의 정원은 고대 페르시아어로 '갇힌 정원'이란 의미의 '파라다이다(Paradaida)'로 불렸고, 여기서 오늘날 '파라다이스(Paradise)'란 말이 유래되었다고 전해진다.

키루스 대제 묘를 보면 6층으로 기단을 쌓고 그 위에 직사각형 석관을 얹었다. 석관은 주로 로마에서 쓴 무덤 양식이고, 계단식 기단은 동양적이다. 그래서 미술사에서는 로마풍 석관과 동양식 기단이 합쳐진 아주 독특한 무덤 양식이라고 평가한다. 그리스와 오랜 전쟁 혹은 교류의 결과 페르시아 문화는 동양과 서양의 접점에서 독특한 창의성을 발휘했다. 한편 매장을 전제로 하는 석관 양식을 근거로 페르시아 제국 초기에는 조장 풍습이 있는 조로아스터교가 중심 종교가 아니었다고 추정하기도 한다.

졌기 때문이다. 이렇게 본다면 2,500년 전 키루스 대제의 인권의식이 1948년 유엔 세계인권선언을 필두로 한 세계인권협약의 초석이 된 셈이다.

키루스의 관용정책과 다문화 존중의 통치 이념은 전통적인 오리엔트 정치문화에서는 찾아볼 수 없는 새로운 종류의 정책과 이념이었다. 이는 여러 민족과 국가가 엎치락뒤치락 쟁패를 거듭하던 메소포타미아 지방에서 페르시아가 200년 이상 제국을 유지한 힘의 원천이기도 했다. 그렇지만 그의 최후는 그다지 영광스럽지 못했다. 서쪽 정복을 마무리하고 카스피해 동쪽 진격에 나섰을 때, 고대 이란계 유목민 연합체를 이끌던 마사게타이인의 여왕 토미리스(Tomyris)와의 전투에서 패하면서 죽음을 맞았다. 헤로도토스에 의하면, 마사게타이인은 카스피해 북동쪽에서 세력을 떨치던 스키타이의 일파인 사카인 계통으로, 모계중심사회를 이루고 있었다.

팍스-아케메니아 시대를 이끈 다리우스 대제

아케메네스조 페르시아 제국을 떠올리면 바로 다리우스 대제(Darius I, 재위 기원전 522~기원전 486)가 연상된다. 제국을 반석 위에 올려놓은 통치자이자 전성기를 견인한 인물이기 때문이다. 그러나 그가 권력을 쟁취하는 과정은 결코 순탄하지 않았다. 키루스 대제를 이은 아들 캄비세스 2세(Cambyses II, 재위 기원전 530~기원전 522)는 집권 초기부터 제국의 곡물 창고 역할을 기대

베히스툰 암벽에 새긴 부조와 비문

베히스툰산은 바빌로니아의 수도 바빌론과 메디아의 수도 엑바타나를 연결하는 무역로에 접해있었다. 위쪽의 아후라마즈다 신이 지켜보는 가운데 왼쪽에서 세 번째 인물이 다리우스 대제이고, 그가 밟고 있는 인물이 반란을 주도한 가우마타이다. 포승줄로 묶인 사람 모두 각지에서 일어난 반란의 주범들이다. 부조를 중심으로 상하좌우에 쐐기문자로 새겨진 내용이 '베히스툰 비문'이라 불리는 다리우스의 치적 비문이다.

하며 비옥한 이집트 공략에 집중했다. 그러나 원정은 지지부진했고, 설상가상으로 본국에서 조로아스터교 사제 가우마타(Gaumata)가 왕의 동생을 사칭하며 반란을 일으켰다. 캄비세스 2세는 급거 귀국을 결정했고 귀환 도중 시리아 인근에서 갑자기 병으로 사망하게 된다.

이때 페르시아 최정예군인 '불사친위대' 장군으로 캄비세스 2세와 함께 이집트 원정에 참여했던 다리우스가 가우마타 세력을 소탕하고 기원전 522년 페르시아 대제국의 새로운 대제(샤한샤

Shahanshah)로 등극했다. 다리우스는 원래 파르티아의 사트랍 히스타스페스(Hystaspes)의 아들로 베히스툰(Behistun, 오늘날 비시툰) 비문에 의하면 아케메네스의 손자 중 하나인 아리아람네스의 후손으로 기록되어 있다.

특히 베히스툰 비문은 다리우스 대제 통치하 페르시아 제국의 전성기 모습을 파악하는 데 무엇보다 소중한 자료로 평가된다. 다리우스 대제와 관련된 비문만 60여 개에 이르기 때문이다. 이로써 종래 페르시아와 맞섰던 그리스와 로마 측 사료에 의지하던 페르시아 역사 연구에 획기적 전기가 마련되었다. 베히스툰 비문이 새겨진 베히스툰산은 바빌론-엑바타나-수사를 연결하면서 동쪽으로 중앙아시아와 인도, 서쪽으로 아나톨리아반도를 거쳐 그리스로 향하는 대상 실크로드의 중간 쉼터이자 '왕의 길'이 통하는 전략적 요충지에 자리 잡고 있다. 다리우스 대제는 '거룩한 산'이라고 불리던 약 70미터 높이의 깎아지른 베히스툰 암벽에 이곳을 지나가는 사람이라면 누구든 볼 수 있게 통치자로서 자신의 정통성과 위대한 치적을 당당히 새겨놓았다. 반란 진압 과정을 묘사한 부조상을 중심으로 그 주변에 1만 5,000여 글자로 자신을 칭송하는 비문을 세 가지 언어로 새기게 했다. 더욱 특기할 사항은 다리우스 대제가 이 비문을 조성하면서 42개의 부호를 가진 고대 페르시아 문자체계를 창안했다는 사실이다.

베히스툰 암벽에 새겨진 내용을 보면, 기원전 5세기 초 다리우스 대제 시절 아케메네스조 페르시아 제국은 복속국가의 수만도 23개국에 달했는데, 당시 세계 인구의 약 44퍼센트에 해당하는 5,000

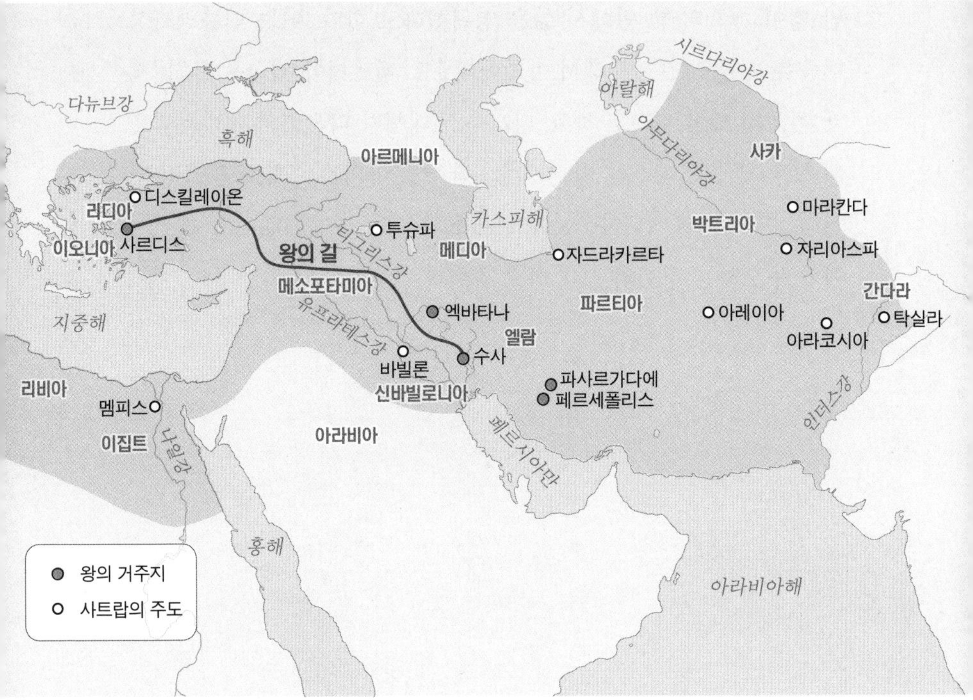

기원전 500년경 다리우스 대제 시기 페르시아의 영토

이 시기 페르시아는 북아프리카 대부분 지역과 아나톨리아반도를 넘어 유럽의 트라키아 지역, 중앙아시아 내륙과 인도 북부에 이르는, 세 대륙에 걸친 명실상부한 대제국을 이룩했다.

만 명이 제국의 품 안에서 삶을 영위했다고 한다. 이는 인류역사상 미증유의 규모였다. 그래서 아케메네스조 페르시아 제국을 흔히 '세계 최초의 제국'이라고 하고, 다리우스 대제가 다문화와 지방분권을 기초로 제국을 다스린 이 시기를 '팍스 로마니카', '팍스 몽골리카'처럼 '팍스 아케메니아(Pax Achaemenia)', 즉 '아케메네스조 페르시아가 주도하는 평화의 시대'라고 칭한다.

역사의 현장에서

페르세폴리스, 2,500년 전 페르시아 제국의 영화

이란의 수도 테헤란에서 비행기를 타고 남쪽으로 2시간을 날아가면 이란의 남단 파르스(Fars)주의 고대도시 시라즈(Shirāz)에 도착하고, 다시 동북쪽으로 1시간을 자동차로 달리면 '타크트에잠시드(Takht-e-Jamshid, '잠시드의 왕관'이라는 뜻)'에 이른다. 아무도 말해주지 않는 페르세폴리스의 현지 이름이다. 페르시아 대제국의 수도 이름조차 그리스어로 읽히는 것이다.

페르세폴리스는 기원전 518년 다리우스 대제에 의해 건설되기 시작했다. 그리고 그로부터 100년이 지난 후에야 완공되었다. 세계정부가 있던 곳이며, 당시 지구상에 번성하던 모든 문화의 집결지였다. 외국 사신이 빈번히 내왕하고, 동서양 상인들이 북적거렸다. 중앙아시아를 가로지르는 육상 실크로드와 인도에서 인도양 연안을 돌아오는 해로의 요지에 위치한 덕에 풍부한 물자와 다양한 외국의 문물이 페르세폴리스를 살찌웠다. 페르시아 궁전에서는 호화로운 연회가 연일 계속되었다고 한다.

그러나 페르세폴리스의 사치와 향락은 그렇게 오래가지 못했다.

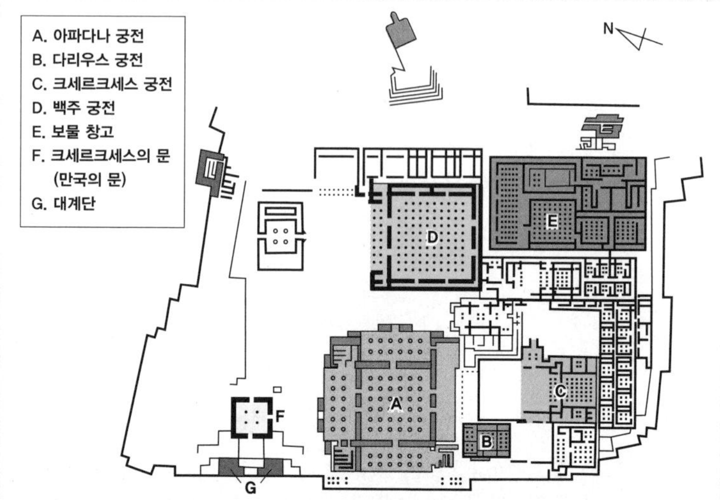

페르세폴리스 구조도(위)와 유적 전경

끝이 보이지 않을 정도로 늘어선 셀 수 없이 많은 열주와 초석, 궁전 터와 성벽 계단, 건물의 잔해들, 이곳은 궁전이라기보다는 궁성 대도시였다. 해발 1,500미터의 황량한 고원에 끝없이 펼쳐져 있는 궁전의 잔해에서 아무리 상상력을 동원해도 묻히고 잊혀버린 페르시아 제국의 위용을 떠올리기는 쉽지 않았다. 패배하고 무너져 버린 역사의 상흔들이 풍화되어 사라져가고 있는 모습 앞에서 적당한 표현이 떠오르지 않았다. 페르시아는 고대 아시아의 마지막 자존심이었고, 강요된 힘으로 서양을 실어 날랐던 알렉산드로스의 도도한 물결에 정신적 가르침을 준 마지막 스승이었다. 페르세폴리스는 바로 그 동양적 정신의 심장부였다.

기원전 330년 페르세폴리스에 도착한 알렉산드로스는 아시아 제국의 이 놀라운 번영이 도저히 믿기지 않았는지 두려움과 야만성으로 철저히 파괴하고 짓밟았다. 그것이 승자의 특권이라고 생각했을 것이다. 페르세폴리스가 누린 영광은 182년이라는, 어찌 보면 짧은 순간이었다. 그리고 그 뒤 2,260년 동안 망각 속에 버려졌다. 1931년부터 시카고대학교의 동양연구소가 후원하는 고고학 탐사단이 유적 탐사에 이어 본격적인 발굴과 복원에 나서면서 서서히 페르세폴리스의 역사적 의미가 되살아나기 시작했다.

계단을 따라 페르세폴리스 궁전 입구에 올라서면 바로 앞에 크세르크세스 1세가 건축한 '크세르크세스의 문(만국의 문)'이 우릴 반긴다. 입구에는 아시리아 신화의 수호신 라마수(Lamassu)의 석상 2개가 서있다. 라마수는 아시리아 양식의 곱슬머리와 수염을 한 인간의 머리와 새의 날개를 가진 황소로 묘사되는데 페르세폴리스 궁전의 수호자인 셈이다. 외국 사절들이 이 문에 들어서면서 느꼈을 페르시아 제국을 향한 경외감과 위압감이 그려진다. 11미터 높이의 대문 위에는 엘람어와 바빌로니아어, 페르시아어로 각각 '만국의 문'이라는 문구가 새겨져 있다. 세계의 중심이라는 페르시아 제국의 위용을 짐작하기에 충분하다.

이곳의 기둥에도 쐐기문자로 새겨진 역사가 숨 쉬고 있다. 왕은 주로 세 가지 모습으로 묘사되었다. 불을 모신 신전 앞에서 기도하는 모습, 옥좌에 앉아있는 모습, 걷고 있는 모습이 그것이다. 부조의 양식들은 아시리아의 수도 니네베의 조각 양식을 많이 닮아있다. 그러나 자세히 보니 약간의 차이도 보인다. 권력의 크기와 신분의 높낮이

크세르크세스의 문(만국의 문)

페르시아 제국을 방문한 다른 나라의 사신들은 왕을 만나기 위해 이 문을 지났다. 한 쌍의 라마수 석상이 입구를 지키고 서있다.

에 따라 조각된 인물의 크기가 다르다. 커다란 왕의 위엄 앞에 보일락 말락 하는 이름 없는 백성의 표정이 아주 인상적이다. 특히 옷자락의 묘사에서 차이점이 보인다. 니네베 양식은 옷이 사람 몸에 찰싹 달라붙어 있으나, 이곳 페르세폴리스에서는 옷자락이 펄럭펄럭 날리고 있다. 조각 예술에서 발현될 수 있는 최상의 아름다움이 유감없이 발휘되고 있다. 페르시아 조각에 정말 경의를 표하게 된다.

페르세폴리스 건물 중 빼놓을 수 없는 가장 화려한 건물은 '백주궁전(100개 기둥의 궁전)'이다. 원래는 19.42미터 높이의 기둥 100개가 나란히 열을 지어있었으나, 지금은 몇개만 남아 과거의 영광을 전할 뿐이다. 복원도를 보면 위에 100개의 기둥이 장엄하면서 정교한 채색으로 치장한 지붕을 받치고 있다. 기둥 최상단부는 이집트 양식의 꽃무늬를 올려놓았고, 연화문과 그리스풍 장식이 혼재되어 있다. 다문화 제국인 페르시아의 문화적 성격을 압축적으로 표현하는 것 같다. 이집트 신전의 볼록형 기둥과는 달리 그리스식 오목형 물결로 다듬어진 기둥이 받치고 있는 궁전은 마치 파르테논 신전 같은 분위기다. 오랜 전쟁을 통해 페르시아와 그리스가 문화적으로도 서로 큰 영향을 주고받았기 때문에 이런 모습이 오히려 자연스러워 보인다. 그리스식 기둥 위에는 동양풍의 이오니아식, 아테네의 코린트(Corinth)식, 단순투박한 도리아(Doria)식도 아닌 독특한 페르시아 주두(capital, 기둥머리) 문양이 보인다. 기둥 꼭대기에는 쌍사자를 올려놓았다. 이 궁전은 거의 파르테논 신전과 같은 시기에 축조되었는데도 디자인이 화려하고 규모도 훨씬 크다. 국력의 크기가 반영된 것이라 생각한다.

페르세폴리스의 또 다른 대표적인 건축물은 아파다나(Apadana)

아파다나 궁전의 사신 행렬

사진은 아파다나 궁전 벽면에 새긴 부조로, 리디아인들이 자기 지역의 유명한 와인을 왕에게 바치려고 순서를 기다리고 있는 모습이다.

궁전이다. 왕을 알현하는 공식 알현실이었던 이 건물은 다리우스 대제 때 시작하여 크세르크세스 1세 때 완성되었다. 지금은 72개의 기둥 중에 13개만 남아있다. 기둥과 벽면에는 돋을새김이 되어있어 역사의 편린을 엿볼 수 있다. 상대적으로 작은 외국 사신들이 손에 진상품을 가득 들고 커다란 페르시아 왕 앞에 서있는 부조는 정말 사실감이 넘친다. 사신들의 공손한 표정이며 왕의 근엄한 태도, 날리는 옷자락에서 공물로 바쳐지는 동물들의 몸부림까지, 마치 역동적인 한 편의 장대한 서사시를 읽고 있는 듯한 전율이 느껴진다. 사신들은 각자 자신들의 지역과 민족을 대표하는 옷차림을 하고 토산품을 들고 있는데, 당시의 복식과 장신구, 머리모양, 시대상을 연구하는 데 유용한 살아있는 자료라는 생각도 든다. 어떻게 돌을 쪼아 저토록 선연하고 감동 어린 조각을 할 수 있었을까? 유물을 마주할 때마다 항상 그러하듯이 수천 년 전 페르세폴리스의 아파다나에서도 숙연하고 겸허해질 따름이다.

궁전 벽면의 부조 중에는 조공뿐만 아니라 춘분을 기점으로 하는 신년 축제 노루즈(Nowruz)의 철학과 사상을 담은 내용들도 군데군데 보인다. 다리우스 궁전 등에 사자가 황소를 공격하고 잡아먹는 장면이 대표적이다. 페르세폴리스 궁전에는 모두 27군데에 사자와 황소가 대결하는 장면이 부조되어 있는데, 사자는 태양과 봄을 상징하고 황소는 달과 겨울, 밤을 상징한다. 춘분을 기점으로 새로운 시간이 시작되는 신년에 황소를 제물로 바쳐 태양, 낮, 선이 달과 밤, 악을 누르고 풍요와 희망의 새출발을 기원하는 의미를 담고 있다. 메소포타미아 지방에서는 수메르 시기 이래로 사자와 황소의 대결이 신화와 신앙 의례의 상징으로 오랫동안 전승되었다. 조로아스터교 이전 시기의 미트라교에도 황소를 희생함으로써 부활과 풍요를 기원하는 의례가 있었다. 이처럼 황소의 희생 제의를 통해 생명이 부활하는 새로운 계절을 맞이했고, 춘분은 이러한 생명 재생의 기점으로 인식되어 왔다. 어쩌면 용맹함과 새로운 시대를 개막하는 역동적 힘을 과시하는

사자와 황소

다리우스 궁전 계단에 새겨진 부조다. 사자가 황소를 물고 있는 이 장면은 조로아스터교에서 기원한 페르시아의 신년 축제 노루즈를 상징한다. 윗부분에는 노루즈를 맞아 페르시아 왕에게 진상품을 올리러 가는 사신들이 조각되어 있다. 페르시아에서는 봄의 개막을 알리는 춘분을 새해의 시작으로 기념했다.

듯한 사자의 모습은 페르시아 왕의 화신을 표현한 것이었을지도 모른다. 페르세폴리스 궁전에 즐비한 사자와 황소 부조는 이처럼 이 지방의 오랜 신화와 신앙이 업데이트되면서 복합적으로 전승되고 있었음을 확인하게 한다.

또 하나 눈여겨볼 점은 사자나 황소 모두에게서 사나움이나 저항하는 듯한 모습은 보이지 않는다는 것이다. 자연의 법칙에 순응하고 조로아스터의 계율에 복종하는 온순한 태도가 묻어난다. 그래서 신과 자연의 질서에 순응하려는 이들의 철학이 담겨있는 이 해학적인 부조를 필자는 페르세폴리스에서도 가장 인상 깊은 작품으로 꼽고 싶다.

페르세폴리스의 마지막 날이 밝았다. 마케도니아의 20대 청년 알렉산드로스의 광풍을 견뎌낸 세력은 없었다. 페르세폴리스는 최고의 약탈 대상이었다. 그리고 철저히 불태워졌다. 원제가 '삶의 비교(Bioi Paralleloi)'인 플루타르코스(Ploutarchos, 46~119?)의 《영웅전》에 페르시아 제국의 여름 궁전이었던 페르세폴리스의 '보물 창고(재무성 창고)'에 보관된 재물의 규모가 기록되어 있다. 그에 의하면 당시 노새 2만 마리와 낙타 5,000마리를 동원해서 페르세폴리스의 보물을 밖으로 실어 날랐다고 한다. 고대 역사학자들의 과장과 허풍을 감안하더라도 대단한 규모였다.

02 페르시아의 거버넌스

다문화정책과 지방분권

제국의 중앙정부가 그 광대한 영역에 산재한 20여 개 국가를 다스리는 건 사실상 불가능했다. 그래서 페르시아는 중앙정부에 정치적으로 복속하고 조세를 납부하고 중앙으로부터 군사적 통제를 받는 조건으로 개별 국가나 군소 공동체에 일정한 자치와 자율권을 부여했다. 이것이 소위 '페르시아 텐트(Persian tent)' 전략이다. 큰 텐트 아래 여러 민족을 두루 품는 일종의 다문화 전략이다. 그들 각자의 고유한 전통과 관습을 인정하고, 각 공동체의 주민들을 자기 지도자의 명령에 따라 움직이게 하는 제도였다. 이 전통은 초기 이슬람 시대를 거쳐 오스만 제국 시대까지 이어졌다. 이슬람 시대에도 '딤미'라는 제도를 통해 유대인 공동체, 아르메니아 정교회 공동체, 그리스 정교회 공동체, 기독교인 공동체 등 비(非)이슬람교도들의 공동체와 그들의 종교를 모두 인정해 주었다. 오스만 시대에는 밀레트(Millet, 소수민족 자치 공동체) 제도로 연결되었다. 외부인과의 자유로운 접촉이 허용되었고, 공동체 내부의 문제는 일절 바깥에서 간섭하지 않고 자체의 율법과 랍비나 대주교 같은 종교 지도자들의 판단에 따라서 해결하게 했다.

다문화정책의 성공을 위해 다리우스 대제는 다문화 공용어 정책을 펼쳤다. 따라서 세 가지 언어가 페르시아 제국의 공용어가 되었다. 페르시아어, 엘람어, 바빌로니아어 등 당시 3대 국제어를 공용어로 채택했다. 모든 공식문서는 이 세 개의 언어로 기록되었다. 당시 페르시아 제국에서 가장 보편적인 언어는 바빌로니아어의 핵심인 아람어였다. 아람어는 오늘날의 아랍어와 히브리어의 원형인데, 오랫동안 기록어와 종교어로서 널리 통용되던 국제어였다. 새로 고안된 페르시아어가 아직 확산력을 크게 가지지 못한 상황이었기 때문에 페르시아 제국의 공용어는 아람어라고 해도 좋을 정도로 중요한 위치를 차지하고 있었다. 그러나 아람어는 주로 파피루스나 양피지에 왕의 선언, 칙령, 행정규칙 등을 기록하는 데 사용되었고, 점토판이나 바위에는 새기기 쉬운 쐐기문자 계열의 엘람어가 선호되었다. 페르세폴리스에서 발견된 약 3만 점에 달하는 점토판 대부분이 엘람어로 기록된 배경이다. 일례로, 담당 관료가 페르시아어로 지시를 내리면 필경사들이 인부들의 임금 관련 회계 사항들을 아람어로 파피루스에 기록하고, 이를 토대로 임금전표를 엘람어로 점토판에 새겨 넣는 작업을 했던 것이다. 일사분란한 언어의 소통이야말로 제국의 통치를 원활하게 하는 핵심적 요소였다. 이를 위해 소통을 전담할 기구를 두고 전문 통역관을 체계적으로 양성했다. 신하들에게 외국어를 배우게 하고 대규모의 통역관을 양성해서 소통에 있어 불편을 최소화한 것이다. 체계적인 국민 소통 시스템이 구축된 셈이다. 이것이 바로 페르시아 제국의 특징이자 번성의 이유였다.

점토판이나 비문의 형태로 지금까지 남아있는 방대한 양의 페르시아어 기록들은 이 지역의 오랜 언어 전통을 함축한 엘람어와 바빌로니아어(아카드어·아람어)로 동시에 기록됨으로써 비교언어학적 분석을 통해 고대 오리엔트 왕국들의 실체를 파악하는 데 더없이 소중한 자료가 되었다. 페르시아 제국의 다언어정책 덕분에 무엇보다 방대하고 광범위한 메소포티미아 쐐기문자의 해독이 가능해짐으로써 오늘날 우리는 3,000년 전 오리엔트에서 무슨 일들이 일어났던 것인지, 그 사정을 중세 유럽의 사정보다 더 자세하고 흥미롭게 살펴볼 수 있게 되었다. 가령 한 해 동안 아홉 명의 복속국 왕을 제압했다는 기록에서 당시의 혼란상을 엿볼 수 있다. 시기에 따라 20~30개의 나라가 복속되어 있었으니, 하루가 멀다 하고 소요와 반란이 일어났을 것이다.

피지배 민족들에 대한 대우와 노임에 관해서도 전문성과 직능, 성별에 따라 합리적인 제도를 통해 임금이 지급되었다. 노동력의 핵심은 의심의 여지 없이 정복지에서 조달한 전쟁포로와 노예들이었겠지만, 이들의 처지는 중세 유럽의 농노와는 차이가 있었다. 페르세폴리스에서 수습된 수많은 점토판 중 회계 관련 내용을 분석해 보면 노예들은 국가의 재산으로 관리되면서 상당한 수준의 대우를 받았음을 알 수 있다. 출산 직후의 여성들은 특별한 음식을 배급받을 수 있었다는 기록도 보인다.

제국 통치를 위한 구체적인 거버넌스를 보면, 우선 제국 전체를 '사트라피(Satrapy)'라 불리는 20여 개의 지방으로 편성해 사트랍이 다스리게 했다. 여기서 '사트라피'는 가장 큰 지방행정 단위이자 사트랍이 다스리는 속주를 일컫는 개념이다. 페르시아 제국은 사트라피 운영과 관련해 군사와 외교, 재무 업무만 중앙정부에 귀속시키고, 나머지는 사트랍들에게 재량권을 주었다. 각 사트라피에서 연공을 받았다는 기록이 남아있는데, 인도에서는 금으로, 다른 사트라피에서는 은으로만 250톤을 거둬들였다고 하니 그 부의 규모가 실로 엄청나다고 할 수 있다.

표준화된 화폐의 발행은 제국의 효율적인 경제 운영에 중요한 역할을 했다. 페르시아는 다리우스 대제 치세에 '다릭(Daric)'이라 불리는 금화와 '시글로스(Siglos)'라는 은화를 주조하여 통용하기 시작했는데, 이 다릭이 바로 상품 가치의 일반적인 척도로서의 기능을 하는 일종의 본위화폐(本位貨幣, standard money)였다. 1다릭은 시글로스 20닢과 같은 가치로 교환되었다. 금화는 왕만이 주조할 수 있었지만. 은화나 동전은 각 주의 사트랍도 발행할 수 있었기 때문에 교역망을 활용한 경제 교류와 상업적 유통이 활성화되었다. 다릭은 주로 사르디스(Sardis)에 있는 주조 시설에서 생산되었다. 사르디스의 화폐 주조 시설은 페르시아 제국에 편입되기 전 리디아의 화폐를 주조하던 곳이었다. 즉, 화폐 주조 기술은 페르시아가 초기에 정복한 리디아로부터 도입한 것이었다. 리디아는 기원전 7세기에 이미 '일렉트룸(Electrum)'이라 불리는 세계 최초의 표준화된 금속화폐(주화)를 발행한 나라다. 기원전 6세기 중반에는 역사상 최초

다리우스 궁전에 새겨진 페르시아 병사 부조

수사나 페르세폴리스에는 궁전 채유타일이나 부조가 비교적 잘 보존되어 있어 페르시아 병사들의 복장, 무기체계 등을 살펴볼 수 있다. 병사들은 화려한 직물로 짠 상의와 발목까지 내려오는 긴 치마를 입고, 어깨에는 화살통을 걸치고 오른손에는 창을 단단히 움켜쥐고 일렬종대로 행진하고 있다. 최고의 대접을 받았지만 매우 절제되고 근엄한 군율 속에 있었다는 것을 짐작하게 한다.

로 순도가 표준화된 금화를 발행하여 일반에 유통시킨 나라로도 유명하다. 화폐를 매개로 재화가 교환되고 유통되는 화폐경제가 이 리디아에서 시작된 셈이다. 그리고 곧이어 등장한 이웃 페르시아 왕조에 그대로 전달되었다.

군대조직에서는 '불사친위대(Immortals)'라는 최정예부대가 페르시아 대제국 건설 과정의 선봉에서 커다란 역할을 했다. 이런 사실도 헤로도토스의 기록(《역사》, 7권)에서 찾을 수 있는데, 1만 명으로 구성된 친위대 중 한 명이라도 전사하여 결원이 생기면 곧바로 충원해 언제나 막강한 전력을 유지했다고 한다. 그리스인들이 그들을 불사란 의미를 지닌 '아타나토이(Athánatoi)'로 부른 것은 이 때문이다. 메디아인이나 엘람인도 참여한 다민족 군대였으며, 다리우스 대제도 불사친위대의 장군으로서 캄비세스 2세를 수행해 이집트 원정에 참여했다가 후일 왕위에 올랐다. 페르시아 군대는 기병과 보병으로 구성되어 있었는데, 귀족과 군인 모두가 승마, 활쏘기, 진실 말하기 등 세 가지를 필수 덕목으로 익혔으며, 귀족 자제들도 일정 기간 군복무를 하면서 학문과 특수군사훈련을 받아야 했다. 그 중에서 가장 우수한 병사가 불사친위대에 편성되었다. '아키나케스(Akinakes)'라 불리는, 그들이 사용하던 칼은 명백히 스키타이풍이다. 짧은 칼자루는 야생동물들로 장식되었고 군데군데 청금석과 황금을 박아 권위와 명예를 맘껏 뽐냈다.

'왕의 눈과 귀'

페르시아 제국은 20개가 넘는 사트라피를 다스리기 위해 중앙정부에서 세 종류의 관리를 파견했다. 하나는 군사령관이다. 중앙정부에서 파견한 이 군사령관들이 각 사트라피의 정규군을 이끌고 요새를 관리했다. 지방 토후나 사트랍이 군사반란을 획책하지 못하도록 중앙정부에서 주의 군권을 통제한 것이다. 두 번째는 '간자바라(Ganzabara)'라 불리는 재무관리다. 이들이 사트랍의 재무관 역할을 하면서 그 지역이 세금을 걷어서 중앙정부에 제대로 내는지 안 내는지를 감독했다. 세 번째는 '왕의 눈과 귀(eyes and ears of the king)'라고 불리는 왕의 특사나 밀정이다. 중앙에서 파견한 군인이나 관리들이 딴 생각을 품은 사트랍이나 지방 토후 세력과 결탁하는 데 대비해 이 왕의 눈과 귀가 암행어사처럼 신분을 감춘 채 감찰관의 역할을 하며 군사령관-재무관-사트랍이나 지방 토후들의 결탁 여부를 감독, 감시한다. 이렇게 중앙에서 관리를 파견함으로써 지방의 권력을 분산시키고 중앙 파견 관리와 지방 통치자나 토후가 상호 견제하게 함으로써 왕권에 대한 도전을 막는 시스템은 후일 이슬람 정권에도 그대로 도입된다. 특히 페르시아 제국의 다문화정책과 능력에 따른 인재등용은 후일 로마에서도 거의 그대로 적용되었다. 로마의 정치적 권위에 복속한다면 신분, 출생, 계급에 상관없이 누구나 로마 시민이 될 수 있었고, 심지어 노예 출신이 황제까지 될 수 있는 개방성이 로마 천년 제국의 핵심 가치였다. 물론 로마 제국의 다문화 전통과 인재등용정책은 페르시아와 비교해 훨씬 정교하게 다듬어졌고 업그레이드되었다.

'왕의 길'

'왕의 길(Royal Road)'은 다리우스 대제 시대에 제국의 원활한 소통을 위해서 기존의 길과 역참을 정비하여 건설한 페르시아 제국의 인프라로, 로마 시대 '아피아(Appia) 가도'의 전형이 되었다. 왕의 길은 페르시아 제국의 수도 수사에서 아나톨리아 서부 사르디스까지 이어지는 2,699킬로미터(1,677마일)의 도로인데, 그 길이 오늘날 사르디스에 잘 남아있다. 대제국을 관장하는 왕의 길의 종착역이었던 사르디스에는 거대도시가 형성되었다. 대상들의 숙소 카라반사라이(Karavan saraī)는 물론 목욕탕, 상점과 바자(bazaar, 시장), 정보 교류와 공론의 장이었던 아고라(agora), 김나지움(gymnasium) 등이 지금도 남아 대도시의 위용을 자랑하고 있다. 사르디스는 유네스코 세계문화유산으로 지정되었다.

왕의 길 중간중간에는 일종의 역참이 설치되었다. 200~220킬로미터마다 설치된 역참을 통해 활발한 교역과 신속한 정보 교류가 가능해졌다. 역참과 역참 사이는 말을 타면 하루 안에 도달할 수 있는 거리였는데, 말을 탄 전령들이 마치 릴레이를 하듯 순서대로 이 역참에서 말을 갈아타고 수사에서 사르디스까지 왕의 명령을 전달했다. 수사에서 사르디스까지는 걸어서 통상 90일이 걸렸는데, 이들은 단 9일 만에 이 거리를 주파했다고 한다. 왕의 길을 통해 왕의 명령이 열흘도 안 돼 대제국 구석구석에 전달되는 커뮤니케이션 혁명을 이루었던 것이다. 교통 인프라가 구축되면서 장기간 말을 달리기 위해 말발굽을 보호하는 편자가 개발되었고, 부분적으로나마 도로를 포장하게 되었다. 무엇보다 빠른 소통로의 개막과 편의 시설의 완비는 우편제도의 혁신을 가져왔다. 뉴욕 맨해튼 중심가에 있는 제임스 팔리 우체국 건물(James A. Farley Post Office Building)에는 "눈이 오나 비가 오나 무더위 속에서나 어두운 밤이나 이 배달부들은 정해진 임무를 신속하게 완료한다(Neither snow nor rain nor heat nor gloom of night stays these couriers from the swift completion of their appointed rounds)"라는 문구가 새겨져 있다. 바로 헤로도토스가 《역사》에서 '앵가리움(Angarium, 전령 혹은 배달부를 의미하는 라틴어 Angarius에서 유래)'이라 칭하며 페르시아의 전령제도에 대해 평한 구절에서 따온 것이라고 한다.

수사에서 사르디스에 이르는 길은 폭이 6.5미터나 되어 페르시아의 그리스 원정 루트로도 활용되었다. 수천 명 규모의 자그만 폴리스에 갇혀 살던 그리스인들은 수십만의 군사를 이끌고 수천 킬로미터를 단숨에 달려온 다리우스 군대를 보고 '페르시아인은 학보다도 빨리 달린다'라고 생각했다. 그리스 속담이다. 후일 로마 제국은 왕의 길을 벤치마킹해서 역전제와 아피아 가도를 고안했다. 다리우스는 나일강과 홍해 사이에 운하를 개설하기도 했다. 다리우스 대제가 수에즈운하란 아이디어를 제공한 셈이다. 물론 당시에는 돛단배 정도만 지나갈 수 있었을 것이다. 왕의 길은 페르시아 제국 내 각 사트라피에서 노루즈 때 중앙정부에 공물을 바치러 가는 길이 되었고, 200년 후 알렉산드로스 왕이 세계를 정복하는 통로가 되었다.

카나트 시스템

아케메네스 시대에 사용된 대표적인 지하 관개수로 시설을 카나트(Qanat)라고 한다. 무덥고 건조한 기후에서 지표수를 이용한 관개가 불가

고나바드 카나트의 내부

강수량이 적고 증발량이 많은 서남아시아와 북부 아프리카에서 카나트는 매우 유용한 물 공급 방식이었다. 테헤란 동쪽 사막지대에 있는 가장 오래되고 규모가 큰 고나바드 카나트는 45킬로미터에 걸쳐 427개의 우물이 있다. 지금도 4만여 명의 이란 사람들이 이 수로를 통해 물을 공급받고 있다.

능하자 지하 관개수로라는 탁월한 방식을 창안해 낸 것이다. 고산지대의 눈 녹은 물이나 강물을 아래로 흘려보낼 때 수직갱도를 파고 지하에 수로를 만들어 경작에 이용하는 방식이다. 지하 군데군데에 물을 가두어 두었다가 미세한 높낮이를 이용해 물을 필요한 곳으로 보내는 과학적이고 정교한 지하 수로 시설이다. 이란 전역에 약 5만 개 이상의 카나트가 남아있으며 가장 대표적인 유적이 유네스코 세계문화유산에 등재된 이란 북동쪽의 고나바드(Gonabad) 카나트이다.

03 페르시아의 문화

유일신 종교의 뿌리, 조로아스터교

아케메네스조 페르시아는 방대한 제국의 토착 종교와 관습을 용인했다. 제국의 안정적 통치를 위해서였다. 앞서 언급한 것처럼 《구약》에는 키루스 대제가 바빌로니아에 반세기 동안 포로로 잡혀있던 유대인들을 고향으로 돌려보내고 예루살렘의 성전 건축을 후원했다는 내용이 있고, 키루스 원통에는 바빌로니아인의 마르두크 숭배를 용인하고 파괴된 신전과 성상을 재건하려 했다는 기록도 있다. 그래서 학자들은 종교적 관용을 이 제국의 중요한 특징으로 언급한다.

그런데 이 시대에 조로아스터교가 이란 동부에서 남서부 지역으로 확산되었으며, 다리우스 1세 때의 베히스툰 비문에서 보듯 아케메네스조 통치자들의 적극적인 후원 하에 기원전 5세기경부터 제국 각지로 퍼져나갔다. 조로아스터교는 선과 악으로 대비되는 이원론적 세계관을 바탕으로 하는 최초의 체계적인 일신교였고, 기독교와 유대교, 이슬람교 같은 다른 일신교의 발전에도 커다란 영향을 끼쳤다.

조로아스터 교리에 따르면, 아후라마즈다(Ahura Mazda)라는 선신과 아리만(Ahriman)이라는 악신의 대결과 투쟁을 통해 결국 선신이 악신을 물리침으로써 아후라마즈다가 우주를 통괄하며 인류에게 희망과 평화를 가져다준다. 조로아스터교를 이원론적 일신교라고 평가하는 이유다. 선은 밝음을 대표하고 악은 어둠을 대표한다. 어두운 밤은 악의 영역이고 빛과 밝음이 위협당하는 시간이기 때문에, 불을 밝혀 어둠을 억제하고자 했다. 그래서 그들은 낮밤 할 것 없이 불을 밝혔다. 선신이 살아있다는 희망을 꺼뜨리지 않기 위해 밤에도 불을 피웠다. 한자 문화권에서는 이들이 불을 숭배한다며 조로아스터교를 '배화교(拜火教)'라고 표기하지만, 이는 잘못된 표현이다. 조로아스터교에서 불은 빛과 선, 정의와 희망의 불씨를 지키는 상징일 뿐, 불을 섬기는 것은 아니기 때문이다. 선신 아후라마즈다가 신앙의 중심에 있기 때문에, 조로아스터교는 흔히 '마즈다(Mazda)교'로도 불린다.

조로아스터교의 창시자 조로아스터(Zoroaster)는 성인 혹은 예언자로 알려져 있지만, 정작 조로아스터 자신은 선지자나 특별한 존재임을 주장한 적이 없다. 그는 오히려 철학자에 가까웠다. 지금도 그의 구체적인 활동 내용이 잘 알려져 있지 않은 것은 물론 생몰년도 확실치 않다. 77세에 사망했다는 사실이 전할 뿐이다. 많은 학자가 사회문화적 배경을 근거로 기원전 7~기원전 6세기의 인물이라는 데 동의하지만, 기원전 1500년경, 심지어 기원전 6000년경의 인물이라고 주장하는 학자들도 있다. 니체(Friedrich W. Nietzsche)의 철학서이자 문학서인 《자라투스트라는 이렇게 말했다(Also sprach Zarathustra)》의 '자라투스트라(Zarathustra)'는 조로아스터의 고대 페르시아식 발음이다.

조로아스터에 의하면, 우주는 처음부터 빛과 어둠, 선과 악, 진실과 거짓, 삶과 죽음이 대립하는 이원론적인 세계였다. 따라서 우주의 질서와 인간 세상도 이 같은 대결 구도 속에서 지속된다고 믿었다. 나아가 인간은 내면에 선과 악이라는 상반된 두 가지 속성을 모두 품고 있으며, 어떤 쪽을 선택하느냐에 따라 빛과 삶에 혹은 어둠과 죽음에 힘이 더해진다는 논리를 내세웠다. 다시 말해 미리 정해진 운명이란 없으며, 타고난 이성과 자유의지를 이용해 무엇을 선택할 것인지는 전적으로 자신의 몫이다. 다만 바르고 참된 삶의 길을 위해 세 가지 덕목을 강조한다. '좋은 생각(Humata)', '좋은 말(Hūxta)', '좋은 행동(Huvarshta)'이 그것이다. 좋은 생각을 하면 입 밖으로 좋은 말이 나오고 자연히 좋은 행동으로 이어지면서 좋은 삶으로 선순환된다는, 단순하지만 깊은 생활철학이 교리의 중심이다. 그래서 조로아스터 사원에 가면 항상 이 세 문구를 볼 수 있다. 조로아스터교는 양성의 완전한 평등을 주창하기도 했는데, 남녀의 역할과 책무의 평등뿐만 아니라 영적인 평등까지 강조했다는 점에서 당시로서는 매우 진보적인 종교였다고 할 수 있다.

조로아스터교는 영혼과 육체를 분리한다. 영혼은 영원하지만 육체는 그 소임을 다하면 흉물로 변해 흙, 물, 불 같은 주변의 깨끗한 것들을 오염시킨다고 여긴다. 그래서 조로아스터교에서는 사람

침묵의 탑

긴 계단을 따라 올라가면 조로아스터교인이 조장을 하던 '침묵의 탑'이 나온다. 침묵의 탑 안으로 들어가면 가운데에 시신을 두었던 커다란 구덩이가 남아있다. 침묵의 탑 앞으로 보이는 건물은 장례식장인데, 지금은 이란에서 법적으로 조장이 금지되어 있어 더는 장례가 치러지진 않는다.

이 죽으면 몸과 마음을 깨끗이 한 사제가 높고 두터운 보호벽으로 둘러싸인 공간으로 시신을 옮긴 뒤, 그 안에 놓인 높고 평편한 바위 위에 조각낸 시신을 얹고 독수리가 들어와 쪼아 먹게 한다. 시신이 독수리를 통해 하늘로 올라가면 육신과 함께 영혼도 하늘로 올라가는 것이다. 조장(鳥葬)의 일종이다. 지금도 이란 야즈드(Yazd)에 조로아스터교인들의 조장 시설물인 '침묵의 탑(또는 다흐마Dakhma)'이라는 벽돌탑 2기가 남아있다. 2017년 조로아스터 유적들은 야즈드와 함께 유네스코 세계문화유산으로 등재되었다.

조로아스터교 사제를 라틴어로 '마구스(Magus)'라고 하는데, 이는 고대 그리스인들이 같은 의미의 페르시아어를 'μαγος(mágos)'로 표기한 데서 유래했다. 그리고 이 라틴어가 프랑스어를 거쳐 영어로 들어온 단어가 '매직(magic, 마술 혹은 마법)'과 '매지션(magician, 마술사)'이다. 마구스는 복수형이 '마기(Magi)'인데, 예수가 태어났을 때 마구간으로 유향과 몰약을 들고 찾아온 동방박사 세 사람이 바로 조로아스터교 사제들이다. 라틴어 성서의 "Tres magi cum muneribus adorant Iesum Infantem(3명의 '마기'가 예물을 가지고 아기 예수에게 경배를 드리고 있다)"이라는 구절을 통해 알 수 있다.

물론 아케메네스조 시대에도 조로아스터교의 주류인 마즈다교만 번성한 것은 아니었다. 또 다른 태양신 신앙 갈래인 미트라(Mithra)교도 마즈다교와 공존하고 있었다. 그리스 저술가 크세노폰의 기록에 의하면 페르시아 통치자들이 계약의 수호신인 미트라에게 맹세를 한다는 기록이 남아있다.

조로아스터교가 유대교, 기독교, 이슬람교에 끼친 영향이 지대하다고 이미 언급한 바 있다. 우상숭배에 대한 입장이 그 한 예인데, 조로아스터교인들은 성전에 인물 조각상이나 초상화, 인물이 포함된 상상화를 두거나, 상징물을 제작하는 행위를 우상숭배라며 단호히 배격했다. 이런 태도는 초기 기독교와 이슬람교에 그대로 이어져 기독교계 내부에서 오랜 기간 성상숭배에 관한 논쟁을 불러일으켰고, 8~9세기 성상파괴운동으로 연결되었다. 페르시아의 종교적 전통을 상당 부분 이어받은 이슬람은 아직도 근엄한 우상숭배 금지 전통을 지키면서 무함마드를 포함해 인물이나 동물을 묘사한 성물이나 성화를 강하게 거부하고 있다. 조로아스터교의 강한 영향이라고 할 수 있다.

예술과 건축

인종과 문화적 편견을 극복하고 장인과 예술가의 역량을 결집했던 페르시아 제국에서 고도로 세련된 문화 감각과 창의적 예술이 발달한 것은 당연한 귀결이었다. 메소포타미아 문명이 축적된 바탕 위에 그리스와 인도, 중앙아시아적 요소를 담으면서 독보적인 문명을 일구었기에 이를 페르시아 문명이라고 부른다. 페르시아 문명은 후일 이슬람 문명의 단단한 기초가 되었고, 실크로드를 따라 중앙아시아 티무르 제국의 중심 문화와 인도 무굴 제국의 화려한 양식의 바탕이 되었다. 서진해서는 캘리그래피, 시문, 세밀화, 건축, 디자인, 학문 영역 등에서 셀주크 튀르크와 오스만 제국의 문화예술 및 일상에도 심대한 영향을 끼쳤고, 이집트 파티마 왕조를 거쳐 멀리 이베리아반도의 알안달루스 문화에까지 이어졌다. 궁정 건축의 꽃이라 불리는 그라나다의 알함브라 궁전 구조나 정원 양식, 장식 디자인을 살펴보면 바로 페르시아풍이 연상되는 배경이다.

페르시아 건축의 전형은 키루스 대제 시기 수도 파사르가다에(Pasargadae)에서 이미 기초가 다져졌다. 키루스는 융합 통치철학의

파사르가다에의 '날개 달린 영' 인물상

파사르가다에에 있는 3미터 높이의 이 조각은 융합적인 페르시아 예술을 상징한다. 정복지의 문화적 요소를 조합해 단일하고 강력한 영적 이미지를 만들어 새로운 제국의 힘을 드러낸다. 지금은 소실되었지만 1861년까지 이 조각 위에는 "나, 키루스, 아케메니아의 왕(I, Cyrus, the King, an Achaemenian)"이란 글이 세 개의 언어로 쓰여있었다.

방향에 따라 건축과 정원 개념도 다른 문화에서 빌려와 종합했다. 직사각형의 중앙홀에 원기둥을 세우고 조로아스터교 전통에 따라 계단이 있는 불의 제단을 건설했다. 키루스 자신의 무덤조차 메소포타미아 요소에 아나톨리아반도의 리디아나 프리기아 무덤 양식을 참고하고 그리스적인 요소를 더했다. 벽돌 건축기술은 리디아와 그리스의 영향을 받았다. 이런 통합적인 요소를 가장 잘 보여주는 장식이 '날개 달린 영(Winged Figure)'을 뜻하는 인물상이다. 제국 건축의 거의 모든 곳에 광범위하게 사용된 이 장식은 엘람인의 옷을 입고, 이집트 왕족의 머리모양을 하고 있으며, 아시리아풍의 독수리 날개를 달았다. 도시에는 관개수로를 통해 식수와 농경수를 공급했고, 가운데 분수가 솟구치는 오아시스를 만들었다. 사방이 벽으로 둘러싸인 정원은 천국을 상징했기에 과일이 열리는 나무를 심었고 장미꽃과 재스민이 만발했다. 꽃이 피고 벌과 나비가 날아들면서 이곳은 자연히 파라다이스가 되었다. 페르시아 정원의 전형이다.

파사르가다에의 번성은 키루스의 사망으로 끝이 나고 새로운 왕들은 자신의 권위와 영광을 우뚝 세울 새로운 도시를 원했다. 다리우스 대제에 의해 페르시아 왕족의 태생적 뿌리이자 고향이었던 수사가 왕조의 새로운 수도로 정해졌다. 오랫동안 엘람인의 도시였기 때문에 융합을 견지하는 그들의 목표와도 부합했다. 다리우스 대제 시기의 역사는 비문에 비교적 잘 나타나 있다. 왕궁을 지을 때 사용한 목재의 종류와 재질, 노동자들의 출신 지역 등도 비문을 통해 알 수 있다. 레바논의 삼나무, 간다라(Gandhara, 파키스탄 서북부)의 티크나무, 아프가니스탄의 청금석, 이집트의 은과 동, 에티오피아의 상아 등이 궁전 건축에 사용되었다. 궁전 건축의 상징으로는 두 마리의 황소 머리 형상을 이고 있는 석회암 기둥이 등장했다. 황소 머리 기둥 위에 지붕을 덮었다. 궁전의 방들은 바빌로니아 양식으로 안뜰을 내려다보게 설계되었다. 안과 바깥의 벽면은 유명한 불사친위대의 행렬이나 사자, 황소, 상상의 동물들로 채색하고 유약을 발라 광택을 낸 채유(彩釉)벽돌과 도자기로 꾸몄다. 연한 청색과 적색의 조화가 돋보이는 사자상과 날개 달린 상상 속 동물의 역동적인 표정과 구도는 페르시아 예술의 진수를 보여준다. 엘람과 바빌로니아에서 유행하던 장식을 훨씬 업그레이드했다.

페르시아 건축의 특징적 장식

위 사진은 크세르크세스의 아들 아르타크세르크세스 왕의 무덤이다. 입구는 궁전 모양을 그대로 재현했고, 벽의 상단에는 아후라마즈다의 보호 아래 왕이 앉아있고, 그 아래 왕을 떠받치는 듯한 복속민의 모습이 부조되어 있다. 그 주변으로 영생불멸의 염원을 담은 연꽃 문양을 둘러놓았다. 왼쪽 사진은 궁전 기둥에 사용된 황소 머리 형상이다.

페르시아 건축과 종합예술의 결정판은 또 다른 수도 페르세폴리스에서도 발현되었다. 여러 문화적 요소를 받아들여 가장 페르시아적으로 완성한 작품이라 할 수 있다. 왕의 무덤도 인상적인데, 왕들은 조로아스터교식 조장보다는 암굴 무덤을 선호했다. 그래서 바위를 십자가 모양으로 판 후 그 속에 시신을 안치했다. 무덤 입구에는 페르세폴리스 궁전 모양을 그대로 조각해 놓았다.

04 페르시아 전쟁과 제국의 멸망

페르시아 전쟁

서양인들이 그려낸 페르시아 전쟁사는 지나칠 정도로 왜곡되었고, 상식을 벗어났다 싶을 정도로 뒤틀려 있다. 당사국 입장에서 전쟁은 언제나 선과 악의 구도다. 전쟁사만큼 피아(彼我)가 분명하고 서로가 자신의 정당성을 극대화하고 상대를 철저히 깔아뭉개는 서술도 드물 것이다. 생명과 국가의 존망을 건 치열한 생존 게임이기 때문일 것이다. 불행히도 우리가 아는 페르시아 전쟁사는 이해당사자 중 한쪽인 그리스의 기록에 전적으로 의존하고 있다. 그것도 서양 역사에서 '역사학의 아버지'로 칭송받는 헤로도토스의 《역사》라는 불멸의 고전에 근거한 관점과 서술이라는 이유로 대부분 역사적 진실로 간주된다. 당대의 기록이나 사료가 제한된 상황에서 다른 대안이 많지 않지만, 2세기 로마 제정 시대 시리아 출신의 그리스 문학가 루키아노스(Lukianos)가 헤로도토스를 거짓말쟁이라고 혹평하고 있듯이, 후대 그리스 작가들이 묘사한 페르시아 전쟁을 액면 그대로 받아들이기는 어렵다. 헤로도토스의 페르시아 전쟁 묘사를 사실성이 결여된 신화와 공상의 총체로 보고 전혀 신뢰하지 않았던 19세기 독일의 고대로마사학자이자 처음으로 역사학에 엄격한 사료 비판 방식을 도입한 바르톨드 니부어(Barthold Georg Niebuhr, 1776~1831)의 고언을 되새길 필요가 있다.

28여 개국에 달하는 거대 판도를 확보한 페르시아 제국의 마지막 목표는 그리스 본토였다. 오랫동안 그리스 본토에 풍부한 물자를 공급해 온 소아시아의 이오니아 지방은 이미 상당 부분 페르시아의 지배에 들어간 상태였다. 특히 기원전 546년 키루스 2세가 크로이소스(Kroīsos, 재위 기원전 560?~기원전 546) 왕이 통치하는 소아시아 서부의 강국 리디아를 점령한 후 이오니아 지방에 대한 그리스의 영향력은 더욱 위축되었다. 리디아는 기원전 6세기 중반 크로이소스 재위기에 이미 금화와 은화를 주조한 나라였고, 수도 사르디스는 동서 교역의 거점으로 소아시아 최대의 국제도시였다.

페르시아의 그리스 본토 침공 직전 소아시아 사정은 복잡하게 돌아갔다. 기원전 499년 이오니아의 도시 밀레투스(Miletus)를 관할하던 아리스타고라스(Aristagoras)가 페르시아의 지원 아래 낙소스(Naxos)섬을 정복하려다가 실패하자, 오히려 주변 도시들을 선동하여 페르시아에 반기를 들었다. 그는 아테네(Athenae)와 에레트리아(Eretria)의 원군을 이끌고 이듬해 페르시아의 거점도시인 사르디스를 점령한 뒤 불태웠다. 이를 통상 '이오니아 반란(Ionian Revolt)'이라고 하는데, 기원전 493년까지 이어졌다. 이에 다리우스 대제는 반란을 제압하고 반란을 지원한 그리스 본토를 공략하기로 결심한다.

이것이 기원전 499년부터 기원전 449년까지 반세기에 걸쳐 계속된 페르시아 전쟁의 도입부다.

반세기 동안 페르시아는 적어도 11차례 그리스를 공략했다. 기원전 492년 첫 원정 이래 대부분의 전투에서 페르시아가 그리스 도시와 지역을 약탈하고 통제하는 데 성공했지만, 최종적인 승리를 거두지는 못했다. 그 과정에서 치명적인 패배도 경험했다. 그중 하나가 기원전 490년의 마라톤(Marathon) 전투다. 아테네로 진격하는 과정에서 아테네 북동쪽 42킬로미터 지점에 있는 마라톤평원에서 그리스군에게 패했다. 키루스 2세 이래 육전에서 한 번도 패한 적이 없던 페르시아 정규군은 마라톤 전투에서 유일하게 패배함으로 자존심에 큰 상처를 입었다. 그리스군 전령이 아테네에 이 낭보를 전하기 위해 42.195킬로미터를 달려 숨을 거두었고, 이를 기념하기 위해 올림픽에서 마라톤 경기가 시작되었다고 알려졌지만 역사적 근거는 희박하다. 마라톤 전투의 패배는 페르시아의 후예인 이란에서 마라톤이 인기가 없는 이유이기도 하다. 헤로도토스의 기록에 따르더라도 그리스군 전령 페이디피데스(Pheidippides)가 페르시아의 침공에 맞서 스파르타(Sparta)에 원병을 요청하기 위해 이틀 만에 240여 킬로미터를 달려갔다는 것이 전부다.

아테네 점령에 실패한 다리우스는 군대를 재정비하여 아테네를 재공략할 계획을 세웠다. 그런데 페르시아가 기원전 486년 수사와 페르세폴리스에 짓고 있던 궁전 공사 비용 조달을 위해 과중한 세금을 걷고, 지나친 노역을 강제하자 견디다 못한 이집트인들이 반란을 일으켰다. 그리스 원정 때보다 더욱 심각한 상황에서 다리우스는 이집트 진격을 준비하던 중 사망했다. 왕위를 이어받은 다리우스의 아들 크세르크세스 1세(Xerxes I, 재위 기원전 486~기원전 465)의 첫 번째 과업은 이집트 반란 평정이었다. 그는 대규모 군대를 동원해 이집트의 사트랍 페렌다테스(Pherendates)를 제거하고 그의 친동생을 새로운 사트랍으로 임명한 후 귀환했다. 이즈음(기원전 484~기원전 481) 페르시아 제국의 가장 중요한 복속국인 바빌로니아의 수도 바빌론에서도 벨시만니(Bel-shimanni), 샤마시에리바(Shamash-eriba) 등 지역 군벌들이 두 차례의 대규모 반란을 일으켰다. 크세르크세스는 왕권 약화와 다른 지역에서의 연쇄적인 저항을 우려하며 바빌론 반란에 단호하게 대처했다. 바빌론에 진입한 크세르크세스는 바빌론의 주신인 마르두크 신상을 파괴하고 자신의 복합 통치자 칭호에서 '바빌론의 왕'을 빼는 등 억압의 기조를 강화했다.

이 때문에 크세르크세스의 그리스 원정은 소강상태를 맞았다. 동시에 그리스는 방어에 필요한 시간을 벌었다. 기원전 481년 제국의 전역에서 징집된 원정대가 아나톨리아에 집결했고, 크세르크세스는 아테네와 스파르타를 제외한 그리스 전역에 사절을 파견하여 항복의 표시로 음식과 흙, 물을 바치라 했다. 그런데 서로 다투기 바빴던 그리스 폴리스들이 오히려 이를 계기로 동맹을 결성하게 된다. 스파르타가 이 동맹의 중심이었다. 사르디스에서 겨울을 난 페르시아군은 이듬해 봄 드디어 아나톨리아를 떠나 그리스로 향했다. 당시 크세르크세스가 동원한 페르시아 병력의 규모에 대해서는 많은 논란이 있어왔다. 헤로도토스는 보병만 170만 명, 기병 8만 명,

페르시아 원정대에 협조를 약속한 그리스 몇몇 폴리스의 연합군 32만 명 등 260만 명이 넘는 규모라고 기록했지만, 후대 역사학자들은 80만 명으로 내려 잡았고, 오늘날 이 분야 전문가들은 불사친위대 1만 명을 포함해 약 6만 명 규모로 추산한다.

배다리를 이용해 헬레스폰투스(Hellespontus)해협(다르다넬스 Dardanelles해협)을 건넌 페르시아 육군은 트라키아(Thracia)와 마케도니아(Macedonia)의 해안도시를 거쳐 그리스 본토로 향했고, 아나톨리아의 포카이아(Phokaia)에서 출발한 페르시아 함대도 트라키아와 마케도니아 해안을 돌아 그리스 폴리스들을 공격하려 했다. 이에 그리스군은 테르모필레(Thermopylae)의 협로에서 페르시아 육군을 막고, 아르테미시온(Artemision)곶에서 페르시아의 해군을 막을 계획을 세웠다. 기원전 480년 아르테미시온과 테르모필레 양쪽에서 격렬한 전투가 벌어졌다. 페르시아는 아르테미시온에 약 200척의 함대를 편성하여 그리스 해군과 맞섰으나 폭풍우로 인해 전력에 큰 손실을 입었다. 테르모필레에서는 7,000명의 그리스 연합군, 특히 스파르타의 왕 레오니다스 1세(Leonidas I, 재위 기원전 489~기원전 480)가 이끄는 소위 '300명의 결사대'에 가로막혀 잠시 고전했지만, 이 저항선을 돌파한 후에는 파죽지세로 그리스 본토로 밀고 내려갔다. 테르모필레의 비보를 접한 아르테미시온의 그리스 연합해군은 살라미스(Salamis)로 후퇴했다.

크세르크세스가 이끄는 페르시아 주력부대는 아테네에 진입하여 일부 저항 세력을 격퇴하고 전략적으로 방치된 텅 빈 도시를 불태웠다. 그사이 그리스 해군은 아테네 맞은편의 살라미스해협에서

페르시아 전쟁

전쟁 초기 페르시아군은 병력과 물자 규모에서 그리스 연합군에 한참 앞서있었지만, 제국의 중심과 멀리 떨어진 곳에서 장기 총력전을 이어가면서 점차 힘을 잃어갔다.

지형적 이점을 최대한 살려 일전을 치를 준비를 했다. 기원전 480년 9월 살라미스 해전에서 그리스는 페르시아 해군에 결정적 타격을 입혔다. 이즈음 바빌론에서 다시 시작된 혼란과 반란을 평정하기 위해 크세르크세스는 퇴각 결정을 내리고 페르시아로 돌아갔다.

퇴각하는 페르시아 군대를 쫓아 그리스 연합군은 플라타이아이(Plataeae, 기원전 479), 세스토스(Sestos, 기원전 479), 비잔티움(Byzantium, 기원전 478)에서 페르시아의 잔여 주둔군을 몰아내고, 아나톨리아의 미칼레(Mycale, 기원전 479)에서 남은 페르시아 함대를 격침했다. 대제국 페르시아에 대항하는 과정에서 결성된 그리스 폴리스들의 느슨한 동맹은 비잔티움 전투 이후 스파르타와 그 동맹도시들(펠로폰네소스Peloponnesos 동맹)이 발을 빼면서 아테네가 주도하는 델로스(Delos) 동맹으로 재조직되었다. 이후 기원전 449년까지 약 30년 동안 페르시아와 델로스 동맹 폴리스들 간 지루한 공방이 계속되었다. 결국 대제국 페르시아도 그리스를 굴복시키지 못했다. 페르시아의 그리스 원정 실패는 그리스 북쪽 마케도니아의 흥기를 가져왔고, 알렉산드로스에 의해 후일 페르시아 대제국이 멸망하는 결과로 나타났다.

이렇게 유럽과 오리엔트 간에 벌어진 엄청난 세계사적 대사건을 정리하다 보면 유감스럽게도 승자인 그리스와 로마 시대의 문헌 이외에 달리 유용한 자료를 찾기 쉽지 않다는 사실을 실감하게 된다. 페르시아 대왕들이 곳곳에 세 가지 언어(페르시아어, 엘람어, 바빌로니아어)로 새겨놓은 비문들을 통해 페르시아의 입장을 그나마 이해할 수 있는 정도이다. 앞서 언급한 이란 서부 케르만샤(Kermānshāh) 지방의 베히스툰 비문이 대표적이다. 나아가 헤로도토스의 페르시아 전쟁에 관한 서술이 상당 부분 허구임을 입증하는 유럽 학자들의 저술이나 논문을 참고해 그리스 문헌들의 일방적인 주장에 수정을 가하는 작업도 중요하다.

페르시아 전쟁의 후과, 제국의 멸망

지루한 소모전이었던 페르시아 전쟁은 페르시아에 치명적인 손실을 입히고 성과 없이 끝났다. 그리스도 이후 반세기 동안 내분을 겪으면서 페르시아 못지않게 힘이 빠졌다. 그리고 얼마 후 생존을 위한 가쁜 숨을 몰아쉬던 두 거인에게 재앙이 닥쳤다. 일찍이 경험해 보지 못한 살육과 파괴였다. 마케도니아의 왕 알렉산드로스 3세(Alexandros III, 재위 기원전 336~기원전 323)가 등장한 것이다. 아버지 필리포스 2세(Philippos II, 재위 기원전 359~기원전 336)가 살해당한 후 20세에 왕위에 오른 패기에 찬 젊은 왕은 세계 경영보다는 세계 정복의 꿈을 안고 침략전쟁에 나섰다. 애초부터 척박한 조국으로 귀환하겠다는 생각이 강하지 않았던 마케도니아 병사들은 가는 곳마다 재물을 약탈하고 쑥대밭을 만들면서 이곳저곳에 머물러 살았다. 이웃 주군이었던 그리스를 멸하고 오리엔트로 건너온 알렉산드로스는 대제국 페르시아마저 손쉽게 무너뜨렸다. 그는 페르시아 제국의 통치자 다리우스 3세(Darius III, 재위 기원전 336~기원전 330)의 화평 제의를 거절하고 수천 년 문화가 녹아있

가우가멜라에서 벌어진 알렉산드로스와 다리우스 3세의 격돌을 묘사한 모자이크화(폼페이 출토)

페르세폴리스를 불태운 알렉산드로스는 전 군대를 풀어 다리우스 3세를 추격했다. 카스피해 연안까지 쫓긴 다리우스 3세는 박트리아 사트랍이자 자신의 후계자로 지목했던 베수스의 배반으로 비참한 죽음을 맞았다. 그는 온몸이 열 군데 이상 칼에 찔린 채로 한 마케도니아 병사에 의해 발견되었고, 그 병사가 준 물 한 모금을 마신 후 조용히 눈을 감았다. 기원전 330년 7월 어느 날, 막 해가 질 무렵이었다. 대페르시아 제국도, 그 수도였던 화려한 페르세폴리스도 이렇게 기나긴 망각의 역사 속으로 묻혔다.

는 바빌론과 제국의 겨울 수도 수사, 여름 수도 엑바타나, 왕도 페르세폴리스 등을 차례로 약탈하고 다시는 회복하기 힘들 정도로 철저히 유린하고 불태웠다. 이소스(Issos) 전투(기원전 333)와 가우가멜라(Gaugamela) 전투(기원전 331)에서 알렉산드로스에게 잇달아 패배한 다리우스 3세는 퇴각하다가 결국 자신이 임명한 박트리아(Bactria)의 사트랍 베수스(Bessus)에게 피살당했다. 220년 아케메네스조 페르시아 제국이 끝나는 순간이었다. 기원전 330년의 일이었다. 마지막 왕 다리우스 3세를 격퇴하고 그의 딸 스타테이라 2세(Stateira II) 마저 취한 알렉산드로스는 가는 곳마다 자신의 이름을 딴 도시 알렉산드리아(Alexandria)를 건설하며 자신의 족적을 남겼다.

헬레니즘에 대한 재평가

'헬레니즘(Hellenism)'이란 알렉산드로스의 동방 침략 이후 이 지역에 전해진 그리스 문화의 흔적이나 융합적 요소에 갖다 붙인 지극히 그리스적인, 나아가 서양 중심적인 표현이다. '헬레니즘'이란 용어는 독일의 역사학자 요한 구스타프 드로이젠(Johann Gustav Droysen, 1808~1884)이 알렉산드로스의 페르시아 점령 후 그곳에 그리스의 언어와 문화, 인구가 어떻게 이식되었는지를 설명하기 위해 처음 사용했다. 더 정확히 말하면, 헬레니즘은 아테네적인 영향을 말한다.

헬레니즘에 대한 재평가도 매우 시급한 과제다. 헬레니즘 담론에는 수준 높은 그리스 문화를 미개하고 야만적인 오리엔트에 이식했다는 시각이 기저에 깔려있다. 그것이 문제다. 당시 페르시아는 3,000년 동안 축적된 오리엔트의 단단하고 깊은 문화 위에 자리 잡아 과학·제도·거버넌스·예술·영성 등 어느 하나 그리스를 능가하지 못할 분야가 없었다. 그럼에도 그리스 북쪽 변방의 작은 나라 마케도니아의 젊은 왕이 13년이라는 짧은 시간 동안 이 광대한 제국을 발 아래 두었다고 해서 이를 두고 헬레니즘의 승리라고 주장하는 것은 아무리 양보해도 지나쳐 보인다. 그 젊은 왕이 위대한 그리스 문화를 이식하여 오리엔트를 변화시켰다는 주장은 지극히 유럽 중심적인 오만함에서 비롯된 과장일 뿐이다. 오히려 인류 고대사에서 그토록 짧은 시간에 찬란한 문명의 금자탑들을 철저하게 파괴하고 초토화한 사례는 달리 없다고 해야 할 것이다.

물론 부분적인 영향과 외적인 효율을 받아들인 사실까지 부정할 수는 없다. 대표적인 것이 복식과 조각 예술 분야다. 당시 오리엔트 사회는 조로아스터교이건 불교이건 영적인 숭배의 대상을 사실적으로 표현하고 가시화하는 문화에 익숙하지 않았다. 마음속에 새기고 상징과 은유로서 따르는 방식이 일반적이었다. 한 예로 부처를 조각으로 형상화한다는 것은 상상할 수 없는 일이었다. 그들은 윤회의 상징인 수레바퀴나 해탈의 상징인 보리수 잎, 부처의 발바닥 형상이나 부처를 모시는 공간인 스투파(stūpa, 탑) 등을 통해 설법과 가르침을 따르려고 했다. 그런데 그리스 사람들은 모든 신을 조각했을 뿐 아니라 나신의 모습을 극사실적으로 표현했다. 그 조각상들은 오리엔트 사람들에게 숭배의 대상을 눈앞에서 만난 것 같은 충격이고 영적인 혁명이었을 것이다. 그것은 효율성과 현실성의 승리였다. 이제 옛 페르시아 땅에서도 부처의 모습이 조각으로 형상화되었다. 그 형상은 모델이 되었던 전형적인 그리스형 인물이나 이미지를 따랐다. 간다라 미술에서 그리스형 불상과 옷주름, 오른쪽 어깨를 드러내는 상징들과 디자인, 모티브가 등장하게 되는 배경이다.

오히려 그리스가 깊은 오리엔트 문명의 토양을 경험하고 페르시아라는 수준 높은 문명의 용광로에 녹아들어 가는 과정에 대한 연구와 설명도 못지않게 중요해 보인다. 알렉산드로스 사후 디아도코이(Diadochoi, 그리스어로 '후계자들'을 의미), 즉 그의 후계자임을 자처한 휘하 장군들에 의해 오리엔트 지역 여기저기 세워진 그리스계 후계국가들이 하나같이 오리엔트 지역 문화에 동화되어 점차 소멸해 갔던 사실을 유념할 필요가 있다.

나비이론으로 본 연꽃의 문화사: 이집트에서 신라까지

페르시아 제국의 기둥 주춧돌을 보면 연꽃(lotus) 문양이 새겨져 있다. 그런데 연꽃은 원래 나일강 하류에서 자생하는 식물로, 이란 지역에서는 연꽃이 자라지 않았다. 이집트 파라오들은 영생을 꿈꾸었다. 그리고 이집트 사람들은 영육부활 사상을 가지고 있었다. 죽은 왕을 미라로 만든 것도 영혼과 육체가 다시 부활하기 위해서는 이승에서 가장 아름다운 모습으로 죽어야 한다고 생각했기 때문이다. 화장술을 이용해 미라

연꽃 모양 기둥뿌리

페르세폴리스 아파다나 궁전 옆 백주 궁전의 기둥 기초(기둥뿌리) 부분이다. 연꽃 모양이 부조되어 있다.

에 속눈썹을 붙이고, 입술에는 색을 칠했다. 또 방부제를 써서 육체가 썩는 것을 방지했다. 내세에 대한 믿음 때문이었다.

연꽃은 한쪽 줄기에서 꽃이 지면 같은 줄기에서 또 다른 꽃이 피면서 1년 내내 돌아가며 꽃을 피우는 듯 보인다. 연꽃의 이런 속성은 영생과 내세와 현생의 순환을 상징하기에 충분했을 것이다. 연꽃이 파라오의 무덤에 영생과 부활의 상징으로 장식된 이유다. 이집트 룩소르(Luxor) 서쪽 바위산 깊은 계곡에 '왕의 계곡'이라 불리는 왕들의 묘가 있는데, 그중 일반에 개방된 파라오의 묘실 벽면에서도 수많은 연꽃 장식을 볼 수 있다. 연꽃이 영생, 불멸, 부활을 상징하기 때문이다. 그 연꽃이 오리엔트로 넘어왔고, 페르시아의 궁전 기둥뿌리에도 연꽃 장식이 등장한다. 제국이 영원히 멸망하지 않고 번성하라는 뜻을 연꽃에 담은 것이다. 연꽃의 상징성은 페르시아를 거쳐 이웃 인도로 전해진다. 페르시아의 전성기에 인도에서 일어난 불교에도 연꽃이 하나의 모티브가 된다. 영생불멸과 윤회의 상징으로 연꽃만 한 것이 없었을 것이다.

문화는 필요의 결실이지 않은가! 불교의 윤회 사상과 딱 맞아떨어진 연꽃은 간다라 시대 불교 미술에 곧바로 이입된다. 윤회와 순환의 섭리를 함축한 연꽃은 인도 간다라에서 불교의 대표적인 상징인 연화문(蓮

花紋)으로 승화한다. 연화문은 실크로드를 따라 한반도에도 들어온다. 연등을 중심으로 석탑의 기단, 석등, 특히 부처가 앉는 자리인 불상의 대좌(臺座) 부분에는 앙련과 복련 등 연꽃 장식이 빠지지 않았다. 20세기 강화도 온수리 성공회 성당의 처마 꼭대기에도 연화 십자가가 출현한다. 문화의 접촉과 교류가 빚어낸 공존의 아름다움이 수천 년 후 다른 모습으로 나타난 것이다. 혹자들은 이것을 나비효과라고 한다. 기원전 3000년경에 이집트에서 출발한 연꽃이 3,500년이나 지난 6세기에 한반도의 불교문화에서 똑같은 의미로 되살아난 것이다. 그러니까 연꽃의 상징성과 종교성을 간다라 불교에, 더 나아가 동아시아 전역에 전해준 중간자의 역할을 한 것이 바로 페르시아 제국인 셈이다.

6장

로마에 맞선 500년 대제국
파르티아

기원전 247년	아르사케스 1세, 파르티아 창건
기원전 170년경	파르티아, 박트리아와 이란 서부, 메디아와 메소포타미아 영역까지 확장
기원전 135년경	사카인, 파르티아 북동쪽 국경 침범
기원전 121년	한나라, 파르티아에 사절단 파견
기원전 67년	로마의 동방 원정을 시작으로 280여 년 동안 로마와 파르티아 간 영토전쟁 반복
기원전 60년	로마, 삼두정치 시작
기원전 53년	로마 군단, 카레에서 파르티아 정예군에게 궤멸
기원전 27년	로마 원로원이 옥타비아누스에게 아우구스투스 칭호 부여
기원전 20년경	파르티아, 로마에 군기와 전쟁포로를 반환하며 불가침조약 체결
2세기	지방 토착 왕조가 난립하며 수시로 반란 발발
217년	파르티아-로마, 평화협정 체결
224년	아르타바누스 4세가 호르모즈드간 전투에서 전사하며 파르티아 멸망

알렉산드로스의 무자비한 침략으로 페르시아 대제국이 멸망하고 셀레우코스 등 그의 후계국가들이 짧게 난립한 후 과거 페르시아의 전통과 문화를 복원한 나라가 파르티아다. 로마 제국에 당당히 맞선 파르티아 제국은 지금의 이란 지역을 중심으로 카스피해-흑해-페르시아만을 장악하고 인류문명의 교통과 발전에 지대한 공헌을 한 500년 대제국이다. 인류역사에서 500년 제국은 그리 흔치 않다. 알렉산드로스 왕 정복왕조 13년, 몽골 제국 50

여 년의 역사와는 비할 수 없을 정도로 위세나 문명의 깊이가 대단했다. 그런데 파르티아에 대해 들어보거나 배워본 사람은 많지 않다. 우리 교과서에서도 거의 다루지 않는다. 이렇게 500년 동서양 중간문명을 배제함으로써 우리는 로마사, 중국사, 한국사를 서로 연계성 없는 단절된 역사로 이해해야만 했다. 유럽 중심의 역사가 만들어놓은 역사인식의 후유증이라 할 수 있다.

유프라테스강을 경계로 로마 제국과 마주한 파르티아 제국은 '아르사키드 제국(Arsacid Empire)'으로도 불린다. 아르사키드라는 이름은 기원전 247년 이란 북동쪽 파르티아 지역을 점령한 후 파르티아 제국을 건립한 파르니인의 지도자 아르사케스 1세의 이름에서 비롯한 것이다. 파르티아는 오늘날 이란, 이라크, 터키 일대를 포함하는 오리엔트의 핵심 지역을 차지했고, 그곳에서 471년 동안 존속하면서 당시 세계 최강국 로마와 경쟁 또는 협력하며 성장했다. 무엇보다 로마와 중국, 동아시아 간 중개무역으로 경제를 튼튼히 다졌다. 파르티아는 베히스툰 비문에 다리우스 대제에게 복속한 23개 나라 중 하나로 등장한다. 따라서 페르시아 제국의 중요한 사트라피 중 하나였음이 분명하다. 헤로도토스의 《역사》에도 파르티아가 페르시아 제국의 속주로 기록되어 있다.

로마와 파르티아 두 제국은 지중해와 흑해, 카스피해를 연결하는 전략적 요충지 아르메니아와 중국과 로마를 연결하는 실크로드라는 생명줄을 놓고 엎치락뒤치락 승리와 패배를 되풀이했다. 결국 아우구스투스 이래 140여 년간 로마에서는 파르티아를 공격하지 않는 것이 불문율이 되었다. 로마 제국이 유프라테스강을 동쪽 경계로 삼고 지중해 서쪽으로 팽창을 계속할 수밖에 없었던 이유다. 로마는 북아프리카 지중해 연안의 카르타고(Carthago)를 빼앗고, 멀리 유럽의 이베리아반도까지 식민지를 넓혀나갔다. 로마 제국을 누르기에는 역부족임을 안 파르티아도 로마와의 소모전으로 국력을 소진하는 대신 중국을 파트너로 삼아 교류하면서 번영을 누렸다. 중국의 비단을 로마에 팔고 로마의 금·은 주화, 유리, 금 세공품 등을 중국에 팔면서 500년 제국을 유지했다. 중국 역사서에 빈번하게 등장하는 '안식국'이 바로 파르티아다. 여기서 '안식'은 창건자 아르사케스의 중국식 표기로 보인다. 파르티아는 실크로드를 통해 복식이나 전투 방식, 무기체계 등에서 우리 문화에도 크고 작은 흔적을 남겼다. 따라서 우리는 파르티아 제국의 역사를 재평가하여 우리 인식 속에 단절되어 있던 중간지대 문명을 복원할 필요가 있다. 그러면 고대 실크로드 교류가 우리 문화에 끼친 영향을 새롭게 분석하는 계기도 만들어질 것이다.

01 알렉산드로스 왕의 정복과 파르티아의 수립

알렉산드로스의 정복활동

마케도니아는 그리스 북쪽의 자그마한 왕국이었다. 하지만 페르시아 전쟁 후 그리스는 델로스 동맹을 결성한 아테네가 패권을 쥐고 다른 폴리스들을 압박하면서 펠로폰네소스 전쟁(기원전 431~기원전 404) 등 폴리스 간 대결로 분열과 갈등이 계속되었고, 이 틈을 타 북쪽의 마케도니아가 힘을 키우기 시작했다. 이 시기 마케도니아를 이끈 인물이 바로 알렉산드로스 왕의 아버지 필리포스 2세이다. 기원전 359년 왕위에 오른 그는 내분 중인 그리스에 개입함으로써 그리스 북부를 장악했고, 기원전 338년에는 카이로네이아(Chaeroneia)에서 아테네와 테베(Thebae)의 연합군을 분쇄하고 이듬해 코린토스(Korinthos) 동맹을 결성하여 그리스 세계의 패자가 되었다. 그러나 페르시아 원정을 준비하던 기원전 336년 마케도니아 왕가의 내분에 얽혀 살해당했고, 20세의 알렉산드로스가 왕위를 계승했다.

마케도니아 동북쪽 트라키아인들의 공격과 코린토스 동맹국 중 하나였던 테베의 반란을 진압한 알렉산드로스는 기원전 334년 봄 비옥한 땅을 찾아 헬레스폰투스해협을 건너 오리엔트로 진격했다. 먼저 지금 터키 땅인 소아시아의 이오니아 지방을 차지하고 프리기아를 무너뜨렸다. 나아가 이소스에서 다리우스 3세를 패퇴시킨 후 남하하면서 티레와 가자(Gaza)의 강력한 저항을 뚫고 기원전 332년 비옥한 이집트 땅에 발을 디뎠다. 그리고 그곳에서 머무는 동안 자신의 이름을 딴 거대한 도시 알렉산드리아(Alexandria)를 건설했다. 이듬해에는 다시 방향을 동북쪽으로 틀어 메소포타미아 북부로 진격했고, 가우가멜라에서 다리우스군을 제압한 뒤 바빌론을 손에 넣었다. 그리고 바빌론에서 페르시아 제국의 여름 수도 수사로 진군하여 그곳의 진기한 보물을 약탈했고, 왕도 페르세폴리스로 들어가 한 제국이 거의 역사 속으로 사라질 정도로 가혹하고 철저하게 파괴했다. 그런 뒤 다리우스 3세를 추격했다. 그는 박트리아의 사트랍 베수스의 배신으로 죽음을 맞았고, 다리우스의 죽음과 함께 아케메네스조 페르시아 시대도 막을 내렸다.

이후 알렉산드로스의 군대는 둘로 나뉘어 북쪽과 남쪽으로 침략전쟁을 계속했다. 북쪽으로는 우즈베키스탄의 마라칸다(Maracanda, 사마르칸트)까지 진출했다. 마라칸다가 알렉산드로스의 북방한계선이 되었다. 그 과정에서 중앙아시아에 새로운 도시들을 건설했다. 모두가 이름은 같았다. 알렉산드리아다. 오늘날 아프가니스탄의 칸다하르(Kandahar)와 타지키스탄의 알렉산드리아 에스카테(Alexandria Eschate)도 이때 처음 생겨난 도시다. 남쪽으로는 마우

알렉산드로스의 원정

기원전 334년에서 기원전 323년까지 전개된 알렉산드로스 왕의 원정은 소아시아에서 시작해 북으로는 마라칸다, 남으로는 힌두쿠시산맥까지 총 2만 7,000킬로미터를 거침없이 진격해 오리엔트 세계를 혼란에 빠뜨렸다.

리아 왕조(Maurya dynasty)가 있는 인더스강을 따라 힌두쿠시(Hindu Kush)산맥까지 나아갔다. 높은 산맥에 막혀 더는 진출하기 힘들어지자 일부만 남기고 나머지는 회군했다. 바빌론으로 돌아온 알렉산드로스는 기원전 323년 33세의 나이로 사망했다. 단 13년 동안에 벌어진 인류역사상 가장 광범위한 침략전쟁이자 약탈전이었다.

알렉산드로스에 대한 상반된 평가

사실 서양사에서 알렉산드로스를 높이 평가하는 것은 그가 서양의 인물로서는 드물게 오리엔트를 정복했기 때문이다. 우리가 거의 전적으로 의존하고 있는 플루타르코스의 《알렉산드로스의 생애》를 비롯한 서양 중심의 역사에서 알렉산드로스는 정복자, 구원자, 선진문화 전파자로서 미개하고 문명적으로 낙후된 오리엔트에 새로운 기운을 가져다준 왕이다. 패배와 치욕의 초기 역사를 간직한 서양인의 입장에서는 대단한 역사적 자긍심의 발로이긴 하지만, 페르시아 측의 평가나 유대인의 역사를 기록한 《구약》〈마카베오기(상)〉 등에는 알렉산드로스가 굉장히 악독한 인물로 묘사되고 있다. 당연한 관점의 차이다.

필리포스의 아들 알렉산드로스는 페르시아인들과 메디아인들의 임금 다리우스를 쳐부숴다. 그리스를 다스리고 있던 알렉산드로스는 많은 전쟁을 치르고 요새들을 점령하고 세상의 임금들을 죽였다. 그는 땅끝까

지 진격하여 많은 민족에게서 전리품을 획득했다. 세상이 그 앞에서 평온해지니 그는 마음이 우쭐하고 오만해졌다. 그가 막강한 군대를 모아 여러 지방과 민족과 통치자를 굴복시키자, 그들은 그에게 조공을 바쳤다. 그 뒤에 병이 들어 죽음이 닥친 것을 알게 된 알렉산드로스는 젊은 시절부터 함께 자란 대장군들을 불러, 죽기 전에 자기 나라를 그들에게 나누어주었다. 그는 열두 해를 다스리고 죽었다. 그의 장군들은 저마다 자기 영토를 다스렸다. 그들은 그가 죽은 뒤에 모두 왕관을 썼고, 그 자손들도 그 뒤를 이어 오랫동안 그렇게 했다. 그들은 세상을 악으로 가득 채웠다.

그렇다면 페르시아의 문헌에서는 그를 어떤 인물로 묘사하고 있을까? 그는 악의 화신일 뿐이다. 조로아스터교 경전집《아베스타(Avestā)》나 사산 왕조의 기록에는 그가 '로마인' 알렉산드로스라고 표현되어 있다. 알렉산드로스의 제국에 이어서 로마가 일어나니 이들이 그를 로마인으로 본 것도 이상한 일은 아니다.

로마인 알렉산드로스는 오랜 경전들을 없애고, 성스러운 불꽃들을 꺼트린 자다. 조로아스터교에서 어둠은 생명이 끝나는 종말을 의미한다. 어둠을 밝혀 선과 희망을 살려내는 불꽃을 꺼트려서는 안 된다. 그러니 알렉산드로스는 이란을 쑥대밭으로 만든 악의 화신에 다름 아니다.

여기서 악의 화신이란 말은 단순한 비유법이 아니라 악신인 아리만을 가리키는 말이다. 최고신이자 선신인 아후라마즈다에 대적하는 사탄의 괴수가 아리만이다. 알렉산드로스는 조로아스터교의 악룡 아지다하카(Aži Dahāka), 중앙아시아 투란(Turan)의 왕 아프라시아브(Afrasiab) 등과 함께 실재하는 악의 화신으로 묘사되었다. 사악한 알렉산드로스의 공격으로 이란에 혼란과 분열의 시대가 찾아왔으나, 이를 수습하여 이란에 질서와 정의, 종교와 신앙을 돌려놓은 존재가 바로 아르다시르 1세라는 것이 페르시아 역사의 입장이다. 아르다시르 1세는 파르티아를 격파하고 페르시아(사산 왕조)를 재건한 왕이다. 알렉산드로스에 대한 서양과 오리엔트의 관점이 서로 다르다는 것을 이해하는 것만으로도 의미가 있을 것이다.

아무튼 13년이라는 짧은 시간에 그리스와 오리엔트의 대제국을 정복한 최초의 서양인이 알렉산드로스인데, 이 사람이 왜 이렇게 잘 알려졌을까? 바로 플루타르코스를 비롯한 애국심에 불타는 그리스-로마 작가들 때문이다. 그들은 당시 시대 상황과 본인 인식의 한계 때문에 그리스 중심으로 역사를 서술할 수밖에 없었다. 지금은 고대문자를 해독할 수 있게 되면서 점점 더 많은 고대문헌을 이해할 수 있게 되었고, 새로운 고고학적 발견에 힘입어 동서양 역사인식이 점차 균형을 잡아가고 있지만, 아직 우리 세계사 교육에는 제대로 반영되지 못하고 있다.

어쨌든 그리스와 페르시아 제국이 마케도니아에 의해 멸망하고, 알렉산드로스가 기원전 323년에 갑자기 사망하면서 마케도니아도 수명을 다하게 된다. 그 후 76년간의 힘의 공백기를 딛고 기원전 247년 파르티아(Parthia, 기원전 247~224)가 등장한다. 100년 가까운 오리엔트의 혼란기를 평정하고 이 지역을 통일한 나라가 바로 파르티아다.

알렉산드로스 사후 오리엔트는 한때 그의 부하들에 의해 분할되어 군소 군벌 식민국가를 형성하고 있었다. 이때부터 마케도니아인의 마지막 왕조인 이집트의 프톨레마이오스 왕조(Ptolemaic dynasty, 기원전 305~기원전 30)가 기원전 30년에 멸망할 때까지를 흔히 헬레니즘 시대라 부른다. 알렉산드로스 사후 그의 제국은 마케도니아의 안티고노스 왕조(Antigonid dynasty, 기원전 306~기원전 168), 아나톨리아반도의 리시마코스 왕조(Lysimachid dynasty, 기원전 306~기원전 281), 이란 지방의 셀레우코스 왕조(Seleucid dynasty, 기원전 305~기원전 64), 이집트의 프톨레마이오스 왕조로 분할되었다. 이합집산을 거듭한 뒤에는 크게 프톨레마이오스와 셀레우코스의 양강 구도가 정착되었다. 파르티아는 대체로 아르사케스 1세(Arsaces I, 재위 기원전 247~기원전 211)가 지금의 이란 북동부 지역인 파르티아에서 셀레우코스 세력을 몰아낸 기원전 247년을 창건 연대로 본다. 파르티아는 이후 알렉산드로스 후계국가들을 차례로 제압하고 제국으로 발돋움했다. 파르티아 왕들은 아케메네스조 페르시아의 후손이라는 정체성을 분명히 하면서 페르시아 문화권 속으로 편입되었다.

02

파르티아 제국의 성장과 멸망

소왕국에서 제국으로

파르티아의 창건자 아르사케스 1세는 파르니(Parni)인의 지도자였다. 파르니인은 카스피해 남동쪽 히르카니아(Hyrcania)에서 남하한 스키타이인의 일부로 알려져 있다. 그는 알렉산드로스가 건설한 제국의 후계국가 중 하나인 강력한 셀레우코스 왕조의 북동쪽 파르티아 지역을 점령하면서 존재감을 드러냈고, 기원전 247년에 새로운 왕국이 건설되었음을 알렸다. 파르티아는 그로부터 70여 년이 흐른 미트리다테스 1세(Mithridates I, 재위 기원전 171~기원전 132) 때 작은 왕국에서 제국으로 변모했다. 그는 파르티아 동쪽 박트리아와 서쪽으로 지금의 이란 서부를 장악한 데 이어 셀레우코스 영역이었던 메디아와 메소포타미아까지 차지하면서 대제국의 기틀을 다졌다. 미트리다테스 1세의 정복전쟁으로 파르티아 제국의 영역은 이란 북동부에서 서쪽으로 현재 터키 남동부에 해당하는 유프라테스강의 북쪽 유역까지 확장되었다. 파르티아 제국은

파르티아의 바위 부조

파르티아 사람들은 바위에 전승을 기념하는 부조를 많이 새겼다. 우리가 광개토대왕비, 진흥왕순수비를 세운 것과 비슷한 맥락이다. 파르티아에서는 글자로 각인하는 것은 물론, 여러 전투 장면을 딱딱한 화강암에 조각했다. 사진은 이란 남서부 후제스탄(Khuzestan)주 이제(Izeh)시에 있는 부조로, 전성기 파르티아의 왕인 미트리다테스 1세가 말을 타고 로마 병사를 줄줄이 묶어서 승리하는 장면을 큰 바위에 조각해 놓았다. 미트리다테스 1세가 양각된 파르티아 주화의 모습과 바위 좌측의 말을 탄 인물의 모습이 유사해 학자들은 이를 미트리다테스 왕으로 보고 있다.

일찍부터 황금기를 맞았다. 제국의 경제적 원천은 교역이었다. 지중해분지에 위치한 로마와 중국의 한나라를 잇는 실크로드의 중간무역로에서 양 대국 간 통상의 교량 역할로 큰 수익을 얻으면서 오래도록 번성했다.

파르티아는 페르시아 문화와 헬레니즘 문화, 로마 문화 등 여러 문화를 망라한 다문화제국이었다. 제국 안팎의 다양한 예술, 건축, 종교를 폭넓게 수용했다. 전반기에는 주로 그리스 문화를 수용했지만, 점차 이란 고유의 전통과 관습을 회복해 나갔다. 파르티아의 왕들은 아케메네스조 페르시아의 후계자를 자처하며 '왕 중의 왕(샤한샤)'이라는 페르시아 왕의 칭호를 자신들의 것으로 공식화했다. 그리고 이란 외곽 지역에는 페르시아 제국 때처럼 사트랍들을 임명했다. 하지만 파르티아 제국의 사트랍은 아케메네스조 페르시아 제국에 비해 그 숫자도 권력도 훨씬 적고 미미했다. 제국의 수도는 티그리스강 동쪽의 크테시폰(Ctesiphon, 오늘날의 바그다드 남쪽)이었다.

오리엔트를 통합했지만, 파르티아는 번영으로 향하는 길목에서 많은 도전과 저항을 이겨내야 했다. 초기에 가장 위협적인 존재는 북동쪽에서 압박해 들어오는 사카인이었다. 스키타이의 후예로 알려진 사카인은 파르티아 북동쪽 박트리아 지방을 근거지로 삼고 있었다. 그런데 지금의 중국 간쑤(甘肅) 지방에서 주로 유목 생활을 하던 월지(月氏, Yuezhi)족이 흉노의 공격에 밀려 기원전 135년경 박트리아로 들어와 사카인을 몰아냈다. 이에 서쪽으로 밀려날 수밖에 없었던 사카인은 파르티아 북동쪽 국경을 침범했다. 궁지에 몰린 사카인은 뛰어난 기동력과 강인한 승부욕으로 파르티아를 유린했다. 그 결과 미트리다테스 1세의 뒤를 이은 프라아테스 2세(Phraates II, 재위 기원전 132~기원전 127)와 그의 후계자인 아르타바누스 1세(Artabanus I, 재위 기원전 127~기원전 124)가 사카인과의 전투 중 전사하고 말았다. 전열을 가다듬은 미트리다테스 2세(Mithridates II, 재위

미트리다테스 2세 시대 파르티아 제국 최대 영토

파르티아 제국의 영토는 오늘날의 국가로 이야기해야 이해가 쉽다. 가장 번성기 때는 이란, 이라크, 아르메니아, 터키 일부, 조지아(그루지야), 아제르바이잔, 투르크메니스탄, 아프가니스탄, 타지키스탄, 좀 더 넓혀서 파키스탄, 시리아, 레바논, 이스라엘, 팔레스타인까지 광대한 영토를 차지했다. 그러나 대제국을 이룩했던 시기는 길지 않고, 영토의 크기도 변화가 심했다.

기원전 124~기원전 91)가 빼앗긴 국토를 대부분 회복하고 사카인을 몰아내는 데 성공했으나, 그의 사후 제국이 혼란기에 접어들면서 기동력을 갖춘 사카인의 공격과 위협이 계속되었다. 사카인 틈에서 살았던 것으로 알려진 사나트루세스(Sanatruces, 재위 기원전 77~기원전 70)가 이 혼란을 이용해 사카인의 원조 속에서 파르티아 왕위에 오르기도 했다.

파르티아와 중국 한나라의 관계

파르티아가 상대해야 할 또 다른 적수는 흉노에게 쫓겨난 월지였다. 기원전 176년경에 흉노의 압박에 밀려나 박트리아 지역에 자리를 잡은 월지는 흔히 '토하라(Tokhara)'라고도 불렸는데, 이렇게 간쑤에서 서진한 월지를 중국 사서에서는 '대월지(大月氏)', 그 이전 흉노와 쟁패하면서 쇠잔한 동쪽의 월지를 '소월지(小月氏)'로 구분하고 있다. 기원전 139년경 전한(前漢, 기원전 202~8)의 무제(武帝, 재위 기원전 141~기원전 87)가 흉노 협공을 위해 장건(張騫, ?~기원전 114)에게 찾아가서 협상하라 명한 대상이 바로 대월지였다.

대월지를 찾아가는 과정에서 장건이 이끄는 사절단도 파르티아의 존재를 정확하게 인식한 것으로 보인다. 장안을 떠난 지 10여 년 만에 월지의 거주지에 도착한 장건은 파르티아까지 도달하지는 못했지만 월지로부터 파르티아에 관한 광범위하고 상세한 정보를 취득했고, 귀국한 후 이를 상세하게 보고했다. 사마천(司馬遷, 기원전 145?~기원전 86?)의 《사기(史記)》와 반고(班固, 32~92)의 《한서(漢書)》에 나오는 서역에 관한 기록 대부분은 장건이 제공한 정보를 바탕으로 한 것이다. 무제가 중앙아시아로 장건을 파견한 것도 월지를 설득함과 동시에 중국 서쪽 지역의 정세를 파악하기 위함이었다. 결국 월지를 설득하는 데 실패했지만, 장건이 가져온 정보를 통해 중국은 만리장성 바깥의 또 다른 수준 높은 문명세계의 존재를 파악할 수 있었다.

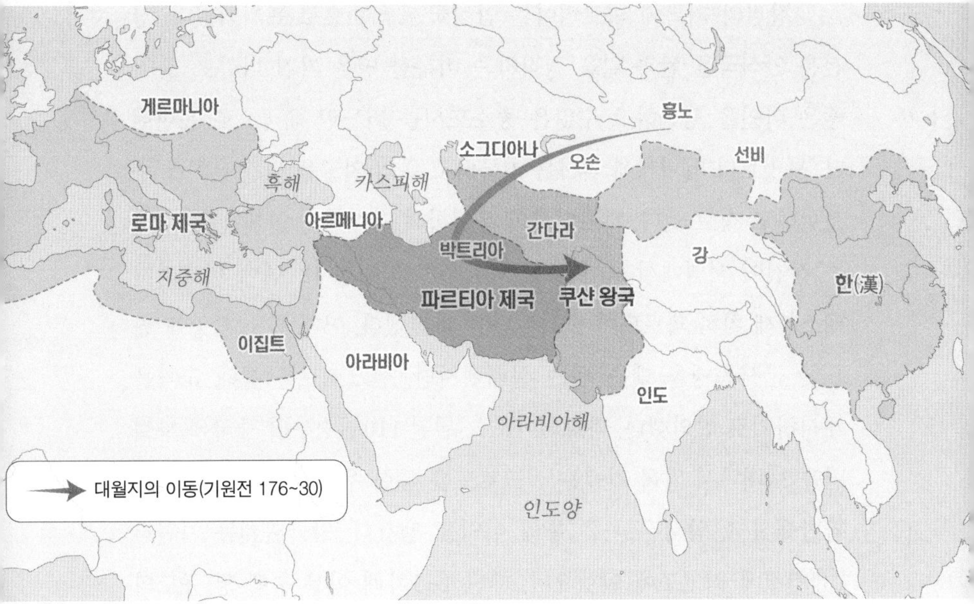

대월지의 이동

흉노에 쫓긴 대월지는 처음에 북서쪽 톈산(天山)산맥의 일리(一里)강으로 이주했다가 다시 오손(烏孫)족에게 쫓겨 남쪽으로 향했고, 소그디아나를 거쳐 박트리아에 정착했다. 그곳에서 지방 통치에 힘썼는데, 파미르·힌두쿠시 남북에 토착 제후 다섯을 두고 그들로 하여금 다스리게 했다. 대월지는 일찍이 불교를 받아들였고, 실크로드를 통해 동아시아에 전파하는 데 큰 역할을 했다. 기원 전후에는 다섯 지파 중 하나인 귀상(貴霜, 쿠샨)족이 나머지를 제압하고 대월지를 차지했다. 곧이어 힌두쿠시산맥을 넘어 남쪽의 간다라 지방을 지배했다. 이 나라가 바로 불교 국가인 쿠샨 왕국이다. 지도는 2세기의 모습이다.

장건의 기록에 파르티아는 안식국(安息國)으로 표기되었다. 장건은 안식국을 쌀과 밀을 경작하는 비옥한 땅을 가진 나라로, 품질 좋은 와인을 생산하고 수많은 중소도시를 거느린 대국으로 표현했다. 무엇보다 양피지에 역사를 기록하고 왕의 얼굴을 새긴 은화를 주조한다고 적고 있다. 파르티아의 융성함과 강대함을 알게 된 한나라는 장건이 서역에서 돌아온 지 5년 후인 기원전 121년에 미트리다테스 2세 치하 파르티아에 사절단을 파견했다. 이때 흉노 협공에 필요한 군사동맹을 맺는 데는 실패했지만, 실크로드를 통해 교역을 개시하기로 합의했다. 파르티아도 기원전 110년경부터 중국에 사절단을 보내면서 양국 간에는 실크로드를 통한 우호적인 통상이 더욱 활발해졌고, 양국은 이를 통해 이익을 챙겼다. 양국관계는 기원전 1세기경에 최고조에 달했으며, 매년 4~5차례 이상 수백 명 규모의 한나라 사절단이 파르티아를 방문했다. 이 시기가 파르티아의 전성기였다. 지중해에서 중동, 중앙아시아, 인도, 중국에 이르는 교역로의 중간 기착지로서 거기서 나온 수익으로 풍요를 누렸다. 동시에 이란 지역을 중심으로 서쪽의 바빌로니아는 물론 동쪽으로 교역의 거점도시인 헤라트(Herāt)를 포함한 아프가니스탄 남부 지역을 점령했다.

이렇게 동서 교역의 중간로에서 독점하다시피 한 이권을 유지하기 위해 파르티아는 중국과 로마가 외교관계를 맺고 직접 교역하는 일을 경계하기도 했다. 97년 후한(後漢, 25~220)의 서역도호(西域都護) 반초(班超, 33~102)가 부하 감영(甘英)을 로마로 파견했다. 감영은 로마에 도착하기 전 파르티아에서 파코루스 2세(Pacorus II, 재위

78~110)의 왕실을 방문했다. 중국의 남북조시대에 편찬된《후한서(後漢書)》〈서역전(西域傳)〉에는 당시 대진국(大秦國)으로 향하던 감영이 안식국의 서쪽 변경에 있는 조지국(條支國)에 도착했지만, 서쪽 바다는 너무 넓어서 살아서 건너기 힘들다는 뱃사람(파르티아인으로 추정)의 말을 듣고 발길을 돌렸다는 기록이 있다. 여기서 대진국은 로마, 조지국은 안티오키아(Antiochia) 혹은 시리아, 서쪽 바다는 페르시아만 혹은 지중해로 보인다. 어쨌든 감영은 한나라로 돌아갔고, 본인의 조사 결과와 파르티아인들에게 전해 들은 바를 토대로 황제 화제(和帝, 재위 88~105)에게 로마 제국에 관한 상세한 보고서를 올렸다. 중국 측 기록인《후한서》에 따르면, 아우렐리우스(Marcus Aurelius, 재위 161~180)와 후한 환제(桓帝, 재위 146~168) 통치기인 166년에 로마의 사절단이 베트남 북부를 거쳐 한의 수도인 뤄양(洛陽)에 도착했다고 한다. 하지만 중국과 로마의 관계는 중간의 파르티아로 인해 원하는 단계로 발전할 수 없었다.

아르메니아를 사이에 둔 로마와 파르티아의 격돌

동쪽 진영과는 달리 서쪽에는 파르티아의 힘겨운 주적이 포진하고 있었다. 바로 강성한 제국으로 성장하고 있던 로마다. 두 제국은 무려 283년간(기원전 66~217) 공수를 교대하며 끈질기고 치열한 공방전을 벌였다. 두 제국의 세력이 워낙 팽팽하여 어느 쪽도 다른 한쪽을 완전히 제압할 수 없었다. 그런 점에서 로마에 당당히 맞선 파르티아의 역사적 위상이 제고되어야 함은 자명해 보인다.

파르티아가 서쪽으로 세력을 확장하는 과정에서 통과해야 할 1차 관문은 비옥한 전략적 요충지인 아르메니아 왕국(Kingdom of Armenia, 기원전 321~428)이었다. 로마에도 아르메니아는 실크로드를 따라 중앙아시아와 중국에 이르려면 포기할 수 없는 생명줄이었다. 두 강대국은 지중해와 흑해, 카스피해 사이 캅카스(Kavkaz) 지역의 전략적 허브이자 비옥한 곡창지대인 금싸라기 땅을 결코 양보할 수 없었다. 결국 양측의 이런 이해관계는 무력충돌을 불렀다.

기원전 321년 아케메네스 왕조에서 비롯된 아르메니아 왕국(오론티드 왕조Orontid Dynasty, 기원전 321~기원전 200)은 파르티아가 왕국으로서 새출발을 할 무렵인 기원전 2세기 초 셀레우코스 왕조의 두 개의 속주(사트라피)에 속했는데, 셀레우코스의 안티오쿠스 3세(Antiochus III, 재위 기원전 223~기원전 187)가 마그네시아(Magnesia) 전투(기원전 190년 혹은 기원전 189년)에서 로마에 패한 후 새로운 아르메니아 왕국(아르탁시아드 왕조Artaxiad Dynasty, 기원전 189~12)으로 재탄생했다. 이 아르탁시아드조 아르메니아 왕국은 티그라네스 2세(Tigranes II, 재위 기원전 95~기원전 55) 때 전성기를 맞았는데, 공화정 말기 로마 동쪽의 최강국으로 성장했다.

그런데 파르티아가 새로운 제국으로 급성장하면서 많은 영토를 잃었고, 동시에 로마의 공격으로 국력이 쇠퇴하기도 했다. 로마와 파르티아 두 제국 사이에서 아르메니아는 외교와 화친으로 힘겹게 생명력을 이어갔지만, 두 제국 간에 전쟁이 벌어질 때마다 치열

티그라네스 2세 때 아르메니아 왕국

티그라네스 2세 때 아르메니아 왕국은 남북으로 메소포타미아 북부에서 지금의 터키 북동부의 폰투스(Pontus)산맥, 동서로 카스피해에서 지중해까지 뻗어나갔다.

한 전장이 되어야 했고, 일차적인 정복 대상이 되었다. 이처럼 파르티아와 로마 제국 모두에 아르메니아는 상대를 견제하기 위한 소중한 존재였기 때문에 아르메니아 왕을 자신들의 분봉왕(分封王)으로 삼기 위해 서로 경쟁을 펼쳤다.

로마와 파르티아 사이에 본격적인 불화와 경쟁은 티그라네스 2세 때인 기원전 67년 로마의 실력자 폼페이우스(Gnaeus Pompeius, 기원전 106~기원전 48)가 동방 원정을 책임지게 되면서부터였다. 기원전 66년 폼페이우스는 자신의 진영에 합류한 티그라네스 2세의 아들과 함께 아르메니아로 진격해 티그라네스 2세의 항복을 받아냈다. 이때부터 아르메니아는 공식적인 로마의 속령이 된다. 하지만 파르티아의 프라아테스 3세(Phraates III, 재위 기원전 69~기원전 57)는 아르메니아를 포기하지 않았고, 결국 폼페이우스와 프라아테스는 메소포타미아와 아디아베네(Adiabene)는 파르티아, 고르디엔(Gordyene)은 로마 영토로 확정하는 합의에 이르게 된다. 이후 폼페이우스는 유프라테스강 서안까지 진출하여 파르티아에 로마의 힘을 과시하고, 시리아를 거쳐 팔레스타인으로 진출하여 이 지역을 로마령 시리아 총독의 지배하에 두었다. 기원전 63년까지 폼페이우스는 이집트를 제외한 오리엔트 대부분을 로마의 영향력 아래 두는데 성공했다.

기원전 61년 폼페이우스는 로마로 돌아갔고, 이듬해 크라수스(Marcus Licinius Crassus, 기원전 115~기원전 53), 카이사르(Gaius Julius Caesar, 기원전 100~기원전 44)와 함께 삼두정치를 시작했다. 이 삼두정치의 한 축이자 시리아의 총독이 된 크라수스가 기원전 53년 대

규모 로마 군단을 이끌고 파르티아를 공격했다. 그러나 로마 군단은 메소포타미아 북부 카레(Carrhae, 터키 하란)에서 파르티아 군사령관 수레나(Surena, ?~기원전 53)의 정예군에게 궤멸되었다. 이 전투에서 사령관 크라수스와 그의 아들 푸블리우스(Publius Licinius Crassus, 기원전 86~기원전 53)를 포함해 로마군 절반이 전사하고 약 4분의 1이 생포되었다. 그 후 자신감을 얻은 파르티아가 기원전 40년과 기원전 39년에 잇달아 서아시아의 로마 영토를 공격했고, 티레를 제외한 레반트 전역을 손에 넣었다. 카레 전투 참패와 크라수스의 전사로 로마의 제1차 삼두정치는 와해되었고, 로마는 폼페이우스와 카이사르 두 사람이 패권을 다투는 형국이 되었다.

이 시기에 파르티아는 로마 내정에도 깊숙이 개입했다. 카이사르와 폼페이우스가 권력을 다투는 이 게임에서 파르티아는 폼페이우스를 지원했다. 기원전 45년 마침내 폼페이우스의 잔당마저 꺾고 내전에서 승리를 거둔 카이사르가 파르티아에 보복 공격을 할 계획을 세웠으나, 이듬해 브루투스(Marcus Junius Brutus, 기원전 85~기원전 23)를 위시한 원로원의 공화정 옹호자들에 의해 암살됨으로써 이 계획은 실현되지 못했다. 카이사르 사후 옥타비아누스(Gaius Octavianus, 기원전 63~14), 레피두스(Marcus Aemilius Lepidus, ?~기원전 13)와 함께 제2차 삼두정치를 개시한 안토니우스(Marcus Antonius, 기원전 83~기원전 30)와 공화정파 브루투스 사이에 벌어진 내전에서도 파르티아는 브루투스를 적극 지원하며 로마 내정에 간섭했다. 이번에는 브루투스의 군대를 격파한 안토니우스가 파르티아를 공격하여 잃어버렸던 시리아 일대를 회복했지만, 완충지의 역할을 해야 할 아르메니아가 파르티아의 수중에 놓이게 되었다.

기원전 67년부터 갈등과 전쟁으로 점철되어 온 로마와 파르티아의 관계는 얼마 후 변화를 겪게 된다. 이는 양국 내정의 변화와 깊은 관련이 있는데, 변화는 로마에서 먼저 시작되었다. 기원전 36년 레피두스의 실각으로 로마의 제2차 삼두정치가 자연스럽게 막을 내리면서 삼두정치의 두 축이었던 옥타비아누스와 안토니우스가 로마의 1인자 자리를 놓고 다툼을 시작했다. 결국 기원전 31년에 악티움 해전(Battle of Actium)에서 옥타비아누스가 정적 안토니우스를 꺾고 경쟁에서 승리했다. 그러나 옥타비아누스는 놀랍게도 공화정으로의 복귀를 선언했고, 기원전 27년 로마 원로원은 '원수제'의 출발을 결의하며 그에게 '아우구스투스(Augustus, 존엄한 자, 재위 기원전 27~14)'라는 칭호를 부여했다. 이는 옥타비아누스의 공화정 복귀 선언에 대한 감사의 표시였지만, 로마인들이 그토록 두려워한 제정(帝政)이 시작되었음을 의미하는 것이기도 했다. 그래서 통상 아우구스투스를 로마 제국의 초대 황제로 간주한다.

기원전 32년에는 파르티아에서 왕위 찬탈 시도가 있었다. 6년 전에 등극한 프라아테스 4세(Phraates Ⅳ, 재위 기원전 38~기원전 2)의 왕위를 티리다테스(Tiridates II)란 인물이 노린 것인데, 프라아테스 4세가 스키타이인들의 도움을 받아 재집권에 성공했지만, 기원전 26년에 다시 왕위 찬탈을 시도한 티리다테스가 한 번 더 쫓겨나면서 프라아테스의 아들을 납치해 아우구스투스에게 데려갔다. 아우구스투스는 오랜 경쟁국가인 파르티아와의 관계를 재정립하기 위해 전쟁보다는 협상을 택했다. 꺾기에는 너무 강한 상대라고 판단했기 때문이다. 기원전 20년경 진행된 협상에서 프라아테스는 납치된 아들을 구했고, 아우구스투스는 카레 전투에서 치욕적으로 빼앗긴 로마 군단의 군기를 회수했다. 이로써 파르티아와 로마 간에 냉전 평화시대가 열렸다. 적의 위협을 묶어둔 상태에서 아우구스투스는 새로운 주화를 주조하고, 군기를 세울 새로운 신전을 건축했다. 이와 같은 사실은 로마 전성기에도 두 제국이 무모한 군사적 충돌보다는 교역과 협상을 선호했음을 보여준다.

로마와의 300년 전쟁, 그리고 공생

로마와 파르티아는 서로를 국내 정치에 적극적으로 활용했다. 아우구스투스는 파르티아와 협상할 당시 파르티아 왕자를 프라아테스 4세에게 돌려보내면서 이탈리아인 노예 소녀를 선물했는데, '무사(Musa)'라 불리는 이 소녀는 후일 파르티아의 왕비가 된다. 그녀는 자신이 낳은 아들 프라아타세스(Phraataces)의 왕위 계승을 위해 프라아테스 4세에게 먼저 태어난 다른 왕자들을 로마로 보내자고 설득했다고 한다. 따라서 파르티아의 왕자들이 로마에 가게 되었고, 이 일을 계기로 아우구스투스는 파르티아가 로마에 굴복했다고 선전하며, 자신의 정치적 위상을 높였다.

파르티아도 종종 이웃 로마를 국내 정치에 이용했다. 기원전 2년 남편을 독살한 무사가 자신의 아들이 왕(프라아테스 5세)이 되자, 공동 통치자가 되어 아들과 함께 파르티아를 다스리기 시작했다. 이 시기에 로마와 파르티아는 또 한번 아르메니아와 메소포타미아 지배권을 둘러싸고 갈등했는데, 아우구스투스가 이란 지역에 군대를 파견하기는 했지만, 기원전 1년 양측이 협상에 합의함으로써 전쟁으로 치닫지는 않았다. 협상의 내용은 파르티아가 아르메니아에 대한 로마의 종주권을 인정하는 대신, 로마는 프라아테스 5세(Phraates V, 재위 기원전 2~4)를 파르티아의 왕으로 인정한다는 것이었다. 불안정한 그의 입지를 로마를 이용해 굳히려 한 것이다. 그러나 얼마 지나지 않은 서기 4년, 파르티아의 귀족들은 결국 프라아테스 5세와 무사를 로마 영토로 추방하고 새로운 왕(오로데스 3세)을 옹립했다. 파르티아와 로마의 통치자들은 이렇게 서로를 이용하면서 공생하는 관계였다.

로마와의 관계는 비교적 안정적이었지만, 권력을 향한 파르티아 내부의 갈등은 큰 문제를 낳았다. 프라아테스 5세와 무사의 공동통치는 파르티아 왕실의 전통을 무너뜨렸을 뿐만 아니라 귀족들의 반발을 초래하여 귀족들이 선호하는 왕을 옹립하는 일이 반복되었다. 귀족들은 오로데스 3세(Orodes III, 재위 4~6)가 2년 만에 죽자, 아우구스투스에게 로마에 인질이 되어 머물던 파르티아의 왕자들을 보내달라고 요구했고, 아우구스투스는 프라아테스 4세의 장자를 파르티아로 돌려보냈다. 그가 보노네스 1세(Vonones I, 재위 8~12)이다. 그러나 오랫동안 로마에서 교육받으며 로마인으로 자란 그가 그들의 눈에 들 리 만무했다. 귀족들은 다시 프라아테스 4세의 외손자인 아르타바누스 2세(Artabanus II, 재위 12~38)를 왕으로 추대했다. 하지만 그 역시 이미 조각나기 시작한 제국을 재통합하기에는 역부족이었다. 변방의 속주들이 하나둘씩 배반하거나 이탈하고, 로마로 병합되거나 독립을 자처하면서 혼란은 걷잡을 수 없게 되었다. 이런 기회를 로마가 그냥 지나칠 리 없었다. 2세기까지 로마는 물론 북쪽의 유목민들이 수시로 파르티아 귀족 가문들 간의 권력 싸움과 갈등을 이용하여 파르티아의 영토를 잠식하거나 약탈하면서 괴롭혔다. 그래도 파르티아는 쉽게 무너지지 않았다.

냉전 속의 평화를 유지하던 로마와 파르티아의 관계는 로마의 트라야누스(Marcus Ulpius Trajanus, 재위 98~117) 시대에 큰 전환점을 맞았다. 114년 트라야누스는 당시 파르티아가 아르메니아의 왕을 내쫓고 파르티아 왕자를 그 자리에 앉히자 아르메니아를 로마의 속주로 병합했다. 파르티아를 직접 공격하기에는 위험부담이 컸기 때문에 파르티아 주변 국가와 영토를 잠식하는 방식으로 파르티아를 압박한 것이다. 115년 트라야누스는 니시비스(Nisibis, 오늘날 터키 남동부의 도시 누사이빈Nusaybin)를 점령함으로써 로마와 아르메니아를 연결하는 메소포타미아 북부 평원의 모든 중요한 통로를 장악했다. 이듬해에는 그 여세를 몰아 파르티아의 수도 크테시폰을 점령하고 남쪽으로 페르시아만까지 진출했다. 그러나 파르티아는 곧바로 동부에서 군사를 모아 반격했고, 때마침 바빌로니아에서 로마군의 요새를 공격하는 일이 벌어지자 117년 로마군은 메소포타미아 남부에서 퇴각할 수밖에 없었다. 그리고 얼마 후 트라야누스가 사망함으로써 파르티아는 로마에 지배당하는 치욕을 피할 수 있었다.

로마와 파르티아의 관계는 트라야누스를 이어 하드리아누스(Publius Aelius Hadrianus, 재위 117~138)가 황제로 등극하면서 근원적으로 변화된다. 새 황제는 더는 국력 소진이 무의미하다고 판단하고 파르티아와의 공존을 택했다. 유프라테스강을 경계로 원점에서 양국관계를 새롭게 조정한 것이다. 이후 약 반세기 동안 두 나라는 협력을 바탕으로 평화로운 공존을 이어갔다.

그렇지만 두 나라의 이런 관계는 161년 오리엔트의 비옥한 땅과 교역로를 포기할 수 없었던 파르티아에서부터 틀어지기 시작했다. 아우렐리우스가 로마의 새로운 황제가 된 161년, 파르티아의 볼로가세스 4세(Vologases IV, 재위 147~191)가 아르메니아를 점령하고 왕을 자신의 아들로 교체하는 동시에 시리아의 로마군을 공격하자, 163년 로마가 반격에 나섰다. 로마군은 아르메니아에서 파르티아군을 몰아내고 쫓겨났던 아르메니아 왕을 원래의 자리에 돌려놨다. 이듬해에는 시리아에서도 파르티아군을 몰아냈고, 이후 메소포타미아로 진군하여 셀레우키아(Seleukia)와 크테시폰을 점령했으나 166년 셀레우키아에 전염병이 돌면서 로마 병사들이 하나둘씩 쓰러지자 북쪽으로 퇴각했다. 이로써 6년 동안 이어진 양국 간의 전쟁이 마무리되었다.

그러나 약 30년 뒤 로마의 공격이 재개되었다. 195~197년경 로마 황제 셉티미우스 세베루스(Septimius Severus, 재위 193~211)가 메소포타미아 지방을 공격하여 파르티아의 수도 크테시폰과 셀레우키아를 다시 한번 약탈하고 198년 말에야 물러났다. 로마와 파르티아의 마지막 전투는 카라칼라(Caracalla, 재위 198~217) 때 벌어졌다. 216년 로마 황제 카라칼라는 파르티아가 결혼동맹을 거절한 일을 구실로 티그리스강 동쪽을 공략했다. 그러나 이듬해 카레로 가는 도중 자기 병사들의 손에 의해 살해되었다. 카라칼라와 달리 군사적 충돌보다는 외교를 통해 분쟁을 해결하는 쪽을 선호한 그의 후임 마크리누스(Marcus Opellius Macrinus, 재위 217~218)는 이해(217) 니시비스에서 잠깐 싸우는 듯하다가 거액을 지불하고 파르티아와 평화협정을 맺었다. 이로써 양국 간의 기나긴 전쟁은 끝이 났다.

카레 전투

파르티아-로마 관계에서는 기원전 53년 '카레 전투'가 가장 핵심적인 사건이다. 당시 로마에서는 카이사르-폼페이우스-크라수스가 삼두정치를 하고 있었는데, 파르티아 원정 책임자가 바로 크라수스였다. 기원전 53년 원로원의 동의 없이 파르티아 침공을 결단한 크라수스가 아르메니아를 경유하지 않은 채 곧바로 메소포타미아의 사막지대로 군대를 진군시킨다. 그리고 카레 인근에서 파르티아군을 만나게 된다. 당시 파르티아 사령관 수레나는 비늘 갑옷을 입고 긴 창으로 무장한 1,000여 명의 중장기병과 약 9,000명의 궁기병을 거느리고 군사의 수가 4배나 많은 로마의 크라수스군에 맞섰다. 그런데 크라수스의 로마군은 오랜 행군으로 이미 탈진한 상태였고, 사막의 형세와 사정에도 익숙하지 않았다. 전략에서도 크라수스는 커다란 사각방진으로 보병대를 배치하여 수레나의 파르티아군에 맞섰지만, 수적인 우위에도 불구하고 파르티아 궁기병들의 공세를 막아내지 못했다. 파르티아 궁기병들은 약 1,000마리의 낙타가 계속해서 화살을 실어 나른 덕분에 쉬지 않고 화살을 쏘아댈 수 있었다.

파르티아의 기병

왼쪽은 파르티아의 궁기병(이탈리아 토리노 팔라초 마다마 궁전 소장), 오른쪽은 비늘 모양의 갑옷을 입은 파르티아 중장기병(영국박물관 소장)이다. 파르티아를 멸망시킨 사산조 페르시아는 파르티아의 기병을 페르시아 제국군으로 흡수했다.

로마 군기를 돌려주는 파르티아 병사

카레 전투에서 로마의 크라수스가 패하면서 파르티아에 로마의 군기를 여러 개 빼앗겼다. 아우구스투스 흉상에 새겨진 부조로, 파르티아 병사가 카레 전투에서 빼앗은 로마 군기를 로마 황제인 아우구스투스에게 돌려주는 장면이다. 바티칸 박물관에 소장된 '프리마 포르타 아우구스투스 흉상(Statua di Augusto da Prima Porta)'의 일부이다.

파르티아 궁기병들은 후퇴하는 척하다가 불현듯이 고삐를 놓고 상반신을 돌려서 적을 향해 화살을 쏘아대는 일명 '파르티안 샷(Parthian shot)'을 구사하면서 크라수스의 부대를 결국 궤멸시켰다. 약 2만 명의 로마 병사가 전장에서 사망했고, 약 1만 명이 포로로 잡혔으며, 나머지 1만여 명은 서쪽으로 피신했다. 크라수스 또한 아르메니아의 시골로 도피했다.

로마는 보병 중심이지만, 파르티아는 기병이 군의 중심이었다. 메소포타미아와 이란, 중앙아시아의 광활한 저지대에서 보병은 효과적인 전투를 치르기 어려웠기 때문이다. 파르티아의 기병은 궁기병, 즉 가벼운 차림새에 화살로 무장한 경장기병과 머리부터 발목까지 갑옷으로 가리고 긴 창으로 무장한 중장기병으로 구성되었다. 그들은 말에도 갑옷을 입혔다. 카레 전투가 증명하듯이, 그중에서도 특히 궁기병은 파르티아군의 가장 효과적인 무기였다. 그들은 빨랐고, 사거리가 긴 활 덕분에 장거리전에서 무서운 힘을 발휘할 수 있었다. 파르티아가 장악한 중앙아시아가 품종 좋은 말 생산지였다는 점도 기병을 양성하는 데 유리했다. 파르티아가 중국이나 서쪽의 로마에 군사적으로 굴복하지 않았던 것도 중앙아시아의 말을 이용해 끊임없이 기병을 양산할 수 있었기 때문이다.

세계 전쟁사에서도 유명한 결전이었던 카레 전투에서 로마가 패하고 마지막 결전에서 크라수스가 전사하고 만다. 그 결과 로마의 제1차 삼두정치가 깨지고, 카이사르와 폼페이우스가 권력을 다투면서 로마는 혼란기를 맞는다. 이 혼란기를 틈타 새롭게 등장한 사람이 안토니우스이다. 안토니우스도 비옥하고 전략적으로도 중요한 파르티아를 차지하지 않고서는 로마에 미래가 없다는 것을 알고 파르티아를 공격한다. 그러나 그때마다 뼈아픈 패배만 겪는다. 안토니우스가 후일 클레오파트라와 손을 잡고 로마의 옥타비아누스와 대결하지만 이 대결에서 실패하고 자살하자, 옥타비아누스가 아우구스투스가 되어 실질적인 로마 제국 시대가 문을 열게 된다. 이후 파르티아 공격이 더는 무의미하다는 걸 알게 된 로마는 관심을 지중해 서쪽으로 돌리게 된다. 나아가 파르티아와의 무모한 대결 대신 평화를 선택한다. 기원전 20년경에 로마의 아우구스투스와 파르티아의 프라아테스 4세가 불가침을 약속하는 조약을 체결한 것이다. 이 조약을 기점으로 두 제국은 오랫동안 큰 전쟁 없이 교역의 파트너로서 서로 윈윈(win-win)하는 전략을 쓰게 된다. 파르티아가 그 뒤로도 300년 가까이 존속할 수 있었던 배경이다.

파르티아에서
사산조 페르시아로

로마 측 사료에 의하면, 72년경 알란족(Alans)이 파르티아의 동쪽 영토를 침략한 것을 제외하고 로마는 제정이 시작되고 약 140년간 파르티아와 별다른 충돌 없이 평화롭게 공존했다. 아우구스투스와 네로(Nero Claudius Caesar Drusus Germanicus, 재위 54~68)는 파르티아를 상대하기 위해 항상 신중한 군사전략을 취했다. 물론 이후 로마 황제들은 파르티아 제국의 중심부라고 할 수 있는 티그리스강과 유프라테스강을 연결하는 비옥한 초승달 지대의 동쪽을 수시로 침략했다. 그렇지만 파르티아의 강력한 궁병대와 기병대를 상대하기 힘들었던 로마는 나바테아 왕국(Nabataean Kingdom) 등 외국 군대와의 동맹관계를 적극적으로 활용했다. 나아가 보병대를 보완하고 강화하기 위해 파르티아를 본떠 궁기병과 쇠사슬 부대로 구성된 상비군을 편성하기도 했다. 그러나 파르티아는 여전히 힘든 상대였다.

그럼에도 파르티아는 왜 멸망했을까? 어느 왕조든지 패망의 조짐은 내부로부터 시작된다. 로마와의 오랜 소모전으로 큰 타격을 받은 나라는 의심의 여지없이 파르티아였다. 로마와의 280여 년에 걸친 전쟁과 휴전의 반복은 파르티아의 중앙 권력을 약화시키기에 충분했다. 중앙 권력의 약화에 비례하여 지방에서는 수많은 군소왕국들이 등장했다. 특히, 두 제국의 완충지대에 자리 잡은 탓에 수시로 선택을 강요받았던 시리아와 아르메니아, 메소포타미아 북부의 군소국가들이 권력의 이동에 발빠르게 대처했다. 중앙 권력의 힘에 따라 파르티아 왕실과의 느슨한 연대는 지속되었지만, 토착 왕조의 난립으로 제국의 통제력과 권위가 갈수록 약해지면서 지방에서도 반란이 수시로 일어났다. 제국이 멸망하는 기본 패턴이다. 권력 양보를 거듭하면서 중앙의 통제권이 약화된 상황에서 결국 파르스 이스타크르(Istakhr)의 지도자 아르다시르 1세가 아르사케스 왕조를 상대로 반란을 일으켰다. 224년에 아르사케스 왕조의 마지막 지도자였던 아르타바누스 4세(Artabanus IV, 재위 213~224)를 살해하면서 파르티아의 중앙 권력은 완전히 붕괴했다. 이로써 아르다시르 1세가 파르티아를 누르고 224년 사산조 페르시아를 창건하게 된다. 파르티아 영토의 중심부는 사산조 페르시아의 호라산 속주에 편입되었다. 파르티아의 정치적 생명은 끝났으나 문화적으로는 단절 없이 페르시아 문화 전통에 녹아들었다.

인류 최초의 대제국이었던 아케메네스조 페르시아의 후예로서 선조들이 이룩한 제국의 거버넌스를 그대로 계승한 파르티아는 역시 동시대에 페르시아 제국을 통치의 모델로 삼았던 로마와 국경을 마주하면서 500년 가까이 경쟁과 교류를 통해 상호 영향을 끼쳤다. 로마 못지않게 파르티아에 관심을 기울이고 그들의 역사와 문화적 실체를 조망해야 하는 이유다.

03

파르티아 제국의 거버넌스와 문화

거버넌스

파르티아는 굳건한 중앙집권적 형태를 취하면서도 지방정권에 상당한 권력을 위임하는 유연한 통치체제를 구축했다. 지방에 대한 독자적인 권력 행사는 국가의 위기를 분산하는 효과뿐만 아니라, 중앙정부가 무너지는 위기에서도 지방정권에 의해 복원될 수 있다는 이점을 갖고 있었다. 파르티아가 오랜 기간 존속할 수 있었던 비결이다. 21세기 거버넌스의 개념에서 봤을 때도 놀라울 정도로 지방분권을 실시하고 있었다. 오늘날 제대로 된 지방자치의 효시가 아닌가 싶다.

명목상의 지방분권이 아니었다. 예를 들어 아르메니아, 캅카스 이베리아(지금의 조지아), 아디아베네, 이란 남부의 페르시스(Persis) 등은 반(半)자치왕국으로, 제국의 중앙에서 발행하는 주화와는 다른 독자 주화를 발행할 수 있었고, 나아가 독자적으로 군대를 양성할 수 있었다. 이는 고대국가에서는 좀처럼 찾기 힘든 분권체제다. 이

페르시스의 왕 다라얀 1세의 주화

파르티아 제국의 반자치왕국 중 하나인 페르시스의 왕 다라얀 1세(Darayan I)가 양각된 주화이다. 다라얀 1세는 페르시스에서 처음으로 왕(말리크Malik)의 칭호를 사용한 인물이다. 파르티아의 프라아테스 2세 재위기(기원전 132~기원전 127)에 파르티아 왕으로부터 페르시스의 왕권을 부여받았을 가능성이 높다. 사진의 주화는 페르시스의 페르세폴리스에서 주조한 것으로, 뒷면에 양각된 문자는 아람 문자인데, '킹 다라얀(Darayan the king)'이란 뜻이다.

런 식의 권한을 인정하는 조건은 딱 하나였다. 중앙정부에 '정치적으로 복속하고 조공을 바친다'는 것이었다. 실용적이고 현명한 지방 군주들은 굳이 중앙정부를 넘보며 리스크를 안고 자신의 독점적 권력을 지나치게 확산하는 것보다는 현실적 권력에 안주하면서 자기 지역에서 실질적 권력을 유지하는 전략을 취했다. 독자적 화폐 발행권으로 인한 재정권과 군대 독자권을 줌으로써 침략보다는 연대와 협력을 이끌어내는 정책적 효율성은 굉장한 의미를 갖는다. 파르티아의 주요 분권도시들은 수도 크테시폰을 중심으로 셀레우키

하트라 성채

파르티아의 분권도시 하트라에 남은 성채이다. 파르티아 패망 후 사산조 페르시아가 들어서고 651년 이후부터 이슬람의 지배를 받게 되면서 사실상 파르티아 유적이나 유물은 거의 소멸된 상태다. 파르티아가 멸망한 뒤에 적어도 5~6개 제국이 그 땅에 다시 들어서기 때문이다. 거의 유일하게 남아있는 파르티아 유적이 지금 이라크 땅에 남은 하트라 성채 일부다. 하트라는 직사각형의 헬레니즘 도시들과 달리 원형의 이중벽이 도시를 둘러싸는 전형적인 파르티아식 요새도시였다. 도랑을 사이에 두고 외벽은 흙담, 내벽은 벽돌로 건축되었으며, 이런 방어 시설 덕에 116년과 198년 로마군의 포위 속에서도 살아남을 수 있었다. 사진에 보이는 직사각형의 성채는 도시 한가운데 위치한 성역이다.

아, 엑바타나, 헤카톰필로스(Hecatompylos), 니사(Nisa), 수사에 그 흔적들이 남아있고, 이 도시들은 서로 협력하면서 동시다발적으로 번성했다. 그중 크테시폰, 수사, 니사 등은 유네스코 세계문화유산으로 등재되어 있다. 파르티아 통치자들의 중앙과 지방 권력의 원원전략을 바탕으로 한 상생정책이 거대제국 로마에 대항하는 저력으로 작동한 것이 아닌가 한다.

파르티아 왕들의 주화

파르티아의 모든 왕이 자신의 얼굴을 새긴 주화를 발행했다. 창건자 아르사케스 1세 때부터 발행한 주화를 보면 로마 주화와 형태와 내용이 매우 유사하다. 오로데스 1세(Orodes I, 기원전 80~기원전 75), 프라아테스 4세의 주화까지 로마 주화와 굉장히 비슷하다. 로마 황제에 맞서 당당하게 파르티아의 주화를 발행한 것이다.

파르티아 제국에서 표준적으로 사용된 주화는 주로 은으로 주조된 그리스 드라크마(drachma)와 4드라크마의 가치를 지닌 은화 테트라드라큼(tetradrachm)이었다. 파르티아 왕조는 헤카톰필로스, 셀레우키아, 엑바타나, 니사 등의 도시에 왕실 화폐 주조소를 설립했다. 파르티아 제국이 주조한 1드라크마의 무게는 개당 3.5~4.2그램이었다. 파르티아에서 처음으로 주조한 4드라크마 은화는 약간씩 차이는 있었겠지만 기본적으로 16그램 정도의 무게였는데, 미트리다테스 1세가 메소포타미아를 정복한 후 셀레우키아에서 독점 생산한 것으로 추정된다.

흥미롭게도 로마 주화에 파르티아인이 등장한다. 500년간 서로 쟁패했으니 로마 역사에 파르티아가 기록되지 않을 수 없었을 텐데, 이런 상황이 주화에도 반영된 것이다. 로마의 전성기인 아우구스투스 시대에 발행한 주화를 보면 뒷면에 파르티아 병사가 양각된 주화가 있다. 카레

미트리다테스 1세의 테트라드라큼

앞면(왼쪽)에는 머리에 띠 모양의 헬레니즘식 왕관을 두른 왕의 옆얼굴, 뒷면(오른쪽)에는 오른손에 컵을 쥐고 있는 헤라클레스가 양각되어 있다. 뒷면에 양각된 글자는 그리스 문자인데, "그리스의 벗, 위대한 왕 아르사케스의(ΒΑΣΙΛΕΩΣ ΜΕΓΑΛΟΥ ΑΡΣΑΚΟΥ ΦΙΛΕΛΛΗΝΟΣ)"라는 뜻이다. 기원전 148년에 셀레우키아에서 주조되었다.

기원전 19년 아우구스투스 시대 로마의 은화 데나리우스(denarius)

앞면에는 로마 신화에 등장하는 숲의 여신 페로니아(Feronia), 뒷면에는 파르티아 병사가 카레 전투에서 탈취한 로마의 군기를 무릎을 꿇고 돌려주는 모습이 양각되어 있다.

전투와 관련된 것인데, 카레 전투는 지휘관 크라수스가 전사하고 2만 명의 사망자가 나올 정도로 로마가 완벽하게 패한 전투였다. 하지만 로마는 마치 패배의 상처를 극복하려는 듯 이를 다른 식으로 묘사했다. 기원전 53년 카레 전투가 아니라 그로부터 20여 년이 지난 후 파르티아로부터 카레 전투 때 빼앗긴 로마 군기를 돌려받은 사실을 기념한 것이다.

언어

아케메네스조 페르시아가 무너지고 약간의 혼란기가 있었지만, 파르니인의 파르티아가 그 자리를 대신하며 페르시아 제국의 전통을 고스란히 답습한다. 행정·관료·군사제도를 보면 거의 그대로 계승했음을 알 수 있다. 지방분권제를 확립했고, 문화적으로나 종교적으로 관용적이었다는 점도 아케메네스 왕조 때와 다르지 않다.

아르사케스 1세는 이란 다민족 중 유력 부족이었던 파르니인의 족장 출신으로 처음에는 동부 이란어를 사용했지만, 제국으로 발돋움한 이후 파르티아어를 왕실의 공용어로 채택했다. 동시에 다양한 민족의 언어를 인정했다. 파르티아 제국에서는 아람어가 아케메네스 왕조 때처럼 공통어로 쓰였고, 페르시아어와 아카드어, 그리스어를 비롯해 다른 군소 부족의 언어들도 사용되었다. 앞서 살펴본 대로 아케메네스조 페르시아도 페르시아어는 물론, 엘람어와 아

파르티아의 은 그릇

아케메네스 제국 관련 사료들과 비교하면, 파르티아에 관한 당대의 사료는 매우 찾아보기 어려운 실정이다. 그나마 전해지는 기록은 주로 비문의 형태로 파르티아어와 아람어, 그리스어로 새겨져 있다. 이밖에 쐐기문자로 새겨진 명판, 깨어진 그릇 조각, 드라크마 동전, 양피지 문서가 남아 있지만, 양이 적어 파르티아의 역사를 파악하기 위해서는 타 지역의 사료에 의존할 수밖에 없다. 그리스와 로마의 역사서, 흉노를 협공할 동맹국을 찾으려던 중국 한나라와 후대 왕조들이 편찬한 역사서 등이 그것이다. 한편, 파르티아의 예술품은 문자로 된 자료에서는 찾을 수 없는 파르티아의 사회와 문화의 여러 면모를 들여다볼 수 있는 자료로 인정받고 있다.

카드어 쐐기문자를 비문에 사용했고, 아람어로 공식 문서를 작성했다. 파르티아 제국은 나아가 페르시아어의 한 분파인 소그드어를 공용어로 채택해 도합 5개 언어를 공용어로 사용했다. 특히 파르티아 동쪽 소그디아나(Sogdiana)에 살던 소그드인들은 천부적인 장사꾼들로 중앙아시아의 실크로드에서 동서양 교역을 오랫동안 장악했으며 한반도로 외부 문물을 실어나른 주인공들이기도 하다.

다언어·다문화 사회였음에도 파르티아인들은 뚜렷하게 문자로 기록된 자료를 남겨놓지 않았다. 대신 파르티아 왕실은 음유시인들의 창작을 적극적으로 장려하여 수많은 서사시 전통이 남아있다. 이것이 페르시아 구전 서사시의 단단한 초석이 되어 후일 사산조 페르시아 시대 서사시의 놀라운 발전을 가능케 했다. 따라서 이란인의 민족적 정체성을 찾는다는 측면에서 파르티아 제국은 부정할 수 없는 페르시아 역사의 주류로 간주되어야 한다.

복식

로마와 중국의 중간자 역할과 파르티아의 지정학적인 위치로 인해 동서양의 다양한 문화가 교류되고 서로 영향을 주었다. 그중에서도 파르티아 복식이 주목할 만하다. 파르티아의 복식과 관련된 가장 뚜렷한 사료는 이란 후제스탄의 샤미(Shami)에서 출토된 청동상이다. 파르티아 귀족 혹은 왕족을 본뜬 것으로 보이는 데, 높이가 1.94미터에 달한다. 이란 국립 박물관에 소장되어 있는 이 청동상은 전형적인 유목 민족 스타일의 저고리와 바지를 입고 있는데, 헐렁한 바지에는 둥근 주름이 선명하게 표현되어 있다. 그리스의 주름 옷 드레이퍼리(drapery) 형식의 영향을 받았음을 알 수 있다. 그리고 가장자리를 두꺼운 천으로 덧댄 상의는 허리띠로 여미게 되어있다. 머리 모양은 단발이고, 역시 두꺼운 천으로 테를 두른 두건 혹은 머리띠를 착용하고 있으며, 목걸이도 차고 있다. 이런 식의 복식은 기원전 1세기 중반까지 파르티아에서 발행된 드라크마에서 흔히 볼 수 있다.

파르티아식 복식은 파르티아의 요새도시이자 상업도시의 역할을 했던 하트라(Hatra)에서 출토된 조각상에서도 확인할 수 있다.

그곳에서 발굴된 조각상들은 질 좋은 소재로 만든 전형적인 파르티아식 상의와 바지를 착용한 모습이다. 하트라의 지배층도 파르티아 궁정의 귀족들처럼 단발머리에 두건 혹은 머리띠, 허리띠로 여미는 상의를 선호했던 것으로 보인다.

파르티아 청동상

1930년 헝가리 태생의 영국인 고고학자 아우렐 스타인(Aurel Stein, 1862~1943)이 이란 후제스탄주 이제시의 샤미 사원에서 발견한 것이다. 왕족이나 귀족으로 추정된다.

드라크마 뒷면에 각인된 파르티아 왕들도 비슷한 차림을 하고 있다. 특히 재위 초기에 발행한 미트리다테스 1세의 드라크마에는 아케메네스 왕조에서 영향을 받은 것으로 보이는 천으로 만든 모자를 쓴 왕의 초상이 양각되어 있다. 그러나 재위 후반기에 발행한 드라크마에서는 헬레니즘식, 즉 띠 모양의 왕관을 착용한 모습이다. 미트리다테스 2세는 진주와 다양한 보석들로 장식한 파르티아식 왕관을 최초로 착용한 인물로 알려져 있다. 드라크마에 양각된 왕들의 초상을 살펴보면, 파르티아식 왕관은 그로부터 약 50여 년간 이어지다가 로마의 침입이 본격화된 기원전 1세기 후반부터 사라진다. 그리고 파르티아 제국 말기인 2세기를 전후로 다시 드라크마에 등장한다. 이는 사산조 페르시아 때

미트리다테스 2세의 드라크마

드라크마의 앞면에서 화려한 파르티아식 왕관을 확인할 수 있다.

까지 이어졌다.

부유한 여성을 본뜬 것으로 보이는 조각상들도 있는데, 드레스 위에 긴 소매가 달린 망토를 입고, 목걸이와 귀걸이, 팔찌를 차고 있으며, 머리에는 보석으로 장식한 천을 두르고 있다. 주름이 많은 드레스는 브로치로 어깨 쪽을 고정했고, 머리에 두른 천은 뒤쪽으로 길게 늘어뜨려져 있다.

이란 동(東)아제르바이잔주 자하크(Zahhak)성에 있는 부조를 보면 로마 병사와 파르티아 병사의 복식이 선연하다. 파르티아 병사가 로마 병사에게 포로로 끌려가는 장면인데. 복장이 비슷한 걸 보면 서로 영향을 끼쳤다는 사실을 알 수 있다. 500년간 전쟁과 교역을 통해 교류했으니 문화적으로 크게 다르지 않은 것이다. 자세히 보면 치마 길이는 비슷한데, 주름 형태가 좀 다르다. 로마 병사가 입고 있는 옷에는 전형적인 로마형 주름이 있다. 이들의 복장은 세계 복식사에서도 중요하게 여겨지는데, 우리나라의 고대복식에도 영향을 미쳤다. 고구려 시대부터 파르티아 군대와 접촉을 했다는 사실이 밝혀지면서 이를 뒷받침하고 있다. 페르시아 복식 전문가인 독일 고고학 연구소 장영수 교수의 연구에 따르면, 샤미 청동상의 파르티아 복식은 기원전 4세기 스키타이 전통 및 고대 유목 민족의 복식과 상당한 유사점을 갖고 있다고 한다. 초기에는 오랜 기간 삶

이란 동아제르바이잔주 자하크성의 벽면에 부조된 파르티아 보병의 복장

방패와 창을 들고 모자를 쓰고 나름대로 정교한 복장을 갖추고 있다. 복식도 로마 병사와 굉장히 비슷하다. 두 제국이 500년간 쟁패하고 교류하면서 제도와 문화도 많이 닮아갔다는 것을 확인할 수 있다.

을 공유한 메소포타미아 지방이나 그리스의 복식에서 영향을 받았지만, 후기로 갈수록 파르티아의 독자적인 문화를 발전시켜 나가면서 복식에서도 뚜렷한 정체성을 보이게 되었다. 이들의 복식은 주변 지역에도 영향을 주었다. 즉, 파르티아 복식은 동남쪽의 쿠샨 왕국(Kushan Empire)으로 이어지고 실크로드를 따라 고구려 복식에도 영향을 준 것으로 보인다.

한때 이슬람 수니파 무장단체인 IS(Islamic State)의 거점이 되었던 시리아의 유적도시 팔미라(Palmyra)에서 파르티아식 바지를 입은 젊은 여인의 부조가 발견되었다. 3세기경 제작된 부조로 전형적인 파르티아 복식이라고 하는데, 바지 위에 치마를 입었다. 지금 아프가니스탄이나 파키스탄, 우즈베키스탄에서도 바지 위에 치마를 입는 문화가 있다. 지금 그들의 복식은 과거 파르티아, 페르시아 문화에서 출발했던 것 같다.

로마-파르티아-인도-중국의 교류

동서 실크로드의 길목을 장악한 파르티아는 유라시아 대상의 중간 기착지이자 거래소의 역할을 했으며 로마제국으로 향하는 고가의 비단에 막대한 세금을 부과하여 수익을 올렸다. 파르티아는 중국으로부터 비단과 진주를 들여오고, 인도로부터는 철을 들여왔다. 그런 다음 중국과 인도에서 들여온 비단과 진주, 철 등을 로마로 수출하고, 중국에는 향신료, 향수, 과일, 질 좋은 피혁 등을 보내면서 동서 간 교역의 중간자로서 번영을 만끽했다. 사프란, '알팔파(alfalfa)'라 불리는 자주개자리, 포도 넝쿨과 양파 같은 작물들이 중국에 소개되고, 복숭아, 살구 같은 과실류가 중국에서 이란고원으로 전래된 것도 이 시기로 알려져 있다. 파르티아를 중국 측 사료에서는 '안식국'으로 기록했는데, 안식국은 한나라 왕실에 이국적인 동물을 선물로 보내기도 했다. 87년경 파르티아의 파코루스 2세는 한나라의 장제(章帝, 재위 75~88)에게 사자와 페르시안 가젤을 보냈다.

파르티아 제국을 통해 대상들은 로마와 페르시아제 고급 유리 제품들을 중국으로 가져왔다. 그 일부가 신라에까지 유입되었을 가능성이 크다. 신라 고분에서 로마형 유리 제품이 상당수 발견되었

봉수형 수병(경주 98호 남분 유리병 및 잔)

경주 대릉원 황남대총에서 출토된 유리병으로 4~5세기에 제조된 것으로 보인다. 유리를 불에 녹인 다음 대롱으로 불어 모양을 만든 제품이라는 점과 로마 제국 전역에서 이런 유형의 유리 제품이 출토되었다는 점에서 로마 제국 말기의 작품으로 추정된다. 이런 형태의 유리 제품은 '오이노코에(Oinochoe)'라고 불리는데, 로마 귀족들이 포도주를 담는 병으로 사용한 데서 유래한 이름이다.

기 때문이다.

이익이 많이 남는 진귀한 물품의 장기적이고 지속적인 확보를 위해 중국은 파르티아를 거치지 않고 로마와 직접 교역을 해보고 싶었을 것이다. 사마천이 《사기》에서 '서역착공(西域鑿空)', 즉 서역으로 가는 구멍을 뚫었다고 표현한 것처럼 장건이 서역으로 향하는 길을 개척한 이후에 중국 조정이 서역 원정을 책임지게 한 반초가 감영을 직접 로마로 파견하기도 했다. 로마는 중국에서 수입하는 비단과 중앙아시아에서 들여오는 비취옥, 청금석 등 보석의 대금을 금과 은으로 지불했지만, 얼마 후엔 유리와 석면 같은 로마의 상품을 동방에 수출하기 시작했다. 특히 쿠샨 왕국이 중앙아시아에서 패권을 잡아 육로가 안전해지자 유라시아 육로 무역이 더욱 활발해졌다. 당시의 일이 기록되어 있는《후한서》〈서역전〉에 등장하는, 감영의 발길을 돌리게 만든 것으로 추정되는 이가 파르티아인이었다. 양국 간 교역의 이점으로 경제적 번성을 누리던 파르티아는 감영 일행을 적극적으로 설득하여 한나라와 로마 간 직교역을 막고자 했던 것이다. 감영은 결국 파르티아의 방해로 로마에 당도하지 못하고 중간에 돌아왔다. 동서 무역의 중간 기착지로서 파르티아의 위상을 충분히 짐작할 수 있는 대목이다. 이후 중국과 파르티아 간 무역이 더욱 활성화되면서 많은 중국산 물품이 파르티아로 유입되었는데, 파르티아의 도시에는 중국산 물품만 따로 거래하는 시장이 형성되었을 정도였다.

예술과 건축

파르티아 예술은 통상 두 단계로 구분한다. 첫 번째는 그리스적 색채가 짙은 단계다. 알렉산드로스 사후 분열된 헬레니즘 제국의 하나인 셀레우코스 왕조의 예술이 파르티아 제국에도 여전히 큰 영향을 끼치고 있었기 때문이다. 두 번째는 이란 지역의 전통이 점차 힘을 회복해 가는 단계이다. 그런데 이를 지리·역사적으로 구분하면, 설립 초기 아랄해 동쪽 파르티아 지역의 예술, 서쪽으로 자그로스산맥과 동쪽으로 힌두쿠시산맥 사이에 있는 이란고원의 예술, 마지막으로 파르티아 제국의 영토로서 메소포타미아 지방의 예술로 크게 나뉜다. 이는 셀레우코스 왕국 동쪽 변경의 파르티아가 서쪽으로 메소포타미아까지 영토를 확장하며 제국으로 발전하는 과정과 일치한다.

초기 예술은 아무래도 아르사케스 왕조의 첫 번째 중심지로 알려진 니사(오늘날 투르크메니스탄의 수도 아시가바트 인근)에서 확인할 수 있듯이, 아케메네스조 페르시아 제국과 셀레우코스 왕국의 전통이 결합된, 그리스-이란 예술의 혼합형이라 할 수 있다. 두 번째 이란고원 지대의 예술은 파르티아 고위층 네 사람이 미트리다테스 2세에게 봉헌하는 장면을 양각한 베히스툰의 부조에 보이듯 아케메네스조 페르시아 제국으로부터 예술적 영감을 강하게 받았다. 세 번째는 파르티아가 메소포타미아를 정복하고 명실상부한 제국으로 발돋움한 후 점차 자신들만의 예술적 정체성을 형성하는 시기이다.

파르티아 예술은 왕실의 사냥 장면과 왕의 봉헌식 장면이 주된 모티브였는데, 점차 왕족만이 아니라 지방 통치자들의 모습도 작품 속에 등장하게 되었다. 파르티아 예술에는 바위 부조와 프레스코화가 많고, 더러는 거리의 벽화, 즉 그라피티(graffiti)라 할 만한 작품들도 있다. 식물을 기하학적 문양으로 양식화한 그림들을 치장 벽토와 회반죽벽에 그려 넣었다. 기병 2명이 긴 창을 들고 싸우는 장면은 사산조 페르시아의 예술 작품에 흔히 등장하는 소재인데, 베히스툰의 파르티아 부조에 처음 등장한다. 대리석 조각상과 상아로 만든 뿔 모양의 술잔 등 니사의 예술 작품은 스키타이나 그리스의 영향을 받았다고 볼 수 있다.

초상화의 경우 파르티아인들은 '정면주의(frontality)'를 선호했다. 정면주의란 회화나 조각상에서 측면이 아닌 정면을 응시하는 모습으로 사람의 얼굴을 묘사하는 기법이다. 정면주의에 따르면 왕들의 주화에도 얼굴 측면이 아닌 정면을 양각해야 한다. 파르티아에서 주조한 왕들의 주화를 보면, 대부분 셀레우코스 왕국의 주화처럼 얼굴의 측면을 양각했다. 그러나 기원전 1세기 중반 프라아테스 3세 때부터 얼굴 정면을 양각한 주화들이 드물기는 해도 나타나기 시작한다. 오리엔트나 그리스에서 이미 정면주의는 유행이 지난 기법이었지만, 파르티아에서만큼은 이 시기에 다시 성행했음을 알 수 있다. 파르티아인들에게는 정면주의가 인물을 묘사하는 데 가장 적합한 기법이라고 여겨졌기 때문일 것이다. 특히 초상화에서 정면주의를 중시한 파르티아 예술은 사산조 페르시아 시대에 사라지게 된다.

우리 문화와 관련된 파르티아 문화의 특징 중 하나는 미술사에서 '파르티안 샷'으로 불리는 양식이다. 말을 전속력으로 달리면서 몸을 돌려 적이나 사냥감을 향해 활을 쏘는 기술을 말하는데, 고구려 무용총 서벽의 수렵도를 비롯해 우리 문화에도 그런 흔적이 있다. 이란 북부에 근거를 두고 중앙아시아 유목 문화권과 실크로드를 통해 교류한 파르티아는 중앙아시아 유목민의 뛰어난 기마술과 긴 창 등의 무기를 도입하고 발전시켜 강적 로마에 맞섰다. 파르티아식 활쏘기는 중앙아시아 기마 유목민의 일반적인 특징으로, 수렵도에 보이는 고구려인의 활 쏘는 기술을 고구려의 고유한 기술로 볼 수도 있다. 하지만 시기적으로 5세기에 제작된 수렵도보다 200년이나 앞선 파르티아의 문화적 요소가 중국을 거쳐 한반도까지 깊

두라유로포스 유대교회당의 프레스코화

245년경에 축성된 두라유로포스 유대교회당(Dura-Europos synagogue) 내 《구약》의 〈에스더서〉의 한 장면을 묘사한 프레스코화이다. 이 회당에는 이밖에도 '파르티아 정면주의'를 대표하는 프레스코화가 여럿 있다. 두라유로포스는 165년에 이미 로마군에 점령당한 교역도시였지만, 이후에도 여전히 파르티아의 정면주의가 성행했다. 두라유로포스에는 이 유대교회당 외에도 파르티아의 정면주의를 엿볼 수 있는 장소들이 있는데, 팔미라 신들을 모신 사원 한 곳과 미트라 신전이 그것이다.

프라아테스 3세의 드라크마

파르티아 왕들이 양각된 주화 중 처음으로 얼굴 정면이 양각된 주화이다. 엑바타나에서 주조되었다.

숙이 파고든 것이라고 볼 수 있다.

파르티아 건축은 아케메네스조 페르시아와 그리스의 건축 양식을 두루 수용했지만, 나름대로 독특한 특징을 보여준다. 파르티아 건축 양식은 제국 초기의 수도였던 니사에서 확인할 수 있다. 니사 왕궁이 있었던 고성은 페르시아 건축의 전형적인 배치에 따라 내성과 그것을 에워싸는 외성으로 구성되어 있다. 내성 벽은 20미터 높이를 진흙과 벽돌로 쌓았다. 그리고 정밀한 도시계획에 따라 정원과 신전, 탑, 거주 공간 등의 구조물을 조화롭게 배치해 놓았다. 왕궁 앞뜰에는 물 저장고로 이용되었던 자리가 네 군데나 남아 있다. 내성에서는 아치형 천장과 사방 20미터의 정사각형 중앙 홀, 연회장으로 썼던 붉은 방, 불 피운 흔적이 보이는 조로아스터교 원형 사원 등의 잔해를 확인할 수 있다. 웅장하고 견고한 내성에 비해 외성은 건물이 왜소한데다 심하게 망가져 형체를 알아보기 힘들 정도다. 특히 조로아스터교 원형 사원을 비롯해 진흙과 벽돌을 이용한 내성의 여러 구조물들은 헬레니즘 시대의 궁전과 형태는 유사하지만 사각형의 공간 내에 아치형 천장을 배치해 놓은 것이 특징이다. 가장 의미있는 파르티아 건축의 특징은 후일 이란의 전통으로 자리잡게 될 '이완(Iwan)'이라는 독특한 건축 양식의 보편적 적용이다.

니사의 내성 안에서 볼 수 있듯 이완은 거대한 아치형의 출입구로, 삼면이 벽으로 둘러싸여 있고 한 면이 정원으로 트여있는 형태다. 높은 아치의 무게를 지탱하기 위해 견고한 삼면의 벽을 만들어 무게를 분산하는 건축 기법을 사용했다. 이완은 아케메네스조

하트라의 대신전

원형의 요새도시 하트라의 내성 안에 자리한 대신전이다. 정면에 입구처럼 보이는 이완들이 가로로 즐비하다. 이 대신전 정면의 가로 길이가 약 15미터에 달한다.

페르시아 제국과 더 이른 시기의 소규모 지하구조물에 사용된 적이 있다고 알려져 있기는 하지만, 이렇게 엄청난 규모의 구조물에 이완을 적용한 것은 파르티아가 처음이었다. 고대 파르티아인이 살던 유목 텐트에서 영감을 얻어 건축에 적용한 것이라 한다. 최초의 파르티아식 이완은 셀레우키아의 1세기 초에 지어진 건물에서 발견되었다. 특히 하트라에 규모가 큰 이완이 많은데, 파르티아 건축 양식을 본뜬 것으로, 주로 사원 건물에 이완이 많다. 이완은 사산조 페르시아와 이슬람 제국, 사파비 왕조를 거치면서 반구형 지붕과 천장, 즉 돔(dome)과 함께 이란의 모스크(mosque, 사원)나 마드라사(Madrasa, 이슬람 교육기관) 건축의 상징이 되었다.

종교

파르티아 문화는 알렉산드로스 왕이 뿌려 놓은 그리스-헬레니즘 문화의 영향을 강하게 받았으나, 점차 아케메네스조 페르시아 문화의 정통 계승자로서 정체성을 확립해 나갔다. 파르티아에서도 기본적으로 종교적 다양성이 보장되었는데, 이것이 복속민의 불만과 불협화음을 최소화하면서 국가의 번영에 단단한 기초가 되었다. 471년간이나 로마와 교류 또는 쟁패하면서 거대한 제국을 운영해 나갈 수 있었던 통치 역량과 단합의 근간이었다.

그렇지만 지배층을 중심으로 국가의 주류 신앙은 이란 동부지방에서 오래전부터 뿌리를 내린 미트라교였다. 미트라는 진리와 물을 관장하는 계약과 맹세의 신인 고대 이란의 태양신 메흐르(Mehr)와 연결되면서 종래에는 조로아스터교의 한 분파라는 주장이 강했으나, 캐나다의 역사학자 리처드 폴츠(Richard Foltz)를 비롯한 최근의 연구자들은 조로아스터교 이전부터 인도나 이란 지방에 존재해 온 독립된 신앙의 한 형태로 보고 있다. 아케메네스조 페르시아 때는 서부지방에서는 조로아스터교의 정통 갈래인 마즈다교, 동부지방에서는 미트라교가 유행했고, 여기에 민간신앙으로서 아나히타(Anahita, 조로아스터교의 하천河川신) 신앙이 결합된 형태였으나, 파르티아 시대에 와서는 미트라 신앙이 좀더 강한 영향력을 발휘했다. 특정한 종교를 강요하지는 않았지만, 파르티아 왕 중 적어도 4명이 미트라와 직접 관련이 있는 '미트리다테스'란 칭호를 사용하고 있다는 점에서도 지배층의 미트라 신앙을 엿볼 수 있다. 파르티아 주류 세력들은 후일 사산조 페르시아 시대에도 미트라 신앙을 이어갔으며, 이는 마즈다교(조로아스터교)를 국교로 삼고 다른 종교를 이단으로 배척하려 한 중앙정부와 갈등과 마찰을 빚게 했다. 파르바네 푸르샤리아티(Parvaneh Pourshariati, 1959~) 같은 이란 학자들은 동부의 파르티아계 미트라 신앙 집단과 서부의 마즈다교 주류 집단과의 갈등과 반목이 결국 7세기 중엽 사산조 페르시아 멸망의 원인이 되었다고 주장한다. 마즈다 집단의 박해를 피해 미트라교 집단이 아랍의 침공에 가담했기 때문이다.

미트라교가 로마로 건너가서 미트라가 로마의 군신이 되고, 로마 제국에서 기독교가 공인되기 전까지 로마 상층부의 신앙으로 자리 잡았다는 사실은 로마와 500년 가까이 접경하면서 전쟁과 교역을 통해 접촉과 교류를 일상화했던 파르티아를 떼놓고 설명하기 어려워 보인다. 물론 로마의 미트라교와 이란 미트라 신앙의 관련성에 관한 전통적인 견해(프란츠 퀴몽Franz Cumont, 데이비드 울란지David Ulansey 등)를 부정하는 견해(존 힌넬스John R. Hinnells, 리처드 고든Richard L. Gordon 등)도 최근에는 만만찮게 제기된다. 로마 중심의 학문적 경향과도 무관치 않아 보인다.

로마인 스스로도 초기에 미트라교를 '페르시아 밀교(Mysteries of the Persians)'라 칭하면서 페르시아 신앙과의 관련성을 부인하지 않았다. 미트라 신앙이 로마로 전파되는 과정에서 특히 동부 지중해 지역이 중요한 매개지 역할을 한 것으로 보인다. 이집트와 시리아, 오늘날 터키의 아나톨리아반도는 아케메네스조 페르시아 때부터 파르티아에 이르기까지 이란인의 거주지였다가, 로마 시대에 본격적으로 로마 제국의 영역으로 편입되었기 때문이다. 로마인의 미트라 신앙은 1세기를 전후하여 유럽 전역으로 확산되었다. 이에 관해서는 많은 문헌과 흔적이 로마 전역에 남아있다. 그리스 철학자 플루타르코스가 《폼페이 열전(Vita Pompeii)》에 기원전 1세기 로마의 속주에서 유입된 미트라교 집단의 존재를 언급한 이후, 아나톨리아반도의 중심에 자리 잡았던 콤마게네 왕국(Kingdom of Commagene, 기원전 162~72)이 로마에 복속됨으로써 미트라교가 로마에 소개되었을 것이다. 페르시아의 영향을 강하게 받았던 콤마게네 왕국에서는 미트라교가 널리 성행했다. 이는 왕의 무덤에서도 확인된다. 아나톨리아 남동부 넴루트(Nemrut)산 정상에 남아있는 안티오쿠스 1세(Antiochus I, 재위 기원전 70~기원전 31)의 무덤에는 미트라 신상이 세워져 있다. 안티오쿠스의 부친이 미트리다테스 1세이고 그의 아들이 미트리다테스 2세인 것만 보아도 콤마게네 왕국의 미트라 중심 신앙체계를 이해할 수 있다. 기원전 1세기~1세기 콤마게네 왕국의 미트라 신앙과 이제 막 유행하기 시작한 로마 미트라 신앙의 연결 고리를 여기서도 찾을 수 있다. 로마 미트라교에서 가장 중요한 종교적 상징은 미트라가 황소를 죽이는 장면과 미트라와 태양신 솔(Sol)의 만찬 장면을 묘사한 부조나 벽화이다. 미트라가 황소를 죽이는 장면을 묘사한 부조나 벽화를 통상 '토럭터니(tauroctony)'라고 하는데, 그리스어로 '황소 죽이기'를 의미하는 '타우록토노스(tauroktonos)'에서 따온 현대식 명칭이다. 옛 로마 제국의 약 420개의 유적에서 이와 관련된 유물이 확인되었다. 미트라 밀교의 의례 장소인 미트라에움(Mithraeum)도 최소한 680~690곳이

넴루트산의 미트라

뒤에 봉우리처럼 보이는 것이 넴루트산 정상에 있는 안티오쿠스 1세의 무덤이다. 자갈로 산의 봉우리를 덮은 것인데, 마치 피라미드처럼 보인다. 주변에 9미터 높이의 제단을 쌓고 그 위에 거대한 5개의 신상을 올렸다. 그중 하나가 '아폴론-미트라-헬리오스-헤르메스' 신상이다. 안티오쿠스가 숭배한 신은 이처럼 그리스와 페르시아의 신을 혼합한 신들이었다. 지진으로 지금은 모두 머리가 몸체에서 떨어져 나온 상태이다.

있었던 것으로 추정되고 있다. 로마가 파르티아와 400년 이상 전쟁과 화평의 시대를 공유하면서 페르시아의 전통과 종교문화가 얼마나 깊숙이 로마 사회에 침투했는가를 짐작할 수 있다.

한편, 미트라교가 실크로드를 따라 동쪽으로 가서는 불교와 습합하여 미륵불이 되었다는 견해도 있다. 파르티아 시대 이란 동부의 주류 신앙이 된 미트라는 활짝 열린 실크로드를 따라 간다라와 카슈미르로 동진했고, 이 지역에서도 대중적인 신앙의 한 형태로 영향을 끼치거나 살아남았다. 당시 인도 북서부의 미트라 신앙 흔적들에 대한 연구도 이루어졌다. 그렇게 보면, 우리나라까지 전래된 미륵불 사상도 미트라교의 직간접적 영향을 받았다고 할 수 있다. 미트라교가 당나라를 거쳐 한반도와 일본 열도로 전파되어 토착화한 셈이다. 이런 주장은 특히 일본학계에서 강한 지지를 받고 있는데, 마사토 토조(Masato Tojo)의 논문 〈동아시아에서 시무르간 문화와 미트라교: 한·중·일에서의 미륵사상(An Introduction to the Simorghian Culture and Mithraism in the East Asia: Mithra 彌勒 in Japan, Korea and China)〉에서 상세히 다루고 있다. 학자들 다수 의견은 이란어 '미트라(Mithra)'와 산스크리트어 '미트라(Mitra)'는 모두 '계약', '협정', '약속'을 뜻하는 인도-이란어인 '미트라(mitra)'로부터 온 것으로 보고 있다.

로마 최고의 신학자였던 아우구스티누스(Aurelius Augustinus, 354~430)도 조로아스터교의 분파로 영지주의적 성격을 지닌 마니교 신자로 알려져 있다. 아우구스티누스가 《신국론(The city of God)》을 완비하면서 기독교 신학이 정비되고, 교리가 이론적으로 정리된다. 마니교 신자였던 아우구스티누스가 기독교로 개종하면서 자기가 심취했고 공부해 왔던 마니교의 교리를 가지고 기독교 교리를 논리적으로 설명하고 정립하게 된다. 천국과 지옥, 이생과 전생, 천사와 사탄, 최고신에 대항하는 악신 등 조로아스터 신앙의 이원론적인 변증법이 기독교 교리 완성에 작동했다고 본다. 마니교는 선하고 영적인 빛의 세계와 악하고 물질적인 어둠의 세계 간 투쟁을 우주 질서의 기본으로 하면서 치열한 투쟁의 과정을 통해 빛 또는 선한 영성이 악성과 물욕을 극복하게 됨으로써 인간의 본성인 빛의 세계로 되돌아가게 된다는 가르침을 강조하고 있다. 이러한 사상이 초기 기독교 교리 정립에 긍정적인 영향을 끼치게 되었을 것이다. 예를 들면, 12월 25일을 크리스마스로 정한 것도 태양신과 빛의 움직임을 중시한 마니교나 당시 로마에서 유행한 미트라교의 영향으로 볼 수 있다. 12월 22일이 동지인데, 동지는 어둠이 가장 길 때고 최악의 절망 상태이다. 그리고 동지 이후 2~3일 지나면 인간은 낮이 조금씩 길어지기 시작한다는 것을 인지할 수 있다. 절망의 끝인 어둠을 깨고 밝음이 조금씩 길어진다는 것을 확신하며, 새로운 희망과 구원의 빛을 발견하는 것이다. 이것을 구세주 예수 그리스도의 탄생으로 보았던 것이다. 12월 25일이 크리스마스가 된 배경이다. 예수 탄생을 기리는 크리스마스는 따라서 나라마다 종파마다 다르다. 아르메니아 정교, 러시아 정교, 그리스 정교, 그루지야 사도 교회는 1월 7일을 크리스마스로 선택했다.

7장

1,200년 대제국의 종착지
사산조 페르시아

208년 아르다시르 1세, 파르스 지역 최고 통치자 등극

224년 아르다시르 1세, 파르티아와의 호르모즈드간 전투에서 승리, 사산조 페르시아 건국

230년 아르다시르 1세, 로마 제국의 속지인 니시비스와 카레 공격

252년 샤푸르 1세, 아르메니아를 공격, 아르메니아의 왕 티리다테스 2세 축출

253년 샤푸르 1세, 시리아 북부 바르발리소스에서 로마군 격퇴

260년 샤푸르 1세, 에데사 인근에서 로마 황제 발레리아누스 생포

298년 나르세, 로마에 아르메니아 지역 양도

363년 샤푸르 2세, 아르메니아 대부분 지역에 대한 종주권 회복

428년 바흐람 5세, 아르메니아를 변경의 한 주로 편입. 아르메니아 왕국 쇠망

440년 동로마 제국과 전쟁

449년 아르메니아 기독교인들의 반란(~451)

627년 동로마 제국군이 사산조 페르시아의 티그리스강 유역까지 진출

651년 야즈데게르드 3세, 아랍군에게 암살. 사산조 페르시아 멸망

사산조 페르시아는 로마와 그를 이은 동로마 제국(비잔티움 제국)과 이웃해서 교역과 전쟁을 되풀이하면서 세계역사를 주도해 나간 이란계 제국이다. 651년 아랍-이슬람 세력에 의해 멸망할 때까지 문화적으로 크게 번성한 나라였다. 종래 서양 중심 문화인식의 틀에서는 로마 문화의 오리엔트 이식만을 강조했으나, 지금은 사산조 페르시아의 문화가 로마 제국을 비롯한 중서부 유럽은

물론 멀리 인도와 아프리카까지 영향을 끼쳤다는 사실이 더욱 부각되고 있다. 사산조 페르시아가 이슬람의 지배를 받으면서 우리가 이슬람 문화로 알고 있는 많은 것들이 당초 페르시아 문화에서 비롯되었다는 사실도 결코 지나쳐서는 안 된다. 무엇보다 중앙아시아와 한반도로 이어지는 육상 실크로드의 서단에 자리하면서 우리 문화의 성숙에도 적지 않은 기여를 했다.

사산조 페르시아는 조로아스터교를 국교로 삼았는데, 그런 만큼 그 사제들이 정치권력과 밀착하여 제국의 정치에 깊숙이 개입했다. 종교계와 정치권력의 이런 밀착관계는 그들을 같은 운명으로 이끌었다. 결국 조로아스터교는 사산조 페르시아의 멸망과 함께 거의 소멸하다시피 했다.

사산조 페르시아는 기원전 6세기부터 1,200년간 서아시아에 페르시아 문명을 꽃피운 거대한 제국 중 하나로 그 마지막을 장식한 나라였다. 사산조 페르시아의 멸망으로 오리엔트 세계는 이란 민족에서 아랍 민족으로 그 주인공이 바뀌게 된다.

01 사산조 페르시아의 등장과 발전

사산조 페르시아와 로마

224년, 오랜 로마와의 전쟁과 내분으로 쇠퇴해 가던 파르티아가 멸망하고 그 자리를 사산조 페르시아(Sassanid Persia, 224~651)가 대신했다. 사산조 페르시아는 오늘날 이란의 역사와 문화 형성에 직접적인 영향을 끼친 400년 제국이다. 서쪽에서는 사산조가 들어서고 100년이 지난 325년에 로마 황제 콘스탄티누스(Constantinus, 재위 306~337)가 수도를 로마에서 콘스탄티노플(Constantinople)로 옮김으로써 아시아-오리엔트 문화를 직접 접하고 전폭적으로 수용하는 '비잔티움(Byzantium)'이라는 새로운 정체성을 창출해 냈다. 사산조 페르시아는 아르다시르 1세(Ardashir I, 재위 224~241)에 의해 오늘날 이란 남부 파르스 지방의 이스타크르에서 창건되었다. 아르다시르의 부친 파박(Pabag)이 사산(Sasan) 가문 출신이라 학자들은 이들이 세운 제국을 '사산 제국'이라 불러왔다. 아르다시르는 파르스 지방의 다라브가르드(Darabgard) 시장 정도의 지위였는데, 형제 간의 치열한 권력투쟁 끝에 208년경 파르스 지역의 최고 통치자가 되었다. 이후 아르다시르의 팽창과 힘의 우위를 인정한 케르만(Kerman), 이스파한(Isfahān), 수시아나(Susiana), 메센(Mesene) 등이 차례로 아르다시르에게 무릎을 꿇었다. 이제 파르티아 제국의 아르타바누스 4세와 결전을 치르는 일만 남았다. 결국 224년 4월 28일 두 지도자는 호르모즈드간(Hormozdgan) 전투에서 맞붙었고, 이 전투에서 아르타바누스 4세가 전사하고 아르다시르가 서쪽으로 팽창을 계속함으로써 500년 파르티아 제국이 무너졌다. 곧이어 아르다시르 1세가 크테시폰에서 '왕 중의 왕(샤한샤)'으로 등극함으로써 새 왕조의 탄생을 만방에 알렸다. 그래서 224년을 사산조 페르시아의 건국년도로 본다. 뒤이은 몇 년간 파르티아 잔존 세력들의 저항과 함께 곳곳에서 반란이 일어났지만, 누구도 새로운 제국의 적수가 되지 못했다.

자신감을 얻은 아르다시르 1세는 역사 속 수많은 건국자의 열정 그대로 본격적인 정복전쟁에 나섰다. 오늘날 이란 남동부의 시스탄(Sistan)에 이어 동쪽으로 이란 북동부의 고르간(Gorgan)과 호라산(Khorasan), 투르크메니스탄의 마르기아나(Margiana), 아프가니스탄의 발흐(Balkh), 카자흐스탄의 호라즘(Khorazm)을 정복하고 남쪽으로는 아라비아반도 동부 연안의 바레인, 서쪽으로는 이라크 북부 모술(Mosul) 지방을 복속시켰다. 그러나 로마를 의식해야 하는 서쪽 변경 지역 공략에서는 큰 성공을 거두지 못했다. 과거 로마와 파르티아의 경계에서 멈춰서야 했다. 다만 메르프(Merv)나 남서 국경지대의 쿠샨 왕국 정도가 사산조 신왕조에 복속하는 정도였다. 전략적 요충지인 하트라와 아르메니아 정복도 쉽지 않았다. 이 시기 아르메니아는 서기 12년에 파르티아 왕좌에서 쫓겨난 보노네스 1세가 로마의 동의를 얻어 아르메니아의 왕이 된 후 준(準)독립적인 아르사케스조 아르메니아 왕국(Arsacid dynasty of Armenia, 12~428)을 유지하고 있었는데, 사산 제국의 아르다시르 1세가 10년 넘게 공략을 계속했지만 끝까지 손에 넣지 못했다.

230년, 아르다시르는 방향을 돌려 당시 로마 제국의 속지였던 메소포타미아 북부의 니시비스와 카레를 포위, 공격했다. 로마도 반격을 가했지만 두 제국의 군대는 일진일퇴를 거듭했고, 2년 뒤 이 싸움은 양측 모두에 성과 없이 끝났다. 페르세폴리스 북서쪽의 거대한 무덤군인 나크시에로스탐(Naqsh-e Rostam)의 비문에 아르다시르 1세의 치적이 잘 남아있다. 여기서 그는 '이란인들의 왕 중의 왕'을 자칭함으로써 처음으로 이란 민족으로서 정체성을 공식화했다.

아르다시르 1세를 이은 그의 아들 샤푸르 1세(Shāpūr I, 재위 241~272)도 부왕의 영토확장정책을 이어갔다. 그는 박트리아와 동서로 양분된 쿠샨 왕국의 서부를 정복했다. 그 역시 로마와 끈질긴 전투를 이어갔다. 먼저, 로마령 메소포타미아를 공략해 카레와 니시비스를 손에 넣었지만, 243년 로마의 반격으로 정복한 땅을 돌려주어야 했다. 이듬해에는 유프라테스강 하류로 진격해 온 로마군을 격퇴했다. 그 결과 로마 황제 고르디아누스 3세(Gordianus III, 재위 238~244)가 자신의 병사들에게 살해당했다. 몇 년 뒤 공격을 재개한 샤푸르 1세는 로마에 가장 치욕적인 패배를 안겨주었다. 253년, 페르시아군은 로마군을 시리아 북부 바르발리소스(Barbalissos)에서

나크시에로스탐의 샤푸르 1세 전승 기념 부조

이란 파르스 지방의 고대 무덤군 나크시에로스탐의 암벽을 깎아 새긴 것이다. 샤푸르 1세 앞에 무릎을 꿇고 있는 사람이 로마 황제 발레리아누스다. 로마 황제가 전투 중에 사망한 예는 더러 있었지만, 포로로 잡힌 것은 이때가 처음이었다. 그만큼 로마에는 치욕이었고, 페르시아인에게는 자랑스러운 일이었다. 치적을 기념해 280년에 나크시에로스탐의 커다란 바위에 부조해 놓았다.

격퇴했는데, 학자들은 샤푸르 1세가 안티오크(Antioch)를 차지한 때가 그 이후일 것이라고 추정한다. 로마 황제 발레리아누스(Publius Licinius Valerianus, 재위 253~260)가 반격전을 지휘하며 샤푸르 1세에 맞섰으나, 260년 에데사(Edessa) 인근에서 크게 패하고 샤푸르에게 오히려 생포되는 치욕을 경험했다. 이란의 가장 전통적인 서사시인 《샤나메(Shāh-nāmeh, '왕들의 책'이라는 뜻)》에는 이 전투에서 샤푸르 1세가 코끼리 부대를 동원해 로마군을 격퇴했다고 기록되어 있다.

샤푸르 1세는 나크시에로스탐과 비샤푸르(Bishapur) 등지에 이 승리를 부조와 비문으로 기록했다.

로마와의 경쟁에서 승리하기 위해서는 아르메니아도 중요했다. 258년 샤푸르 1세는 아르메니아의 호스로프 2세(Khosrov II, 재위 252~258)를 축출하고 자신의 아들 호르미즈드 1세(Hormizd I)를 아르메니아의 왕좌에 앉혔다. 아르메니아는 이제 사산조 페르시아의 통치를 받게 되었고, 이런 상황은 298년 티리다테스 3세(Tiridates III, 재위 298~330)가 로마의 후원 아래 아르메니아의 왕위를 회복할 때까지 계속되었다. 샤푸르 1세의 자부심과 치적은 나크시에로스탐에 있는 사푸르 1세의 비문에 다음과 같이 남아있다.

> **나, 마즈다 신을 공경하는 이란인들의 왕 중의 왕 샤푸르는 … (나는) 이란 땅의 주인이며 페르시스와 파르티아, … 힌데스탄(Hindestan, 오늘날 파키스탄의 신드Sindh), 푸루샤푸라(Purushapura, 파키스탄의 페샤와르Peshawar)까지, 그리고 카시(Kash), 수그드(Sughd), 차케스탄(Chachestan)까지 쿠샨 왕국의 땅을 소유한 자이다.**

동로마와의 전쟁과 화해

사산 왕조는 파르티아 시대의 세습적인 반자치왕국 제도를 폐지하고, 직계 왕실과 심복 관료를 중심으로 주지사를 임명하면서 중앙집권적 체제를 강화했다. 왕위 계승자를 가장 큰 주의 총독으로 임명하여 후계자 수업을 시키는 전통도 확립했다. 이처럼 효율적인 권력 운용과 행정력, 일사불란하게 움직이는 군사조직을 바탕으로 사산 왕조는 파르티아 때보다 훨씬 광대한 영토를 개척했다. 이 과정에서 가장 힘든 상대는 의심의 여지없이 서쪽의 로마 제국이었다. 두 제국 간 이해관계가 첨예하게 충돌한 지점은 로마-파르티아 시대와 마찬가지로 전략적 요충지인 캅카스 지역의 아르메니아였다. 샤푸르 1세 때 사산 왕조의 손에 들어간 아르메니아는 사산 왕조가 바흐람 2세(Bahram II, 재위 274~293) 사망(293) 후 왕위 계승 문제로 내홍을 겪게 되면서 298년 결국 로마의 수중에 떨어지게 된다. 이미 293년부터 사두정치(Tetrarchy, 2명의 정제正帝와 2명의 부제副帝가 제국을 네 구역으로 분할하여 다스린 로마의 통치체제, '사분통치'라고도 함)를 개시한 로마 황제 디오클레티아누스(Gaius Aurelius Valerius Diocletianus, 재위 284~305)에 의해 부제로서 도나우(Donau, 다뉴브)와 발칸을 다스리던 갈레리우스(Valerius Maximianus Galerius, 재위 305~311)가 지휘하는 로마군이 298년 아메르니아의 살라타(Salata) 인근에 주둔한 사산 왕 나르세(Narseh, 재위 293~302)의 본진을 공격하여 그의 재물과 왕비까지 차지하는 치욕을 안겼다. 이어 갈레리우스는 메디아와 아디아베네로 진격하여 승리했는데, 특히 에르주룸(Erzurum, 현재 터키 동부) 인근에서 혁혁한 전과를 거두었다. 그리고 니시비스를 확보했다. 이제 갈레리우스는 티그리스강을 따라 수도인 크테시폰을 향해 남하했다. 나르세는 그 전에 이미 갈레리우스에게 사절을 파견하여 강화를 제안하고 포로로 잡힌 왕비와 자녀들의 송환을 요청했다. 당시 갈레리우스는 사산의 사절단을 내쳤지만, 이듬해 양국 간에 협상이 시작되었고, 결과는 사산 왕조에 치욕적이고 치명적이었다. 페르시아는 티그리스강을 로마와의 새로운 국경으로 삼게 되면서 이 강을 경계로 동쪽의 5개 속주를 로마에 양도해야 했다. 요충지 아르메니아도 이때 로마에 귀속되었다. 참으로 뼈아픈 손실이었다.

설상가상으로 아르메니아와 로마 영역에서 기독교화가 진행되자, 이것이 조로아스터교를 국교로 삼고 있던 사산 왕조를 자극하여 종교 분쟁으로까지 확대되었다. 최초로 기독교를 국교로 삼은 나라는 아르메니아였다. 301년 아르메니아는 기독교를 국교로 삼아 아르메니아가 기독교 국가임을 선포했고, 이후 캅카스 지역 기독교 전파에 전초기지 역할을 했다. 조로아스터교 국가로서 종교적인 주도권 확보라는 면에서도 아르메니아 지역은 페르시아에서 그 중요성이 증대되었으나, 로마에 빼앗긴 아르메니아 실지 회복 노력은 번번이 실패로 돌아갔다. 샤푸르 2세(Shāpūr II, 재위 309~379)가 로마 공략을 재개한 후에야 298년에 로마에 양도했던 티그리스 동쪽의 5개 주와 니시비스를 돌려받고 아르메니아 대부분의 지역에 대한 종래의 권한을 되찾을 수 있었다(363).

샤푸르 2세 시기에는 로마의 기독교 공인에 맞서 조로아스터 교리가 강화되었고 폐쇄적인 종교적 도그마가 확산되었다. 샤푸르 2세는 국가적 정체성을 강화할 필요성을 느끼고 조로아스터교 경전인《아베스타》의 수집과 해석에 지원을 아끼지 않았다. 동시에 이단 종파와 이단 서적에 대해서는 가혹한 철퇴를 가했다. 따라서 사산조 국정에 참여하며 우대받던 유대인들과 달리, 이 시기에 기독교인들은 심한 박해를 받았다.

샤푸르 2세 사후, 사산 왕조는 약 20년간 혼란기(아르다시르 2세, 샤푸르 3세, 바흐람 4세)를 거쳐 샤푸르 3세의 아들이자 바흐람 4세의 동생인 야즈데게르드 1세(Yazdegerd I, 재위 399~420)가 왕위에 오르면서 다시 안정을 찾았다. 그는 선대 통치자들과 달리 조로아스터교 성직자와 귀족의 반발에도 불구하고 소수 종파와 기독교에 관대한 정책을 폈는데, 심지어 유대인을 자신의 왕비로 삼았다. 기독교인과 유대인에 대한 관용정책 덕분에 야즈데게르드 1세는 종교의 자유와 융합에 힘썼던 아케메네스조 페르시아의 키루스 2세에 버금가는 통치자로 칭송받았다. 그는 동로마 제국(비잔티움 제국Byzantium Empire, 395~1453)과도 화해를 선택했다. 새롭게 등장한 동로마 제국과 평화조약을 맺고, 제국 내 동로마 교회 기독교인에게 신앙의 자유를 허용하고 교회의 설립도 용인했다. 그가 기독교와 그 교인들에게 관용을 베풀고 동로마 제국과도 화해를 택한 데는 제국 동쪽에서 유목 민족 에프탈(Ephtalites)이 힘을 키우며 제국을 위협하고 있다는 사실도 한몫했다. 어쨌든 야즈데게르드 1세의 이러한 파격적인 관용정책과 개방적 행보는 결국 조로아스터교 사제들과 기득권 침해를 두려워한 귀족들을 자극했고, 이는 결국 야즈데게르드의 장남 샤푸르 4세(Shāpūr IV, 재위 420)가 이들의 손에 살해당하는 결과를 빚었다. 이로써 왕실의 후계 구도가 흔들리면서 제국은 잠시나마 다시 혼란기를 겪었다.

잠깐의 혼란을 딛고 뒤를 이은 왕자는 야즈데게르드 1세와 그의 유대인 왕비 사이에서 태어난 바흐람 5세(Bahram V, 재위 421~438)

야즈데게르드 1세

16세기 만들어진 《샤나메》 속 삽화다. 야즈데게르드 1세와 훗날 바흐람 5세가 되는 그의 아들 모습이다.

였다. 바흐람은 가장 잘 알려진 사산조 왕이자 영웅신화의 주인공으로, 지금도 사산조 문화에서 가장 중요한 위치를 차지하고 있는 인물이다. 그는 427년 동쪽에서 세력을 키우면서 왕조를 위협하던 중앙아시아의 유목 민족 에프탈의 공격을 격퇴하고 중앙아시아로 세를 확장했으며, 이듬해(428)에는 아르메니아 귀족들의 요청에 따라 그들의 왕 아르탁시아스 4세(Artaxias IV, 재위 422~428)를 폐위하고 아르메니아를 변경의 한 주로 편입시켰다. 고대 캅카스 지역의 한 왕국으로서 아르메니아의 역사는 여기서 끝이 난다. 바흐람 5세는 재위 첫 해(421)에 동로마에 패배를 안겨준 왕이기도 하다. 사실 그는 기독교인들에 대한 박해로 임기를 시작했는데, 그해 동로마가 이를 구실로 아르메니아를 공격했고, 그의 군대가 이를 격퇴한 것이다. 이란 역사에서 그는 이런 사실들과 더불어 아름다운 풍모로도 칭송되고, 특히 사냥을 즐겼던 것으로 유명하다. 그중에서도 야생 당나귀 사냥을 좋아해 페르시아 문학에서 종종 '바흐람 구르(Bahram-e Gur)'로 일컬어지곤 했다. 여기서 '구르'가 바로 야생 당나귀로, 풀이하면 '야생 당나귀 사냥꾼 바흐람' 정도가 되겠다.

바흐람 5세 사후 사산조 페르시아는 동로마 제국과의 전쟁(440), 아르메니아 기독교인의 반란(449~451), 에프탈과 훈족의 침입, 부와 권력을 손에 쥔 귀족들과 왕실의 알력 다툼 등으로 인해 안팎으로 힘든 시기를 겪었다. 특히 귀족과 조로아스터교 사제는 자신들의 이익에 반하면 왕을 갈아치울 정도로 무섭게 성장하고 있었다. 그 자신이 귀족들의 힘으로 온화한 전왕의 자리를 대신하게 된 카바드 1세(Kavad I, 재위 488~531)는 이런 상황을 타개하고 싶었다. 그래서 모두가 재산과 여자를 공유해야 한다는 마즈닥교의 주장에 힘을 실어 성직자와 귀족의 힘을 제어하려 했다. 실제로 마즈닥교인들이 선동한 폭동으로 적지 않은 수의 귀족이 쫓겨나거나 죽임을 당하자 명백히 그들의 이익에 반하는 개혁을 시도할 수 있었다. 개혁은 그의 아들 호스로 1세(Khosrow I, 재위 531~579) 때 완성되었는데, 핵심은 토지세 개혁이었다. 매년 중앙에서 파견한 징세관들이 각지의 수확량을 확인하고 현물로 거두던 방식에서 토지대장을 만들어 토지의 주인과 토지의 종류, 수확량을 기록한 뒤 세금을 화폐로 납부하게 했다. 이를 통해 귀족들의 면세 토지 증가를 억제하고 정부의 세입도 안정적으로 확보할 수 있게 되었다. 또한 가난한 농부들에게 부담이 컸던 인두세의 징세 대상을 20세 이상 50세 이하로 제한했다.

호스로 1세 때는 군제도 개편했다. 특히 부유하지 않은 하급 귀족들에게 군 장비를 지원하고 월급을 지급해서 중앙정부를 의지하게 만들었다. 이렇게 부왕의 개혁책을 완성한 뒤에는 밖으로 눈을 돌려 즉위한 이듬해(532) 종래 동로마 제국과 맺었던 평화협정을 깨고 싸움을 재개했다. 562년 다시 동로마 제국과 평화협정을 맺었지만, 이 역시 10년 만에 깨지고 말았다. 이후 동로마 제국과의 전쟁은 그의 손자 호스로 2세(Khosrow II, 재위 590~628)의 집권 초반까지 이어진다. 호스로 1세는 또한 정통 조로아스터교도로서 조로아스터교가 국교임을 포고로 재확인했다. 오랫동안 사산 왕조가 수집해온 조로아스터교 경전집 《아베스타》 21권이 완성, 편찬된 것도 호스로 1세 때로 추정된다. 그러나 그는 기독교를 포함한 모든 종교에 관용을 베풀었고, 그 덕분에 많은 사람이 어려움 없이 자신의 종교를 유지할 수 있었다. 이는 그가 부왕 때의 경험을 통해 종교적 소수자들의 중요성을 인식하게 된 덕분이었다. 하지만 정통 조로아스터교에 반하는 믿음이나 관행을 행하는 사람들에게는 관용을 베풀지 않았다.

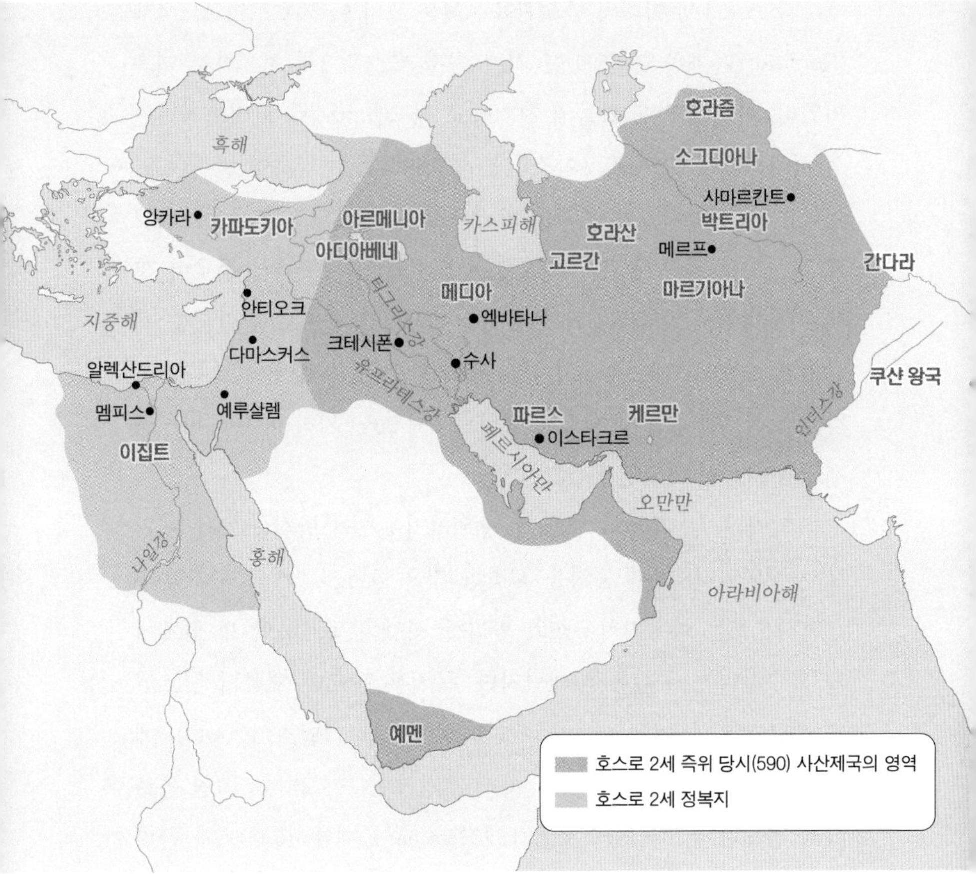

호스로 2세 치하의 사산 제국

호스로 2세는 사산조 페르시아의 마지막 전성기를 이끈 왕이다. 지도는 620년경 호스로 2세 시대의 최대 영토를 보여준다.

호스로 1세 이래의 종교관용정책은 그의 아들 호르미즈드 4세(Hormizd IV, 재위 579~590)를 거쳐 손자 호스로 2세 치세까지 계속되었다. 이러한 역대 왕들의 친기독교 정책은 국정을 좌지우지하면서 관료화되어 있던 조로아스터교 성직자들을 자극하여 반란이 일어나는 배경이 되었다. 결국 호스로 2세 시기에 터진 조로아스터교의 반란으로 왕은 동로마 제국으로 도피했다. 그곳에서 동로마 황제 마우리키우스(Mauricius, 재위 582~602)의 도움으로 반란군을 제압하고 591년 크테시폰에서 다시 왕위에 오를 수 있었다. 그 대가로 캅카스 서부를 동로마 제국에 넘김으로써 20년 가까이 이어지던 양 제국의 갈등이 해결된 듯 보였다.

그러나 두 제국의 갈등은 마우리키우스의 암살(602)을 계기로 재개되었다. 먼저 공격을 시작한 것은 호스로 2세의 군대였다. 표면적으로는 마우리키우스의 황좌를 빼앗은 동로마의 새 황제에게 복수한다는 구실을 내세웠지만, 목적은 동로마 제국의 영토였다. 호스로의 군대는 서쪽으로 안티오크(611), 다마스커스(613), 예루살렘(614), 이집트(619) 등을 차례로 정복했다. 그러나 610년 동로마의 황제가 된 헤라클리우스 1세(Heraclius I, 재위 610~641)가 곧바로 보복 공격에 나섰고, 627년에는 사산 왕조의 티그리스강 유역까지 진출했다. 그 결과 호스로 2세는 감금된 채 자신의 아들에게 왕위를 넘겨야 했다. 그 아들은 카바드 2세(Kavad II, 재위 628)로 즉위한 지 며칠 만에 아버지를 처형했다(628). 카바드 2세는 부왕의 군대가 점령했던 동로마의 영토를 반환하며 동로마 제국과 화해했다. 그의 사후 혼란스러운 시기를 지나 호스로의 손자 야즈데게르드

3세(Yazdegerd III, 재위 632~651)가 왕위에 올랐다. 사산 왕조의 마지막 왕이었다.

02 사산 제국의 종교

조로아스터교

조로아스터교는 사산 제국 초기 왕조 성립의 정당성을 설파하는 데 중요한 역할을 했다. 아르다시르 1세가 직접 조로아스터교의 고위 사제 탄사르(Tansar)에게 이러한 역할을 요구했고, 탄사르는 이 역할을 훌륭히 수행했다. 그의 역할로 인해 아르다시르 1세의 행위는 반란이 아닌 신의 명령에 따라 세상을 이롭게 한 행위가 되었고, 파르티아인들은 정통 조로아스터교가 아닌 이단적인 전통을 따르는 사람들이 되었다. 이 과정에서 파르티아 시대에 조로아스터교가 아케메네스 왕조 때와 달리 번창하지 못했단 사실도 한몫했다.

조로아스터교는 이제 사산조 페르시아의 국교가 되어 급격한 발전을 경험했다. 역사상 최초로 거대한 제국의 국가종교가 된 것이다. 아이러니하게도 이것이 결국 조로아스터교가 사멸하다시피 한 원인이 된다. 조로아스터교는 이전 왕조들, 즉 아케메네스조 페르시아는 물론 파르티아 제국에서도 중요한 종교이기는 했지만, 국교의 위치는 아니었다. 다시 말하면 이전에는 종교가 국가로부터 재정적·행정적으로 지원을 받거나 나아가 성직자가 관료화, 세속화하는 길로부터 일정한 거리를 유지하고 있었다. 그런데 사산조 페르시아 시대에 와서 국교의 위치에서 정치와 밀착하다 보니 종교가 완전히 정치에 예속되었다. 이는 아랍인들에 의해서 사산조 페르시아가 멸망하면서 조로아스터교도 함께 뿌리가 뽑히는 참담한 결과로 나타난다. 1,200년간 존속해 온 세계적 종교가 하루아침에 소멸할 위기에 처한 것이다. 정교일치체제가 갖는 위험성이다.

유럽이 종교개혁 이후 정교분리를 택하면서 진보와 발전을 거듭했고, 오랫동안 정교일치체제를 고수하면서 낙후성을 면치 못했던 이슬람 세계가 오늘날 대부분 정교분리의 세속화 경향을 걷는 것도 역사적 경험에서 교훈을 얻은 때문일 것이다. 우리나라도 고려시대에 왕실과 문벌이라는 보호막 아래서 권력과 결탁한 승려들이 정치에 깊숙이 개입하다가 조선이 들어서면서 이를 경계한 조선 건국의 주역들, 즉 사대부에게 철퇴를 맞은 경험이 있다. 다행히 불교는 이미 민중 속에 뿌리를 내리고 있었기 때문에 소멸이라는 비운을 맞지는 않았다. 종교가 국교의 위치에 있게 되면 항상 기득권을 쥐게 된 성직자들로부터 정통 교리가 강화되고, 성직자라는 직위가 세습 관료화하는 현상이 두드러지게 된다. 동시에 이단자 색출과 다른 종교에 대한 탄압이 이어지면서 관용과 절충이 아닌 배타성과 아집이 사회에 만연해진다. 절대 권력이었던 조로아스터교가 사산조 페르시아 멸망과 함께 페르시아 내에서 거의 사라지다시피 한 것도 이 때문이다. 현재는 인도를 중심으로 이란과 중국에 약 10~25만 명 정도의 신자가 남아있는 것으로 알려져 있다.

미트라교

미트라는 조로아스터교 하위 신들 중 하나로, 《아베스타》에는 어둠과 악의 힘에 맞서 빛과 선을 지키는 수호자이자 용맹함과 빛, 약속의 신으로 언급된다. 미트라는 조로아스터교가 널리 확산된 아케메네스 왕조 훨씬 이전부터 숭앙의 대상이었다. 미트라는 아케메네스조 페르시아 때도 귀족들 사이에서 숭배되었고, 사산조 때도 이 전통은 이어졌다.

미트라교가 널리 확산된 곳은 페르시아가 아니라 로마 제국이었다. 페르시아와 로마가 오랜 기간 쟁패하면서 공화정 말기 로마에 전파되었고, 제국시대에 로마를 중심으로 그 제국에 편입된 유럽과 북아프리카에서 크게 유행했다. 그런데 로마 제국에서 발전한 미트라교는 광명의 신 미트라를 숭배하는 일종의 밀교적 성격의 종교였다. 로마인은 이를 '미트라 밀교(Mithraic Mysteries)' 또는 '페르시아 밀교'라고 칭했고, 의식을 행하는 사원도 지하에 있었다. '미트라교'는 현대의 역사가들이 부르는 이름이다.

미트라교는 초기 기독교 전파 과정에서 가장 강력한 경쟁자였다. 특히 로마 제국의 군인들 사이에 널리 퍼져 로마 제국의 수호신으로까지 격상되었다. 그러나 콘스탄티누스 황제가 기독교를 공인

아르다시르 2세 부조

아르다시르 2세(Ardashir II, 재위 379~383)의 즉위를 기념한 부조로, 아르다시르 2세(중앙)가 선왕이자 형인 샤푸르 2세(오른쪽)로부터 왕의 상징인 고리를 받는 장면을 묘사했다. 왼쪽이 바로 미트라인데, 빛나는 태양의 관을 쓰고 신성한 힘을 상징하는 나뭇단을 손에 쥔 채 연꽃 위에 서서 이 의식을 축성하고 있다. 이란 케르만샤에 있는 사산조의 유적지 타크에보스탄(Taq-e Bostan)의 바위 부조이다.

하면서 급격히 세력을 잃었고, 이후 미트라교 신자가 모이던 사원들은 많이 파괴되고 손상되었지만, 영국을 포함한 서유럽 몇 개국에 일부가 남아있다.

고대 이란과 인도 신앙의 한 갈래로 로마에서 크게 인기를 끌었던 미트라교의 가르침과 교리는 후일 기독교 교리 성립에도 적지 않은 영향을 끼치게 된다. 이원론적인 대립 구도와 함께 빛의 광명이 어둠을 이기는 동지 직후인 12월 25일을 구세주로서 새로운 시대를 연 예수 그리스도의 탄신일로 정한 것도 미트라 전통과 관련지어 생각해 볼 수 있다. 로마 제국의 밀교적 미트라교는 기독교 공인과 함께 위축되었지만, 페르시아의 미트라 숭배 전통은 실크로드를 따라 인도와 중국을 거쳐 우리나라의 미륵불 사상으로 연결되었다고 전해진다.

마니교

마니교(Manichaeism)는 3세기에 사산조 페르시아에서 '빛의 사도'로 알려진 예언자 마니(Mani, 216~274)가 창시한 종교이다. 마니교가 사산 왕조에서 가장 크게 환영받았던 때는 창시된 지 얼마 안 된 샤푸르 1세 때였다. 샤푸르 1세 치하에서는 소수 종교와 민족이 별다른 차별 없이 자신들의 종교와 문화를 유지할 수 있었다. 왕 자신이 다양한 종교와 민족에 대해 관대한 태도를 유지했기 때문이다. 샤푸르 1세는 재위 기간 중 많은 도시를 건설한 것으로도 유명한데, 로마 영토에서 이주해 온 기독교인들도 이 중 몇몇 도시에 정착해 자신들의 신앙을 키워나갔다. 참고로, 비샤푸르와 니샤푸르(Nishapur)는 그가 건설한 도시 중에서도 그의 이름을 딴 도시다. 샤푸르는 무엇보다 마니와 그가 창시한 마니교를 보호하며 장려했다.

마니교는 조로아스터교와 기독교 그노시스(Gnosis)파의 '영지주의(Gnosticism)', 불교의 요소가 결합된 종교로, 조로아스터교의 이원론적인 세계관 위에 기독교의 교리와 불교의 내세관이 가미되었다. 창시자 마니는 왕실과 좋은 관계를 유지하려 애썼는데, 직접 지은 마니교 경전에 '샤부흐라간(Shabuhragan, '샤푸르의 책'이란 의미)'이란 제목을 붙여 샤푸르에게 헌정하기도 했다. 샤푸르는 이에 만족하고 많은 마니교 선교사를 주변 지역에 파송하여 마니교 전파에 힘을 실었다. 샤푸르 1세는 바빌로니아의 한 랍비와도 친분을 쌓았을 정도로 종교에 관대했다. 그러나 샤푸르 사후 자신들의 기득권 상실을 염려하던 조로아스터교 성직자들의 반발이 거세지면서 후대 왕들은 종교에 대해 샤푸르와는 다른 태도를 취하게 된다. 마니교의 창시자 마니도 결국 조로아스터교 고위 성직자 카르티르(Kartir)의 요청에 따라 바흐람 1세(Bahram I, 재위 273~276) 때 처형되고, 추종자들도 박해를 받게 된다.

그런데 마니 사후 마니교는 오히려 빠른 속도로 전파되었다. 서쪽으로는 이집트, 북아프리카를 거쳐 4세기 초에는 로마에도 전해졌고, 동쪽으로 실크로드를 따라 중앙아시아로 널리 전파되어 위구르나 티베트 불교에도 크게 영향을 끼쳤다.

마즈닥교

조로아스터교에서 파생된 종교 중 가장 급진적 종교가 '마즈닥교(Mazdakism)'다. 6세기 초 카바드 1세 때 사산

마즈닥의 죽음

마즈닥의 처형 장면을 그린 것으로 17세기 이전에 만들어진 《샤나메》 속 삽화이다. 마즈닥의 죽음 이후 사산조 페르시아에서 마즈닥교는 힘을 잃었다.

조 페르시아에서 번창했다. 사산조 페르시아의 조로아스터교 고위 성직자 출신인 마즈닥(Mazdak, ?~524?)이 창시한 종교로, 당시 페르시아 사회의 부조리와 불평등한 사회구조를 개선하자는 일종의 종교적 사회개혁운동에서 비롯되었다. 당시 페르시아는 조로아스터교 성직자와 귀족, 고위 관료 들이 사회의 부를 독점하다시피 했고, 왕에게 압력을 행사하는 것으로도 모자라 때로는 왕좌의 주인을 갈

아치울 만큼 엄청난 권력을 휘두르는 상황이었다. 이때 마즈닥은 이런 사회를 비판하며 종교와 사회를 개혁하자는 운동을 펼쳤다. 마침 조로아스터교 성직자와 귀족의 지나친 간섭과 압력에 불만이 쌓여가던 카바드 1세는 마즈닥과 그가 펼치는 운동을 이용해 성직자와 귀족을 누르고 자신이 생각하는 방향으로 사회를 개혁하려고 했다. 마즈닥교가 카바드 치하에서 번창한 이유다.

마즈닥교에서는 온 세상의 탐욕, 갈등, 경쟁, 시기의 원인을 두 가지로 보았다. 하나는 재물이고 또 하나는 여자다. 그래서 인간사회의 온갖 탐욕과 시기의 원인 제공자인 재물과 여자를 공유하자는 주장을 폈다. 20세기 공산주의는 재산의 공유를 표명했지만, 마즈닥은 더 급진적이었던 것이다. 마르크스(Karl Heinrich Marx, 1818~1883)도 마즈닥교에서 지적 영감을 받았다고 알려진다. 마즈닥교는 후일 이란 시아파 운동의 자극제가 되기도 했다.

그러나 카바드 1세는 기득권 상실을 우려한 성직자들과 귀족들에 의해 왕좌에서 쫓겨났고(496), 에프탈의 도움으로 왕좌를 되찾은 뒤에는 마즈닥과 그 추종자들을 멀리하게 된다. 결국 마즈닥은 처형되었고 추종자들도 대거 학살되었다. 정통 조로아스터교는 이로써 명실상부한 국교의 자리를 회복했다. 마즈닥교는 그 급진성 때문에 마니교와 달리 대중화에 성공하지 못했고, 마즈닥과 추종자들의 죽음과 함께 급격하게 쇠퇴했다.

03 사산조 페르시아의 문화와 대외관계

학문과 예술

사산조 페르시아 시대에는 수도 크테시폰을 포함한 3개 도시에 유명한 아카데미가 있었다. 그중에서도 5세기에 설립된 것으로 알려진 군데샤푸르(Gundeshapur)의 아카데미는 6~7세기에 당대 최고의 학문의 전당으로 손꼽혔다. 곤데샤푸르는 사푸르 1세가 세운 도시 중 하나로, 당시에는 이름이 '안티오크보다 멋진 샤푸르의 도시'란 의미의 '웨안티오크샤푸르(Weh-Antioch-Shapur)'였다. 발레리아누스의 로마군에 승리를 거둔 후 주로 시리아의 안티오크에서 끌고 온 사람들이 이 도시에 정착했다고 한다. 그런데 이 군데샤푸르의 아카데미가 당대 최고의 학문기관으로 이름을 날린 것은 호스로 1세 때였다. 이는 호스로 1세가 5세기 말과 6세기 초에 동로마 제국령 에데사에서 박해받던 기독교 네스토리우스파 학자들과 아테네에서 쫓겨난 그리스 철학자들에게 피난처를 제공한 덕분이었다. 특히 그리스 철학자들은 동로마의 유스티니아누스 1세(Justinianus I, 재위 527~565)가 아테네의 아카데미를 폐쇄했을 때 호스로에게서 피난처를 구한 사람들이었다. 이들이 대거 군데샤푸르로 모여들어 아카데미의 교수진을 형성하고 주로 시리아와 그리스의 의학과 철학을 가르쳤다. 호스로는 멀리 인도와 중국의 학자들도 군데샤푸르로 초빙했는데, 이들을 통해 인도의 천문학과 점성술, 수학과 의학, 중국의 전통의학이 사산 제국에 소개되었다. 이로써 인도, 페르시아, 시리아, 그리스 등지의 의학 지식이 집대성되어 치유의 전성시대를 열기도 했다. 소문을 듣고 찾아온 학생들로 인해 군데샤푸르는 날로 번창했다.

학문과 과학의 발전에는 통치자들의 리더십이 큰 역할을 했다. 사산조 페르시아 왕들은 대체로 문학과 철학을 장려했다. 특히 호스로 1세는 플라톤과 아리스토텔레스 철학에 심취해 그들의 저서를 중세 페르시아어의 일종인 팔라비어로 번역하게 했다. 그리고 아카데미에서 이를 가르치도록 배려했다. 호스로 1세 치세에는 역사서도 많이 편찬되었는데, 그중 아르다시르 1세의 행적을 담은《파박의 아들 아르다시르 행록(Kār-Nāmag ī Ardašīr ī Pāpakān)》이 남아 있다. 이 책에는 페르시아의 역사와 로맨스가 섞여있어서 페르시아 문학의 정수로 꼽히는 이란 민족의 장편 서사시《샤나메》의 기초가 되었다.

사산조 페르시아 시대의 예술은 역사적으로 이란 문화의 정점을 찍었다고 해도 과언이 아니다. 무엇보다 건축 양식과 캘리그래피를 비롯해 우리가 이슬람 문화로 알고 있는 많은 것이 사실은 페르시아 문화에서 비롯되었다고 해도 지나치지 않다. 사산조 페르시

《샤나메》 삽화 속 바흐람 구르

'바흐람 구르'로 일컬어지곤 하는 바흐람 5세와 그의 조신들이 음악가 바르바드(Barbad)의 연주를 즐기는 장면을 묘사한 삽화이다. 바흐람 구르는 화려한 궁정 생활과 일화들을 남겨 오랫동안 이란 문인과 예술가의 사랑을 받았다. 《샤나메》는 페르시아 시인 피르다우시(Firdawsi, 935?~1025?)가 977년경부터 1010년까지 써내린 장편 서사시로, 창세부터 7세기 이슬람에 정복될 때까지 페르시아의 신화와 역사를 담고 있다. 이란 민족의 정수와 영혼이 담긴 이란 민족의 서사시로 칭송받는다. 그림은 미국 브루클린박물관(Brooklyn Museum)이 소장한 《샤나메》 원본의 일부이다.

아라베스크 무늬 바위 부조

아라베스크는 '아라비아풍'이라는 의미로, 기하학적인 선과 덩굴무늬를 교묘하게 배열한 문양을 뜻한다. 사진은 다마스커스에 위치한 이슬람 사원 우마이야 모스크(Umayyamosque)의 바위 부조로 아라베스크 무늬가 새겨져 있다.

아의 문화와 예술은 사산 제국의 정치적·지리적 경계를 훨씬 뛰어넘어 동서양 각지로 퍼져나갔다. 입수쌍조(가운데 나무가 있고 양옆으로 새가 쌍을 이루고 서있는 양식) 디자인, 아라베스크(arabesque) 무늬, 건축 양식 이완 등은 동쪽으로 인도와 중앙아시아를 거쳐 중국과 한반도로, 서쪽으로 시리아와 아나톨리아, 발칸반도, 남쪽으로 이집트를 거쳐 유럽의 서쪽 끝 이베리아반도까지 퍼져나갔다. 그리고 후일 인도의 타지마할, 멀리 에스파냐의 알함브라 궁전 양식에까지 영향을 끼쳤다.

사산조 페르시아 예술에서는 바위 부조를 언급하지 않을 수 없다. 타크에보스탄과 나크시에로스탐에는 지금도 사산조 페르시아 왕들이 로마 제국이나 동로마 제국과의 전쟁에서 승리를 거둔 역사가 깎아지른 암벽에 부조로 생생하게 남아있다. 이 시기에는 미술학교에서 전문적인 미술가와 장인을 배출했다. 그리고 페르시안 양탄자도 사산조 시기에 본격적으로 산업화되었다. 페르시안 양탄자는 일종의 종합예술품으로, 디자인은 물론, 문양, 나염, 직조기술 등에서 고도의 노하우를 갖고 동시대 세계시장을 장악했다.

사산조-중국-인도 관계

사산조 페르시아는 파르티아 제국 때처럼 중국과는 교역과 문화 교류를 통해 우호적인 관계를 유지했다. 위진남북조(魏晉南北朝, 221~589)와 수(隋, 581~618)·당(唐, 618~907) 시대의 역사를 기록한 중국 측 문헌에는 적어도 13차례에 걸쳐 사산조 사절단이 중국을 방문했다고 나와있다. 중국 남부에서 출토된 대량의 사산조 페르시아 주화들은 육해상 실크로드를 통한 양국 간 교역의 흔적이다.

육해상 실크로드를 통한 교역은 서로에게 엄청난 이익이었고, 이런 이익을 유지하기 위해 양 제국은 실크로드를 보존하고 보호하는 일에 힘을 쏟았다. 중앙아시아의 주요 무역로를 경비한 것은 물론, 국경지대에 군사를 파견하여 유목민과 산적으로부터 국경을 드나드는 대상들을 보호했다. 이런 상호 의존적인 관계는 문화 교류로 이어졌다. 사산조 페르시아 왕들이 가장 재능 있는 악사와 무희를 중국의 황궁으로 보낸 것이 한 예다. 교역을 통해 양국이 서로에게 끼친 문화적 영향은 상상 이상이었다. 중국인들은 실크로드를 통해 중국으로 들어온 페르시아의 산물에 '호(胡)' 자를 앞에 붙여서 불렀는데, 호마(胡麻, 검은깨), 호도(胡桃, 호두), 호과(胡瓜, 오이), 호추(胡椒, 후추) 등이 대표적이다. 여기서 '호'는 '오랑캐'라는 의미인데, 한나라가 망하고 흉노·갈·선비·저·강 등 중국 주변의 유목민족들이 잇달아 화북 지방에 왕조를 세우면서 주로 유목 민족을 가리키는 글자가 되었다가, 수당 시대에는 중앙아시아와 서아시아인을 가리킬 때 사용하는 글자가 되었다. 중국인은 그곳 사람들을 '호인(胡人)'이라 불렀다. 특히 사산조 시대에는 중앙아시아의 실크로드에서 소그드인들의 역할이 두드러졌는데, 이들은 북방의 육로나 남방의 해로를 통해 중국을 왕래하거나 중국에 상주하면서 무역에 종사했다. 페르시아계 과일과 채소가 중국을 통해서 우리나라의 일상생활에까지 영향을 미치게 되었다는 사실은 흥미롭다.

이슬람 문화에서도 페르시아의 영향은 절대적이다. 이슬람 예술과 건축의 근간을 이루는 아라베스크 무늬, 세밀화, 블루 타일, 조각 등이 사실은 페르시아 문화권에서 발전한 것이다. 페르시아어는 이슬람 제국 시대에 국제공통어로서 상업 및 외교문서에 널리 사용되었다. 문학언어로도 통용되면서 6세기경 사산조 페르시아에서 모은 중동 지역의 오래된 설화들이 8세기경 아랍어로 번역되어 《천일야화(千一夜話, Alf Laylah wa-Laylah)》'라는 아랍 문학으로 재탄생했다. '아라비안 나이트(Arabian Nights)'는 18세기 초에 출판된 최초의 영문판 제목(The Arabian Nights Entertainment)에서 유래한 것이다.

상호 이익이 되는 경제적인 의존관계는 때때로 정치적인 협력을 이끌어낸다. 사산조 페르시아와 중국이 공동의 적인 에프탈에 대항하여 동맹을 맺기 위해 노력했다는 증거가 있다. 에프탈은 '백훈족(White Huns)'이라 불리는 중앙아시아의 유목 민족으로, 중국 문헌에는 '엽달(嚈噠)' 혹은 '읍달', 때로 '활(滑)'로 기록되어 있다, 5세기 중엽부터 1세기가 넘게 북쪽으로는 톈산산맥 북부, 남쪽으로는 아프가니스탄과 인도의 펀자브 지방, 동쪽으로는 동투르키스탄의 허톈, 서쪽으로 사산 왕조의 호라산 지방까지 광대한 지역을 지배한 나라로 존재했다. 이 나라는 한때 사산조는 물론 중국을 위협하고 인도의 굽타 왕조(Gupta dynasty)를 멸할 정도로 강성했다.

사산조 페르시아와 중국의 오랜 교류와 상호 이익의 합치는 이슬람화한 아랍인의 침공 때도 빛을 발했다. 사산조 페르시아가 아랍에 멸망하면서 몇몇 왕족과 귀족이 아랍군을 피해 동방으로 도망하다가 당나라에 정착하기도 했다. 《구당서》〈서융(西戎)전〉 '파사국(波斯國, 사산조 페르시아)' 조에는 "함형(鹹亨) 연간에 비로사(卑路斯)가 스스로 찾아와 입조하니, 고종(高宗)이 하사품을 후히 내리고 우무위장군(右武衛將軍)에 제수했다[鹹亨, 卑路斯自來入朝, 高宗甚加恩賜, 拜右武衛將軍]"라는 기록이 있다. 여기서 '비로사'가 바로 사산조 마지막 왕 야즈데게르드 3세의 아들 페로즈 3세(Peroz III, 636~679)이다. 그리고 '함형 연간'은 670~674년이다. 따라서 이 시기에 페로즈의 무리가 당에 도착해 황궁에 들어가 황제를 알현했고, 당 황제 고

종이 페로즈를 장군에 봉한 것이다. 그의 아들 나르시에(Narsieh)도 당나라에서 무장(좌위위장군左威衛將軍)이 되었다는 기록〔당 태종, 고종 때 요직을 두루 거친 배행검(裴行儉, 619~682)의 《배행검집》〕도 있다. 그런데 사산조 왕족의 후예가 후일 신라로 망명하여 살았다는 내용의 고대 페르시아 서사시가 발견되어 특별한 관심을 끌고 있다.

사산조 페르시아와 인도의 관계도 특별했다. 6세기 중후반 호스로 1세 시대에는 인도에서 많은 책을 들여와서 중세 페르시아어로 번역했다. 이로써 우수한 인도의 철학, 천문학, 수학 관련 학문이 사산조 페르시아로 흘러들어 왔고, 이 학문적 결실은 페르시아 지역이 이슬람화한 이후에 아랍 세계를 통해 유럽까지 전해지게 되었다.

04

페르시아 제국의 멸망

1,200년 제국의 몰락과 이란 이슬람 시대의 개막

호스로 2세 사후 사산조 페르시아의 국력은 눈에 띄게 쇠퇴했다. 제국은 귀족들이 하나둘씩 자신들의 정부를 세우며 내분으로 들끓었다. 동로마 제국도 힘이 예전 같지는 않았다. 두 강대국의 오랜 소모전은 주변국에 기회가 되기 마련이다. 두 제국의 남쪽에서도 새로운 기운이 싹트고 있었다. 메카 쪽에서 교역으로 성장한 아랍인이 이슬람이라는 새로운 종교를 받아들이고 무서운 속도로 세력을 키워갔다. 그들은 북상하여 동로마 제국의 아시아 속령을 위협했고, 이즈음 사산 왕조에도 정면 승부를 걸어왔다. 초기 예상과는 달리 페르시아군은 민심을 잃고 갈수록 흔들렸고, 642년 결국 나하반드(Nahavand, 오늘날 이란 중서부 케르만샤주의 도시) 전투에서 아랍군에게 크게 패하고 말았다. 지난 300년간 지배층의 온갖 수탈과 잦은 전쟁, 그로 인해 피폐해진 경제 속에서 숨죽여 온 주민들은 새로운 정치 세력의 도래에 저항할 의지를 상실한 지 오래였다. 아랍 군대에 연이어 패배하게 되면서 결국 사산조 페르시아는 멸망의 길로 들어섰다. 마지막 왕 야즈데게르드 3세는 전진하는 아랍군을 피해 도피하다가 651년에 메르프 근처에서 암살되었다. 이로써 이슬람 이전 이란의 역사는 종말을 고했다. 이는 아케메네스조, 파르티아, 사산조를 거치며 1,200년을 이어온 페르시아 제국의 몰락을 의미했다. 그들의 종교였던 조로아스터교도 심대한 타격을 입었다. 초기 이슬람교도들은 조로아스터교에 관용을 베풀었지만, 이슬람 치하에서 조로아스터교는 이란 지역에서조차 세력을 잃고 말았다.

이슬람화한 아랍인들이 사산조 페르시아를 정복하면서 이슬람 세계는 문화적으로, 정치적으로 새로운 전기를 마련했다. 1,200년간 축적된 거대한 페르시아 문화는 문화적 토대가 축적되지 않은 아라비아반도 중심의 아랍 정치 세력을 문명화한 세상으로 이끄는 촉매제의 역할을 했다. 페르시아 문화는 이미 그리스-로마 문화를 받아들였고, 실크로드를 따라 중앙아시아와 인도, 중국까지 연결되었을 뿐만 아니라, 한반도 문화에도 영향을 미치고 있었다. 이슬람이 동서양으로 급속하게 전파되면서 빠른 시기에 대제국을 형성하고 이슬람 문화를 확장할 수 있었던 것도 따지고 보면 페르시아라는 거대문명권을 끌어안음으로써 가능했다. 페르시아 문명이 안내하는 길을 그대로 따라간 이슬람은 중앙아시아에서 티무르 제국을 건설했고, 티무르 제국 왕실의 후예는 인도에서 무굴 제국을 세웠다.

사산조 페르시아 왕자와 신라 공주의 천년 사랑

아랍은 메카에서 출발해서 동로마 제국을 무너뜨리고 세 차례의 치열한 전쟁 끝에 651년에 사산조 페르시아마저 무너뜨리면서 이란 전역을 차지하게 된다. 사산조 페르시아의 마지막 왕인 야즈데게르드 3세는 끝까지 저항했지만 자신의 나라를 지키지 못하고 피살당했다. 그렇지만 왕자 페로즈는 중국 당나라로 피신하여 고토회복전쟁에 평생을 바쳤다. 오랜 기간 교역과 화해 외교로 사산 왕조와 좋은 관계를 맺어왔던 당나라의 고종은 페로즈 왕자와 왕실 가족들을 따뜻하게 환대하면서 관직까지 하사했다.

그러나 중국은 새로 들어선 강대국인 아랍 제국과 공식 외교관계를 수립하게 된다. 이런 상황에서 사산조 페르시아 왕족들의 고토회복은 실패하고 왕자와 일부 왕실 가족들이 새로운 도피처를 찾아 신라(Bashilla, 《쿠쉬나메》에서는 신라를 이렇게 표기함)에 망명하게 된다는 스토리가 이란 고대 서사시 《쿠쉬나메(Kushname)》의 골격이다. 물론 이 책에는 역사와 신화가 혼재되어 있다. 이 책의 내용과 당시 역사적 사실을 재구성해 보면, 시기적으로는 655년에서 680년 사이쯤으로 추정할 수 있다. 당시 신라는 고구려, 백제와 치열한 삼국 간 전쟁을 벌이고 있을 때였다. 사산조 페르시아는 동로마 제국과 300년간 전쟁을 벌인 슈퍼파워의 한 축으로 세계 최고의 첨단기술과 무기, 전략, 정보를 가지고 있었다. 이런 페르시아의 권력층 중에서도 핵심이라 할 수 있는 페르시아 왕자를 비롯한 왕실 가족에게 신라 왕이 관심을 보이는 것은 당연한 일이었을 것이다. 망명한 페르시아 왕실 사람들은 신라의 화랑들에게 신무기기술을 전해주고, 폴로(polo) 경기도 가르쳐준다.

《삼국사기(三國史記)》에 화랑이 격구를 했다는 기록은 이런 점에서 매우 의미심장하다. 폴로는 페르시아의 왕실 스포츠이기 때문이다. 그 후 페르시아 왕자는 신라 사회에 기여하고 신라 공주와 결혼을 하게 된다. 《쿠쉬나메》에는 신라 공주의 이름이 프라랑(Frarang), 페르시아 왕자의 이름은 아비틴(Abtin)으로 표기되어 있다. 신라 왕의 이름은 태후르이고 페르시아 왕자와 신라 공주 사이에서 태어난 왕자 이름은 페리둔(Feridun)이다. 고대 페르시아 신화에 주인공으로 등장하는 전설적인 이란 구원자 이름 그대로이다. 신라의 수도 경주에 안착해 살던 그들은 신라 왕을 설득하여 신라 공주와 함께 신라 왕이 마련해 준 배편을 이용해 페르시아로 떠난다. 그 루트가 아주 정교하게 나와있다. 필리핀과 베트남 남부, 말레이반도, 인도 남부를 거쳐 페르시아만을 통해 육지에 올랐고, 이후 육로로 카스피해 쪽으로 귀환한다. 그렇지만 아랍 세력이 이미 장악해 버린 사산의 고토회복은 실패할 수밖에 없었다. 이들은 이후 자그마한 은둔왕국을 세우고 그곳에 피신해 있다가 신라에서 있었던 일을 기록했다. 구전으로 내려오던 이 이야기가 11세기 '이란샨 알카이르(Iranshan al-Kayir)'란 한 학자에 의해 채록되고 필사되어 우리 손에 남겨졌다. 영국 국립도서관 희귀문서실에 보존된 이 책은 신라의 기후, 지리, 산물, 임금과 나눴던 천문 지식, 궁중 의례, 음식 등에 관한 광범위한 지식을 담고 있다. 전체 820쪽 중에서 약 500쪽 가량이 신라에 관한 내용이다.

《삼국사기》의 기록을 보면 사산조 시대인 4~5세기에 신라가 유리를 사용했고, 신라 상층부가 페르시안 양탄자를 사용했다는 정황이 발견된다. 경주 고분에서 서역인 인물상 수십 점이 출토되었고, 페르시아식 황금 보검이 계림로에서 발굴되었다. 경주 괘릉(원성왕릉)에 가면 페르시아형 무인 석상들이 서있다. 이러한 고고학적·인류학적 기록과 흔적들은 사산조 페르시아 때부터 신라가 페르시아와 상당히 긴밀한 교류가 있었음을 알려준다. 사산조 페르시아에 대한 공부는 그동안 소외되었던 우리 고대문화의 세계성과 실크로드를 통한 문화 교류에 대한 지식을 보다 정교하게 다듬어주는 역할을 할 수 있을 것이다.

괘릉의 무인 석상

신라 원성왕(?~798)의 무덤인 괘릉을 지키는 석상으로 서역인의 모습을 닮았다. 당시 신라와 페르시아 사이의 교역을 짐작하게 한다.

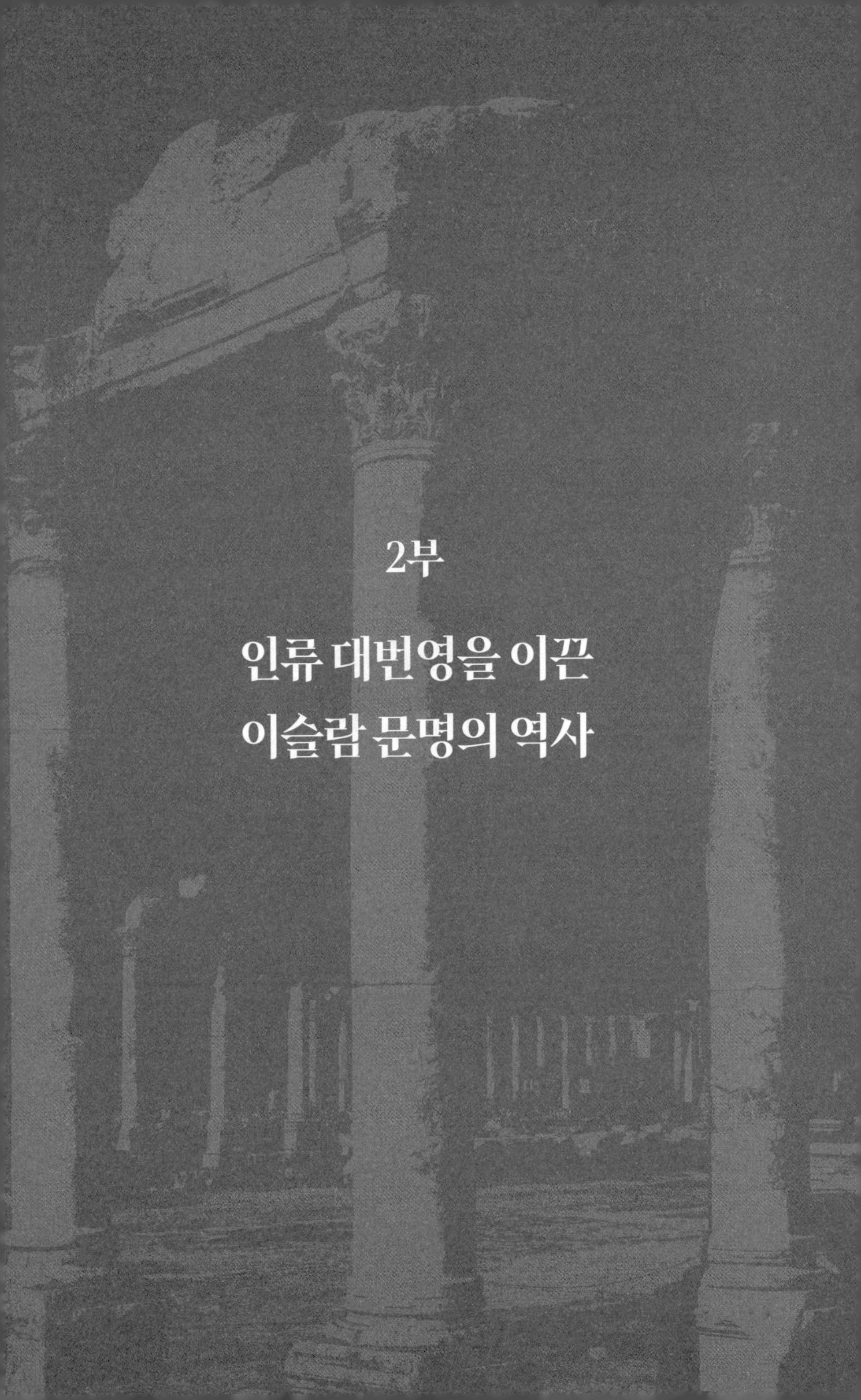

2부

인류 대번영을 이끈 이슬람 문명의 역사

8장

이슬람의 황금기 압바스

610년	무함마드, 알라로부터 첫 계시를 받음
622년	무함마드, 메카에서 메디나로 이주(헤지라)
632년	무함마드 타계, 정통 칼리프 시대 개막
651년	이슬람, 사산조 페르시아 정복
661년경	무아위야 1세, 우마이야 왕조 제1대 칼리프 등극
750년	압바스 왕조 개창
751년	탈라스 전투
756년	이베리아반도에 후우마이야 왕조 출현
764년	새 수도 바그다드 건설
909년	시아파, 북아프리카 서부에서 파티마 왕조 개창
945년	부와이 왕조, 바그다드 점령
1055년	셀주크 튀르크, 바그다드 입성
1071년	만지케르트 전투
1258년	몽골 제국, 바그다드 함락

압바스 제국은 500년 이상 이슬람의 전성기를 이끌었다. 우리가 흔히 천년 이슬람 제국을 언급할 때 가장 중심에 있는 국가이다. 사산조 페르시아가 멸망하면서 아시아 서쪽과 북아프리카에는 아랍인에 의한 이슬람의 시대가 도래했다. 이로써 중동-서아시아 역사의 주도권은 페르시아인에서 아랍인으로 넘어갔다.

아랍인이 세운 최초의 국가는 오늘날 시리아의 다마스커스에 도읍한 우마이야 왕조이다. 그러나 우마이야 왕조는 국가 운영에서 아랍인들에게 지나치게 의존함으로써 90년 만에 끝이 났고, 우마이야를 이어 압바스 제국이 새롭게 등장한다. 압바스 제국은 아랍인 중심에서 벗어나 피정복지의 인재를 골고루 등용하고 차별과 배제를 최소화하면서 진정한 글로벌 국가로 거듭났다.

이슬람의 출발지가 메카라면, 이슬람이 세계종교로 확산하고 세계 최고 수준의 학문, 과학, 예술의 절정기를 이룬 무대는 압바스 제국의 수도 바그다드였다. 최첨단 학문의 산실은 9세기에 설립된 세계 최초의 종합 아카데미 '바이트 알히크마'였다. 바로 이곳에서 당시 세계 최고 수준의 학문이 연구되고 번역되고 보급되었다. 페르시아인 수학자 무함마드 콰리즈미(Muḥammad Khwarizmi, 780?~850?)가 대수학과 알고리즘을 발명한 것도 이때였다. 콰리즈미는 자신의 이름을 차용한 학문이 생길 정도로 탁월한 학자였다. 신라와 고려에 관한 기록이 담긴 수십 권의 필사본이 작성되고 보존된 것도 압바스 제국 때였다. 동시대 각지의 사정을 살피고 이에 대해 기록하고 보존하는 것이 이 제국의 특징임을 잘 보여주고 있다. 그러나 10세기 이후 압바스 왕조는 각 지방에서 정치·군사적으로 실권을 가진 총독들이 점차 독립하면서 칼리프의 권력에 서서히 금이 가기 시작했다. 시아파 정치 세력이 북아프리카 서부에 파티마 왕조를 세우고 칼리프 칭호를 사용하면서 압바스 왕조의 권위를 부정한 데 이어, 이베리아반도의 후우마이야 왕조마저 칼리프를 자칭하면서 이슬람 세계에는 3인 칼리프 체제가 구축된다. 설상가상으로 10세기 중반에는 이란계

시아파의 부와이 왕조가 수도 바그다드를 점령하고 군사와 행정의 실권을 장악했다. 이후 압바스 왕조의 칼리프는 이슬람 세계의 종교적 권위에 불과한 속 빈 강정으로 전락한다.

혼란스러운 이슬람 세계를 다시 통합한 왕조는 11세기 중반에 바그다드에 입성한 셀주크 튀르크였다. 셀주크 왕조는 같은 이슬람의 틀 속에서 압바스 왕조의 칼리프를 보호하면서 공생하는 정책을 폈다. 그렇지만 셀주크나 압바스 모두 '몽골'이라는, 새로운 정복자의 거대한 물결을 피할 수 없었다. 셀주크 왕조의 패망에 이어 1258년 바그다드마저 몽골의 침략으로 초토화되면서 500년 압바스 제국은 수명을 다했다. 이슬람 세계는 그로부터 반세기 후에야 오스만 제국에 의해 재통일되었다. 아랍인에서 튀르크인으로 이슬람 세계의 지배자가 바뀐 것이다.

01

이슬람 제국 시대의 개막

이슬람의 태동

6세기 말은 동서양을 막론하고 세기말적 현상이 팽배한 질곡과 혼란의 시기였다. 동아시아는 북주(北周, 557~581)를 이은 수나라가 중국을 통일하기 직전인 남북조 시대 말기로 남조의 마지막 왕조 진(陳, 557~589)나라와 서로 쟁패하면서 민생이 도탄에 빠져있었다. 아라비아반도도 윤리와 도덕이 마비되고 우상숭배의 폐해가 극에 달한 '자힐리야(Jahiliyyah, 아랍어로 '무지'를 의미, 여기서는 '신에 대해 무지한 상태', 즉 '이슬람 출현 이전 상태'를 뜻함) 시대'였다. 아라비아반도의 북쪽에서는 고대 최악의 재앙이라 할 수 있는 유스티니아누스 역병(Plague of Justinian)이 창궐하면서 동로마 제국과 사산조 페르시아 제국을 강타했다. 541년 이집트의 항구도시 펠루시움(Pelusium)에서 시작된 역병은 이듬해 비잔티움(동로마) 제국의 수도 콘스탄티노플에 상륙했고, 그 후 200년 가까이(541~750) 퍼져나가면서 엄청난 피해를 남겼다. 그 당시 역병의 피해를 기록한 그리스 학자 프로코피우스(Procopius, 500?~565?)에 의하면 콘스탄티노플에서만 몇 달 동안 하루 사망자 수가 5,000~1만 명에 이르렀다고 한다. 시리아 출신 역사가 에바그리우스(Evagrius, 536~594)도 542년부터 544년까지 3년 동안 콘스탄티노플에서만 도시 주민의 절반에 달하는 약 30만 명이 희생되었다고 기록하고 있다. 유스티니아누스 역병이 주기적으로 발생하면서 비잔티움 제국이 다스리던 지중해 연안은 완전히 회생 불능의 상태에 빠졌다.

이웃 사산조 페르시아도 유스티니아누스 역병의 재앙을 피해갈 수 없었다. 페르시아에서는 이 병에 걸려 사망한 사산 왕의 이름을 따서 '셰로에 역병(Plague of Sheroe)'이라고 불렀는데, 페르시아 역시 역병으로 인해 인구가 급감하면서 병력과 경제활동인구도 급격히 줄어들었다. 설상가상으로 7세기 초 두 제국이 유프라테스 서쪽 땅에서 격돌하면서 중앙아시아에서 메소포타미아를 거쳐 지중해로 이어지는 육해상 실크로드가 마비되자, 이를 대신해 아라비아 사막을 가로질러 지중해로 나아가는 대상로가 우회 루트로서 주목받았다. 그중에서도 홍해 동부 연안에 인접한 메카(Mecca)와 메디나(Medina)가 중심도시였다. 역병과 전쟁으로 민생이 도탄에 빠지고 국력이 쇠퇴한 상황은 주변 세력들에게 절호의 기회가 되었다.

이러한 시기에 아라비아반도에서 무함마드(Muhammad, 570?~632)가 등장했다. 그는 메카의 명문 꾸라이시(Quraysh) 집단의 바누 하심(Banu Hashim) 가문에서 유복자로 태어났다. 어려서 어머니마저 여의고 하심 가문의 가장인 숙부 아부 탈리브(Abu Talib)의 보호 아래서 자랐다. 10대 시절부터 숙부와 함께 팔레스타인과 시리아 등지를 오가며 대상으로 활동했는데, 그 과정에서 당시 혼란한 사회상에 깊이 회의했고, 기독교와 유대교의 사상에도 관심을 가진 것으로 여겨진다. 20대 중반에 부유한 과부 카디자(Khadijah)의 상단에 고용되었고, 그의 성실함과 노력으로 사업은 크게 번창했다. 카디자 측에서 하심 가문에 혼담을 넣으면서 25세경 무함마드는 카디자와 결혼했다. 상단이 안정된 뒤로는 1년에 몇 주씩 메카 인근에 있는 한 동굴에 들어가 자신이 목격하고 경험한 인간사회의 모순에 대한 해결책을 구했다. 15년에 걸친 오랜 기도와 명상 끝에 그의 나이 40세 되던 610년, 하느님(알라)으로부터 첫 계시를 받았다. 무함마드의 계시는 아내 카디자와 주변 동료들에 의해 암송되고 기억되었으며, 후일 책으로 편찬되어 《꾸란(qur'ān)》이란 경전으로 완성되었다.

613년경부터 대중 앞에서 설교를 시작했지만, 무함마드의 이슬람이 처음부터 주변의 큰 호응을 얻은 것은 아니었다. 그의 유일신 사상은 여러 신을 믿으며 우상을 숭배하던 당시 메카인들에게 낯설었고, 특히 수백 명의 신을 모신 성소 '카바(Ka'bah)'를 통해 부를 축적하던 메카 상류층에게는 위험한 사상으로 비쳤다. 그래서 초기 이슬람 신자는 주로 유일신과 그 앞의 평등을 설파하는 무함마드에게 감응한 빈자나 차별당하는 외국인 또는 노예였다. 무함마드가 약자나 소외계층에 위험한 사상을 주입하며 사회의 질서를 어지럽히고 자신들의 경제적 이권을 위협한다고 여긴 메카 상류층은 점차 신자가 늘어나자 무함마드와 그 추종자들을 박해하기 시작했다. 그래서 622년 무함마드와 추종자들은 가족을 데리고 메디나로 이주한다.

무함마드의 메카 입성

페르시아의 시인 바질 마슈하드(Bāzil Mashhadī)의 서사시 《하이다르의 전쟁(Hamla-i Haydari)》(1124)의 한 장면이다. 무함마드와 추종자들이 우상을 파괴하며 메카로 입성하는 모습을 묘사했는데, 무함마드는 불꽃으로 표현되었다. 1808년 인도 카슈미르 지역에서 발견되었다. '하이다르(Ḥaydar)'는 당시 무함마드와 함께한 그의 사촌 알리의 별명으로 '용맹한'이란 의미이다.

이슬람 신자들은 이것을 가리켜 '헤지라(hegira, '이주' 혹은 '출발'을 의미)'라 하고, 622년을 이슬람력의 원년으로 삼고 있다.

한편, 메디나로 이주한 무함마드와 그 추종자들은 그곳에서 새로 이슬람을 받아들인 신자들과 함께 정교일치의 이슬람 공동체(움마Ummah)를 세우고, 유대교도와 기독교인, 그 밖의 이교도들이 뒤섞여 있는 메디나의 여덟 부족과 일종의 맹약(〈메디나 헌장〉)을 맺음으로써 이슬람의 새로운 발판을 마련했다. 이후 8년간 세 차례에 걸친 전투를 치르는 과정에서 이슬람은 메디나 바깥으로 퍼져나갔고, 630년 무함마드와 그의 무리가 메카에 무혈입성함으로써 교세 확장의 결정적인 전기를 마련했다. 무함마드가 사망할 무렵에는 이미 아라비아의 모든 부족이 이슬람이라는 이름 아래 하나로 통합되었다.

이슬람은 유일신인 알라를 믿는 종교다. 삼위일체(三位一體)에 의한 기독교식 유일신 사상과는 달리, 예수의 신격을 부정하는 철저한 일원론적 유일신 사상을 확립했다. 이슬람에서는 아담에서 아브라함, 모세, 예수로 이어지는, 《구약》에 기록된 많은 선지자를 시대적 임무를 띤 훌륭한 인간 예언자로 인정하고 추앙한다. 그리고 무함마드를 예수 이후에 신이 보낸 마지막 인간 예언자로서 앞선 복음을 완성하는 사명을 가진 자라고 여긴다. 즉, 이슬람교는 신 앞에 만민이 평등하며 신과 인간 사이에 어떤 중개자도 두지 않는다는 가르침으로, 예수를 통한 구원을 강조하는 기독교 사상과 근본 정신을 달리한다. 또한, 최후의 날 현세에서 개인이 행한 선악의 경중에 따라 신의 심판을 받고 천국의 구원과 지옥의 응징으로 운명이 나뉜다는 내세관과 모든 것은 신이 정한 법칙에 따라 움직이고 예속된다는 정명 사상을 갖고 있다. 그 밖에 도박, 마약, 고리대금, 술과 돼지고기, 이슬람식으로 도살되지 아니한 육류를 금하며, 특수한 상황에서 일부다처를 허용하기도 한다.

이러한 이슬람의 실천 강령과 신앙체계는 흔히 오주육신(五柱六信, 5가지 행동과 6가지 믿음)으로 압축되는데, 무슬림(Muslim, 이슬람교도)의 5대 의무는 신앙고백, 하루 다섯 차례의 예배, 자선을 위한 종교세 납부, 매년 라마단(Ramaḍān, 이슬람력 9월) 한 달간 해 있는 동안의 단식, 평생에 한 번 이슬람의 성지 메카 순례 등이다. 이슬람 최고의 경전은 알라가 천사 가브리엘을 통해 무함마드에게 계시한 내용, 즉 알라의 말 그대로를 기록했다는 《꾸란》이지만, 예언자 무함마드의 언행이 담겼다는 《하디트(ḥadith)》도 이슬람 사회에서는 《꾸란》 다음으로 중시된다. 《꾸란》에서 신자들에게 무함마드의 언행을 모방하고 그의 판단을 따르라 하기 때문이다. 다만 《하디트》는 여러 판본이 있고 진위를 가리기가 쉽지 않아 이를 연구하는 하디트학이 이슬람 학문에서 매우 중시된다. 많은 이슬람 국가에서 《사히흐 무슬림(Sahih Muslim)》과 《사히흐 알부카리(Sahih al-Bukhari)》를 가장 정통한 《하디트》로 받아들이고 있다.

정통 칼리프 시대

이슬람 공동체는 632년 지도자 무함마드가 타계함으로써 후계자 선출 문제에 부닥쳤다. 그러나 '슈라(shura, 아랍어로 '협의'를 의미)'라 불리는 부족 합의제 방식으로 후계자를 뽑아 이슬람식 민주주의의 전형을 마련했다. 이때부터 예언자 무함마드의 후계자를 '칼리프(caliph)'라 칭했는데, 이슬람 공동체의 최고

지도자로서 정치와 종교를 동시에 관장했다. 무함마드의 동료 아부 바크르(Abū Bakr, 재위 632~634), 우마르('Umar, 재위 634~644), 우스만(Uthman, 재위 644~656)이 차례로 칼리프의 자리에 올랐고, 무함마드의 사촌이자 사위인 알리(Ali, 재위 656~661)가 그 뒤를 이었다. 이 4명의 칼리프가 통치하던 시기를 흔히 '정통 칼리프 시대'라 부른다.

이 시기부터 적극적인 대외 정복이 이루어졌다. 이는 당시 팽창하고 있던 이슬람 공동체의 생존을 아라비아 일대의 침체된 상업과 목축업만으로는 감당할 수 없어 비옥한 경작지와 안정적인 교역로의 확보가 절실했기 때문이다. 아부바크르가 이슬람 세계를 홍해까지 확장한 이래 이슬람군은 아라비아를 넘어 비잔티움 제국 치하의 시리아와 이집트를 정복했고, 651년에는 사산조 페르시아마저 손에 넣었다. 이슬람 공동체가 아부바크르 이후 불과 30년 만에 이집트에서 페르시아에 이르는 대제국으로 발돋움한 것은 기적에 가까운 일이었다. 이슬람의 급속한 세력 팽창을 흔히 '한 손에 칼, 한 손에 꾸란'이란 표현을 사용해 빗대곤 하지만, 당시 비잔티움 제국과 페르시아의 수탈과 착취에 시달리던 사람들은 이슬람의 진출을 오히려 환영했고, 정복 과정에서 이슬람으로의 강제 개종은 실제로 거의 일어나지 않았다.

한편, 정복 사업으로 영토가 급격히 확장되면서 아랍 집단 간에 정치적 헤게모니와 경제적 이권을 둘러싼 대립이 심화했다. 특히 우스만이 암살되고 칼리프가 된 알리가 수도를 메디나에서 자신의 정치적 근거지인 쿠파(Kufa, 바그다드 근교)로 옮기고 세력을

쿠파의 대모스크

제4대 정통 칼리프 알리의 고향이었던 쿠파에 7세기에 건립된 모스크다. 알리의 아들이자 시아파 3대 이맘(imām) 후사인의 유해가 있는 곳이기도 하다.

확장해 나갈 무렵, 우스만의 친족이자 시리아 총독인 무아위야 1세(Muawiyah I, 재위 661~680)가 우스만의 복수를 명분으로 알리에게 도전했다. 내전의 와중에 알리가 암살당하자 알리의 아들 하산(Hasan, 재위 661)이 새로운 칼리프가 되었는데, 내전을 끝내기 위해 칼리프 자리를 무아위야에게 양도했다(661). 하지만 칼리프 자리를 둘러싼 다툼은 무슬림 사회의 분열을 초래했다. 대다수 무슬림은 앞선 4명을 모두 정통 칼리프로 인정했지만, 일부는 무함마드의 혈통만이 칼리프 자리에 오를 자격이 있다며 알리만을 정통성 있는 칼리프로 인정했다. 이후 전자는 '순니(Sunni)', 후자는 '시아(Shiah)'

로 불리게 된다. 시아 무슬림들은 무아위야가 하산을 몰아내고 칼리프가 되자 알리의 또 다른 아들 후사인(Husayn, 626~680)을 중심으로 알리가 터를 닦은 쿠파에서 힘을 기르기 시작했다. 그러나 무아위야는 676년에 자신의 아들 야지드 1세(Yazid I, 재위 680~683)를 후계자로 지명함으로써 칼리프 자리를 사실상 세습화했다. 그래서 역사가들은 무아위야를 우마이야 왕조(Umayyad Caliphate, 661~750)의 제1대 칼리프로 간주한다.

아랍인 중심의 우마이야 왕조

슈라를 통한 칼리프 선출제를 버리고 세습제를 택함으로써 이슬람 역사 최초의 세습군주국임을 알린 우마이야 왕조는 메디나와 쿠파를 포기하고 수도를 비잔티움 제국의 동부 수도였던 시리아의 다마스커스로 옮겼다. 그리고 정복전쟁을 본격화하여 파미르고원을 경계로 중국의 당나라와 접경하고, 서쪽으로는 비잔티움 제국을 공격하여 두 차례나 콘스탄티노플을 포위했다. 한편 북아프리카 전역을 손에 넣은 이듬해(711)에는 지브롤터(Gibraltar)해협을 건너 유럽의 서쪽 끝 이베리아반도를 공략했다. 이로써 이슬람의 수중에 들어간 이베리아반도는 15세기 말까지 약 800년간 '알안달루스(Al-Andalus)'로 불리며 유럽에 이슬람 문화를 전파하는 창구로 기능하게 된다. 이슬람군은 여세를 몰아 피레네(Pyrénées)산맥을 넘어 프랑크 왕국(Kingdom of the Franks, 481~843)

을 공략했으나, 732년 카를 마르텔(Karl Martell, 688~741)의 군대에 가로막혀 유럽의 중심부를 이슬람화하는 데 실패했다.

이슬람은 태동한 지 100년도 안 돼 아라비아반도를 넘어 서쪽으로 이집트를 비롯한 북아프리카 전역을 손에 넣고 유럽의 이베리아반도까지 진출했고, 동쪽으로 중앙아시아 서부와 인더스강 동안을 점령했으며, 중국까지 공략했다. 이슬람의 빠른 영토 확장은 비잔티움 제국과 사산조 페르시아 제국이 쉬지 않고 전쟁을 반복하는 사이 이 일대의 경제가 피폐해진 데다, 양 제국의 강압적인 통제와 과중한 조세가 민심의 이반을 초래했기 때문이다. 더욱이 이슬람은 일단 무력을 사용해 정복한 후에는 주민들을 마구잡이로 살육하거나 직접 통치하기보다는 기존 토후 세력을 인정하며 그 지역에서 조세를 거두어들이는 지방분권통치를 채택했고, 이 정책이 정복지 주민들의 환영을 받았다. 이로써 장기적인 무혈의 정복 사업은 대성공을 거두었다.

정복지가 증대되고 이와 함께 이슬람으로 개종하는 사람들이 늘면서 무슬림 인구 중에 비(非)아랍계가 차지하는 비중이 점점 더 커졌다. 그러나 우마이야 시대에는 아랍계 무슬림이 정치와 경제 등 많은 분야에서 특혜를 독점했다. 아랍계 무슬림은 관료조직과 군대의 요직을 장악했고, 외부의 적으로부터 군사적으로 보호받는 요새도시에 거주했다. 비아랍계 무슬림들은 '피후견인들' 혹은 '피보호자들'을 의미하는 '마왈리(Mawali)'로 불렸다. 이 비아랍계 무슬림, 즉 마왈리는 수적인 우세와 이슬람의 확산 과정에서 쌓은 공적에도 불구하고 아랍계 무슬림에 비해 열등한 대우를 받자, 점차 불

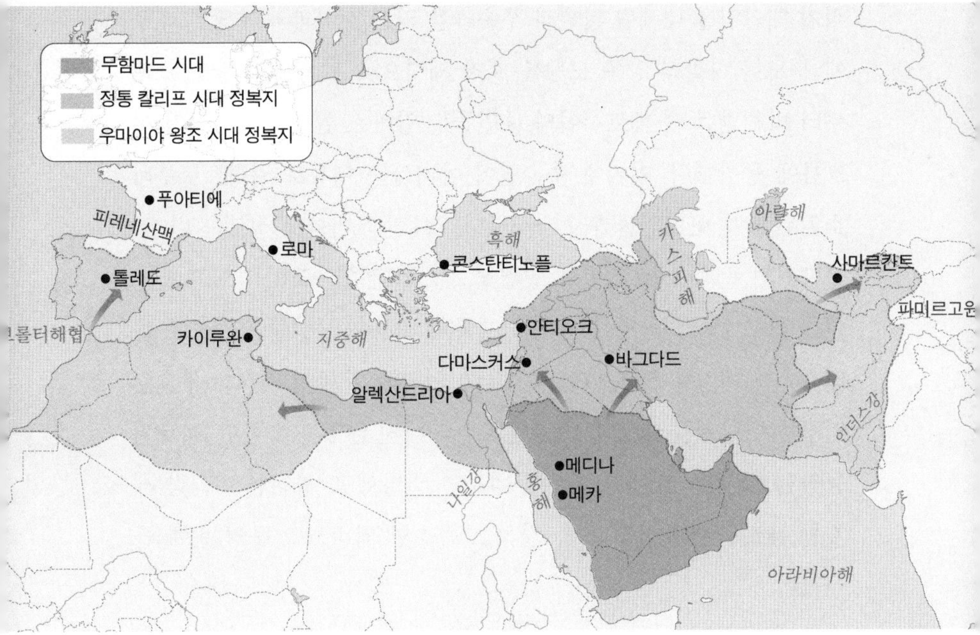

이슬람 세계의 확장

이슬람은 무함마드 시대(622~632)에서 정통 칼리프 시대(632~661)와 우마이야 왕조 시대(661~750)를 거치면서 빠르게 확산되었다.

만에 싸이게 되었다.

8세기 중엽 불만에 찬 마왈리들은 바그다드를 중심으로 반우마이야 운동을 전개해 온 시아파와 손을 잡고 우마이야 왕조를 위협했다. 이 혼란을 틈타 등장한 세력이 바로 압바스(Abbās) 일가였는데, 예언자 무함마드의 숙부 알압바스(Al-Abbās)의 후손들이었다. 이들은 자신들이야말로 우마이야 가문을 대체할 유일하고 현실적인 대안임을 내세워 알리의 후손들을 잃은 시아파와 부당한 대우에 분노한 마왈리 양쪽 모두를 지지 세력으로 포섭했다. 왕조 초기부터 박해받던 옛 페르시아의 주민들도 압바스 일가를 지지하며 이 흐름에 동참했다. 여기에 무슬림이 아니라는 이유로 권력으로부터 소외된 남부 아랍인들까지 가세했다. 741년 우마이야 정부는 비(非)무슬림의 관계(官界) 진출을 원천적으로 차단하는 조치를 발표했다. 이는 남부 아랍인들만이 아니라 제국의 대다수 구성원을 적으로 돌려세우는 계기로 작용했다. 학자들에 의하면, 우마이야 시대 무슬림 인구는 아랍계를 포함해 10퍼센트에 지나지 않았다고 한다. 이로써 등장한 지 90년 만에 우마이야 왕조는 멸망했고, 광대한 이슬람 세계는 새로운 이슬람의 옷을 걸치고 등장한 압바스 가문의 손에 들어갔다.

아랍인은 역사상 최초로 오늘날의 인도와 중국의 국경, 그리스, 이탈리아 및 프랑스의 변경지대에 이르는 방대한 지역을 하나로 통합했다. 한동안은 군사적·정치적 우위가 그 지역들을 묶어놓는 힘이었다. 하지만 그보다 훨씬 오랜 기간 그들을 하나의 공동체로 묶어낸 힘은 결국 아랍어와 이슬람이란 종교였다. 이슬람 세계는 인류역사상 가장 빠르게 확장되었고, 그 과정에서 주변 문화를 수렴했을 뿐만 아니라 주변의 고대문화까지도 되살려 '이슬람 문화'라는 종합문화를 창출했다.

'한 손에 칼, 한 손에 꾸란'의 실체

중세 이래 기독교 유럽 세계는 이슬람의 급속한 전파와 무슬림의 정복 사업에 '한 손에 칼, 한 손에 꾸란'이라는 표현을 무분별하게 사용해 왔다. 이슬람의 호전성과 종교의 강압적 전파를 설명하기 위한 의도로 보인다. 물론 이슬람 정치 세력의 팽창과 영토확장 과정에서 수많은 전투가 벌어졌고 이 과정에서 엄청난 폭력이 행사되었다. 하지만, 무력을 이슬람 전파의 본질로 설명하기는 어렵다. 《꾸란》에는 무력을 통한 종교의 전파는커녕 오히려 강제 개종을 금하는 구절이 있다. "너희 주님이 원하시면 지구상의 모든 사람이 믿음을 가지게 될 터인데, 너희는 어찌하여 사람들을 강요해서 믿음을 갖게 하려 하는가"(《꾸란》 10:99)라는 내용이 그것이다. '종교에는 어떠한 강요도 있을 수 없다'라는 의미이다.

이슬람이 놀라울 정도로 빠르게 확산된 것은 무력을 통해 개종을 강요해서가 아니라 관용과 포용정책을 편 덕분이었다. 비잔티움과 페르시아의 수탈과 착취에 시달리던 양 제국의 신민들에게 이슬람 정권은 개종을 강요하는 대신, 그들의 문화와 관습, 종교 등을 허용하고 주민들을 보호하는 대가로 그들에게 무슬림이라면 낼 필요가 없는 인두세(지즈야jizyah)를 내라고 요구했을 뿐이다. 요구한 세액도 비잔티움 제국과 사산조 페르시아 때에 비하면 훨씬 가벼웠다. 따라서 그들이 이슬람의 진출을 방해할 이유가 없었다. 게다가 이슬람으로 개종하면 세금 부담도 줄어드는 만큼 시간이 지날수록 개종하는 인구가 늘 수밖에 없었다. 이슬람 정부에는 늘어나는 무슬림 인구가 오히려 부담으로 작용할 정도였다. 개종 인구가 늘수록 국가의 세입이 줄어들기 때문이다. 그래서 우마이야의 5대 칼리프 압둘말리크(Abd al-Malik, 재위 685~705)는 세금 감면을 노린 개종을 막기 위해 개종을 금지하는 정책을 펴기도 했다. 국가 수입이 줄어드는 것을 막기 위해 피정복민의 개종보다 세금 납부를 원한 것이었다. 이런 점에 비추어 보면, 이슬람이 무력에 의해 전파되었다는 주장은 근거가 희박하다.

'한 손에 칼, 한 손에 꾸란'이라는 적의감 가득 찬 수사는 특히 십자군 전쟁 이후 유럽 전역을 휩쓸던 이슬람 열풍을 막고 기독교 세계를 지키기 위해 당대 최고의 신학자이자 이슬람 연구자였던 토마스 아퀴나스(Thomas Aquinas, 1225?~1274)가 정립해 놓은 극도의 이슬람 혐오 사상의 영향이다. 역사를 살펴보아도, 일단 이슬람 세력이 진출했던 지역은 이슬람 세력이 물러난 후에도 원래의 토착 종교로 돌아가거나 다른 종교로 개종하지 않았음은 물론, 오늘날까지도 이슬람 문화권으로 남아있다. 만일 이슬람이 무력에 의해 전파되었다면 이슬람 세력이 후퇴한 후 그 지역 주민들은 즉시 이슬람을 버렸을 것이다. 그런데 이슬람은 그 지역들에서 오히려 더 번창했다. 많은 이슬람 학자들이 해당 지역에서 배출된 사실이 이를 증명한다. 그들이 없었다면 이슬람 신학이나 철학, 사상 등이 지금처럼 발전하지는 못했을 것이다.

02 압바스 제국의 등장과 번영

이슬람 제국의 성립과 특성

우마이야 왕조를 이은 두 번째 이슬람 왕조가 압바스조(Abbasid Caliphate, 750~1258)이다. 명실상부한 500년 이슬람 제국이다. '압바스'라는 국명은 예언자 무함마드의 숙부 알 압바스로부터 유래했다. 압바스 왕조의 등장 배경은 정치적 음모나 군사 쿠데타가 아니라 강력한 하부조직과 선전에 의한 아래로부터의 혁명이었다. 2대 칼리프 알만수르(Al-Mansur, 재위 754~775) 시대에 수도를 바그다드로 옮기고 중앙집권적 체제를 확립한 압바스 정권은 인종과 민족을 초월한 범이슬람 제국을 지향했다. 제국의 지리적 판도가 이미 아라비아 영역을 벗어난 상황에서 바그다드 천도는 이슬람 세계의 중심을 우마이야의 근거지이던 서쪽의 시리아에서 압바스가의 지지 기반인 옛 페르시아 지역으로 이동한 것이나 마찬가지였다. 이는 이 나라가 더는 아랍인이 운영하는 아랍인을 위한 제국이 아니라 혈연과 상관없이 이슬람을 지지하는 모든 이를 포용하는 범이슬람 제국임을 선포하는 것이자, 제국 인구의 대다수가 거주하는 페르시아 지역의 무슬림이 새로운 지배계층으로 떠오를 것임을 예고하는 것이었다.

새로운 제국의 거버넌스 구축을 위해서는 앞선 문명의 수용이 불가피했다. 그 결과 페르시아 제국의 중앙집권적 거버넌스는 물론 축적된 도시 정주사회의 전통, 수준 높은 인적자원과 문명의 하부구조가 고스란히 압바스 제국으로 흘러들었다. 재상인 와지르(Wazir)가 중앙의 각종 행정기관을 통괄했고, 지방에는 칼리프가 직접 총독을 파견하여 다스리게 했으며 상비군을 두었는데, 우마이야 왕조 때와 달리 아랍인의 특권이 상대적으로 줄고 행정 및 군사기관의 요직에 페르시아인이 중용되었다. 와지르도 주로 페르시아인이었고, 궁정의 친위대도 페르시아인과 튀르크인 노예 병사(맘루크 Mamluk) 위주로 구성되었다. 이리하여 후대 역사가들은 압바스 왕조를 진정한 '이슬람 제국'이라 부른다. 압바스 제국에서 페르시아의 제도와 문화적 요소의 위력은 거의 절대적이었다.

이 왕조에서는 여러 민족과 지역의 문화가 골고루 융합된, 폭넓은 문화가 발전했다. 아랍인의 개념도 종족적 개념에서 '아랍어를 사용하고 이슬람을 믿으며 아랍인으로 자칭하는 모든 사람을 포괄'하는 문화적 개념으로 바뀌었다. 이런 문화적 아랍화의 물결은 이라크와 시리아는 물론, 이집트를 비롯한 북아프리카 전역으로 번져 오늘날의 아랍권이 형성되는 계기가 되었다.

조세는 인두세(지즈야)와 토지세(하라지kharaj) 두 가지가 주된 세입원이었다. 인두세는 무슬림이 아닌 사람에게 부과했고, 토지세는 '토지가 세금을 지불한다'는 원칙 아래 종교와 관계없이 토지를 경작하는 모든 이에게 부과했다.

압바스 왕조는 5대 칼리프 하룬 알라시드(Hārūn al-Rashīd, 재위 786~809)와 그의 아들 알마문(Al-Ma'mun, 재위 813~833) 시대에 전성기를 맞이했다. 이때 바그다드는 당나라의 장안과 함께 지식과 교역, 문화의 중심지로 번창했고, 활발한 육해상 실크로드의 개척으로 동서 문물이 물밀듯이 유입되었다. 특히 중국에서 도입된 제지술이 종이혁명을 불러와 그리스와 로마의 고전이 번역, 재해석되고 학문이 꽃을 피워 이슬람의 르네상스를 맞이했다. 제지술의 도입으로 8세기 이후 저술된 많은 아랍 사료에서 신라에 대한 귀중한 기록을 발견할 수 있어, 고대 한반도와 아랍 세계의 긴밀한 교류를 확인할 수 있다.

인류 최대의 지식도시, 바그다드

500년 압바스 제국의 실질적인 중심지는 수도 바그다드였다. 유프라테스강과 티그리스강이 인접한 요충지에 자리한 바그다드는 압바스 왕조 전성기에 인구가 100만에 달한, 명실상부한 세계 최대 규모의 도시였고, 당시 가장 수준 높은 문화·예술·정치·종교·지식의 도시였다. 우마이야 왕조가 비잔티움 제국의 아시아 수도였던 다마스커스에 도읍하여 그리스-로마 문명의 유산과 지중해 문화의 다양성을 폭넓게 수용했다면, 압바스 제국은 바그다드로 제국의 무게중심을 옮김으로써 수천 년 축적된 고대 오리엔트 문명의 하부구조는 물론, 1,200년 페르시아 문명의 전통과 진수를 고스란히 받아들일 수 있었다. 그것은 바그다드가 중앙아시아를 거쳐 중국으로 향하는 실크로드 물류 대동맥의 동쪽 관문인 호라산과 바로 통하고 사산조 페르시아의 오랜 수도였던 크테시폰에서 북쪽으로 30킬로미터 지점에 자리함으로써 가능했다. 바그다드 건설에는 이 지역에 예전부터 있었던 운하가 입지 선정에서 중요한 역할을 했다. 티그리스강과 유프라테스강이 서로 가장 가깝게 흐른다는 지형적 특성을 바탕으로 수위(水位) 차를 이용해 두 강을 연결하는 다섯 개의 운하였는데, 이를 통해 도시에 풍부한 물을 공급하는 한편, 주변의 다른 도시들과 쉽게 교류할 수 있었다.

인근 도시 쿠파와 하일(Ḥa'il)을 거쳐 메디나와 메카로 향하는 성지순례의 거점 역할을 할 수 있다는 점도 이 지역이 선택된 중요한 이유 중 하나였다. 무엇보다 이곳은 이집트에서 아프가니스탄에 걸친 광대한 영토의 중간에 자리해 유럽과 아시아의 물자와 문화가 한데 모일 수 있을 뿐만 아니라, 티그리스강을 따라 인도양으로 나가 인도와 중국의 해안에 쉽게 닿을 수 있는 곳이었다. 이로써 이슬람 제국이 아랍인 중심에서 다양한 민족이 융합된 진정한 세계제국으로 나아가고, 육상 실크로드를 넘어 해로를 통해 좀 더 쉽게 인도와 중국의 문화를 수용할 수 있는 조건을 갖추게 되었다.

쿠파에서 수도를 옮기기로 하고 바그다드를 건설한 이는 2대 칼리프 알만수르였다. 알만수르 시대에 이 도시는 지름 약 2킬로미터의 원형으로 설계되었고, '마디나트 아살람(Madinat as-Salam, '평

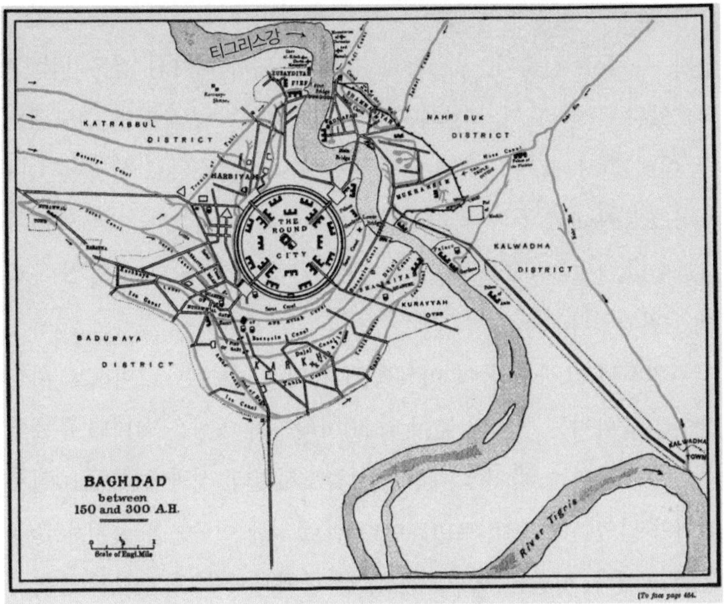

바그다드의 원형도시(767~912)

알만수르의 원형도시는 티그리스강 서안에 들어섰다. 이 도시가 완성된 이듬해에는 아들 알마흐디(Al-Mahdi, 재위 775~785)를 위해 원형도시 외곽의 티그리스강 동안에 궁전과 모스크를 지었는데, 이후 이 건물들을 중심으로 '루사파(Rusafah)'라 불리는 외곽도시로 발전했고, 차차 규모와 인구 면에서 원형도시를 능가하게 되었다. 하룬 알라시드 이후 칼리프들은 대개 이 루사파에 궁을 짓고 거주했다고 한다. 원형도시를 중심으로 그물망처럼 이어진 운하들이 눈에 띈다.

화의 도시'라는 의미)'으로 불렸다. 알만수르는 인도 북부의 총독으로 있으면서 '만수라(Mansura)'라 이름한 도시를 멋지게 건설한 칼리드 알바르마키(Khalid al-Barmaki)에게 바그다드 건설을 맡겼다. 칼리드는 우선 이슬람 제국의 심장부답게 《꾸란》에 묘사된 파라다이스의 모습을 지상에 구현하고자 세계 각지에서 명망 있는 건설기술자, 측량사, 건축가, 구조공학 전문가, 도시 디자인 전문가를 불러모았다. 특히 도시의 설계는 2명의 페르시아 건축가가 주도했는데, 아바즈(Ahvāz, 이란 후제스탄) 출신의 조로아스터교 신자였던 나우바크트(Naubakht)와 호라산 출신의 유대인 마샬라(Mashallah)가 그들이다. 4년(764~768)에 걸친 공사 기간에 약 10만 명의 노동력이 동원되었다.

완성된 도시는 폭이 아래쪽은 44미터, 위쪽은 12미터로 위로 갈수록 좁아지는 형태의 높이 약 30미터짜리 내성을 50미터 두께의 외성이 둘러싸는, 방어에 유리한 성곽도시였다. 성곽 둘레만 10킬로미터가 넘었는데, 2.4킬로미터마다 철로 만든 이중문을 설치해 출입을 통제했다. 성문은 모두 4개로, 각 문에서 뻗어나간 길의 종착지 이름을 따서 각각 '쿠파·바스라(Basra)·호라산·시리아(혹은 다마스커스)의 문'이라 했다. 특히 '호라산의 문(Bab al-Khorasan)'은 바그다드에서 이란고원을 거쳐 중앙아시아의 호라산 북동부로 이어지는 '호라산길(Khorasan Road)', 즉 육상 실크로드의 중요한 출발지였다.

탈라스 전투와 동서 문명 교류

탈라스 전투(Battle of Talas)는 압바스 왕조가 들어선 이듬해인 751년, 현재의 키르기스스탄에 있는 탈라스(Talas)평원에서 서아시아의 압바스 제국과 동아시아의 당나라가 맞붙은 고대 최대 규모의 대전이었다. 7일 밤낮으로 계속된 평원 전투에서 뛰어난 무기와 기습, 매복에 익숙한 지야드 이븐 살리흐(Ziyad Ibn Salih) 사령관이 이끄는 이슬람 군대가 고구려 유민 출신 고선지(高仙芝, ?~755) 장군이 이끄는 당을 꺾고 대승을 거두었다. 무기나 전술의 우세뿐만 아니라, 당의 동맹군으로 참전한 카를루크(Karluk) 군대가 당을 배반하고 압바스 편으로 돌아선 것이 승리의 결정적 계기가 되었다. 압바스 왕조 때의 무슬림 역사학자 알리 이븐 알아시르(Ali ibn al-Athir, 1160~1232)의 《연대기(al Kāmil fit-Tāñkh)》(1231년경)에 의하면, 당시 당군은 5만 명이 전사하고 2만 명이 포로로 잡히는 수모를 당했다. 그런데 전쟁은 역설적이게도 문화와 기술의 광범위하고도 빠른 전파를 촉진하곤 한다.

특히 탈라스 전투는 중국의 제지술이 이슬람 세계로 전해지는 계기가 되었다. 이는 유럽의 지성사와 문화교류사에서 의의가 크다. 포로로 잡힌 당나라 군사 2만 명은 사마르칸트, 바그다드 등 압바스 제국의 여러 도시에 분산 수용되었는데, 이들 중에 상당수의 제지 기술자가 섞여있었다. 초기에 이집트산 파피루스를 사용하다가 그즈음 양피지로 대체한 이슬람 세계는 중국의 선진기술을 필요로 했고, 따라서 이 제지기술자들을 우대하면서 종이 생산에 전념할 수 있게 했다. 나무껍질, 아마포, 넝마, 대나무로 만든 중국 종이는 가볍고 질기고 편편할 뿐만 아니라 대량 생산이 가능했기 때문에 이슬람 사회에서 큰 인기를 얻었다.

전쟁 직후 이미 종이가 탈라스 인근 사마르칸트에 소개되었고, 그곳에서 일종의 면지(綿紙)가 개발되어 '사마르칸트지(紙)'라 불

이슬람 제지기술자

영국 국립도서관에 소장된 19세기 카슈미르에서 그려진 수채화에는 이슬람 제지기술자가 등장한다. 제지기술자는 빨간 펄프 용기 옆에 웅크린 채 제지용 거푸집을 손에 들고 있다. 우측 상단에는 말리기 위해 널어둔 종이가, 그 아래에는 다듬질하기 위해 펼쳐져 있는 종이가 보인다.

리게 되었다. 사마르칸트지 제조업은 날로 번창하여 제국의 각지로 보급되었다. 종이 수요가 급증하자 제국의 여러 지역에 제지공장이 경쟁적으로 생겨났다. 더는 파피루스와 양피지가 중국 종이의 경쟁 상대가 되지 못했다.

칼리프 하룬 알라시드 치세인 794년에는 알만수르 시대에 바그다드 건설을 책임졌던 칼리드의 손자이자 재상인 자파르 알바르마키(Jafar al-Barmaki, 767~803)가 호라산 총독인 파즐의 후원으로 바그다드에 대규모 제지공장을 설립했다. 수도인 바그다드에서 종이가 대량 생산되자 값도 싸져 종이 수요량이 더욱 증가했다. 바그다드에 이어 다마스커스, 900년경에는 북아프리카의 카이로(Cairo)와 페스(Fes), 12세기 중엽 이후에는 알안달루스의 발렌시아(Valencia)와 톨레도(Toledo) 등지에서도 종이가 생산되었다.

이슬람 세계는 제지술의 발달과 함께 종이의 대량 생산에 성공함으로써 문예의 새로운 부흥기를 맞이했다. 종이의 품질은 향상된 반면 가격은 하락해 누구나 쉽게 종이를 구할 수 있게 되었고, 이를 바탕으로 학문과 문학이 크게 발전할 수 있었다. 학자는 물론 일반 서민도 글을 배워 기록을 남기는 풍조가 이슬람 세계에 만연했다. 이슬람 세계의 학문적 르네상스라 불러도 좋을 시대가 시작되었다. 종이를 사용하게 된 이래 수백만 권에 달하는 아랍어나 페르시아어 서적과 문서가 현재까지도 중동-아랍 국가의 문서관리국과 고서 도서관에 산재한다. 이런 자료들은 당시의 학문과 과학을 이해하는 데는 물론 궁정 생활과 사회구조, 국제관계를 파악하는 데 귀중한 1차 사료로 평가받고 있다. 신라와 고려에 관한 사료도 수십 종이 이런 자료 뭉치들 틈에서 발견되었다.

한편 이슬람 세계에서 종이를 수입하던 유럽도 십자군 전쟁을 계기로 이베리아반도와 시칠리아(Sicilia)를 통해 제지기술을 도입하여 종이를 직접 생산하게 되었다. 1109년에 종이가 북아프리카에서 인근 시칠리아로 전해졌고, 이어 이슬람이 지배하던 이베리아에서 제지산업이 크게 발달하면서 중세 유럽이 종이 문화를 본격적으로 접하게 되었다. 그러나 1492년 이베리아반도의 지배 세력이 이슬람에서 기독교 세력으로 바뀌고, 무슬림 기술자와 장인 들이 대거 이곳을 떠나버리면서 종이의 품질이 떨어지고 생산량도 줄어들었다. 그나마 다행인 것은 그간 이베리아반도에서 축적된 이슬람 과학과 문학의 결실들이 종이에 기록되고 라틴어로 번역되어 후일 유럽의 르네상스에 크게 기여했다는 점이다.

이슬람 제국이 중국에서 받아들여 십자군 전쟁 이후 유럽에 전해준 많은 문화 가운데는 풍차도 있다. 풍차는 원래 페르시아에서 중국에 전래되어 개발된 다음 이슬람 제국을 통해 유럽에 소개되었고, 1880년대까지 널리 이용되었다. 중국의 청자는 이슬람 세계의 왕족과 고위 관료층의 식기로 사용되었다. 청자 식기에 음식을 담으면 독극물을 쉽게 판별할 수 있었기 때문이다. 이외에 중국의 칠기, 차(茶), 공예기술, 비단과 직조기술 등도 이슬람 세계에 전해졌다. 탈라스에서 포로로 잡힌 당나라 군사 중에 제지기술자 외에 금·은 세공사와 비단 직조공, 화공도 있었고, 이들이 압바스 치하에서 활동했다.

탈라스 전쟁을 계기로 이슬람의 문화와 종교 또한 중국 사회에 널리 인식되었다. 고선지 휘하의 장수였던 두환(杜環)은 탈라스에서 포로로 잡힌 후 쿠파로 압송되었다가 이후 10여 년 동안 서아시아와 북아프리카를 두루 방문했고, 762년에 당나라로 귀환했는데, 이슬람 세계에서 보고 듣고 경험한 일들을 소재로 견문록《경행기(經行記)》를 저술했다.《경행기》는 전해오지 않으나 두환의 일족인 두우(杜佑, 735~812)의《통전(通典)》〈대식전(大食傳)〉에 그 내용이 단편적으로나마 수록되어 있다. 이슬람에 관한 중국 최초의 저술로 평가받는 이 책에는 이슬람 세계의 풍습과 지리, 특히 이슬람의 원리와 신앙체계 등이 소상히 기록되어 있다. 이슬람 세계의 풍습과 종교 생활을《경행기》는 다음과 같이 전한다.

대식(大食, '아랍'을 의미하는 페르시아어 '타지Tazi'의 음차로 무역상이란 뜻)은 일명 아구라(亜俱羅)라 불리는데, 왕호는 무민(Mumin)이고 수도는 쿠파이다. 그들은 기골이 장대하고 의상을 정결히 한다. 여인이 문밖출입을 할 때는 베일로 얼굴을 가린다. 귀천을 따지지 않고 매일 다섯 차례 하늘에 예를 올린다. 금식을 하고 음주가무를 즐기지 않는다. 남자는 은대(銀帶)를 차고 은도(銀刀)를 소지한다. 예배당이 있어 수만 명을 수용한다. 일곱째 날 왕이 예배를 근행하고 설교대(민바르Minbar)에 올라 다음과 같은 설법을 한다. "인생은 유한하고 하늘의 도는 바꿀 수 없다. 선을 행하고 거짓과 절도, 기만으로부터 자신을 지켜라. 살인은 대역죄이다. 그러나 전쟁에 나가 적을 무찌르고 전사하는 자는 큰 보상을 받으리라."

《경행기》는 현지 체험을 바탕으로 한 저술이라 내용이 비교적 정확하고, 이후 중국 문헌의 이슬람과 대식에 관한 기술의 토대가 되었다는 점에서도 의의가 깊다.

13세기에 몽골 제국이 동서 문화의 교류를 가속화하기 전까지, 탈라스 전투는 서아시아의 이슬람 문화와 동아시아의 유교·불교 문화의 상호 교류라는 면에서 아시아 대륙에서 발생한 가장 극적이고 역사적인 사건이었다.

이슬람 문화의 문명사적 공헌

압바스 시기 이슬람 제국은 아랍의 전통 문화를 기반으로 고대 오리엔트 문명과 페르시아, 그리스-로마, 인도의 문화를 흡수하여 독창적인 이슬람 문화를 발전시켰다. 이슬람 문화의 특징은 광대한 정복지의 문화를 파괴하지 않고 받아들여 국제적이고 종합적인 문화를 이루었다는 점이다.

이슬람 문화는 칼리프 하룬 알라시드 시대에 가장 번성했는데, 이때 바그다드에 설립한 바이트 알히크마(Bayt al-Ḥikmah, 지혜의 집)는 외국어 문헌의 종합번역센터로서 이슬람 문화의 국제성을 상징하는 대표적인 학문의 전당이었다. '지혜의 집'은 알렉산드리아의 무세이온(Mouseion)을 모델로 조성된 일종의 왕립 연구기관으로서 알샤마시야(Al-Shammasiyya) 천문대와 병원 시설 등이 함께 들어섰다.

일반적으로 종교와 삶의 일체라는 이슬람 문화의 특성 때문에 이슬람 세계의 학문은 종교와 밀접하게 관련되어 있다. 이민족에게 아랍어를 가르치기 위한 언어학과 《꾸란》의 해석을 위한 법학과 신학이 학문의 중심을 이루었다. 또 무함마드와 초기 무슬림들의 행적을 찾으려는 노력에서 많은 역사서가 편찬되었으며, 메카 순례와 교역로 확보를 위한 지리학도 발달했다. 특히 밤에 별을 보고 움직이는 유목 생활과 새로운 오아시스를 찾고자 하는 열망은 천문학을 생존의 학문으로 발전시켰고, 아울러 심리적인 안정을 추구하는 성향과 공동체적 운명이 점성학을 발전시켰다. 이슬람 세계의 이러한 학문과 문화적 성취는 후일 유럽의 르네상스를 일으키는 원동력이 되었다.

바이트 알히크마

칼리프 하둔 알라시드 시대에 바그다드에 설립된 '지혜의 집' 도서관에 모여있는 학자들의 모습이다. 1237년 야히야 알와시티(Yahya al-Wasiti)가 그린 것으로 프랑스국립도서관 소장품이다.

칼리프 알마문 시대에는 고대 그리스와 오리엔트 학문에 관한 연구가 절정에 달했다. 그리스와 오리엔트의 중요한 철학서와 과학서가 아랍어로 번역되었고, 10세기 초까지 플라톤과 아리스토텔레스 같은 고대 그리스 학자들의 저술이 집중적으로 연구되었다. 의사이자 철학자인 이븐시나(Ibn Sīnā, 980~1037)와 라틴명 '아베로에스(Averroës)'로 더 잘 알려진 안달루시아의 무슬림 학자 이븐루시드(Ibn Rushd, 1126~1198)는 이 시기에 아리스토텔레스의 철학과 신플라톤주의에 입각한 철학체계를 세운 대표적인 학자였다. 아랍어로 번역된 그리스와 오리엔트의 풍부한 고전들은 후일 라틴어로 재번역되어 서유럽에 전해졌고, 유럽을 일깨우는 촉매제가 되었다.

무슬림들은 자연과학 분야에서도 뛰어난 업적을 이룩했다. 수학에서는 그리스의 유클리드 기하학을 받아들였을 뿐만 아니라, 인도에서 '영(0)'의 개념을 받아들이고 산스크리트어에서 비롯된 인도의 숫자를 개량하여 아라비아 숫자를 창안했다. 그들은 삼각법과 대수학, 기하학에 대수학을 응용한 해석기하학 분야에서도 뛰어난 업적을 남겼다. 천문학에서는 경도와 위도, 자오선의 길이를 측정했고, 천체관측기구를 만들어 천체를 관측하고 지구 구체설을 주장하기도 했다. 이슬람의 천문학과 수학은 원나라 때 중국에도 소개되어 역법의 정비와 발달에 큰 영향을 주었다. 원나라의 수시력은 고려의 역법에도 큰 영향을 준 바 있다.

의학에서는 고대 그리스의 의학서, 특히 생리학과 해부학에 뛰어났던 갈레누스(Claudius Galenus, 129~216?)와 증후학과 예후학의 선구자 히포크라테스(Hippocrates, 기원전 460?~기원전 377?)의 저술을 아랍어로 번역했고, 예방의학과 외과 수술이 성행했다. 서양 의학사에서 '라제스(Rhazes)'라는 라틴어 이름으로 알려진 대표적인 의학자 무함마드 알라지(Muhammad ibn Zakariya al-Razi, 864~925)의 《의학대전(Al-Hawi)》과 이븐시나의 의학서들은 유럽의 의과대학에서 오랫동안 교재로 사용되었다. 이 중 알라지의 의학 저술 속에는 신라의 보건, 위생 환경에 관한 기록도 보인다. 화학 분야에서는 연금술에서 승화 작용이 발견되어 증류법과 여과법 같은 실험방법이 고

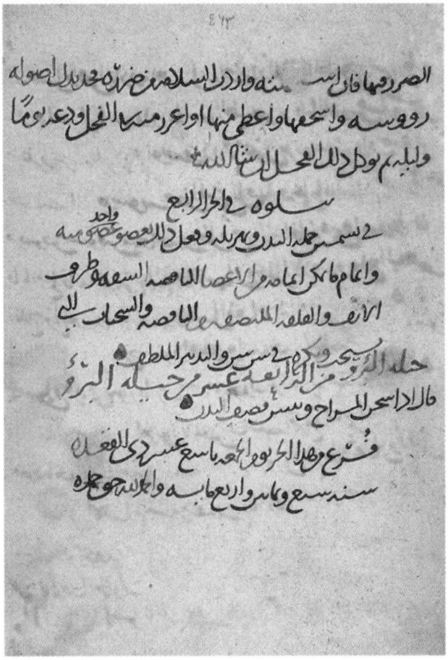

무함마드 알라지의 《의학대전》

《의학대전》 필사본의 마지막 페이지다. 이름을 밝히지 않은 필경사가 이 필사본을 완성한 날짜 1094년 11월 30일을 이슬람력으로 적어놨다. 미국 국립의학도서관 소장.

안되었다. 알칼리(alkali), 알코올(alcohol) 등의 아랍어 용어는 지금까지 사용되고 있다. 아랍의 증류법은 원의 간섭 하에 있던 고려에 전해져서 한국 소주 제조의 새로운 신기원이 되기도 했다.

이슬람 미술은 종교적인 가르침과 밀접한 관계가 있다. 우상 숭배를 금지하는 이슬람의 교리 때문에 사람이나 동물을 묘사한 그림이나 조각은 발달하지 못했다. 그러나 이렇게 자연주의가 후퇴한 대신 미술에서 추상성이 강화되었다. 그중에서도 장식 문양의 추상성이 두드러졌는데, 기하학무늬와 식물무늬, 문자무늬, 이 모든 것이 종합된 아라베스크무늬가 모스크의 벽면 장식이나 공예품에 응용되었다. 특히 우리가 '이슬람 캘리그래피'라고 부르는 서예가 아주 발달했는데, 주로 아랍어로 된《꾸란》구절을 예술적인 서체로 표현했다. 건축에서는 반구형의 돔과 아치, 첨탑을 특징으로 하는 모스크 건축이 돋보였다. 이슬람 세계에서는 종교의식에서 음악을 사용하지 않는다. 그래서 모스크 탑 위에서 하루 다섯 번의 예배 시간을 알리는 소리인 '아잔(Azān)'과《꾸란》낭송이 최고의 음악으로 간주되었다.

아랍 문학은 이슬람 이전 유목민들 사이에서 유행하던, 현세를 노래하는 정열적인 시와 노래가 중심을 이루었다. 그러나 압바스 시대 이후에는 페르시아 문학의 영향을 받아 산문이 발달하고 궁정 문학이 유행했다. 그중 가장 유명한 것이 '아라비안 나이트'로 알려진《천일 야화》이다. 이 작품은 수 세기에 걸쳐 서아시아와 인도, 그리스-비잔티움, 북아프리카에서 수집한 설화와 민담, 전설이 어우러진 작품이다. 액자 형식의 이야기는 대부분 사산조 페르시아 시대 인도의 민담과 설화를 페르시아어로 번역하며 페르시아인 자신들의 이야기를 첨가한《헤자르 아프산(Hezār Afsān, 천 개의 이야기)》속 이야기이고, 나머지는 압바스와 이집트 맘루크 왕조(Momluk Sultanate, 1250~1517) 때의 이야기들이다. 오늘날 설화문학의 최고봉으로 평가받는다.

이처럼 국제성과 보편성을 지닌 이슬람 문화는 과학을 중심으로 동서양 여러 곳으로 전파되었다. 특히 중세 유럽 문화에 큰 영향을 끼쳐 근대 과학의 태동에 결정적인 기여를 했다. 현재 우리가 사용하고 있는 과학 용어와 일상 언어 중에도 아랍어에서 유래된 것이 많다. 화학(chemistry), 물리학(physics), 연산학(algorithm), 연금술(alchemy), 천문학(astronomy), 점성학(astrology), 대수학(algebra) 등 학문과 관련된 용어뿐만 아니라, 일상생활에서 흔히 접하는 단어 중에도 아랍과 관련된 것들이 많다. 커피(coffee), 설탕(sugar), 레몬(lemon), 음악(music), 파자마(pajama) 등이 대표적이다.

비무슬림 보호정책과 '딤미'

중동은 인류문명의 토양일 뿐만 아니라 오랫동안 동서양을 아우르는 다양한 문화와 민족의 집합지였다. 따라서 근대까지 '다문화 다민족 공존'의 전통과 실천의 경험이 어떤 곳보다 풍부한 지역이다. 이슬람 문화가 지배하는 우마이야, 압바스 제국이나 오스만 제국 내에서 일반적으로 피정복민이었던 비(非)이슬람 신자는 강요된 동화나 종교적 박해 없이 자신들의 민족적·종교적 정체성을 유지, 보존했다. 7세기 이슬람이 태동하면서 취한 타 종교에 대한 기본적인 입장은 "종교에는 강제가 없다. 무엇이 악이고 무엇이 진실인지는 저절로 밝혀질 것이다(2:256)"라거나 "너희에게는 너희의 종교가 있고, 나에게는 나의 종교가 있다(109:6)"라는 《꾸란》의 구절들에서 알 수 있듯, 명백히 관용과 포용이다. 따라서 이슬람 국가에서 비무슬림은 개종 대신 무슬림에 대한 정치적 복종과 경제적 부담(인두세와 토지세)을 대가로 자신들의 종교와 고유한 문화적 전통을 보호받았다. 이슬람의 이러한 전통은 커다란 변화 없이 오스만 제국의 '밀레트'로 연결되었다. 적어도 제1차 세계대전까지 중동의 이슬람 사회는 다양한 민족의 각기 다른 종교와 풍습을 인정하는 다원주의적인 공존에 익숙했다. 2,000년 가까이 아랍인과 유대인이 상대의 문화를 존중하면서 팔레스타인 지역에서 함께 공존해 온 사실이 이를 잘 설명해 준다.

이슬람 제국이 형성된 직후인 7세기 중엽만 해도, 이슬람은 지배 세력인 아랍인들의 종교에 불과했다. 과거 페르시아와 비잔티움 제국 영토에 살던 인구의 절대다수가 여전히 자신들의 종교를 신봉했다. 이후 언제인지는 분명하지 않지만, 중동 지역에서는 무슬림이 다수가 되었고, 오늘날까지 그 비중은 서서히 증가하고 있다. 다만 비무슬림의 거주가 허용되지 않는 곳이 있었다. 전승에 따르면, 이슬람 세계를 처음으로 이집트와 시리아, 페르시아로 확장한 정통 칼리프 시대 2대 칼리프 우마르는 예언자의 고향인 성지(아라비아를 의미)에는 오직 한 종교, 즉 이슬람만이 허용된다는 포고령을 내렸다. 따라서 기독교인과 유대인은 그곳을 떠나도록 요구되었다. 물론 이 포고령은 기독교가 수 세기 동안 잔존했고 유대교가 오늘날까지도 남아있는 남부 아라비아에는 적용되지 않았다.

중세 이슬람 사회에서 자신의 고유한 문화정체성을 유지하도록 허용된 이교도를 '딤미(Dhimmi)', 혹은 '아흘 알딤마(ahl al-dhimma, 계약의 백성)'라 불렀다. 딤미는 무슬림 국가에 의해 허용되고 보호받는 비무슬림 시민을 일컫는 법률 용어였다. 실제로 그들은 기독교인, 유대인, 그리고 동부 지역의 조로아스터교인을 의미했다. 초기에 딤미의 지위는 무슬림 통치자와 비무슬림 공동체 간 계약에 의해 결정되었다. 통치자가 누구냐에 따라 딤미에 대한 처우는 조금씩 차이가 있었지만, 계약의 골격은 크게 변하지 않았다. 딤미는 이슬람의 우위와 이슬람 국가의 지배를 인정하고, 일정한 사회적 제약이나 인두세 지즈야를 납부하는 대신, 생명과 재산의 안전, 외적으로부터의 보호, 신앙의 자유를 보장받았다. 다른 종교 공동체와 관계된 문제나 중대한 범죄행위, 공공의 질서를 위협하는 행위가 아닌 이상 광범위한 자치가 이루어졌다. 대신 무슬림은 별도로 매년 재산의 40분의 1에 해당하는 종교세인 '자카트(zakāt)'를 의무적으로 납부해야 했다.

압바스 왕조 때는 아랍어가 공용어가 되었고, 우마이야 왕조 때와는 달리 지배 민족으로서 아랍인의 특권을 폐지하고 이슬람법에 기초하여 통치했다. 이는 인종이나 민족과 관계없이 '무슬림은 평등하다'라는 의미였다. 따라서 '무슬림이 아닌' 딤미의 처지는 노예보다는 훨씬 나았지만, 자유 무슬림보다는 열악했다. 이슬람 국가에서 딤미는 열등한 존재였고, 그들이 종속된 하위 시민임을 망각하도록 내버려 두지는 않았다. 딤미는 무슬림과 관계된 재판에서는 증언할 수 없었고, 노예와 여성들처럼 피해를 입어도 무슬림보다 보상에서 불리한 입장에 있었다. 무슬림 남성이 기독교나 유대교인 여성과 자유롭게 결혼할 수 있었던 반면, 딤미는 어떤 경우라도 무슬림 여성과 결혼할 수 없었다. 비무슬림에 대한 사회적·법적 제약은 수시로 그 내용이 바뀌었지만, 시간이 갈수록 제약의 강도가 세진 것만은 분명하다.

이슬람 국가에서 딤미는 자신들의 신앙생활을 유지할 수 있었지만, 무슬림의 삶을 침해하지 않는 방식이어야 했다. 교회는 종을 칠 수 없었고, 유대교회당도 뿔피리를 불 수 없었다. 예배당이 낡아도 당국의 허락이 없으면 고칠 수 없었고, 신축은 특별한 허락이 없으면 더더욱 어려운 일이었다. 시간이 지나면서 복장이나 탈것에도 제약이 가해졌다. 예를 들어 압바스조의 칼리프 알무타와킬(Al-Mutawakkil, 재위 847~861) 시대에 딤미는 공공장소에서 노란 옷을 입어 스스로 딤미임을 드러내야 했고, 이집트 맘루크 왕조 때의 딤미는 말과 낙타를 탈 수 없는 것은 물론, 도시 안에서는 당나귀조차 탈 수 없었다. 비록 이러한 제약이 항상 엄격하게 시행되지는 않았다 하더라도, 언제든지 법적인 제재를 받게 될 여지가 있었다.

일반적으로 딤미는 시아를 비롯한 이슬람 소수 종파보다는 순니 통치하에서 나은 대접을 받았다. 특히 유대인과 기독교인은 정부 업무, 특히 행정 분야에서 자신들의 능력을 증명했다. 정부가 이들을 등용하는 것에 대한 무슬림의 반발도 크지 않았다. 물론 아주 드물게 기독교인의 관리 등용을 반대하는 캠페인이 일어나고 약간의 소요가 있기도 했지만, 이는 딤미 관리의 과도하고 부당한 행위에서 비롯된 경우가 많았다. 특히 경제활동과 관련해서는 별다른 제약이 없었기에 거대한 부를 축적하여 경제력을 행사하고, 심지어 이를 바탕으로 정치권력을 손에 넣은 딤미도 있었다. 그러나 부가 가져다주는 사회적·정치적 특권으로부터 소외되자, 음모를 통해 정치적 목적을 달성하려 했고, 이것은 결국 딤미 자신들뿐만 아니라 무슬림 국가와 사회 모두에 커다란 타격을 주었다.

요컨대, 근대 이전 대개의 이슬람 왕조에서 비무슬림 신민들의 현실적 지위와 입지는 법률에서 규정하고 있는 것보다 나은 편이었다. 이는 법적 제약에도 불구하고 딤미의 사회적·정치적 진출이 활발했음을 의미한다.

03

압바스조의 쇠퇴와 튀르크인의 성장

압바스의 쇠퇴

압바스 왕조는 9세기 중엽부터 중앙정부의 내분과 지방 총독들의 할거, 이민족의 잦은 침입 등으로 급격히 쇠약해졌다. 무엇보다 노예 출신의 무슬림으로 칼리프의 근위병이 된 맘루크들의 횡포가 극심했다. 이들은 알마문의 이복동생 알무타심(Al-Mu'tasim, 재위 833~842)이 왕자 시절 기용한 군인으로, 알마문 시대에 여러 반란을 진압하거나 비잔티움 원정에 동원되면서 알무타심이 권력을 얻는 데 큰 역할을 했다. 원정 도중 급작스럽게 사망한 알마문에 이어 알무타심이 칼리프의 자리에 올라 836년 바그다드에서 사마라(Samarra)로 천도한 후 칼리프를 지키는 근위대로서 점점 더 큰 권력을 행사하게 되었다. 대부분 중앙아시아 튀르크인 출신인 맘루크들은 특히 알무타와킬이 암살되고 사마라에 무정부 상태가 도래한 861년부터 부와이 왕조에 의해 바그다드가 함락되는 945년까지 권력을 휘두르며 매관매직은 물론 칼리프의 선출과 폐위에도 깊숙이 개입했다. 칼리프 통치권의 약화는 곧바로 군벌 세력의 성장을 초래했다. 868년에 이미 맘루크 출신이 무슬림 이집트 최초의 독립 왕조인 툴룬조(Tulunids, 868~905)를 수립했다. 아프가니스탄 지역에서 일어난 가즈나 왕조(Ghaznavids, 977~1186)도 맘루크 출신이 건국한 나라였다.

한편 압바스 가문에 나라를 빼앗긴 우마이야의 남은 왕족들은 새 왕조의 박해를 피해 멀리 유럽의 이베리아반도까지 도주했다. 그곳에서 우마이야조의 마지막 왕 마르완 2세(Marwan II, 재위 744~750)의 손자가 나라를 세우고 압둘라흐만 1세로 즉위했다. 그들이 이베리아반도에 세운 나라를 후우마이야 왕조라고 한다. 10세기 압바스 왕조는 각 지방에서 정치적·군사적으로 실권을 가진 총독들이 점차 독립하면서 칼리프의 권력이 서서히 약화되었다. 10세기 초에는 북아프리카 서부에서 시아파가 독립하여 자신들이야말로 예언자 무함마드의 딸이자 4대 칼리프 알리의 부인인 파티마의 진정한 후예라며 파티마 왕조를 세우고 압바스 왕조를 부정하면서 칼리프의 칭호를 사용했다. 그러자 후우마이야 왕조의 압둘라흐만 3세도 칼리프라 칭하면서 이슬람 세계에는 3인 칼리프 체제가 구축되었다.

이러한 변화는 바그다드 칼리프의 지배를 인정하던 중앙아시아 군소 토후국들의 성장을 자극했다. 소그드 지방의 페르시아계 사만조(Samanids, 819~999)와 카스피해 남쪽의 또 다른 페르시아계 시아파 왕조 부와이조(Buwayhids, 932~1062)는 아랍 정부의 쇠퇴를 틈타 페르시아 문화의 회복을 표방했다. 튀르크계로서는 중앙아시아 최초의 이슬람 국가 카라한조(Karakhanids, 840~1212)와 아프가니스탄에서 일어나 100여 년 뒤 사만조를 무너뜨린 가즈나조가 특히 중요한데, 이 이슬람 왕조들로 인해 중앙아시아 튀르크인들의 이슬람화가 가속화되었다. 945년에는 부와이 왕조가 압바스 왕조의 수도인 바그다드를 점령하고 군사·행정의 실권을 장악했다. 969년에는 북아프리카의 파티마 왕조가 동쪽으로 이집트까지 영역을 확장하고 카이로 인근에 수도를 건립하여 시아의 학문과 정치의 보루로 삼았다. 이후 압바스 왕조의 칼리프는 이슬람 세계의 종교적 권위에 불과한 빈껍데기로 전락했다.

셀주크 튀르크의 등장과 만지케르트 전투

분열되었던 이슬람 세계는 11세기 투그릴 베크(Tughril Beg, 재위 1037~1063)가 이끄는 셀주크 튀르크 왕조(Seljuk Empire, 1037~1194)에 의해 재통일되었다. 그들은 1055년 바그다드에 입성한 후 압바스조의 칼리프로부터 '술탄(Sultan)'의 칭호를 받고 이슬람 세계의 새로운 수호자를 자처했다. 특히 1071년 셀주크조가 만지케르트(Manzikert, 오늘날 터키 동부의 말라즈기르트 Malazgirt) 전투에서 비잔티움군을 격퇴하고 아나톨리아에 진출함으로써 이 지역이 이슬람화하는 계기가 마련되었다. 1071년 만지케르트 전투는 제1차 십자군 원정의 빌미가 된 전투로도 유명하다.

중앙아시아 유목민 출신의 용병들이 세운 셀주크 튀르크조는

술탄 알프 아르슬란과 로마노스 4세

포로로 잡힌 로마노스의 목에 신발을 올리고 땅에 키스하도록 요구하는 알프 아르슬란의 모습이다. 기록에 따르면 두 사람은 다음과 같은 대화를 나눴다고 한다. "알프 아르슬란: 만약 내가 당신의 포로가 되었다면 어떻게 하시겠소? 로마노스: 아마 당신을 죽이고 콘스탄티노플 거리에 내걸었을 것이오. 알프 아르슬란: 내 처분은 더 무겁소. 나는 당신을 용서하고, 자유롭게 해주겠소." 이 그림은 15세기 프랑스에서 번역된 보카치오의 책에 실려있다.

바그다드를 손에 넣은 후 압바스 왕조의 칼리프를 통제하면서 서쪽의 비잔티움 제국 영토로 급속히 세력을 확대해 나갔다. 1071년 드디어 아나톨리아반도의 동쪽 요충지인 반(Van)호수까지 진출했다. 당시 이 지역은 비잔티움 제국의 영토였다. 셀주크의 술탄 알프 아르슬란(Alp Arslan, 재위 1064~1072)은 만지케르트에서 격렬한 싸움이 벌어지기 직전 비잔티움의 황제 로마노스 4세(Romanos IV Diogenes, 재위 1068~1071)에게 사절을 보내 평화협상을 제의했다고 알려져 있다. 그러나 협상은 결렬되었고, 1071년 8월 26일 반호수 인근 만지케르트에서 양국의 군대가 늦은 밤까지 분전했고, 전투는 결국 매복과 기습 작전을 구사하며 비잔티움 황제마저 포로로 잡은 셀주크군의 일방적 승리로 끝이 났다. 그러나 알프 아르슬란은 비잔티움 황제를 처형하는 대신 강화조약을 체결했다. 비잔티움 황제의 몸값으로 연간 금화 36만 냥을 셀주크에 지불할 것, 안티오크와 에데사, 만지케르트 등 아나톨리아 동부 몇 곳을 셀주크에 양도할 것, 전쟁포로를 석방할 것 등이 조약의 내용이었다. 비잔티움 제국의 패배로 아나톨리아반도는 그로부터 몇십 년 뒤부터 튀르크인의 차지가 되었다. 이 여세를 몰아 셀주크 튀르크는 예루살렘까지 진격하여 유럽 기독교 세계의 공포를 증폭시켰다. 이것이 유럽 교황청이 성지를 탈환하자는 슬로건을 내세우며 십자군 전쟁을 독려한 배경이었다.

셀주크 튀르크는 3대 술탄 말리크샤(Malik-Shāh, 재위 1072~1092) 치세에 전성기를 맞이했다. 이 시기에 셀주크조는 아나톨리아와 시리아·팔레스타인을 포함하여 서쪽은 지중해, 동쪽은 톈산산맥에 이르는 대제국을 형성했다. 특히 페르시아인 재상 니잠 알물크(Niẓām al-Mulk, 1018~1092)의 여러 개혁정책은 셀주크조의 기반을 다지는 데 크게 이바지했다.

그러나 1092년 말리크샤가 사망하자마자 셀주크조는 말리크샤의 형제와 아들들 간의 계승 분쟁으로 순식간에 혼란에 빠졌고,

1157년 말리크샤의 아들 술탄 산자르(Ahmad Sanjar, 재위 1118~1157) 사후 사실상 제국으로서 수명을 다했다. 기존의 셀주크 제국은 이란 남동부의 케르만 셀주크(Kerman Seljuk, 1041~1187), 아나톨리아의 룸 셀주크(Rum Seljuk, 1077~1308), 시리아 셀주크(Syria Seljuk, 1076~1117), 이라크 셀주크(Iraq Seljuk, 1117~1194) 등 여러 술탄국과 공국(公國)으로 분할되었다가 1307년 몽골의 침략으로 룸 셀주크가 무너지면서 영원히 종말을 고했다. 500년 압바스 왕조도 칭기즈칸의 손자이자 몽골 제국의 대칸인 몽케(Möngke)의 동생 훌라구(Holagu)가 사마르칸트 총독으로 부임한 후, 1258년 2월 대규모 군대로 바그다드를 함락시킴으로써 멸망했다. 이는 아랍이 주도하던 이슬람 시대의 실질적이고 공식적인 종말을 의미했다. 이제 이슬람 세계는 오스만 튀르크가 주도하는 새로운 시대를 맞게 된다.

이슬람의 눈으로 본 십자군 전쟁

유럽과 이슬람 세계의 관계에서 가장 드라마틱한 사건을 들라면 의심할 여지없이 십자군 전쟁을 꼽을 것이다. 2001년 알카에다(alQaeda)의 우두머리 오사마 빈라덴(Osama bin Laden)이 9·11 테러를 십자군에 대한 복수로 포장하는가 하면, 2003년 3월 미국의 조지 부시(George W. Bush) 전 대통령이 이라크와의 전쟁을 '십자군 전쟁' 운운하다 세계 여론의 비판을 받기도 했다. 그만큼 십자군 전쟁은 두 세계를 갈라놓은 역사적 사건임이 틀림

없다. 그러나 놀랍게도 이슬람 역사에서 십자군 전쟁과 관련한 아픈 기억은 그리 크지 않다. 이슬람 세계가 받은 충격이 미미할 뿐만 아니라 십자군 전쟁을 통해 오히려 유럽이 앞선 이슬람 문화를 온몸으로 받아들이는 계기가 되었기 때문이다.

이슬람 세력인 셀주크 튀르크가 예루살렘을 지배하면서 기독교인들의 성지순례를 방해한다며 기독교 세계 유럽이 예루살렘을 되찾기 위해 일으킨 전쟁이 십자군 전쟁이다. 1095년 비잔티움 황제 알렉시오스 1세(Alexios I Komnenos, 재위 1081~1118)는 셀주크 튀르크가 안티오크, 에데사 등을 점령하고 비잔티움 제국을 위협하자 로마 교황에게 사절을 보내 원병을 요청했다. 이를 명분으로 1095년 11월 27일 교황 우르바누스 2세(Urbanus II, 재위 1088~1099)는 클레르몽(Clermont)에서 종교회의, 즉 공의회를 소집하여 예루살렘에서 이교도를 몰아내고 기독교의 성지를 회복하자며 십자군 전쟁을 선포했다.

그러나 성지 회복은 표면적인 구실일 뿐 당시 교황의 진짜 목적은 기사 집단들 간에 통제 불능의 폭력이 난무하는 상황을 타개하고 1054년 동서 교회 분리 이후 가톨릭에서 떨어져 나간 비잔티움 제국의 동방교회를 통합하여 로마 가톨릭의 관할 아래 둠으로써 교황권을 확대하는 데 있었다. 예루살렘은 638년 무슬림에 의해 장악된 이후 종교적 차별에도 불구하고 실제로는 한 번도 순례를 방해받지 않았다. 하지만 예루살렘의 상황을 왜곡, 과장하면서 이교도의 기독교 성지 침략에 맞선 기독교인의 성지 탈환을 호소하며 유럽인들을 부추겼다. 일상적인 폭력과 성적 타락으로 죄책감에 시달

클레르몽 공의회

프랑스 국립도서관에 소장된 장 콜롱브(Jean Colombe, 1430?~1493)의 그림. 클레르몽 공의회에서 설교 중인 우르바누스 2세가 중앙에 그려져 있다.

리면서도 칼을 포기할 수 없었던 기사들에게 이교도를 향해 칼을 휘두를 수 있는 무대를 마련해 준 것이기도 했다. 손에 칼을 쥔 채 성지를 순례하는, 그리고 그 과정에서 신앙의 적들을 피로 심판하는 성전이 시작된 것이다.

유럽인의 가슴은 성전이라는 명목 아래 열정으로 불타올랐다. 하지만 그들의 불타는 열정은 곧바로 변질되었다. 십자군 전쟁은 200년간(1096~1271) 9차례에 걸쳐 벌어졌지만, 그중에서 십자군이 성지로 향한 전쟁은 제1차 십자군 전쟁 한 번뿐이었다. 나머지 8차례는 같은 기독교 세계라던 비잔티움 세계를 겨냥한 침략과 약탈이 주가 되었다. 특히 이교도를 향한 적의에 선동된 첫 번째 십자군은 예루살렘을 점령하자마자 성안에 있는 모든 무슬림과 유대인을 도륙하는 끔찍한 살상을 저질렀다. 종교의 이름으로 역사에서 지울 수 없는 엄청난 과오를 범한 것이다.

이런 점에서 십자군 전쟁에 대한 이슬람 세계의 시선이나 역사적 평가는 유럽의 시선이나 평가와 사뭇 다르다. 우선 역사에서 차지하는 비중이 다르다. 이슬람 역사에서는 십자군 전쟁을 유럽처럼 크게 다루지 않는다. 더욱이 이를 서구와의 종교적 갈등으로 보는 시각은 소수이다. 그보다는 인류역사상 가장 치욕적인 살육전이고 서구의 야만성을 드러낸 추악한 역사로 기억하고 이해한다.

앞에서 언급한 것처럼 제1차 십자군 전쟁 당시 예루살렘을 점령(1099)한 십자군은 무슬림과 유대인을 닥치는 대로 학살했다. 부녀자를 포함해 성안의 모든 사람이 가장 비종교적인 방식으로 살육당했다. 인류역사상 종교의 이름으로 자행된 가장 잔인하고 섬뜩한 만행이었다. 제2차 전쟁 때부터는 주변 국가들을 약탈했다. 특히 제4차 전쟁 때는 부유한 비잔티움 제국을 공격하여 콘스탄티노플을 초토화했다. 성당과 가옥에 불을 지르고, 동방 기독교의 심장인 성 소피아 대성당(Saint Sophia Cathedral)을 공격하여 쓰레기장으로 만들어버렸다. 온갖 추잡한 행동과 학살, 철저한 약탈과 파괴로 비잔

십자군의 상징

셀주크의 팔레스타인 점령과 비잔티움 제국에 대한 압박은 십자군 전쟁을 유발하는 빌미가 되었으나, 십자군 전쟁은 이슬람 세력과의 격돌이라기보다는 기독교 내부의 이권 다툼과 물자 약탈이 주가 되었다. 사진은 제1차 십자군 전쟁 이후 기독교인이 예루살렘을 다스리던 시기에 예루살렘에 축조된 성 헬레나 교회(Chapel of Saint Helena)의 벽에 십자군 병사들이 새겨넣은 십자군의 상징들이다.

티움 제국은 회복하기 힘들 정도로 피폐해졌다. 이는 결국 동방의 기독교 세계인 비잔티움 제국이 이교도의 손에 넘어가는 계기가 되었다. 1453년 오스만 제국의 공격으로 비잔티움 제국은 힘없이 무너졌다. 수도 콘스탄티노플이 오스만의 군대에 함락되기 직전 교황청과 유럽 국가들로부터 군대를 파병하겠다는 제의가 왔다. 하지만 1204년 제4차 십자군 전쟁의 악몽에 시달리던 비잔티움 시민들은 콘스탄티노스 11세(Constantine XI Palaiologos, 재위 1449~1453)와는 달리 이교도의 터번에 무릎을 꿇을지언정 로마 가톨릭의 지배를 받아들이지는 않겠다며 유럽의 파병 제안을 거절했다. 그리고 스스로 패망의 길을 택했다.

살라딘의 관용과 이슬람 문화의 유럽 전파

십자군의 예루살렘 정복 이후 188년이 지난 1187년 10월 2일 금요일, 파티마 왕조를 대체할 아이유브 왕조(Ayyubid dynasty, 1171~1260)의 통치자 살라딘(Saladin, 재위 1174~1193)은 십자군으로부터 예루살렘을 탈환했다. 당시 성안의 모든 기독교인이 제1차 십자군 전쟁 당시 선조들의 만행을 떠올리며 죽음의 공포에 떨고 있었다. 그러나 예루살렘에 입성한 살라딘은 민간인들의 털끝 하나 건드리지 않았고, 자기 부하들의 복수심과 강한 반대를 무릅쓰고 일정한 세금만 낸다면 원하는 사람 누구나 재산을 모두 들고 예루살렘 성밖으로 떠날 수 있게 했다. 예루살렘의 종교적 성소를 파괴하지 말라는 지시도 했다. 그 후 다시 십자군의 공격을 받았을 때도 살라딘은 종교적 적개심에 의한 학살을 금지하고 전쟁포로를 석방했다. 당시 유럽인들로서는 상상하기 어려운 관용이었다. 살라딘이 오늘날 이슬람 세계보다 유럽 세계에서 더 존경받고 칭송받는 배경이다. 반면 이슬람 세계에서 당시 살라딘의 행위는 지극히 당연한 것이었다. 이슬람 세계에서 살라딘이란

살라딘으로 추정되는 초상화

근동을 여행한 프랑스의 가톨릭 사제이자 탐험가인 앙드레 테베(André Thevet)가 1584년경에 그린 것이다.

존재가 서구만큼 크게 부각되지 못하는 이유다. 참으로 재미있는 역설이다.

작고 가냘픈 몸에 단정하게 수염을 기른 사색적인 모습의 살라딘은 시와 예술을 사랑한 술탄으로 알려져 있다. 그는 최고 통치자가 된 후에도 겸허함을 잃지 않았으며, 상대방을 편하게 해주는 인간적인 매력을 풍겼다. 쉽게 눈물을 보이고 진정한 사랑의 의미를 찾고자 한 멋있는 남성이었다. 종교와 문화를 뛰어넘어 예의와 품격을 아는 살라딘의 지도자로서의 덕성은 후일 유럽 기사도의 전형이 되었다. 심지어 적장에게도 유럽인이 말하는 기사도를 발휘했다. 사자의 심장을 가졌다 해서 '사자왕'으로도 불리는 영국 왕 리처드 1세(Richard I, 재위 1189~1199)가 맨땅에서 싸우고 있는 모습을 보고 백마 2필을 보내주며 왕으로서의 권위와 체통을 지킬 수 있게 해줄

산살바도르 교회의 종탑

'무데하르'는 7세기부터 15세기까지 이베리아반도의 기독교인들이 국토수복운동을 전개할 때 그들의 지배 아래 있게 된 지역에 거주하도록 허락받은 무슬림을 가리키는 용어다. 대부분 대도시에 거주하며 다양한 직종에 종사하던 이 무슬림들에 의해 아랍-이슬람 문화와 에스파냐-기독교 문화의 융합이 이루어졌다. 이를 '무데하르 문화'라고 하는데, 특히 건축 분야에서 중세 서유럽의 로마네스크 양식과 고딕 양식이 이슬람 건축 양식과 섞여 유럽의 다른 지역에서는 볼 수 없는 독특한 양식이 만들어졌다. 이를테면 로마네스크의 사각형 건물에 아치형 출입구나 창을 내고, 이슬람풍의 채유벽돌과 검고 푸른 타일 등으로 다채롭게 장식했다. 특히 교회의 종탑에 그런 특징이 두드러졌다. 사진은 에스파냐 북동부 아라곤의 도시 테루엘(Teruel)에 있는 산살바도르(San Salvador) 교회의 종탑으로, 14세기에 지어진 무데하르 양식의 건축물이다.

정도였다. 그는 자신의 사후에 모든 재산을 정리하여 가장 가난한 사람들에게 나눠주라 말하고 세상을 떠났다.

십자군 전쟁은 유럽의 대중과 동방의 무슬림, 서구와 이슬람 세계가 전방위적으로 만나면서 서구가 이슬람의 선진문화에 크게 자극받는 계기가 되었다. 이때 이슬람 세계의 향료, 진귀한 상품, 오렌지, 레몬, 커피, 설탕, 면화와 그 재배법, 직물 등이 물밀듯이 유럽으로 들어갔다. 아라베스크 문양도 이때 유럽으로 전해졌다. 이슬람 건축 양식과 기술도 15세기까지 유럽의 건축과 예술에 큰 영향을 끼쳤다. 북아프리카의 튀니지와 모로코에서 건너간 이슬람 건축은 이베리아반도에서 무데하르(Mudéjar) 양식으로 발전했고, 그것이 유럽의 고딕 양식으로 이어졌다. 이슬람의 공중목욕탕 문화인 하맘(Hammam)도 새로운 사교 공간으로서 중세 유럽을 강타했다. 이슬람 세계에서 출발한 커피문화도 그렇다. '커피(coffee)'라는 단어는 '카흐와(kahwa)'라는 아랍어에서 유래했고, 커피가 아랍에서 음용되기 시작했으며, 이스탄불 궁정의 커피문화가 유럽에 전해져서 오늘날 카페문화가 되었다는 사실도 흥미롭다. 전쟁은 교전 당사자 모두에게 아픈 기억과 트라우마를 남기지만 십자군 전쟁처럼 서로 다른 문화가 접촉하고 그 과정에서 첨단 지식과 선진기술이 전해짐으로써 인류사회의 성숙에 기여한 측면도 무시할 수 없다. 그러나 어떤 경우에도 전쟁보다는 상호 존중을 바탕으로 한 교류와 열린 용광로만이 진정한 인류사회의 성숙에 기여할 수 있다는 대원칙을 잊어서는 안 될 것이다.

9장

중앙아시아의 이슬람 왕국
호라즘샤

1038년	가즈나조, 샤 말리크에게 호라즘 관할권 위임
1041년	셀주크조, 호라즘을 호라산주로 편입
1077년	아누슈테긴 가르차이, 셀주크조의 호라즘 총독으로 부임
1138년	아트시즈, 셀주크조에 대항하여 반란
1172년	테키시, 샤 등극
1194년	테키시, 이라크 셀주크조 복속
1202년	구르 왕조, 호라즘샤의 수도 구르간즈 포위
1208년	알라 아드딘 무함마드 2세, 트란스옥시아나·서아시아 원정 시작
1212년	구르간즈에서 사마르칸트로 천도
1217년	알라 아드딘 무함마드 2세, 서쪽으로 옛 페르시아 영토까지 진출
1218년	호라즘샤, 칭기즈칸의 사절단 처형
1220년	칭기즈칸의 침략
1221년	호라즘샤 멸망, 이후 잘랄 아드딘이 고토회복운동 전개(~1231)

호라즘샤는 칭기즈칸이 등장하기 전까지 중앙아시아를 제패한 순니 이슬람 왕조이다. 칭기즈칸의 정복전쟁 과정에서 거의 유일하게 맞선 강력한 왕조였다. 당시 칭기즈칸은 아직 세력을 키우기 전이라 호라즘샤를 무력으로 제압하기보다는 교역의 파트너로서 호라즘샤와 실리적 관계를 맺고자 했던 것으로 보인다. 그러나 호라즘샤는 몽골을 과소평가했는지 몽골의 교역 제의를 거부하고 몽골 사절단의 공물을 약탈하는 오만함을 보여주었다. 이것이 칭기즈칸의 분노를 샀고, 호라즘샤를 공격할 빌미가 되었다. 1220년 칭기즈칸의 총력전으로 호라즘샤는 패퇴하게 된다. 호라즘샤의 몰락과 함께 칭기즈칸에 대항할 정치 세력은 사라져

버렸고, 전 세계가 몽골의 공포를 경험하게 되었다. 끝까지 항쟁한 호라즘샤는 혹독한 대가를 치렀고 부하라, 사마르칸트 같은 이슬람 문화도시는 철저히 약탈당하고 파괴되었다. 칭기즈칸의 세계정복에 유일한 걸림돌이 제거됨으로써, 1258년 접경한 바그다드가 함락되었고 압바스 제국도 몰락했다.

호라즘샤 왕조는 오늘날의 우즈베키스탄 북서쪽과 투르크메니스탄 북부의 호라즘 지역에서 발흥했다. 왕조의 통치 세력은 튀르크계 맘루크 출신이었으며, 행정체계와 사회문화는 페르시아의 영향을 받았다. 원래 셀주크 제국의 속국이었으며, 셀주크 세력이 1141년 사마르칸트 인근에서 카라 키타이에 패한 후에는 셀주크와 카라 키타이에 이중으로 복속되었다. 그러다가 1160년대 이후 독자적으로 세력을 키우기 시작했고, 1190년대에 셀주크 제국을 제압하고 이란 지역을 장악했으며, 1200년대에는 구르 왕조와 카라한 왕조, 카라 키타이를 차례로 제압하고 트란스옥시아나와 아프가니스탄 지역까지 정복하여 동부 이슬람 세계의 패권을 차지했다. 몽골 제국의 칭기즈칸과 전쟁을 벌인 끝에 패망한 후에도 호라즘샤 제국의 잔존 세력은 '호라즈미야'를 자칭하며 십자군 전쟁에 적극적으로 가담했고, 이집트의 맘루크 왕조나 주변 이슬람 국가의 용병으로 활약하며 명맥을 이어갔다.

01 13세기 중앙아시아 최강의 이슬람 왕국 호라즘샤

호라즘

호라즘(Khorazm)은 아랄해 남쪽으로 흐르는 아무다리야(Amu Dar'ya)강 하류의 비옥한 충적지로, 농경과 목축에 유리한 지역일 뿐 아니라 중앙아시아 실크로드의 요지 중 하나였다. 그런 만큼 주변 세력들의 각축으로 조용할 날이 없었다. 이 지역을 중심으로 150여 년간 존속한 이란계 튀르크 왕국 호라즘샤(Khorazm Shāh, 1077~1231)의 건국 과정에 대해서는 아직 학계에서 의견이 분분하나 일반적으로 11세기 후반 셀주크 튀르크의 호라즘 총독을 지낸 아누슈테긴 가르차이(Anushtegin Gharchai)를 건국자로, 그의 아들 쿠트브 아드딘 무함마드(Qutb ad-Din Muhammad, 재위 1097~1127)를 초대 세습 '샤(Shāh, 왕)'로 간주한다.

호라즘 지역은 전통적으로 이란계 주민의 거주지로, 10세기 이전까지 사산조 페르시아에 이어 또 다른 이란계 왕조 아프리그조(Afrighids, 305~995)가 지배하고 있었다. 10세기부터는 이란계 사만조의 통치 영역에 포함되었다. 사만조는 특히 아무다리야 강변 호라즘의 중심도시인 구르간즈(Gurganj, 오늘날 투르크메니스탄의 코네우르겐치Konye-Urgench)가 교역으로 번성하자, 이곳에 아불알리 마문(Abu'l-Ali Ma'mun)을 총독으로 파견했다. 그러나 호라즘 지역 저항 군벌들이 반란을 일으켜 아불알리 마문의 아들 아불압바스 마문(Abu'l-Abbas Ma'mun)과 왕비 후라지(Khurraji)를 살해하는 사건이 일어났다. 바로 왕비 후라지가 당시 이 일대의 최강국이었던 가즈나 왕조의 통치자 술탄 마흐무드(Mahmud, 재위 998~1030)의 여동생이었기 때문에 이를 빌미로 호라즘 지역을 공격하여 점령해 버리고 만다. 이후 17년간(1017~1034) 호라즘은 가즈나 왕조의 한 주로 편입되었다.

호라즘샤의 발흥

11세기에 들어, 호라즘의 상황은 카라한조와 가즈나조, 셀주크조 간 대결 양상에 따라 수시로 변화되었다. 세 왕국 모두 이미 이슬람화한 이란-튀르크계 국가들이었다. 1017년 가즈나조의 술탄 마흐무드는 튀르크계 맘루크 출신 알툰타시(Altun tash)를 새로 획득한 호라즘의 샤로 임명했다. 호라즘의 튀르크화는 이렇게 시작되었다. 그런데 1032년 알툰타시가 사망한 후 호라즘의 상황이 급변했다. 알툰타시의 아들 하룬(Harun)이 호라즘의 샤 지위를 자신에게 넘기지 않은 가즈나의 술탄에게 불만을 품고 스스로

샤가 되어 가즈나에 대한 독립투쟁을 시작한 것이다. 이때 가즈나는 셀주크조와 대치 상태에 있었기 때문에 1038년경 이 지역에 대한 관할권을 잔드(Jand, 시르다리아Syr Dar'ya강 하류의 작은 도시)의 통치자 샤 말리크(Shah Malik)에게 위임해 버렸다. 1040년에는 가즈나 왕조가 투그릴 베크의 셀주크군에 패해 호라산(Khorasan, 현재 이란 동부) 일대를 전부 빼앗겼다. 그런데 이듬해 잔드의 샤 말리크가 하룬의 후계자 이스마일(Isma'il)이 이끄는 호라즘의 마지막 저항 세력을 소탕하고 실제로 호라즘을 장악하자, 이번엔 호라즘이 가즈나에 예속되는 것을 용납할 수 없었던 셀주크조가 샤 말리크를 쫓아내고 호라즘을 셀주크조의 호라산주(州)로 편입시켜 버렸다. 이러한 정치적 격변기에 셀주크 튀르크의 맘루크 출신 무장 아누슈테긴 가르차이가 1077년 호라즘의 총독으로 부임하여 이 지역을 독자적으로 관할하게 되면서 호라즘샤 건국의 기틀을 잡았다. 그를 호라즘샤의 건국자로 보는 배경이다. 그러나 호라즘이 왕국으로서 체제를 갖출 때까지는 많은 시간이 걸렸다. 셀주크 튀르크 제국이 건재했기 때문이다.

셀주크조와 호라즘샤의 관계는 1128년에 쿠트브 아드딘 무함마드의 아들 아트시즈(Atsiz, 재위 1128~1156) 때 새로운 전기를 맞았다. 아트시즈는 1135년부터 독자 노선을 걸으면서 인근 잔드와 호라산 일대의 투르크멘인에 대한 지배권을 적극적으로 확대해 나갔다. 1138년에는 드디어 셀주크조의 술탄 산자르에게 등을 돌리고 반란을 일으켰다. 이후 이들 사이에는 밀고 당기는 일진일퇴의 공방이 계속되었다. 그 와중인 1141년 셀주크군이 사마르칸트

(Samarkand) 인근 카트완(Qatwan)에서 카라 키타이(Kara Khitai, '흑거란黑契丹'이라는 뜻으로 이슬람 역사가들이 부르는 명칭. 우리에게는 '서요西遼'로 알려져 있음)에 패하자, 아트시즈는 호라산을 공격해 메르프와 니샤푸르를 점령했다. 하지만 카라 키타이가 호라즘을 약탈하자 이때부터 카라 키타이에도 해마다 공물을 바치게 된다. 1153년 산자르가 셀주크 내부의 혼란을 수습하지 못하고 전투 중에 포로로 잡힌 뒤 1157년에 사망한 일을 계기로 호라즘샤는 세력 팽창을 본격화했다.

아트시즈의 아들 일아르슬란(Il-Arslan, 재위 1156~1172)도 샤가 된 후 부왕처럼 호라산에서 세력 확장을 꾀했다. 그가 샤가 된 지 얼마 되지 않은 1157년 셀주크의 술탄 산자르가 사망하자 일아르슬란은 호라산이 혼란에 빠진 틈을 타 호라산 동부뿐만 아니라 네샤 지역까지 영토를 넓혔다. 그러나 1172년경 트란스옥시아나(Transoxiana, 이슬람화된 소그디아나의 명칭)에서 차츰 세력을 키운 카라 키타이가 매년 공물을 바친다는 약속을 어긴 호라즘을 공격했다. 몇 차례 교전 끝에 카라 키타이가 승리했고, 일아르슬란은 곧 사망했다. 이어 잔드 총독으로 있던 일아르슬란의 아들 알라 아드딘 테키시(Ala ad-Din Tekish, 재위 1172~1200)가 동생 술탄 샤(Sultan Shah)와의 경쟁 끝에 1172년 호라즘샤의 샤가 되었다.

테키시가 샤가 된 후에도 술탄 샤는 도전을 멈추지 않았다. 술탄 샤는 카라 키타이를 교묘히 이용해 호라산에 독자적인 국가를 건설하려는 야심을 가지고 있었다. 테키시와 술탄 샤의 대결은 결국 1192년 테키시가 이라크 셀주크 군대를 상대하고 있는 사이 호라즘을 공격한 술탄 샤가 1193년에 사망함으로써 종식되었다. 강

테키시의 영묘

투르크메니스탄 북동쪽 코네우르겐치(옛 구르간즈)에 소재하고 있다. 멀리 보이는 영묘는 아버지 일아르슬란의 것이다.

력한 경쟁자가 사라지자, 테키시는 바그다드의 칼리프와 손을 잡고 내분에 휩싸여 있던 이라크 셀주크조를 공격했다. 1194년 봄 테키쉬의 이라크 셀주크 원정은 별다른 저항 없이 승리로 끝났고, 하마단(Hamadan)과 이스파한, 라이(Ray) 등 이라크 셀주크조의 광대한 영토가 호라즘샤 왕국에 복속되었다.

02

호라즘샤의 성장과 종말

호라즘샤의 팽창

호라즘샤의 세력 확대는 바그바드의 압바스조 칼리프마저 위협했다. 이라크 셀주크 정복이 끝나자 테키시는 바그다드의 칼리프에게 등을 돌리고 그를 위협하여 1199년 이란과 호라산, 투르키스탄(Turkistan)의 술탄으로 인정받았다.

1200년 테키시가 사망하고 그의 아들 알라 아드딘 무함마드 2세(Ala ad-Din Muhammad II, 재위 1200~1220)가 새로운 샤가 되었다. 그의 시기에 호라즘샤를 가장 크게 위협한 세력은 이란계 순니 이슬람 왕조인 구르 왕조(Ghurid dynasty, 879~1215)였다. 구르 왕조는 무함마드가 샤의 자리에 오른 직후부터 호라즘을 공격했다. 1202년에는 호라즘샤가 반격을 가했으나 오히려 수도 구르간즈가 구르의 군대에 포위되고 말았다. 호라즘샤는 카라 키타이에 원병을 요청했고 카라 키타이의 압력에 밀린 구르의 군대는 1204년 회군하는 길에 아무다리야강의 안드후드(Andkhud)에서 두 나라 군대에 패했다.

당시 중앙아시아의 트란스옥시아나 일대에는 튀르크계나 이란계의 수많은 군소왕조가 난립했고, 생존을 위한 이합집산을 거듭했다. 무함마드의 호라즘샤와 카라 키타이의 동맹도 오래가지 못했다.

1208년 3월경 호라즘샤의 무함마드는 트란스옥시아나와 서아시아로 원정을 감행했다. 우선 니샤푸르와 헤라트에 진입해 질서를 회복한 후, 동맹국이었던 카라 키타이와의 일전을 준비했다. 1210년 호라즘샤는 또 다른 튀르크계 이슬람 국가인 카라한조의 도움으로 탈라스평원에서 카라 키타이군에 승리했다. 그리고 카라 키타이의 중과세와 폭정에 대한 주민들의 반감을 이용해 이 지역에서 카라 키타이를 궤멸시키는 데 성공했다. 이로써 부하라(Bukhara)와 교역의 중심도시 사마르칸트를 호라즘의 확고한 영향권에 두게 되었다. 힘을 키운 무함마드는 1212년 과거의 동맹이었던 카라한조마저 멸하고 수도를 구르간즈에서 사마르칸트로 이전했다. 이로써 트란스옥시아나 전역이 호라즘샤에 편입되었다. 1215년에는 구르 왕조까지 패퇴시켰고, 2년 뒤인 1217년에는 페르시아 서부까지 뻗어나갔다. 이제 호라즘은 서쪽으로 카스피해에서 자그로스산맥, 북쪽으로 시르다리야강, 동쪽으로 힌두쿠시산맥에 이르는 대제국으로 성장했다. 자료에 의하면 1218년 호라즘샤 제국의 인구는 약 500만 명에 달했다고 한다. 참고로, 카라 키타이는 1218년 몽골에 복속되어 멸망했다.

그러나 호라즘샤의 정복과 약탈 중심의 정책은 피지배 주민들의 지지를 얻지 못했다. 무엇보다 바그다드의 압바스 칼리프에 대해 공세적이고 적대적인 태도를 취한 것이 이슬람계 주민들의 지지

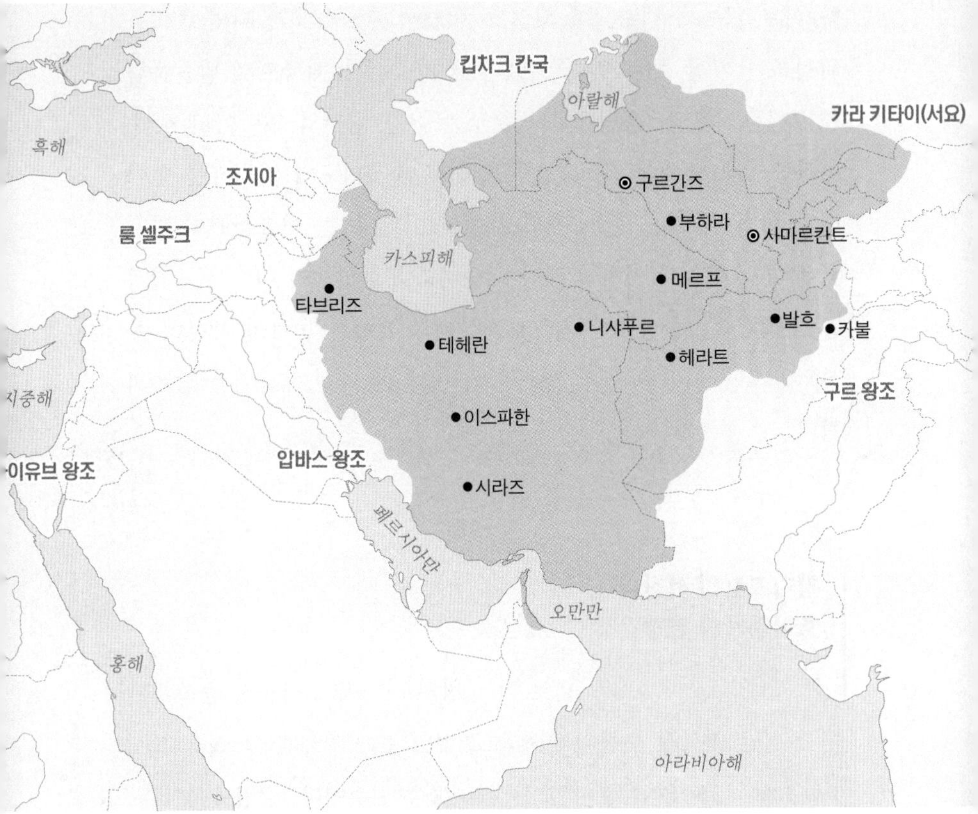

13세기 초 호라즘샤의 최대 영토

테키시에 이어 무함마드는 호라즘샤의 영역을 크게 확장해 대제국의 면모를 갖추었다.

를 확보하는 데 걸림돌이 되었고, 이것이 후일 호라즘샤의 존속을 위협하는 가장 큰 요인이 되었다. 호라즘샤가 제국으로 발돋움한 1217년은 왕조의 운명을 파국으로 몰아간 최악의 해이기도 했다. 호라즘샤가 시아파 칼리프를 옹립하고 바그다드의 칼리프를 쫓아내기 위해 바그다드를 공격하려 한 것이다. 이는 이슬람권의 분열은 물론 호라즘샤 치하의 대다수 순니파 무슬림들이 이탈하는 결과를 초래했다. 이 공격은 자그로스산맥의 혹독한 눈보라 때문에 무산되었지만, 이슬람 세계 안에서 호라즘샤에 대한 적대감을 증폭시켰다.

칭기즈칸의 서진과 호라즘샤의 멸망

바로 이 절정의 시기에 호라즘샤 동쪽에서는 엄청난 역사적 변동이 진행되고 있었다. 칭기즈칸(Chingiz Khan, 재위 1206~1227)의 몽골군이 서정을 시작한 것이다. 중앙아시아 일대에서 가장 강력한 이슬람 국가인 호라즘샤 왕국과 아시아의 새로운 패자 몽골이 직접 대면하게 될 형국이었다. 호라즘샤가 동서 교역로를 장악하고 있었기 때문에 칭기즈칸은 무모한 격돌보다는 교역과 외교를 통한 원만한 관계를 희망한 것으로 보인다. 호라즘샤의 샤 무함마드도 여러 차례 사절단을 몽골 조정에 파견하는 등 몽골의 체제와 군사력에 대한 정보를 축적해 나가고 있었다. 하지만 호라즘샤가 당시 몽골의 힘을 실제보다 과소평가하고, 동서 교역의 헤게모니를 칭기즈칸에게 양도할 뜻이 없었음은 분명해 보인다.

1218년 칭기즈칸이 교역 증진을 위해 100~450명에 달하는 대규모 경제 사절단을 호라즘샤에 파견했을 때, 호라즘샤의 동북쪽 국경도시 오트라르(Otrar)의 영주 이날축(Inalchug)이 그들을 전원 처형하는 사건이 발생했다. 교역을 빌미로 상인으로 가장한 첩자를 처형한 것이라는 명분을 내세웠지만, 절정기의 호라즘샤 왕국이 이제 막 몽골을 통일한 칭기즈칸의 능력과 세력을 제대로 평가하지 못했던 것이 분명하다. 이 소식에 칭기즈칸은 즉시 사신을 파견해 강력하게 항의하고, 영주 이날축의 신병을 요구했다. 무함마드는 이 항의와 요구를 묵살하고 사신마저 처형함으로써 칭기즈칸을 자극했다. 두 세력의 격돌은 피할 수 없었다.

복수를 천명한 칭기즈칸은 20만 대군을 이끌고 1220년 봄 시르다리야강을 건넜다. 오트라르 성채에 도착한 칭기즈칸은 무자비한 파괴와 약탈을 자행하며 호라즘샤의 주요 도시를 하나씩 점령해 나갔다. 부하라에 이어 수도 사마르칸트를 초토화하고, 1221년 5월에는 구르간즈를 폐허로 만들었다. 호라즘샤의 무함마드는 사마르칸트가 적의 수중에 떨어진 후, 멀리 카스피해의 한 섬으로 도망갔다가 그곳에서 죽었다. 중앙아시아에서 가장 강력했던 제국은 이렇게 허망하게 무너져 버렸다. 무함마드의 아들 잘랄 아드딘 밍그부르누(Jalal ad-Din Mingburnu, 재위 1220~1231)가 샤가 되어 고토회복 전쟁에 돌입했으나 역부족이었다. 결국 인더스강 유역에서 몽골군에게 남은 군대마저 잃고 델리 술탄국의 술탄 일투미시(Iltutmish, 재위, 1211~1236)에게 보호를 요청했다. 그러나 거절당하고 1224년에

예루살렘의 다윗 망대

예루살렘 구시가지로 들어가는 자파(Jaffa) 문 부근에 세워진 고대의 요새화된 성이다. '다윗 망대'라는 명칭은 5세기 비잔티움 제국의 기독교인들이 이곳을 다윗왕의 성으로 오해한 데서 생긴 것이다. 1260년에 최종적으로 파괴되었으나, 16세기에 오스만 튀르크가 재건했다. 현재 오스만 튀르크가 세운 이슬람 사원과 첨탑이 남아있다.

다시 페르시아로 돌아갔다. 그곳에서 군인들을 모아 저항을 지휘하며 아제르바이잔과 조지아 일대를 장악했지만 1231년 피살당했다. 이로써 호라즘샤 부흥의 꿈도 사라졌다.

잘랄 아드딘이 피살된 후에도 그의 추종자들은 해산하지 않고 스스로를 '호라즈미야(Khorezmiyya)'라 부르며 이후 몇 년 동안 이라크 셀주크 지역에서 저항운동을 계속했다. 10여 년 뒤에는 이 호라즈미야가 십자군 전쟁에서 활약하게 된다. 1244년 이라크에서 남쪽

이집트로 향하던 호라즈미야들이 예루살렘을 장악한 기독교 십자군을 격퇴한다. 7월 11일에 시작된 그들의 집요한 공격으로 8월 23일 예루살렘의 성이자 요새인 '다윗 망대(Tower of David)'가 무너지면서 기독교인들이 예루살렘에서 축출되었다. 유럽이 이를 구실로 제7차 십자군 원정(1248~1254)을 개시했지만, 예루살렘은 1244년 호라즈미야가 탈환한 이래 1917년 영국이 이 지역을 점령할 때까지 이슬람의 성지로 남았다. 예루살렘을 탈환한 후에도 호라즈미야들은 이집트를 향해 계속 남하했고, 그 과정에서 아이유브 왕조 편에 서서 가자에 있던 십자군마저 몰아냈다. 한편, 호라즘샤의 군인 출신 중에는 후일 이집트에서 맘루크 용병으로 활약한 사람들도 있었다. 몽골과의 전쟁에서 포로로 잡힌 호라즘샤인들은 차차 몽골에 동화되었는데, 오늘날 몽골의 사르툴(Sartul)인이 그 후손이다.

호라즘샤-몽골 전쟁의 역사적 의의

호라즘샤-몽골 전쟁은 중앙아시아 역사뿐만 아니라, 중세 이슬람 역사에 한 획을 긋는 의미 있는 사건이었다. 호라즘샤 왕국의 멸망으로 9세기 이후 착실히 진행되던 중앙아시아의 튀르크화와 이슬람 전파가 큰 난관에 봉착했다. 다른 한편으로는 이슬람 세계의 동쪽 울타리가 붕괴됨으로써 몽골 군대의 서진을 사실상 방치하게 되었다. 이슬람 세계의 실력자 셀주크조와 바그다드의 압바스조 칼리프마저 몽골의 거센 공격에 무너지고 말았다.

몽골의 무차별적인 공략으로 부하라, 사마르칸트, 코칸트(Kokand), 호라산, 헤라트, 니샤푸르 같은 중앙아시아의 이슬람 문화도시들은 이슬람 역사상 가장 철저한 파괴와 약탈을 경험해야 했다. 반면 유럽인들은 이슬람 세계의 동쪽이 몽골군에 의해 무너짐으로써 안도의 한숨을 내쉴 수 있었다. 그래서인지 유럽의 역사학자들은 몽골군에 의한 철저한 문화 말살과 무지막지한 살육보다는 칭기즈칸의 통치정책, 몽골군의 군사전략, 문화 교류를 통한 인류문명에 대한 기여 등을 주로 연구하며 칭기즈칸을 지나치게 우상화하고 그의 영웅담을 확대재생산 해왔다. 한 번쯤 비판적으로 되새겨 볼 일이다.

동서 교역로에 있던 튀르크계 이슬람 국가인 호라즘샤와 몽골의 전쟁은 한편으로 몽골 지도층이 무슬림과의 본격 접촉을 통해 이슬람 문화의 우수성을 깨닫는 계기가 되었다. 이리하여 몽골은 호라즘샤 왕국의 기술자, 장인, 예술가, 종교인 수만 명을 포로로 잡아 몽골로 압송한 후 귀족들에게 분배했다. 그들은 몽골의 부족 중심 유목사회를 개화하고 군사조직을 바탕으로 한 글로벌 제국에 걸맞은 제도나 체제의 변화를 위한 일에 투입되었다. 이슬람-튀르크 문화가 호라즘인을 통해 아시아 전역에 널리 확산하는 계기가 마련된 셈이다.

10장

중앙아시아의 르네상스
티무르

1361년	티무르, 케시 지역 통치자로 등극
1370년	트란스옥시아나 통치 시작
1387년	이스파한 점령
1389년	카르트 왕국 정복
1393년	시라즈 점령
1395년	킵차크 칸국을 누르고 캅카스 지역 진출
1400년경	알레포와 다마스커스 점령
1401년	바그다드 점령
1402년	앙카라 대평원에서 오스만 제국을 상대로 대승
1405년	명나라 원정 중 티무르 사망
1409년	샤 루흐, 아미르 즉위
1447년	울루그베그, 아미르 즉위
1505년	우즈베크인 무함마드 샤이바니에게 사마르칸트 함락
1507년	무함마드 샤이바니에게 헤라트 함락
1526년	바부르, 인도 북부로 이주해 무굴 제국 건설

사마르칸트를 수도로 한 티무르 제국은 정치적으로는 몽골 제국의 후예임을, 종족적으로는 튀르크 민족성을, 문화적으로는 페르시아 문화를, 종교적으로는 이슬람을 표방한 독특한 통치체제를 갖춘 나라였다. 바그다드에서 꽃핀 이슬람 문화와 과학기술혁명에 힘입어 14세기 중앙아시아의 르네상스라고 불러도 좋을 만큼 과학의 발전과 문예의 부흥을 이루었다. 1369년 티무르는 제국의

아미르로 즉위한 직후부터 평생을 대외 정복에 몰두했다. 60세가 넘은 나이에 인더스강을 넘어 델리 술탄국의 수도 델리를 점령했고, 맘루크 왕조의 다마스커스를 차지한 뒤 그곳의 공예기술자들을 사마르칸트로 강제 이주시키기도 했다. 1402년에는 앙카라 근교에서 오스만 제국군과 결전을 벌여 대승을 거두고 오스만 제국의 술탄 바예지드 1세를 포로로 잡아 처형했다. 이후 이집트의 맘루크 술탄과 비잔티움 제국의 공동 황제인 요한네스 7세(Johannes Ⅶ)도 티무르에게 복속했다. 그의 제국이 당대 세계 최강국이었음을 여지없이 보여주는 장면들이다. 티무르는 1405년 중국의 명나라 정벌을 준비하던 중 사망했다. 명나라가 살아남게 되는 역사적 배경이다.

티무르는 30년이 넘는 재위기 대부분을 정복전쟁을 통해 세력을 떨치고 영토를 확장하는 데 보냈지만, 그의 후계 통치자들은 티무르 덕에 문화의 꽃을 피울 수 있었다. 티무르는 정복한 지역의 공예기술자와 장인 들을 데려다 사마르칸트를 세계적인 도시로 꾸몄고, 기술자는 물론 학자와 문인을 우대하여 학문의 발전을 밑받침했다. 특히 울루그베그 천문대를 중심으로 한 천문학과 대수학, 연산학, 구전문학, 세밀화, 건축 등은 압바스 제국을 이어 새로운 이슬람 르네상스 시대를 열었다고 할 정도로 발달했다. 특히 천문학은 당대 세계 최고 수준이었다. 티무르 제국은 동서 교통로를 통해 이를 유럽과 동아시아로 전달해 주었다.

이런 티무르의 생애와 그가 인류역사에서 한 역할에 비하면 그에 대한 사후 평가는 지나치게 부정적이다. 유럽 중심의 역사 인식과 중앙아시아 유목문화를 오랑캐문화로 격하하고 폄훼하는 중화사상의 이념적 도그마에서 벗어나 티무르와 티무르 제국의 역사를 재평가할 필요가 있다.

티무르 사후 자손들에 의해 제국이 분할되면서 영토와 권위가 크게 축소되었다. 15세기 후반에는 사마르칸트와 헤라트의 두 정권만 남게 되었다. 결국 16세기 초에 우즈베크인 무함마드 샤이바니에 의해 중앙아시아 대부분을 빼앗기면서 멸망하고 말았다. 티무르 왕조 패망 시기에 권력투쟁에서 밀린 자히르우드딘 바부르는 1526년 인도를 정복하여 무굴 제국의 황제가 되었다. 이를 통해 티무르 제국의 문화와 종교, 제도 등은 고스란히 인도의 무굴 제국에 계승되었다.

01 티무르 제국의 성립

티무르, 제국의 건설자

티무르 제국(Timurid Empire, 1370~1507)은 오늘날의 우즈베키스탄을 중심으로 전성기에 중앙아시아 전역과 이란, 이라크, 아나톨리아반도 동부를 석권한 대제국이었다. 몽골 제국의 계승자로 자부하면서, 튀르크인의 정체성을 표방하고 이슬람교를 받아들였다. 역사가들은 창시자인 티무르(Timur, 재위 1370~1405)의 이름을 따서 티무르 제국이라 부르지만, 정식 명칭은 구르칸(Gurkan) 왕조이고, 수도는 오늘날 우즈베키스탄의 사마르칸트였다.

제국을 건설한 티무르는 차가타이 칸국(Chaghatai Khanate, 1226~1370)을 섬기는 바를라스인의 후예로 1336년 4월 9일, 사마르칸트 남동쪽의 도시 샤흐리사브즈(Shahrisabz, 당시 케시Kesh) 외곽의 호자 일가르 마을에서 태어났다. 모계 쪽으로 칭기즈칸 가문과 닿아있어 제국 건설 과정에서 공공연히 몽골 제국, 특히 칭기즈칸의 후예임을 강조하며 이를 정복 사업과 통치를 정당화할 명분으로 삼았다. 그는 어린 시절 여러 종족의 다양한 문화가 혼재하는 다문화 사회에서 성장하면서 튀르크어와 타지크어를 배웠다. 바를라스인은 중앙아시아 카자흐스탄 일대에 정착하면서 언어적으로 튀르크화하고 종교적으로는 이슬람화한, 몽골-튀르크계 차가타이인의 일원이었다. '티무르'는 '철'이라는 의미를 가진 차가타이어다. 티무르는 스스로 칭기즈칸의 후예임을 내세워 정치적 정통성을 인정받으려 했지만, 문화적으로는 페르시아 전통을 받아들였다.

티무르는 25세 때 케시 지역의 통치자로 두각을 나타냈고, 나라의 기틀을 세우자마자 정복전쟁을 시작했다. 먼저 아무다리야강과 시르다리야강이 흐르는 비옥한 트란스옥시아나를 점령하여 제국의 물자 공급처로 삼았고, 이어 이란 동부의 호라산 지방을 평정했다. 1370년에는 차가타이 칸국의 칸 소유르가트미시(Soyurgatmish, 재위 1370~1384)를 대신해 트란스옥시아나에 대한 통치권을 사실상 행사하기 시작했다. 1380년부터는 서쪽으로 정복의 방향을 돌려 일 칸국(Il Khanate, 1258~1411)의 영토를 하나둘 잠식하거나 병합했다. 티무르의 공략 대상은 주로 몽골 제국의 후계국가로서 중동-중앙아시아에 넓게 세력을 형성하고 있던 차카타이 칸국과 킵차크 칸국(Kipchak Khanate, 1242~1502), 일 칸국의 영역이었다.

1389년 헤라트에 근거하며 호라산 대부분을 다스리고 있던 순니 무슬림 왕조 카르트 왕국(Kart dynasty, 1244~1389)을 무너뜨렸고, 그보다 앞선 1387년 이스파한 점령을 시발로 이란 내부로 진격하여 1393년에는 시라즈도 점령했다. 이어 1394년과 그 이듬해에는

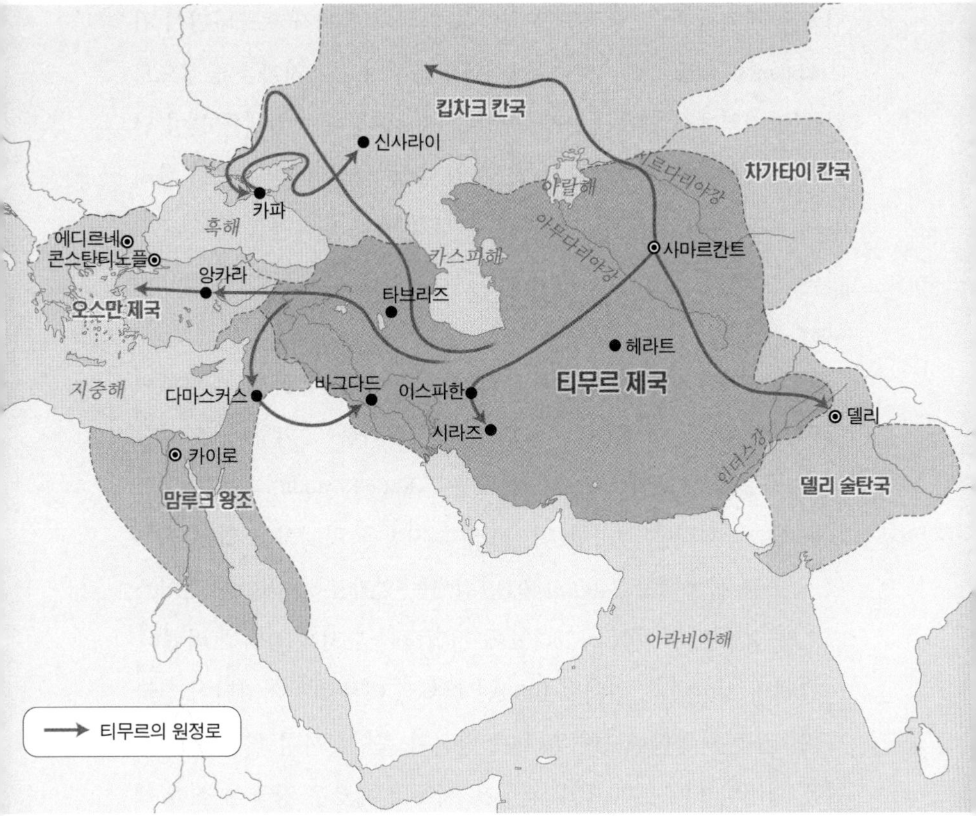

티무르 제국 최대 영토와 티무르의 원정로

1370년부터 1507년까지 140여 년 동안 세계 최강국으로 군림한 티무르 제국 전성기의 판도는 북동쪽은 동투르키스탄, 남동쪽은 인더스강, 북서쪽은 볼가강, 남서쪽으로는 시리아·아나톨리아 방면에 이르렀다. 몽골 제국에 이어 유라시아 대륙을 석권한 두 번째 대제국이었다. 티무르 재위기(1370~1405) 콘스탄티노플은 비잔티움 제국의 수도였고, 오스만 제국의 수도는 콘스탄티노플 북서쪽의 도시 에디르네(Edirne)였다.

캅카스 지역을 두고 경쟁하던 킵차크 칸국의 통치자 토크타미시 칸(Tokhtamysh Khan, 재위 1379~1396)을 굴복시키고 조지아를 중심으로 캅카스 지역에서 영향력을 증대했다. 1398년경에는 여세를 몰아 남하하여 북인도를 복속했으나 그 지역 총독 출신인 한 유능한 관리에게 해당 지역의 통치권을 넘겼다. 그가 바로 델리 술탄국 왕조의 하나인 사이드 왕조(Sayyid dynasty, 1414~1451)를 연 흐즈르 칸(Khizr Khan, 재위 1414~1421)이다.

그사이 서아시아도 티무르의 공격을 피하지 못했다. 일찍이 1392년부터 7년에 걸쳐 티무르는 서아시아를 공략했다. 아나톨리아 동부에 근거지를 둔 카라 코윤루(Kara Koyunlu, 흑양조黑羊朝, 1380~1478) 세력을 격파한 뒤, 시리아 지방을 차지하고 있던 맘루크 왕조를 몰아내고 1400~1401년경에는 알레포(Aleppo)와 다마스커스를 점령했다. 이어 바그다드에 진입하여 도시를 파괴해 버렸다. 1401년의 일이었다. 이처럼 1400년 전후로 티무르는 차가타이 칸국과 일 칸국을 병합했으며, 킵차크 칸국과 북인도까지 침입했다. 주변을 평정한 티무르의 최대 관심은 서쪽의 새로운 강국 오스만 제국의 땅이었다. 1402년에는 드디어 오스만 제국의 주력부대와 앙카라 대평원에서 맞부닥쳤다. 티무르는 이 전투에서 부상을 입어 한쪽 다리를 절단해야 했지만, 오스만의 술탄 바예지드 1세를 생포하는 대승을 거두고 1404년 사마르칸트로 귀환했다.

티무르의 마지막 목표는 몽골의 원 제국을 무너뜨리고 새로운 제국으로 성장하고 있던 명나라(1368~1644)였다. 1404년 12월, 티무르는 대규모의 원정대를 꾸려 명나라 정벌에 나섰다. 그러나 원정

비비하눔 모스크(Bibi-Khanum Mosque)

인도 원정에서 돌아온 티무르가 개선 기념으로 1399년부터 건설하기 시작해 그가 죽기 직전인 1405년에 완공되었다. 가로 167미터, 세로 109미터의 사각형 회랑에 50미터 높이의 거대한 미너렛과 푸른색 타일로 장식된 돔이 아름다운 모스크이다. 내부는 테라코타와 모자이크, 푸른색과 금색의 안료로 그린 프레스코화 등으로 장식되어 있다. 1897년 지진으로 무너졌다가 복원되었다.

도중 오트라르에서 병을 얻어 숨을 거둔다. 1405년 2월이었다. 명나라에게 존속의 행운이 찾아든 셈이다. 세상을 평정한 티무르의 질풍노도에 맞설 세력이 당시에는 존재하지 않았기 때문이다. 이로써 약 1,700만 명의 목숨을 앗아가며 칭기즈칸 이후 최대의 제국을 형성했던 티무르의 정복전쟁은 끝을 맺었다.

정복자 티무르의 군사전략은 몽골의 군사전략과 유사하다. 기병을 활용한 무서운 속도전, 적에게 공포를 심어주는 심리전이 그 핵심이다. 말과 칼을 기본으로 기습과 후퇴를 반복하고, 무서운 기세로 적을 집중 공격하는 것은 유목민 특유의 전술이다. 칭기즈칸 이래로 내려오는 유목제국의 전통적 군사전략과 맥을 같이한다. 적에 관한 꾸준한 정보 취합도 그들 전략의 특성이다. 이들은 일단 목표를 정한 후에는 오랜 기간 대상들을 통해 정보를 취득하면서 체계적으로 준비를 했다. 전리품에 대한 공정한 분배를 보장함으로써 군대의 사기를 진작시키기도 했다. 화약 병기, 코끼리 부대, 기마 전단, 궁병 등 다양한 부대 구성과 병기, 전술을 유연하게 구사하며 상대를 제압하는 맞춤형 전술도 군사적 승리를 이끌어낸 중요한 요인으로 꼽힌다.

티무르 사후 제국의 성쇠

티무르는 아들과 손자를 정복한 지역의 통치자로 임명하는 친정체제를 선호했다. 그러나 1405년 티무르의 갑작스러운 사망으로 후계를 둘러싼 갈등이 치열해지면서 제국의 권위와 통제력은 급속도로 약해졌다. 티무르의 위세에 숨을 죽이고 있던 주변 국가들이 즉각 반기를 들면서 정복한 지역을 빼앗기는 상황이 이어졌다. 티무르 자손들의 후계 다툼과 권력을 둘러싼 내분으로 티무르 제국은 조각났다. 티무르는 생전에 장남 자한기르(Jahangir, 1356~1376)의 아들 피르 무함마드(Pir Muhammad, 1374~1407)를 자신의 후계자로 지목했지만, 티무르 사망 당시 제국의 수도 사마르칸트에서 멀리 떨어진 발흐에 있었고, 이를 틈타 티무르의 3남 미란 샤(Miran Shah, 1366~1408)의 아들 할릴 술탄(Khalil Sultan, 재위 1405~1409)이 사마르칸트를 장악하고 티무르의 후계자를 자처했다. 이란의 이스파한과 시라즈 등지는 티무르의 둘째 아들 우마르 샤이흐(Umar Shaikh, 1356~1394)의 자식들이 차지했고, 이란 서부와 아제르바이잔 지역에서는 투르크멘 계통의 유목민 부족들이 곧 독립하면서 티무르 제국에 맞섰다. 1410년에는 카라 코윤루가 이란의 타브리즈와 이라크의 바그다드를 점령하고 제국의 서부를 차지했다.

제국의 와해를 막고 재건을 꾀한 인물은 헤라트를 근거지로 제국의 동부 일부를 다스리던 티무르의 막내아들 샤 루흐(Shah Rukh, 재위 1409~1447)였다. 1409년 사마르칸트에 입성한 샤 루흐는 할릴 술탄의 항복을 받고 제국의 3대 아미르(amir, 왕)로 즉위했고, 자신의 근거지인 헤라트를 수도로 삼고 이를 중심으로 제국의 재건을 꾀했다. 1421~1434년에는 세 차례 원정을 통해 바그다드를 점령한 카라 코윤루를 제압했다.

샤 루흐는 새로운 강국으로 부상하는 중국 명나라에 대해서는 아버지 티무르와 달리 직접적인 군사 대결이 아닌 교역이라는 실용적인 노선을 택했다. 1413년 샤 루흐가 북경으로 사절단을 보내자, 이에 대한 화답으로 명나라의 영락제(永樂帝, 재위 1402~1424)도 헤라트로 사절단을 파견했다. 이 사절단의 일원이었던 진성(陳

誠, 1365~1458)과 이섬(李暹)은 귀환 후 일기 형식으로 사절단의 노정과 방문지의 지형, 기후 등을 기록한 《서역행정기(西域行程記)》와 나라별로 지형, 주민, 역사 등을 정리한 《서역번국지(西域蕃國志)》를 남겼다. 이후에도 샤 루흐와 그의 아들 바이순구르(Baysunghur, 1397~1433)는 명에 사절단을 보내며, 명과의 우호적인 외교관계를 다지는 데 힘썼다. 그 결과 샤 루흐는 실크로드를 안정적으로 관리할 수 있었고, 티무르 제국은 헤라트를 중심으로 다시 번성했다.

샤 루흐의 뒤를 이은 그의 아들 울루그베그(Ulūgh Beg, 재위 1447~ 1449)은 사마르칸트를 중심으로 제국을 운영해 나갔다. 그는 동시대 조선의 세종(世宗, 재위 1418~1450)과 매우 흡사하게 학문적 열정과 예술에 대한 관심이 남달랐다. 궁전에 수많은 학자를 불러들여 학문의 발전을 독려했고, 모스크와 마드라사 등을 건설하여 인재 양성에 힘을 쏟았다. 당시 마드라사에는 평균 100명 이상의 학생이 공부했다고 하니, 수백 개가 넘는 마드라사가 국가교육의 기틀이 되었음이 분명하다. 무엇보다 울루그베그 자신이 역사, 대수학, 천문학 등에 심취하여 당대 최고 수준의 울루그베그 천문대를 완성하고 체계적인 천문 관측 기록을 축적했다. 한 예로 1420년에 완성된 사마르칸트 레기스탄 광장에 있는 울루그베그 마드라사에는 알카시(Al-Kashi, 1380~1429)와 카디 자다(Qadi Zada, 1364~1436)를 중심으로 60여 명의 과학자들이 초빙되어 연구와 강의를 담당했는데, 1997년 발간된 편지와 연구 노트에서 알카시는 울루그베그의 학문적 깊이와 열정, 천문학에 관한 전문성을 극찬하고 있다.

그러나 샤 루흐와 울루그베그 시대에 회복하는 듯 보이던 티무르 제국의 번영은 오래가지 않았다. 울루그베그 사후 분열이 표면화되어 사마르칸트와 헤라트에 각각의 정권이 세워져 대립했다. 이리하여 1500년경에는 대부분의 영토를 상실했다. 페르시아, 캅카스, 메소포타미아, 아나톨리아 동부 등 티무르 제국의 요충지들은 새로운 정치 세력으로 급성장한 이란의 시아파 사파비 왕조에 점차 잠식당했다. 중앙아시아 본토조차 우즈베크인인 무함마드 샤이바니(Muhammad Shaybani, 1451~1510)의 수중으로 넘어가는데, 사마르칸트가 1505년, 헤라트가 1507년 각각 점령되었다. 제국의 중심도시 두 곳을 모두 상실함으로써 티무르 제국은 사실상 종말을 맞았다. 그사이 부하라마저 손에 넣은(1506) 무함마드 샤이바니는 부하라 칸국(Khanate of Bukhara, 1506~1785)을 건설했다. 1526년에는 권력투쟁에서 밀린 티무르의 후손 바부르가 인도 북부로 진출하여 무굴 제국을 건설했다. 무굴 제국은 17세기에 인도 전역을 통치하는 새로운 강국으로 부상했다. 결과적으로 무굴 제국은 1857년 영국이 인도를 식민통치하기 전까지 인도에 뿌리를 내린 티무르 왕조의 후계국가인 셈이다.

02 중앙아시아의 르네상스

중앙아시아 르네상스의 중심지, 사마르칸트와 헤라트

티무르 제국의 수도 사마르칸트는 동서 간 교역과 문화 교류의 중심지에 자리하면서 문화와 예술, 학문이 발달하는 국제도시로 크게 번영했다. 압바스 제국의 수도로 이슬람의 르네상스를 견인한 바그다드를 능가할 정도였다. 예술과 문화 면에서는 중앙아시아 토착문화에 이란 문화가 스며들고 이슬람 문화가 외피를 감싸게 됨으로써 '티무르풍'이라는 독특하고 새로운 문화 사조가 형성되었다. 정복전쟁에 매진했던 티무르의 뒤를 이은 역대 군주들은 일반적으로 문치에 치중했으며, 학문 진작과 문화 창달에 관심과 지원을 아끼지 않았다.

건축 양식에서는 중국식의 탑과 유목민족의 천막을 조합한 건축 장르가 유행했고, 이란에서 영향을 받은 푸른색 돔에 주름을 입히고 이완을 적용한 독특한 모스크와 마드라사가 도시 전체를 장식했다. 회화에서는 이란풍의 세밀화가 크게 발달했다. 사람과 동물

《자파르나마》에 실린 대모스크 건설 과정 세밀화

《자파르나마》는 오늘날 세 가지 필사본으로 전해진다. 그중 존스홉킨스대학교 도서관이 소장한 개릿 필사본(Garrett Zafarnama)에는 15세기 화가 카말 우드딘 베자드가 그린 세밀화가 함께 엮여있다. 위 그림은 1399년 5월 20일 시작된 사마르칸트 비비하눔 모스크 건설 장면을 묘사했다.

모양을 그리거나 조각하는 것을 금지한 아랍·이슬람 전통으로 침체되었던 회화가 이란을 거쳐 티무르 시대 사마르칸트에서 새로운 재해석의 시대를 맞았다. 이란 세밀화가 입체감과 원근감을 최대한 자제하면서 이슬람의 전통 관념과 조화를 이루려고 했다면, 티무르 제국 세밀화는 과감한 입체감과 원근감을 그 특징으로 한다. 모스크와 마드라사 장식에서도 은유적으로 상징화된 동물과 인물을 표현할 정도로 과감한 시도가 이루어졌다.

특히 문학 분야에서 페르시아의 영향은 절대적이었다. 샤 루흐와 그의 아들 울루그베그로 이어지는 티무르 제국의 아미르들은 페르시아 문학에 심취했고, 문학작품의 집필과 전파를 적극적으로 장려했다. 티무르 시대 가장 대표적인 문학작품은 1424년 샤라프 아드딘 알리 야즈디(Sharaf ad-Din Ali Yazdi)가 페르시아어로 쓴《자파르나마(Zafarnama, '승리의 서'라는 의미)》이다. 티무르의 정복전쟁을 소상히 기록한 작품으로, 제국의 창시자 티무르의 일대기라고 할 수 있다. 이 시기에 가장 잘 알려지고 인기를 끌었던 시인은 누르아드딘 자미(Nūr ad-Dīn Jāmī, 1414~1492)인데, 그는 페르시아의 가장 뛰어난 수피(신비주의) 시인으로 추앙받았다. 무엇보다 티무르 왕자였던 바이순구르의 명으로 1430년 페르시아 서사시인《샤나메》의 필사본이 편찬되어 다시 소개되었다.

티무르 제국 시대에는 튀르크 문학도 괄목할 만한 성장을 했다. 이 시기에는 기존 페르시아 문학의 전통 위에 튀르크어 계통인 차가타이어로 쓰인 문학작품들이 등장했다. 알리시르 나바이(Ali-Shir Nava'i, 1441~1501), 티무르 제국의 통치자이기도 했던 후사인 바이카라(Husayn Bayqara, 재위 1469~1506), 무굴 제국의 창시자 바부르는 차가타이어로 시를 썼고 튀르크어를 사용하는 다른 작가들에게도 아랍어나 페르시아어 말고도 자신들의 언어로 글을 쓰라고 독려했다. 차가타이어로 쓰인 바부르의 회고록《바부르나마(Baburnama)》와 알리시르 나바이의 시들은 가장 대표적인 튀르크 문학작품들로

카이 호스로와 아프라시압의 전투

바이순구르의 명으로 편찬된 《샤나메》 필사본에 그려진 삽화이다. 《샤나메》에 등장하는 전설상의 군주 카이 호스로(Kay Khosrow)가 이끄는 군대와 그의 외조부 아프라시아브(Afrasiab)의 군대가 전투하는 장면을 묘사했다.

튀르크 문학의 정립과 확산에 크게 이바지했다. 특히 알리시르 나바이는 우즈베크인이 우주베크어의 원형이라 생각하는 차가타이어로 시를 쓴 최초의 시인, 즉 차가타이-튀르크 문학의 창시자이다. 〈파르하드와 시린(Farhad va Shirin)〉, 〈레일리와 마즈눈(Layli va Majnun)〉 등 5편의 서사시로 구성된 《캄사(Khamsa, 아랍어로 '5'를 의미)》는 그의 최대 걸작으로 꼽힌다. 오늘날에도 알리시르 나바이가 우즈베키스탄에서 가장 존경받는 국민 시인으로 남아있는 배경이다.

티무르 제국은 울루그베그 사후 분열이 가속화되면서 정치적으로는 혼란기를 맞았지만, 문화적으로는 헤라트를 중심으로 다시 한번 르네상스를 이룩했다. 후사인 바이카라의 문치가 빛을 보면서 많은 지식인과 예술가가 헤라트로 모여들었다. 앞서 언급했던 알리시르 나바이 그리고 신라가 묘사된 세계지도를 제작한 하피즈 아브루(Hafiz-i Abru)를 비롯하여 압둘라자크 사마르칸디(Abd al-Razzaq Samarqandi), 미르혼드(Mirhond) 등 수많은 역사가가 활동했다. 이들이 저술한 방대한 역사서들은 일 칸국의 저명한 역사학자 라시드 앗딘(Rashid al-Din Hamadani, 1247~1318)의 《종합사(Jami' al-tawarikh)》와 역사 서술 전통을 이어받았다. 예술가로서는 화가 카말 우드딘 베자드(Kamāl ud-Dīn Behzād, 1450~1535), 서예가 알리 마시하디(Sultan Ali Mashhadi, 1453~1520) 등이 이 시기에 헤라트에서 문예부흥을 이끌었다.

중앙아시아 과학의 중심, 울루그베그 천문대

티무르의 손자 울루그베그 시대에 티무르 제국은 학문의 전성기를 맞았다. 특히 그는 천문학에 많은 관심을 쏟아 1429년 사마르칸트에 지름이 46미터에 이르는 3층 높이의 거대한 원통형 천문대를 세웠다. 그곳에서 울루그베그는 최고의 천문학자들을 동원하여 함께 연구하면서 1,018개에 달하는 항성과 행성을 관찰하고 그 위치를 계산하여 이를 기록하는 놀라운 학문적 열정을 보여주었다. 그러한 관측을 토대로 1437년 항성과 행성의 명칭과 위치, 특성을 기록한 일종의 항성 카탈로그(star catalogue)를 만들고 이를 계속 수정하여 1449년에 완성했다.

울루그베그 천문대

1908년 러시아의 고고학자 뱌트킨(V. L. Vyatkin)에 의해 발견되었으며 현재는 건물의 기초와 두 물체 간 각거리(angular distance)를 측정하는 도구인 육분의(六分儀)를 설치했던 레일이 지하에 11미터 정도 남아있다. 반원형으로 설치된 이 레일은 72센티미터마다 기구를 고정할 수 있는 홈이 나있어서 자오선을 따라 레일 위를 이동하면서 별을 관측하게 되어있다. 지하 13미터 이상의 좁고 밀폐된 공간에서는 환한 대낮에도 별이 보이기 때문에 밤뿐만 아니라 낮에도 얼마든지 별을 관측할 수 있었다고 한다.

'울루그베그 천문표(Zij-I Ulugh Beg)'라 불리는 이 항성 카탈로그는 당시 이슬람권은 물론 그 후 유럽도 오랫동안 따라가지 못할 정도로 정확한 관측 결과를 담고 있었다. 예를 들면, 지구가 항성을 기준으로 태양의 둘레를 한 바퀴 도는 데 걸리는 시간인 1항성년을 365일 6시간 10분 08초, 춘분점을 기준으로 측정되는 1태양년을

365일 5시간 49분 15초로 측정했는데, 이는 오늘날의 관측 결과(1항성년=365일 6시간 9분 9.5초, 1태양년=365일 5시간 48분 46초)와 채 1분도 차이가 나지 않는다. 최근 우즈베키스탄 학자나 일부 국내 학자들이 세종 시기 집현전 학자들이 이슬람 역법을 연구하여 편찬했다는 《칠정산외편(七政算外篇)》(1444)이란 뛰어난 역서(曆書)가 울루그베그가 완성한 역법을 연구한 것이며, 각종 천체관측기구의 제작에 영향을 끼쳤다고 주장하기도 한다.

관료 구성과 언어

티무르 제국 시대 국가조직은 크게 군사조직과 행정조직으로 구분되는데, 군사조직은 적어도 초기에는 튀르크-몽골계가 장악했고, 행정조직은 거의 페르시아계가 등용되었다.

일상 언어는 튀르크-몽골계가 사용하는 튀르크계 차가타이어였지만, 행정이나 상업, 시문학과 학문 분야에서는 페르시아어를 사용하는 경우가 많았다. 문화적으로도 앞선 페르시아 문명의 영향이 거의 절대적이었기 때문에 페르시아어와 페르시아인의 역할과 중요성은 아무리 강조되어도 지나치지 않을 정도였다. 페르시아어가 궁중어의 위치를 점하게 되자 페르시아 출신이 아닌 관료들도 대부분 페르시아어를 배워 소통하고 페르시아어로 문서를 기록하게 되었다. 반면 아랍어는《꾸란》중심의 신학과 철학, 일부 과학 용어로 자리 잡았다.

미술과 건축

이슬람 회화의 황금기는 티무르 제국에서 시작되었다고 할 정도로 이 시기에는 세밀화로 대표되는 페르시아풍 회화가 발달했다. 동서 교류의 활성화에 힘입어 원대 이후 중국의 회화가 이슬람 세계에 소개됨에 따라 이슬람 회화에도 중국 회화가 영향을 끼치기 시작했다. 이슬람 회화에 인물상이 등장한 것도 중국 회화의 영향이라 할 수 있다. 이슬람 회화의 변화는 주로 삽화에서 볼 수 있는데, 이슬람 세계에서 서적에 삽화를 그려 넣기 시작한 것은 일 칸국 때로 알려져 있다. 특히 티무르 왕조 때 삽화가 주로 문학과 과학 서적에서 본격적으로 유행하기 시작했다. 그중에서도 세밀화는 원본을 그대로 베낀 사본(寫本)에 삽입된 작은 크기의 삽화를 말한다. 페르시아 제국의 회화 전통을 바탕으로 발달한 세밀화는 티무르 시대에 이어 이란의 사파비 왕조 때 절정을 이루었고, 이후 오스만 제국이나 무굴 제국의 회화에도 영향을 주었다. 이 시기 삽화나 세밀화의 중심 주제는 당연히 티무르 제국의 궁정과 통치자들이었는데, 등장하는 인물의 복식에서 여전히 몽골 스타일을 유지하고 있음을 알 수 있다. 이를 통해 당시 궁중의 생활을 짐작할 수 있으며, 삽화가 책의 내용을 보완하는 기능을 한다는 의미에서 통치자들의 치적을 재구성할 수 있다.

티무르 제국 시대의 건축은 중앙아시아 이슬람 예술의 첨탑으로 간주할 만하다. 티무르 제국의 건물에는 몽골과 이슬람, 셀주크 튀르크 스타일이 강하게 스며들었다. 블루 타일이 집중적으로 사용

구르에아미르

우즈베키스탄 사마르칸트에 있는 티무르 왕의 묘당이다. 이란의 영향을 받은 푸른색 돔에 주름을 입힌 전형적인 티무르 건축물이다.

되면서 티무르 건축의 색감이 확립되었으며, 아라베스크라 불리는 기하학적 문양이 궁정과 모스크, 마드라사 등의 내부와 외부를 장식하는 데 사용되었다. 사마르칸트와 헤라트 양대 도시를 중심으로 발달한 티무르 시대의 건축 양식은 중앙아시아의 문화통합적인 건축 예술을 상징할 뿐만 아니라, 후일 이란과 인도 건축 예술의 발달에도 많은 영향을 주었다.

오늘날 카자흐스탄에 있는 아마드 야사비(Ahmad Yasawi, 1093~1166) 묘당에서 출발한 티무르 시대의 건축은 사마르칸트의 티무르 묘당 '구르에아미르(Gur-e-Amir)'에서 절정에 이르렀다. 블루 타일로 벽면과 돔을 구성하고 특히 둥근 돔에는 63개의 주름을 잡아 티무르 건축의 전형으로 남게 되었다. 티무르 시대 건축을 한눈에 볼 수 있는 곳은 사마르칸트에 소재한 '샤이진다(Shah-i-Zinda, '살아있는 왕'이라는 뜻)로 불리는 묘지도시이다. 시대를 달리하는 수백 개의 다양한 묘당이 독특하고 개성 있는 디자인과 벽면 장식으로 꾸며져 있어 티무르 건축 박물관을 방불케 할 정도다. 헤라트에 있는 이슬람 모스크 콤플렉스의 모스크들과 이란 북부도시 마샤드(Mashad)에 있는 고하르 샤드(Gowhar Shād) 모스크 등도 주목할 만한 티무르 시대 건축물이다.

다시 보는 티무르

티무르는 칭기즈칸 이후 유라시아대륙을 통일한 진정한 중앙아시아 유목제국이었다. 14~16세기에 중앙아시아 사마르칸트를 중심으로 동쪽의 명나라, 서쪽의 이란과 아나톨리아반도, 남쪽의 인도 북부에 이르기까지 당시 학문과 과학, 예술, 건축 등에서 화려한 문명의 꽃을 피웠다. 유럽에서 르네상스가 일어나기 1세기 전 상황이다. 종래 서양 중심의 역사에서 잔혹한 약탈자, 파괴자로 묘사되고, 중화사상의 영향으로 중국인들에 의해 오랑캐로 묘사되며 마치 문명의 불모지인 듯 축소 왜곡되었던 티무르 제국과 티무르에 대한 재평가가 필요하다. 일찍이 9세기부터 바그다드에서 시작된 거대한 이슬람 르네상스는 서쪽 라인을 타고 이어져 이베리아반도에서 알안달루스 르네상스를 일으켰고, 동방 실크로드를 따라 티무르 시대에는 중앙아시아의 르네상스로 꽃피었다.

티무르 제국의 과학을 비롯한 학문상의 혁신 중 일부가 원·명 시대 중국을 거쳐 15세기 조선, 특히 세종대 조선의 르네상스로 연결되었다. 중세 천년 암흑의 질곡 끝에 어느 날 갑자기 하늘에서 떨어진 듯 유럽에서 르네상스가 시작되었다는 것은 해괴한 논리다. 고려 중기 무신정권과 이어진 80년 몽골의 지배를 딛고 조선이 일어났으나 태종 이방원의 시대까지 '형제의 난'이라는 골육상쟁이 이어졌는데, 세종 시대에 갑자기 지금 시선으로 보아도 놀랄 만한 당대 세계 최고 수준의 과학기기가 발명되고, 농력과 천문역법이 정비되고, 뛰어난 예술 사조 등이 꽃을 피웠다는 것은 문화적으로 설명이 불가능하다.

조선의 르네상스를 가능케 했던 지적 원동력이나 하부구조가 설명되어야 한다. 의심의 여지 없이 당시 세계를 주도하던 이슬람 문명의 영향과 도입 없이 유럽의 르네상스나 조선의 과학혁명을 제대로 설명하는 것은 논리적 비약이다. 티무르와 티무르 제국의 역사에 대한 재평가는 결국 한국 중세사의 새로운 인식에도 커다란 자극과 지침이 될 수 있다.

역사의 현장에서

당대 최고의 문명 중심지, 사마르칸트

2,500년 실크로드의 중심도시

우즈베키스탄에 위치한 해발 750미터의 고원에는 '중앙아시아의 진주'라 불리는 도시, 사마르칸트가 있다. 14세기 후반 중앙아시아를 평정하고 제국을 건설한 티무르가 유독 푸른빛을 좋아해 이곳의 주요 건물을 온통 푸른색으로 치장했기 때문에 이런 별명이 붙었다고 전해진다. 사마르칸트는 실크로드의 중심지로 동서양 문화가 교차하며 발전을 거듭한 유서 깊은 도시이자 티무르 제국의 수도였다.

사마르칸트는 2,500년의 유구한 역사를 자랑하는 중앙아시아 최고의 도시로 꼽힌다. 유럽과 아시아를 연결하는 길목에 자리한 까닭에 오래전부터 서로 다른 문화가 공존하면서 발전을 거듭했지만, 동시에 수많은 이민족의 탐욕의 대상이 되었다.

고대부터 인류가 이룩한 과학기술과 문화, 신화와 종교가 실크로드라는 문명의 젖줄을 통해 전해지면서, 진귀한 물건과 발명품 역시 이곳에 모였다. 그 덕분에 티무르 제국의 수도가 된 14세기에 사마르칸트는 '중앙아시아의 심장'으로 불리기까지 했다. 고려와 중국의

샤이진다의 언덕에서 내려다본 사마르칸트 전경

오늘날에도 사마르칸트 곳곳에서 찬란했던 티무르 제국의 도시문화를 느낄 수 있다. 정면에 샤이진다의 묘당 중 하나가 보인다.

비단과 인삼 등 동방의 교역품은 사마르칸트를 경유해 유럽의 콘스탄티노플과 아프리카의 이집트로 향했고, 지중해와 동부 아프리카의 물품들이 다시 사마르칸트를 통해 아시아 전역으로 퍼져나갔다.

색이 바래기는 했지만 지금 남아있는 사마르칸트의 유적에는 유독 푸른빛이 배어있다. 푸르름을 머금은 중세의 보석 같은 도시가 사마르칸트이다. 그래서 그 옛날 사막이나 초원을 오가며 특산물을 교역하던 상인 집단인 대상은 푸른빛이 보이면 사마르칸트가 그리 멀지 않았음을 알았다고 한다. 이는 도시의 주요 건물인 모스크와 마드라사가 대부분 유약을 발라 구워낸 푸른색 벽돌로 장식되어 있기 때

레기스탄 광장의 세 마드라사

제국의 정책과 통치자의 칙령이 발표되던 이곳은 중앙아시아 실크로드의 모든 상품이 몰려드는 교역의 중심지였다. 왼쪽이 울루그베그 마드라사(1417~1420 건축), 중앙이 황금색의 화려함을 자랑하는 틸야코리 마드라사(Tilya-Kori, 1646~1660 건축), 그리고 오른쪽이 셰르도르 마드라사(Sher-Dor, 1619~1636 건축)이다. 화려한 아라베스크 문양의 타일이 출입문을 장식하고 있고, 주름을 잡은 듯한 푸른 돔의 위용이 보는 이의 넋을 빼앗는다. 마드라사 안뜰에는 수십 개의 방이 있는데, 이곳에서 티무르 제국 4대 아미르이자 세계적인 천문학자인 울루그베그를 포함해 수많은 학자가 배출되었다고 한다.

문이다. 푸른색 보석을 대표하는 에메랄드와 터키석의 도시답게 구시가지 어디를 가나 우뚝 솟은 코발트색 돔이 화려했던 실크로드의 옛 영광을 떠올리게 한다. 푸른 돔의 전시장이라고나 할까? 동서 양측의 문화를 정성스레 받아들여 빼어난 건축술로 표현한 장인들의 예술혼에 존경심이 솟는다.

쿠샴 이븐 압바스 묘당

샤이진다에 위치한 쿠샴 이븐 압바스의 묘당이다. 벽면에는 블루 타일 장식이 빼곡히 수놓아져 있다.

사마르칸트의 위용은 도시의 중심지 레기스탄(Registan, '모래의 땅'이라는 뜻) 광장에서 그대로 재현된다. 레기스탄 광장은 아미르의 대관식과 외국 사신들의 아미르 알현식 등이 열렸을 뿐만 아니라, 제국의 중요 사항들이 논의되고 공표되던 제국의 심장부였다. 이곳에는 시대를 달리하는 3개의 마드라사가 있는데, 푸른색 돔을 하늘로 이고 '무카르나스(Muqarnas) 양식'이라 불리는 벌집 모양 장식으로 천장을 아름답게 꾸몄다. 이 양식은 블루 타일의 아름다운 색감과 격조 있는 디테일이 느껴지는, 티무르 건축의 정수이다.

티무르 시대 무장들의 유해가 모셔져 있는 '샤이진다'는 우리네

국립묘지 같은 곳이다. 하지만 다양한 건축 양식과 타일 장식이 눈길을 끌어, 티무르 제국의 건축 전시장에라도 온 느낌을 준다. 언덕 위로 난 좁은 계단과 회랑 사이로 수많은 무명용사의 묘당이 멀리 동방에서 찾아온 이방인을 맞아준다. 그중 유독 필자의 시선을 사로잡은 것은 쿠샴 이븐 압바스(Qutham ibn Abbas)의 묘당이었다. 이슬람교를 창시한 예언자 무함마드의 사촌인 그가 왜 여기 묻혀있는지에 대한 정확한 기록은 남아있지 않다. 그렇지만 그의 영향력은 상당해, 오늘날 이곳에는 이슬람 순례자들의 발길이 끊이지 않고 있다.

결혼을 앞둔 이들이 기도를 드리고 소원을 비는 모습이 무척이나 진지했다. 중앙아시아의 이슬람교도들은 영웅이나 성자를 숭배하는 경향이 강하다. 이를 '수피즘'이라 하는데, 이슬람교가 토착 종교와 뒤섞인 형태라 할 수 있다.

학문과 예술을 사랑한 티무르

시내로 자리를 옮겨 티무르가 묻힌 구르에아미르를 찾았다. 당당하게 서있는 구르에아미르의 푸른 돔 역시 이곳에서 세계를 호령하던 통치자의 위용을 보여주는 듯했다. 안으로 들어서자 눈앞에 석관들이 나타났다. 특이한 것은 1층에 있는 석관들은 가짜이고, 진짜 관은 바로 5미터 아래 지하 납골당에 감추어져 있다는 사실이다. 그곳에는 티무르의 관이 스승 미르 사이드 바라카(Mir Said Baraka)와 아들 샤루흐와 미란 샤, 손자 무함마드 술탄(Muhammad Sultan, 1375~1403)과 울루그베그의 관과 함께 안치되어 있다.

티무르는 소규모 유목민 집단의 지도자로 출발해 비전과 군사력

티무르

티무르는 오랫동안 유럽에서 '절름발이 티무르'로 불렸다. 그런데 재미있는 사실은 실제로 그의 오른쪽 다리가 부자연스러웠다는 점이다. 1941년 소련의 한 발굴단이 티무르의 관에서 유해를 꺼내 조사했을 때, 그가 어디선가 오른쪽 팔과 오른쪽 다리에 화살을 맞았고 그로 인해 다리를 절었다는 사실을 밝혀냈다. 1941년 당시 티무르 유해 발굴에 참여한 소련의 학자 게라시모프(M. Gerasimov, 1907~1970)는 티무르의 두개골을 바탕으로 티무르의 얼굴을 복원했다. 사진은 복원한 티무르의 얼굴을 바탕으로 만든 조각상이다.

구르에아미르 내부

깊은 벽감에 벌집 모양으로 보이는 무카르나스로 장식되어 있는 내부 천장의 모습이다.

으로 1360년대까지 옥수스(Oxus)강과 시르다리야강 사이의 영토에 대한 지배권을 확립했다. 그 후 30년간 기마병을 이끌고 몽골에서 지중해에 이르는 광대한 땅을 정복했다. 유목 전사들의 지도자로서 제국을 이루어 농민과 목축민을 모두 지배하는 군사적 성공을 거둔 중앙아시아의 마지막 정복자였다.

그러나 서구 자료에서 보이는 그에 대한 평가는 아주 부정적이다. 이 자료들에서 티무르는 잔혹한 파괴자로 묘사된다. 이뿐만 아니라 후일 유럽인들은 그를 '탬벌레인(Tamburlaine)' 또는 '태멀레인(Tamerlane)'으로 부르게 되는데, 이는 페르시아어로 '절름발이 티무르'를 의미하는 '티무리 랑(Timur-i lang)'을 부정확하게 옮긴 것이다. 티무리 랑은 페르시아인들이 경멸조로 부르던 별명이었다.

티무르는 중앙아시아 초원의 정주민과 유목민의 전통에 뿌리를 둔 정치적·경제적·문화적 유산의 계승자였다. 그의 군대는 칭기즈칸식의 군사기술과 규율로 단련된 기마군단이었다. 기동력을 생명으로 하는 초원의 기마병들은 달리는 말 위에서 자유자재로 칼을 휘두른다. 티무르의 기마군단은 목표를 정하면 단시간에 이동하고 화약 무기를 사용하는 등 당시로서는 첨단 기법으로 세상을 두려움에 떨게 했다. 티무르는 수도 사마르칸트를 아시아에서 가장 화려한 도시로 만들려고 했다. 하늘색 터키옥과 금, 석회석, 모자이크로 장식된 사마르칸트의 건축물 중에서도 그의 장려한 무덤 구르에아미르는 이슬람 건축의 정수로 꼽힌다. '잔혹한 파괴자'라는 서구 학자들의 표현과는 달리, 티무르는 죽어서까지 자신의 스승을 곁에 두는 등 학문과 예술의 발전에 심혈을 기울인 통치자였다.

사마르칸트에서 고구려 사신을 만나다

사마르칸트 구시가지를 벗어나니 황량한 아프라시아브 언덕의 모습이 눈에 들어왔다. 사마르칸트 초기의 역사를 엿볼 수 있는 이곳에 기원전 4~기원전 3세기 무렵 마을이 형성되면서, 사마르칸트는 고대 그리스에 '마라칸다'라는 이름으로 조금씩 알려지기 시작했다. 기원전 329년 알렉산드로스에 의해 점령되면서 동서양 문화 교류의 장이 되었고, 8세기 초 아랍의 침입이 있기 전까지 중앙아시아 소그드 지방의 최대 도시이자 여러 도시국가 가운데 가장 안정적이고 지도적인 위치에 있었던 나라다. 아랍인들이 침공한 이후로 급격히 성장했는데, 이슬람 제국은 이곳을 이라크와 중국 사이를 오가는 교역지로 발전시키는 동시에 이슬람 문화의 중심지로 만들었다. 그러다 1220년 칭기즈칸의 몽골군 말발굽에 짓밟힌 이후 티무르 시대에 제국의 수도가 되기 전까지 사마르칸트는 예전의 영광을 되찾지 못했다.

그런데 이 땅에 아랍인들이 등장할 무렵 어찌된 일인지 우리의 흔적이 남아있다. 8세기 중엽 당나라의 장수로서 서역 원정에 나선 고구려 출신 고선지가 남북조시대 이래 중국에서 '강국(康國)'이라 불리던 이 도시를 거쳐 간 것이다. 특히 아프라시아브 언덕의 궁전 유적에서는 고구려의 사절로 보이는 두 인물이 등장하는 벽화가 발견되어 우리의 관심을 끈다.

1965년, 소련 고고학 발굴단을 이끌고 아프라시아브 궁전 유적 발굴을 주도한 고고학자 알바움(L. I. Al'baum)의 보고서를 통해 알려진 아프라시아브 벽화는 한국 고대사 연구의 지평을 중앙아시아까지 넓혀주는 중요한 계기가 되었다. 궁전의 서쪽 벽면에 가로 11미터, 세로 2미

아프라시아브 궁전 벽화

7세기 후반 사마르칸트에 거주한 소그드의 왕 바르쿠만(Varkhuman, 재위 650?~670?)의 궁전에 그려진 채색 벽화 중 서쪽 벽면의 것이다. 이 벽화에서 가장 우측에 그려진 두 인물이 고구려에서 파견한 사신들로 보인다는 게 국내 학계의 중론이다. 새의 깃털로 장식했다 해서 '조우관(鳥羽冠)'이라 불리는 관을 쓰고, 황색 상의에 고(袴, 바지)를 입고, 칼자루에 고리 모양의 장식이 있어 '환두대도(環頭大刀)'라 불리는 검을 찬 채 서 있기 때문이다. 환두대도는 삼국 모두의 유적에서 출토되는 검이라는 점에서 의견이 갈리지만, 조우관은 고구려 무용총의 벽화 '수렵도'에서 확인되는 고구려의 독특한 관 양식이라 볼 수 있어 이들을 고구려 사신으로 추정하는 중요한 근거이다.

터 크기로 그려진 벽화에는 아프가니스탄의 바다흐샨(Badakhshān)에서 산출되는 라피스라줄리(lapis-lazuli)라는 청색 안료가 주로 사용되었는데, 이미 7세기경부터 한반도와 중앙아시아 간에 인적·물적 교류가 있었음을 보여주는 중요한 자료로 평가된다. 최근 중앙아시아 고고학 연구에 매진했던 고 장준희 박사의 최초 번역본으로 확인된 내용에 따르면, 아프라시아브 벽화에는 돌궐, 티베트, 이란, 소그드, 중국과 정치적으로 교류하고 교역한 상황을 알려주는, 독특한 모습의 현지인들이 다양하게 묘사되어 있다. 나아가, 주변 국가들의 복식, 장신구, 종교 의례, 관습 등을 엿볼 수 있는 소중한 자료이다.

11장

이베리아반도에 꽃 핀 이슬람 문화
후우마이야와 나스르

756년	후우마이야 왕조 건립
929년	압둘라흐만 3세, 칼리프 자칭
976년	히샴 2세 즉위, 알만수르가 실권 장악
985년	바르셀로나 정복
997년	산티아고데콤포스텔라 정복
1002년	알만수르 사망
1031년	후우마이야 왕조 퇴패
1232년	무함마드 1세, 아미르를 자처하며 나스르 왕조 건립
1306년	무함마드 3세, 북아프리카의 세우타 점령
1362년	모로코로 피신했던 무함마드 5세 복위
1394년	카스티야 왕국, 나스르 침략
1410년	이베리아반도에서 이슬람 축출을 위한 기독교 동맹 결성
1482년	그라나다 전쟁 발발
1492년	나스르 왕조 멸망

나스르 왕조는 이베리아반도에서 꽃핀 800년 이슬람 문화의 마지막을 장식한 정치 세력이었다. 이베리아반도에서 번성했던 이슬람 문화를 '알안달루스 문화'라고 하는데, 최고의 건축물이라 자랑하는 알함브라 궁전이 바로 나스르 왕조의 유산이다. 이슬람이 이베리아반도를 지배한 781년간(711~1492)은 유럽인에게는 치욕의 시간이었고, 무슬림에게는 환희의 시간이었을 것이다.

이베리아반도에 들어선 이슬람 왕조의 역사를 보면, 먼저 시리아 다마스커스의 우마이야 왕조가 750년 멸망하고 살아남은 왕족 일부가 멀리 이베리아반도에서 나라를 세우는데, 이 왕조를 이슬람 역사에서는 '후우마이야 왕조'라 칭한다. 756년부터 1031년까지 코르도바를 중심으로 번영을 누리면서 중세 유럽에 앞선 이슬람 문화를 전하는 중요한 창구로 기능했다. 929년 압둘라흐만 3세가 스스로 칼리프를 칭한 후에는 '코르도바 칼리프국'으로 불리게 된다. 1031년 이 왕국이 해체된 후 이베리아반도에는 약 200년간 '타이파'라 불리는 독립적인 이슬람 공국들이 난립했는데, 이를 수습하고 가장 최후까지 존속한 이슬람 정치 세력이 바로 나스르 왕조였다.

나스르 왕조의 통치자들은 자신들이 '바누 카즈라즈(Banu Khazraj)'라는 아랍인의 후손이며 예언자 무함마드의 동료였던 사드 이븐 우바다(Sa'd ibn Ubadah)의 부계 후손이라고 주장했다. 이 왕조는 260년 동안 23명의 아미르를 배출했으며, 1492년 1월 2일 무함마드 12세가 아라곤과 카스티야 왕국의 공동 통치자인 페르난도 2세와 이사벨 1세에게 항복함으로써 종말을 맞았다. 나스르 왕조 통치의 중심지가 아직도 화려하게 그 위용을 뽐내는 그라나다의 알함브라 궁전이다.

나스르 왕조는 유럽이 르네상스의 꿈을 키우기도 전에 이미 수도 그라나다를 중심으로 풍부한 물자를 바탕으로 놀라운 학문과 건축기술, 수준 높은 문명을 이루었다. 그러나 또 다른 십자군 전쟁이라 할 수 있는 가톨릭교도에 의한 국토회복운동(레콩키스타)에 밀려 조금씩 남쪽으로 후퇴하게 되었다. 13세기에 이르러 북쪽은 시에라네바다(Sierra Nevada)산맥, 남쪽은 알메리아의 해안선까지로 영토가 좁혀졌다. 1469년에 결혼한 아라곤의 왕 페르난도 2세와 카스티야의 여왕 이사벨 1세는 이후 두 왕국을 합병하고 그라나다를 공략했다. 그러나 기독교 세력이 이베리아반도를 재탈환하기 위해 이렇게 힘을 모으는 절체절명의 위기 속에서도 나스르는 왕위 계승을 둘러싼 다툼을 벌이느라 바빴다. 결국 무함마드 12세가 1492년 모로코로 망명하면서 이 왕조는 260년 만에 멸망한다. 이로써 781년간 계속되던 이베리아반도의 이슬람 통치시대도 끝이 났다. 물론 산발적인 반란이 있었지만, 그곳의 이슬람 주민인 무어인들은 철저한 탄압과 인종청소정책의 결과 동화, 추방, 학살을 경험하게 된다. 그러나 에스파냐는 수준 높은 알안달루스 이슬람 문명을 토대로 유럽의 새로운 강국이 되었고, 유럽인이 '대항해시대'라고 부르는, 콜럼버스에 의한 신대륙 침탈시대를 견인하게 된다.

01 후우마이야 왕조

후우마이야 왕조의 성립과 번영

서고트 왕국(Visigothic Kingdom, 418~721)이 지배하던 이베리아반도에 이슬람이 처음 진출한 것은 711년이었다. 그해 북아프리카 베르베르인 출신의 아랍 장군 타리끄 이븐 지야드(Tariq ibn Ziyad)가 지브롤터해협을 건너 유럽에 진출했다.

이베리아반도 최초의 이슬람 왕조는 756년에 건립되는데, 시리아 다마스커스의 우마이야 왕조가 압바스 왕조에 패망하고 6년이 지난 후의 일이다. 압바스 왕조가 정권에 위협이 될 수 있는 우마이야의 왕족들을 닥치는 대로 숙청하자, 살아남은 왕족 중 한 명이 추적을 피해 멀리 북아프리카를 돌아 이베리아반도에서 이슬람 정권을 세운 것이다. 그가 바로 압둘라흐만 1세(Abd al-Rahman I, 재위 756~788)로, 우마이야조의 마지막 왕 마르완 2세의 손자였다. 이베리아반도 남부의 코르도바(Córdoba)를 근거지로 삼은 이 새로운 이슬람 왕조의 통치자는 세속 군주로서의 위치에 만족하며 스스로

'아미르'라는 칭호를 사용했다. 그러나 10세기 카이로의 시아파 파티마 왕조가 칼리프를 자칭하며 바그다드에 있는 순니 압바스 왕조의 정통성에 도전하자, 코르도바 이슬람 왕조의 압둘라흐만 3세(Abd al-Rahman III, 재위 912~961)도 929년부터 아미르 대신 정교일치의 초월적 리더십을 의미하는 칼리프를 자처했다. 이제 자신이 이슬람 세계의 최고 통치자이자 종교적 수장임을 만천하에 공표한 것이다. 그리하여 바그다드와 카이로, 코르도바에 각기 다른 칼리프가 존재하게 되었다. 이슬람 세계에 처음으로 3명의 칼리프가 동시에 존재하는 시대가 시작된 것이다.

코르도바의 이슬람 왕조를 흔히 다마스커스 우마이야 왕조의 계승자라는 의미로 '후(後)우마이야 왕조(756~1031)'로 부르기도 한다. 특히 칼리프를 선포한 이후의 왕국을 코르도바 칼리프국(Caliphate of Córdoba, 929~1031)으로 따로 분류하기도 한다. 이 시기 후우마이야는 과달키비르(Guadalquivir)강을 따라 국제 교역이 번성했으며, 특히 칼리프 압둘라흐만 3세와 그의 아들 칼리프 알하캄 2세(Al-Hakam II, 재위 961~976) 때 최고로 번영했다. 이 시기에는 무역과 문화 교류가 활발해지면서 다마스커스와 이베리아반도의 오랜 문화와 건축술을 결합한 새로운 형태의 건축물들이 등장했는데, 이를 '알안달루스(Al-Andalus) 건축'이라 부르기도 한다. 이 시기에 건립된 왕궁과 모스크에서 알안달루스 건축의 특징이 드러나는데, 오늘날 '메스키타(Mezquita)'라 불리는 코르도바 대모스크(Mosque-Cathedral of Córdoba)가 완성된 시기도 이때였다.

압둘라흐만 3세는 알안달루스를 통일하고, 북쪽의 군소 기독

칼리프의 궁정도시 메디나 아자하라

압둘라흐만 3세 때 건설되었고, 그의 아들 알하캄 2세 때까지 별궁으로 사용되었다. 남북으로 1,500미터, 동서로 750미터 규모이며, 코르도바에서 남쪽으로 약 13킬로미터 떨어진 곳에 있다. 왕궁과 모스크, 정부기관, 정원, 주택가, 목욕탕 등으로 구성되어 있다. 우측 가장 높은 곳에 있는 건물이 왕궁인데, 그곳에서는 메디나 아자하라(Medina Azahara) 전체가 보인다.

교 세력을 복속시켰다. 무엇보다 카이로에서 출발한 파티마 군대가 모로코와 알안달루스로 진입해 왔을 때 이를 격퇴하는 데 성공했다. 이 시기 압둘라흐만 3세는 내부 안정을 위해 북아프리카 베르베르인과의 관계를 돈독히 했다. 나아가 북쪽의 프랑스, 독일, 콘스탄티노플의 비잔티움 제국과도 대결보다는 외교를 통한 협력적 기반을 조성했다. 번영의 초석이었다. 그의 사후 등극한 아들 알하캄 2세도 부왕의 외교전략을 그대로 이어받았다.

후우마이야 왕조에서 나스르 왕조로

그러나 976년 알하캄 2세의 죽음과 함께 코르도바 칼리프국도 쇠퇴기를 맞았다. 알하캄 2세의 뒤를 이은 히샴 2세(Hisham II, 재위 976~1009, 1010~1013)는 즉위 당시 11세에 불과해 통치하기에는 너무 어린 나이였다. 칼리프의 스승 역할을 하며 세력을 키워 2년 만에 하집(hajib, 궁내 대신의 직책)이 된, '알만수르(al-Mansur)' 또는 '알만소르(Almanzor)'로 더 잘 알려진 무함마드 이븐 아비 아미르(Muhammad ibn Abi Amir)가 사실상 전권을 휘둘렀다. 977년부터 칼리프의 이름으로 기독교 왕국과 치른 수많은 전투가 그의 권력을 뒷받침했다. 그는 기독교 왕국과의 전투를 위해 북아프리카의 베르베르인과 노예, 심지어 그리스인까지 용병으로 고용했다. 그리하여 히샴 2세 때 후우마이야의 칼리프는 어떠한 권력도 영향력도 없는 명목상의 타이틀이 되어버렸다. 이렇듯 칼리프의 실질적인 권력과 권위가 소멸하자 알만수르 사망(1002) 후 알안달루스는 알만수르처럼 실권을 잡거나 군사력을 토대로 자신이 직접 칼리프가 되려는 군소 군벌들의 싸움터가 되었다.

후우마이야 왕조의 마지막 칼리프는 히샴 3세(Hisham Ⅲ, 재위 1026~1031)였다. 히샴 3세를 마지막으로 코르도바의 우마이야 왕조는 수명을 다했고, 알안달루스는 '타이파(Taifa, 분파를 의미)'라 불리는 여러 공국으로 분열되었다. 그중 코르도바, 세비야(Sevilla), 사라고사(Zaragoza) 타이파가 가장 강력하게 부상했다.

이런 기회를 이베리아 북부의 기독교 세력들이 놓칠 리 없었

11세기 초 후우마이야 왕조의 세력권

977년부터 1002년에 기독교 왕국과의 전투에서 전사하기까지 알만수르는 50번이 넘는 전투를 치렀고, 대부분 승리했다. 985년에는 동쪽 끝 바르셀로나(Barcelona)를, 997년에는 서쪽 갈리시아의 산티아고데콤포스텔라까지 정복했다. 그가 활약한 10세기 말에는 알안달루스의 이슬람 세력이 피레네산맥에서 북아프리카까지 미쳤다.

다. 1086년 레온(León)과 갈리시아(Galicia), 카스티야(Castilla) 왕국의 왕 알폰소 6세(Alfonso VI, 재위 1072~1109)가 톨레도를 점령한 것을 계기로 이베리아반도에서는 기독교 세력의 집요한 고토회복전쟁이 재개되었다. 동시에 북아프리카에 연해있는 남쪽의 타이파가 자신들의 권력을 유지하기 위해 북아프리카의 이슬람 왕조들과 연대하면서 알안달루스는 알무라비툰 왕국(Al-Murabitun 또는 알모라비드Almoravid 왕국, 1056~1147)에 이어 알무와히둔 왕국(Al-Muwahhidun 또는 알모하드Almohad 왕국, 1147~1269), 즉 북아프리카 이슬람 왕조의 영향력 아래 들어갔다. 특히 당시 가장 강력했던 북아프리카의 알무라비툰 왕국은 그라나다(Granada)를 수도로 하는 통일된 아랍 왕국을 건설하여 12세기 중엽까지 존속했다. 뒤이어 알무와히둔 왕국도 수많은 군소 타이파들을 흡수하면서 알안달루스를 본격적으로 통치해 나갔는데, 1170년에는 아예 수도를 오늘날 모로코의 마라케시(Marrakech)에서 에스파냐의 세비야로 옮겼다. 그러나 1212년 라스 나바스 데 톨로사(Las Navas de Tolosa) 전투에서 기독교 세력에 패하면서 약화되었다. 그라나다를 중심으로 하는 이슬람 세력들은 1232년부터 나스르 왕조로 거듭났다.

코르도바의 번성과 후우마이야의 사회와 경제

후우마이야 왕조 시기 코르도바는 알안달루스 문화의 중심지로서 왕궁과 '메스키타'라 불리는 코르도바 대모스크를 비롯한 불멸의 이슬람 유산을 이베리아반도에 남겼다.

코르도바는 알안달루스의 지식도시이기도 했다. 이곳에서 고대 그리스의 학문적 결실이 아랍어는 물론 히브리어와 라틴어로 번역되었고, 새로운 지식이 축적되면서 더욱 풍성하게 발전했다. 이 시기에는 과학, 역사, 지리학, 철학, 언어학 등이 특히 발달했다. 코르도바의 대학은 당시 세계에서도 가장 유명한 대학 중 한 곳이었

코르도바 대모스크

압둘라흐만 1세 때 건설하기 시작했고, 세 번에 걸친 확장의 결과 알 만수르가 실권을 행사하던 987년에 2만 5,000여 명을 동시에 수용할 수 있는 규모로 완성되었다. 모스크의 규모는 남북으로 180미터, 동서로 130미터에 이를 만큼 거대하다. 특히 모스크 내부에는 850개에 이르는 아치형 둥근 기둥이 서있는데, 흰색과 붉은색의 석재를 번갈아 사용하여 아치의 곡선 부분을 장식했다. 코르도바 남쪽 메디나 아자하라의 모스크 내부도 같은 형태로 이루어져 있다.

는데, 이곳에서 150여 명에 달하는 위대한 학자와 작가가 배출되었다. 그 덕택에 코르도바의 대학에는 이베리아반도의 아랍계 무슬림인 무어인들만이 아니라, 서유럽의 기독교인들도 적지 않았다. 특히 알하캄 2세 때 왕립 도서관은 약 40만 권의 장서를 소장했다고 한다. 이러한 번성을 견인할 수 있었던 것은 출신과 종교를 초월한 인재의 발탁과 등용이었다. 학문 숭상과 능력 위주의 인재 존중 시스템은 이슬람 세계는 물론 유럽 세계에서도 학자들과 고급 인재들이 몰려들게 했고, 코르도바 번성의 굳건한 바탕이 되었다.

후우마이야 시대에는 무슬림과 유대인의 관계도 나쁘지 않았다. 일례로 메스키타의 아치형 기둥은 유대인 석공들이 메스키타 건설에 투입된 결과다. 유대인은 전체 인구의 약 10퍼센트에 달했는데, 이는 아랍인 인구를 능가하는 비율이었다. 유대인들은 지금도 마찬가지이지만 700년 전 이베리아반도에서도 주로 비즈니스와 학문 세계에서 두각을 드러냈다.

후우마이야 사회는 다양한 종족과 문화, 종교가 공존한 다문화 복합사회였다. 왕조 건국자인 압둘라흐만 1세의 생모는 베르베르인이었고, 히샴 1세는 그가 에스파냐 여인과의 사이에서 낳은 아들이었다. 후우마이야의 무슬림 인구는 소수에 지나지 않았는데, 그중 유대인이나 베르베르인보다도 수가 적은 아랍계 무슬림이 성직과 고위 관직을 독차지했다. 원주민의 대다수를 이룬 에스파냐계 서고트인 중 이슬람으로 개종한 사람들이 무슬림 인구의 대부분을 구성했고, 베르베르인을 포함한 비아랍계 무슬림 대다수가 군인이었다. 이슬람 치하 알안달루스의 기독교인은 '모자랍(Mozarabe)'으로 불렸는데, 세금은 높았지만 누릴 수 있는 권리는 적은 사회의 하위계층이었다. 이 시기 알안달루스에서 가장 많은 권리를 누린 계층은 물론 아랍계 무슬림이었다. 그 아래가 비아랍계 무슬림이고, 그 아래 유대인들은 기독교인들보다 조금 나은 상황이었다. 기독교인과 유대인은 모두 딤미로 분류되어 일종의 인두세인 지즈야를 바쳐야 했지만, 자신들의 종교와 관습은 유지할 수 있었다.

10세기까지 코르도바 인구의 약 절반만이 무슬림이었는데, 11세기에는 약 70퍼센트 정도로 늘어났다. 이는 현지 개종 인구보다는 북아프리카나 이베리아반도의 나머지 지역에서 들어온 무슬림의 숫자가 많았다. 11세기 초 수도 코르도바의 인구만도 45만 명 정도로 추정되는데, 당시 유럽의 어떤 도시보다 번성했다.

02

나스르 왕조

나스르 왕조의 발흥

나스르 왕조(Nasrid dynasty 또는 Emirate of Granada)는 1232년부터 1492년까지 260년 동안 이베리아반도에 존속한 마지막 이슬람 정치 세력이다. 북아프리카와 알안달루스를 다스리던 알무와히둔 왕국이 1212년 기독교 세력에 패하면서 알안달루스는 다시 타이파라 불리는 군소공국들이 차지하게 되었다. 타이파 중 하나인 하엔(Jaén) 지방의 아흐마르인 수장인 유수프 알아흐마르(Yusuf al-Ahmar)가 유력했다. 그의 아들 무함마드 1세(Muhammad I, 재위 1232~1273)가 주변 이슬람 세력을 통합하여 1232년 4월 18일 스스로 아미르임을 공표함으로써 나스르 왕조가 탄생했다. 1237년에는 그라나다를 수도로 정하면서 쇠퇴해 가는 마지막 이슬람 왕조의 부흥을 꾀했다.

아미르 무함마드 1세는 전략적으로 이베리아반도를 잠식해 들어오는 기독교 세력이나 모로코의 마리니드 술탄국(Marinid

Sultanate, 1244~1465)과 되도록 마찰을 피하면서 왕국의 안정을 꾀했다. 그가 주변 국가들과 이렇게 대결을 피하면서 귀족 세력의 도전을 효율적으로 제압한 덕분에 나스르 왕조는 그의 아들 무함마드 2세(Muhammad Ⅱ, 재위 1273~1302) 시기에 더욱 확장되었다. 무함마드 2세의 궁극적인 목표는 이베리아반도에서 모든 기독교 세력을 축출하고 이슬람의 영광을 되찾는 데 있었다. 그러나 새롭게 세력을 키워가던 카스티야·레온·갈리시아 연합왕국의 산초 4세(Sancho IV, 재위 1284~1295)가 1292년 마리니드로부터 에스파냐 남부의 타리파(Tarifa)를 빼앗고 그 지역에 대한 통치권을 확보하자 나스르의 왕은 위기에 봉착했다.

무함마드 2세의 뒤를 이은 무함마드 3세(Muhammad Ⅲ, 재위 1302~1309)도 카스티야 연합왕국과 영토 확장을 위한 분쟁을 계속했다. 1303년 카스티야로부터 하엔의 베드마르(Bedmar)를 확보했고, 이듬해인 1304년에는 남쪽으로 눈을 돌려 마리니드 술탄국의 북아프리카 요충지 세우타(Ceuta)를 노렸다. 2년 뒤 세우타 점령에 성공했지만, 그의 노력은 결국 실패로 끝났다. 나스르 왕조의 팽창을 두려워한 주변 3국 즉 마리니드, 아라곤, 카스티야 왕국이 1308년 동맹을 맺고 나스르 왕조와의 전면전을 준비했기 때문이다. 그 결과 나스르 궁정 안에서 그에 대한 불만이 점점 더 커지면서 이듬해 무함마드 3세는 쿠데타로 쫓겨나고 그의 이복동생 나스르(Nasr, 재위 1309~1314)가 그 자리를 대신했다. 주변 3국과 전면전을 치를 위기에 몰린 나스르는 세우타뿐만 아니라 알헤시라스(Algeciras)까지 이들에게 넘겨주어야 했다. 이처럼 나스르 왕조는 주변 왕국들과의 경쟁 속에서 일진일퇴를 거듭해야 했다. 이런 나스르 왕조가 가장 번성한 시기는 유수프 1세(Yusuf I, 재위 1333~1354)와 무함마드 5세(재위 1354~1359, 1362~1391) 때였다.

시에라네바다산맥 중심으로 정교한 관개 시설을 통해 이 왕국은 각종 채소는 물론, 다양한 과일을 재배했다. 올리브, 포도, 시트러스, 대추야자를 수확했고, 옥수수, 밀, 보리 등 곡물을 재배했다. 해안가에서는 수산업도 발달했다. 풍성한 물자와 북아프리카와의 교역을 통해 왕국의 부를 축적했다. 무엇보다 유수프 1세는 북아프리카의 마리니드 술탄국은 물론, 카스티야와 아라곤 등 이웃 기독교 왕국들과 평화협정을 체결하고 안정된 대외관계를 바탕으로 문치시대를 열었다. 그는 1348년 알함브라 궁전 확장 공사를 시작했고, 그라나다에 마드라사를 건립했다. 그의 재위기에 문학과 건축, 의학, 법률 분야에서 현저한 발전을 보였다.

유수프 1세가 1354년 그라나다의 대모스크에서 한 광인에게 암살당한 뒤 보위에 오른 무함마드 5세는 초기에는 말라가(Málaga) 항구가 기독교 함대에 의해 약탈당하고 궁정 내란에 의해 모로코로 피신(1359)하는 등 정치적 소용돌이를 겪었으나, 1362년 복위한 후에는 약 30년간 모로코와 이베리아반도의 기독교 왕국은 물론 카이로의 맘루크 왕조와도 교류하면서 나스르 왕조의 마지막 번성기를 이끌었다. 이 시기 무함마드 5세는 알함브라의 나스르 궁전을 오늘날의 형태로 완성했고, 알안달루스 예술이라 불리는 독특하고 정교한 작품을 많이 남겼다. 무함마드 5세 때는 《이븐바투타 여행기(Rihlatu Ibn Battūtah)》를 비롯해 문학과 이슬람 철학에서 괄목할 만

알함브라 궁전 벽을 장식한 이븐 알카팁의 시구

이븐 알카팁(Ibn al-Khatib, 1313~1375)은 유수프 1세와 무함마드 5세의 궁정에서 고위 관료로 봉직했던 시인이자 학자로, 당대 최고의 석학이었던 이븐할둔과도 교류했고, 60여 권에 달하는 학술서적을 남겼다. 사진은 무함마드 5세 때 건립된 왕의 집무실 '멕수아르(Mexuar)의 방' 외벽으로, 이븐 알카팁의 시구가 아랍어로 장식되었다.

한 업적들이 쏟아져 나왔다. 나아가 고대 그리스의 의학자인 히포크라테스와 갈레누스의 의학서에 대한 새로운 주해서가 발간되었고, 그라나다에 의과대학과 천문대가 설치되었다. 이는 1348년부터 유럽에 불어닥친 페스트의 후유증과 그라나다를 휩쓴 전염병에 대한 남다른 관심과 절체절명의 사회적 요구에 대한 학문적 반응으로 보인다.

나스르 왕조의 쇠퇴와 몰락

30년 이상 나스르 왕조의 번영을 이끈 무함마드 5세가 사망(1391)한 지 3년 만인 1394년 4월 카스티야 왕국이 나스르 왕조를 침략했다. 당시는 양측이 휴전에 합의했지만, 이후로도 국경 지역에서 사소한 접전이 반복되곤 했다. 유수프 3세(Yusuf Ⅲ, 재위 1408~1417) 이후로는 나스르와 카스티야 간에 분쟁이 일상화되어 버렸다. 특히 1410년부터 이베리아반도의 이슬람 축출을 기치로 내걸고 기독교 세력들이 동맹을 맺으면서 나스르 왕조의 위기가 더욱 가속화되었다. 설상가상으로 무함마드 8세(Muhammad Ⅷ, 재위 1417~1419, 1427~1429)가 보위에 오른 1417년부터 왕위 계승을 둘러싼 왕자들과 관료들의 권력투쟁이 가속화되면서 나스르 왕조는 급속도로 쇠퇴했다. 심지어 왕권을 차지하고 왕위를 유지하기 위해 기독교 국가를 끌어들이거나 그들과 동맹을 맺는 경우도 비일비재했다.

1419년부터 1447년까지 기독교 국가와의 동맹을 통해 무려 4번이나 폐위와 복위를 거듭한 무함마드 9세(Muhammad Ⅸ)는 복위를 조건으로 기독교 국가들로부터 끊임없는 요구에 시달렸다. 이제 나스르 왕조와 주변 기독교 국가들과의 관계는 되돌리기 힘들 정도로 역전되었다. 1421년에는 로마 교황이 그라나다를 상대로 십자군 전쟁을 독려했다. 이에 따라 1431년 6월에는 그라나다의 발밑까지 기독교 군대들이 침입했다. 1440년부터 나스르 왕조의 권력을 둘러싼 내분이 본격화되면서 1450년 이후에는 기독교 왕국들과의 싸움

13세기~15세기 나스르 왕조의 영토

이베리아반도의 마지막 이슬람 왕조였던 나스르는 유수프 1세와 무함마드 5세 시기 번성했으나, 주변 왕국들과의 분쟁이 끊이지 않았다. 결국 1492년 수도 그라나다가 함락되면서 기독교 왕국들에게 자리를 내주었다.

페르난도 2세와 이사벨 1세에게 항복하는 무함마드 12세

프란시스코 프라디야 오르티스(Francisco Pradilla Ortiz, 1848~1921)가 1882년에 그린 〈그라나다의 항복(La Rendición de Granada)〉이다. 페르난도 2세와 이사벨 1세(오른쪽)에게 항복하는 무함마드 12세(왼쪽)의 모습이 그려져 있다. 스페인 상원의사당 소장.

에서도 나스르의 패색이 더욱 짙어졌다. 특히 1469년 아라곤의 페르난도 2세(Fernando II, 재위 1479~1516)와 카스티야의 이사벨 1세(Isabel I, 재위 1474~1504)가 결혼을 통해 강력한 기독교 연합왕국을 꾸리자 나스르는 더는 기독교 왕국의 적수가 되지 못했다.

1481년 나스르군이 카스티야의 한 국경 마을을 공략한 뒤로 이듬해 2월 기독교 군대가 그라나다의 알하마(Alhama)를 함락하면서 '그라나다 전쟁(Granada War, 1482~1491)'이라 불리는 장기전이 시작되었다. 1483년에는 무함마드 12세(Muhammad XII, 재위 1482~1483, 1487~1492, 유럽에서는 '보아브딜Boabdil'로 불림)가 기독교 군대에 잡혀 4년 동안 포로 생활을 해야 했다. 기세등등한 기독교 국가는 그라나다를 향해 마지막 진군을 준비하고 있었다. 1485년 론다(Ronda)가 함락되었고, 1487년 말라가, 1489년 과딕스(Guadix)와 알메리아(Almería)가 차례로 기독교 세력의 수중에 떨어졌다.

나스르 왕조의 귀족과 고위 관료 대부분은 나라를 버리고 북아프리카의 모로코와 이집트로 망명했다. 껍질만 남은 나스르 왕조는 결국 1492년 1월 2일 종말을 고했고, 이베리아반도는 781년 만에 기독교 왕국의 손에 넘어갔다. 무함마드 12세는 금화 3만 냥과 알함브라 궁전 등을 바치는 대신 자신의 해외 망명과 그라나다에 남아있는 무슬림과 유대인 등 자신의 신민들에 대한 안위를 보장받았지만, 승리에 도취된 기독교 국가는 이를 지킬 의사가 없었다. 강제 개종으로 몇몇은 생명을 부지할 수 있었지만 이를 거부하는 대다수 주민은 학살당하거나 강제로 추방되어 모로코나 다른 이슬람 세계로 쫓겨났다.

역사의 현장에서

그라나다의 알함브라 궁전

에스파냐 남부를 '안달루시아(Andalucía)'라고 부른다. 이곳에는 '무어(Moor)'라고도 불리는 아랍계 무슬림이 꽃피운 화려한 이슬람 문화가 남아있다. 800년 가까운 시간 동안 유럽의 서쪽 끝 이베리아반도에 뿌리내린 아랍 문화가 바로 알안달루스 문화다. 안달루시아란 이름도 이 알안달루스에서 유래했다. 알함브라 궁전이 있는 안달루시아의 그라나다는 두 문화가 공존할 때 얼마나 아름다운 결실을 맺을 수 있는가를 보여주는 인류역사의 산 교육장이다. 누구에게도 말할 수 없었던 슬픈 역사가 도시 곳곳에 웅크리고 있기는 하지만 말이다. 그라나다와 더불어 세비야와 코르도바도 알안달루스 문화의 중심도시이다. 이 세 도시를 알안달루스 3대 역사도시로 꼽는다. 알안달루스 문화를 약간이라도 이해하기 위해서는 그라나다를 그냥 지나칠 수 없다.

일곱 개의 언덕 위에 세워진 도시, 문화의 깊이와 현실의 풍요로움이 함께 느껴지는 고도(古都) 그라나다에는 도시 가운데를 다로(Darro)강이 동서로 흐른다. 구시가지를 형성하는 다로강 북쪽에는 대성당을 비롯해서 언덕 위의 길을 따라 고풍스런 멋을 뽐내는 무어풍

저택들이 잘 가꾸어진 정원과 과수원 사이로 줄지어 있다. 그리고 강의 반대편 언덕 위로 올려다보이는 것이 알함브라 궁전이다. 그토록 꿈꿔왔던, 이름만으로도 황홀한 알함브라다.

그라나다는 알함브라의 도시다. "그라나다는 에메랄드에 알함브라라는 빛나는 오리엔트산 진주가 박혀있는 인류 최고의 보석이다." 15세기 한 아랍 시인의 표현이다. 1492년 1월 1일, 역사가 새롭게 시작되는 새해 첫날밤 알함브라 궁전은 조용히 눈을 감는다. 이사벨 여왕과 페르난도 왕이 궁전의 새 주인으로서 모습을 드러낸 것이다. 두 사람은 결혼을 통해 아르곤과 카스티야 왕국을 통합한 뒤, 이베리아 반도에서 800년 이슬람 지배를 청산한다는 거룩한 사명을 천명했다. 그라나다에 도읍했던 이슬람 나스르 왕조의 마지막 왕 보아브딜(무함마드 12세)은 자신의 가련한 신민을 보호한다는 조건으로 금화 3만 냥과 궁전을 바치고 항복을 결심했다. 그러나 그 약속은 지켜지지 않았고, 그라나다의 주민들은 무참하게 학살당하고 추방당했다. 유난히 눈물이 많았던 보아브딜은 약자의 비애를 처절하게 되뇌며 정든 알함브라 궁전을 떠나 망명길에 올랐다. 보아브딜은 멀리 궁전이 내려다보이는 라스알푸하라스(Las Alpujarras)언덕에서 다시는 누릴 수 없는 과거의 영광과 삶의 애환을 하나씩 눈에 담고 가슴에 심었다. 그러고는 애끓는 심정으로 알함브라에 작별을 고했다. 역사는 이런 보아브딜의 작별을 '무어인의 탄식(El Suspiro del moor)'으로 기록했다.

레콩키스타(Reconquista)를 완성하고 알함브라 궁전을 차지한 페르난도 왕과 이사벨 여왕은 감격과 감동을 억누르지 못했다. 그들은 이 이슬람 중심지의 모스크를 헐어 그 자리에 가톨릭 성당을 지음으

산니콜라스 전망대(Mirador de San Nicolas)에서 바라본 알함브라 전경

왼쪽부터 알함브라의 이궁인 헤네랄리페, 나스르 궁전, 16세기에 건설된 카를 5세 궁전(Palace of Charles V), 알함브라에서 가장 오래된 건물인 요새 알카사바다. 알함브라는 1240년경 무함마드 1세 때 축조되기 시작했고, 그 후 증축을 거듭했다. 여러 동의 건물이 각각 아름답고 고요한 분수가 있는 중정(안뜰)을 가지고 있었으며 오늘날에는 4개의 중정이 남아있다.

로써 기독교의 승리를 기념했다. 너무나도 아름다운 알함브라에 매료당한 이사벨은 "내 생애보다 더 귀한 궁전"에 더는 손을 댈 수가 없었다. 그의 손자였던 카를 5세(Karl V, 재위 1516~1556)가 등극하면서 알함브라 내부에 지은, 투우 경기장 같은 조잡한 르네상스풍 궁전을 제외하면 알함브라는 원래의 모습 그대로를 뽐내고 있다. 카를 5세도 알함브라 예찬론자였다. "알함브라를 잃은 자여 불쌍하도다. 나 같으면 알푸하라스언덕에서 알함브라를 버리고 삶을 선택하기보다는, 알함브라를 지키며 그곳을 무덤으로 삼았을 텐데"라고 말하며 보아브딜의 결정을 안타까워했다고 한다.

언뜻 보면 여느 아랍 궁성이나 성채와 크게 다르지 않다. 아랍어로 '붉은 궁전'을 의미하는 '알함브라(Alhambra)'라는 이름 그대로 붉은빛이 도는 견고한 돌조각을 쌓아 만든 밋밋하고 조악한 궁성처럼

보인다. 눈에 띄는 건축 양식이나 화려한 장식도 없다. 그러나 이 궁전은 승승장구하던 기독교 세력이 시시각각 침략의 손길을 뻗쳐올 때 최후를 눈앞에 두고 유언장을 쓰듯이 비감(悲感)한 손길로 빚어낸 이슬람 문화의 결정체다. 그래서인지 알함브라를 자세히 살펴보면 비감함과 퇴폐적인 아름다움이 묻어나는 것만 같다.

언덕을 오르고 계단을 따라가면 첫 번째 관문인 알카사바(Alcazaba) 정상에 다다른다. 알함브라에서 가장 오래된 건물로 적의 침입에 대비하는 요새의 기능을 하던 성채다. 알함브라에서 가장 높은 벨라의 탑(Torre de la Vela)에 오르면 멀리 그라나다 시내가 한눈에 들어온다. 서쪽으로는 알바이신(Albacín) 마을이 내려다보인다. 여름인데도 높은 산꼭대기에는 잔설이 남아서 햇빛을 반사하는 은빛 물결을 시내에 비춘다. 시에라네바다산이다.

아라야네스 중정

나스르 궁전 내 왕의 집무실인 멕수아르의 방에서 아라야네스 중정으로 나가게 된다. 중정에는 커다란 직사각형 연못이 있는데, 양옆으로 아라야네스(천국의 꽃)가 심어져 있어 아라야네스 중정이란 이름이 붙었다. 7개의 아치 뒤에 높이 45미터의 코마레스 탑(Torre de Comares)이 보인다.

코끼리 모양으로 나무를 조경하고 남국의 원색 꽃으로 화단과 정원을 꾸민 입구의 긴 통로를 지나 왕궁인 나스르 궁전(Palacios Nazaríes) 안으로 들어서면 실망은 곧 환희로 바뀐다. 분수가 있는 전형적인 아랍식 실내 정원과 천국에서의 휴식을 꿈꾸듯 설계한 시원한 공간구조, 벽면의 아라베스크 장식과 조각 예술의 극치 앞에서 나는 한참 동안 멍하니 서있었다. 도저히 적당한 묘사가 떠오르지 않는다. 과연 알함브라로구나! 네 이름만으로도 충분하구나!

왕궁 입구에 들어서면 두 벽 사이로 긴 아라야네스(Arrayanes) 중정이 이방인을 맞는다. 왕의 집무실과 거주지가 시작되는 곳이다. 하얀 대리석 바닥과 벽면의 초록색 모자이크가 기가 막힌 대조를 이루고, 아치를 이루는 조각 기둥이 떠받치는 지붕에는 붉은 아도베(adobe)

기와가 얹혀있다. 직사각형 연못 위에 비친 맞은편 건물의 아치와 기둥 장식이 수중도시처럼 느껴진다. 왕이 외국 사신을 접견하던 '대사의 방'이다.

뚫려있는 아치 사이로 맞은편 마을이 훤히 내려다보인다. 풍광이나 바다가 아닌, 이토록 아름다운 삶의 공간을 성 위에서 바라본 기억이 없다! 그라나다의 영혼을 담고 있는 이슬람 마을 알바이신이다. 가슴 아픈 사연과 역사가 깔린 마을이다. 이슬람 왕조가 멸망하고 새로운 주인을 맞이하던 그때 기독교 병사들은 소수민족의 문화와 종교를 보호해 주겠다는 약속을 내팽개치고 닥치는 대로 약탈하고 살육했다. 이교도를 소탕하고 신성한 하느님의 땅을 새로 세운다는 그들의 종교적 사명 앞에서 하나의 문명이 무참히 유린당했다. 그들은 끝까지 저항했다. 이교도의 지배를 받느니 차라리 죽음을 택했다. 그들은 죽어가면서도 처참한 역사를 후세에 남기고자 자신들의 피를 곳곳에 뿌렸다. 좁은 골목과 서로의 목소리가 들릴 듯한 가옥구조가 눈에 익은 아랍 마을들과 닮았다. 나지막한 언덕 위에 옹기종기 모인 하얀 집들 사이로 석양을 이고 퍼져나가는 성당의 종소리가 나직이 깔린다.

'사자의 정원(Court of the Lions)'으로 발길을 옮겼다. 여기서부터 술탄만이 드나드는 금남의 공간 하렘(harem)이다. 세계에서 가장 아름다운 실내 정원과 마주하고 서있다. 12마리의 사자가 떠받치는 중앙 분수는 사자의 입을 통해 쉴 새 없이 물줄기를 뿜어낸다. 그리고 그 물은 파놓은 홈을 따라 정원 구석구석을 흐른다. 야릇한 향내를 머금은 앞뜰의 정원수가 작은 그늘을 이루고, 뚝뚝 떨어질 것 같은 역동적인 모양의 종유석 조각을 담은 아치 아래에는 커다란 그늘이

사자의 정원(위)과 아벤세라헤스 홀(아래)

아벤세라헤스 홀은 팔각형의 돔 형상을 띤 천장에 수천 개의 벌집 모양 종유석으로 장식되어 있다. 이처럼 벌집 모양 종유석으로 천장을 뒤덮은 장식을 '무카르나스'라고 한다. 두 자매의 홀 천장도 같은 모양이다. 이 천장들이 알함브라 궁전 안에서 가장 섬세하고 정교한 장식으로 손꼽힌다.

드리워져 있다. 황량한 사막을 뚫고 온 아랍 오아시스의 정서를 그대로 옮겨놓은 것일까, 아니면《꾸란》이 묘사하는 천국을 설계한 것일까? 아치 위 벽면마다 현란한 아라베스크 서체로 신성한《꾸란》의 말씀을 가득 새겨놓았다. 정원을 사이에 두고 '술탄의 홀'과 '아벤세라헤스(Abencerrajes)의 홀', '두 자매의 홀'로 명명된 방이 정원을 향하고 있다.

두 자매의 홀 안으로 들어섰다. 바깥의 밝고 뜨거운 햇살에 비해 실내는 무척 어둡다. 한참 만에 시야에 들어온 것은 천장이었다. 팔각형으로 만든 돔은 벌집을 매달아 놓은 것 같은 조각으로 꾸며져 있었다. "종유석 모양의 작고 정교한 조각들이 주렁주렁 달려있다"라고밖에 표현할 수가 없다. 고개만 쳐들고 멍하니 바라보고 있는데, 옆에 있던 그라나다 대학생이 한마디 거든다. 한낮보다는 아침 해가 솟는 시각에 와야 한다고 했다. 그래야 천장에 뚫어놓은 8개의 창으로 들어오는 빛이 만들어내는 아름다움을 느낄 수 있다고 한다. 지금 이 모습도 나로서는 소화하기 벅찬데 말이다.

사자의 정원을 나오니 아름다운 분수가 보이는 계단에 맹인이 앉아 구걸하고 있다. 그 옆에는 에스파냐어로 팻말을 세워놓았다. "아름다운 여인이여, 자선하세요! 그라나다에서 맹인이 되는 것보다 더 잔인한 인생이 또 있을까요." 에스파냐의 시인 프란시스코 데 이카자(Francisco de lcaza, 1863~1925)의 시구다. 동전 하나를 놓으면서 마주친 맹인의 말 없는 절규가 오랫동안 잊히지 않았다.

알함브라와 작별하기 전에 전체 모습이 보고 싶었다. 술탄의 동북쪽 별장이었던 헤네랄리페(Generalife, 흰색 건물)에서 한참을 머물다

석양이 질 무렵이 되어 맞은편 알바이신 마을 언덕 꼭대기에 있는 산 니콜라스 교회(Church of San Nicolas)로 갔다. 알함브라의 영광과 아픔이 한눈에 들어왔다. 유난히 붉은 낙조가 알함브라를 물들인다. 태양이 붉게 지던 그날, 그라나다도 어느 무명 시인의 통곡처럼 목놓아 울었을 것이다.

불운한 왕이여!
죽을 용기가 없어 그라나다를 떠나는 못난 왕이여!
남은 인생이 무어 그리 대단할진대
그까짓 왕관 하나 벗어던지지 못하고
그라나다를 떠나는가!

이슬람의 궁성이 함락되던 해인 1492년, 이사벨 여왕을 후원자로 모신 제노아(Genoa)의 콜럼버스(Christopher Columbus, 1451~1506)가 신대륙을 발견한다. 무적함대를 자랑하는 에스파냐의 전성시대가 막을 연 것이다. 한편 보아브딜은 에스파냐에서도 쫓겨나 지브롤터해협을 건너 북아프리카로 건너간다. 약 800년 전인 711년, 그의 선조 타리끄 이븐 지야드 장군이 이베리아반도를 점령할 때 의기양양하게 건너던 바로 그 길이다. 보아브딜은 모로코의 이슬람 도시 페스에 정착한 뒤에도 알함브라를 잊을 수 없었던 모양이다. 63세를 일기로 눈을 감은 그의 초라한 궁전은 알함브라를 닮았다.

12장

이란 시아파의 자존심
사파비

1500년	이스마일 1세, 시르반 정벌
1501년	타브리즈 점령 후 사파비 왕조 개창
1509년	바그다드 정복
1514년	찰디란 전투에서 오스만군에 패배
1524년	타흐마스프 1세 즉위
1532년	오스만의 사파비 침략 시작
1540년	타흐마스프 1세, 캅카스 원정 단행
1555년	타흐마스프 1세, 아마시아에서 오스만과 평화협정 체결
1574년	타흐마스프 1세 와병, 후계 분쟁 시작
1585년	오스만, 사파비의 옛 수도 타브리즈 함락
1588년	압바스 1세, 샤 등극
1598년	압바스 1세, 이스파한으로 천도
1599년	압바스 1세, 유럽에 사절단 파견
1603년	압바스 1세, 오스만으로부터 타브리즈 탈환
1609년	쿠르드 반란
1629년	압바스 1세 사망
1717년	순니파 이슬람교도 반란
1722년	아프간인에 의해 수도 이스파한 점령
1736년	나디르 샤가 아프샤르 왕조를 건국하며 사파비 왕조 종말

사파비 왕조는 이란의 중심도시 이스파한을 수도로 서쪽으로 오스만 제국, 동쪽으로는 인도의 무굴 제국과 당당히 쟁패하면서 236년간 존속한 대제국이다. 시아파 이슬람을 국교로 받아들여

오늘날 이란이 시아파의 종주국이 되는 기틀을 마련했다. 창건자 이스마일 1세는 자신이 시아파 제7대 이맘의 자손이라 주장하며 티무르 제국 붕괴 이후 내전과 기근, 폭도들이 난무하는 극한의 혼란 상황을 수습하는, 강력한 위기 극복의 리더십을 보이며 등장했다. 무엇보다 고통의 시기에 주민들은 종교적 위안과 권위를 갈망하고 있었다. 이러한 열망에 부합하며 이스마일은 강력한 정치 세력이었던 아제르바이잔의 아크 코윤루를 꺾고, 1501년 이란 북부의 도시 타브리즈에서 독립했다. 메소포타미아에서 아프가니스탄에 이르는 지역을 통일한 후, 종래의 순니파 이슬람 왕조의 통치자들이 사용하던 '칼리프'나 '술탄', '아미르'라는 칭호 대신 고대 페르시아 황제의 칭호였던 '샤'를 사용하면서 이란 정체성의 뿌리를 분명히 했다.

압바스 1세 시기에 최전성기를 맞은 사파비 왕조는 르네상스의 영향으로 군제를 영국식으로 개혁하고, 오스만 제국과 경쟁하고 대결하는 과정에서 제도적·문화적으로 크게 영향을 주고받았다. 수도 이스파한은 동서 실크로드의 중심도시로 거듭나면서 풍성한 물자와 수많은 사람이 몰리는 당시 세계 최대 규모의 국제도시가 되었으며, 이 때문에 '세상의 절반'이란 애칭으로 불리기도 했다. 그러나 압바스 1세 사후 왕조는 급격히 쇠퇴하여 다시 경쟁자 오스만 제국에 영토의 상당 부분을 빼앗겼고, 1722년에는 아프간인에게 수도를 점령당하는 수모를 겪었으나 왕통은 1736년까지 이어졌다. 18세기 말 이란 지역은 카자르 왕조에 의해 재통합되었다.

이스파한을 중심으로 지금 남아있는 유적 대부분이 사파비 왕조 때의 것으로, 그만큼 사파비 왕조가 이란인들의 정신과 삶에 끼치는 영향이 실로 지대하다고 할 수 있다. 특히 이스파한에 대한 이란인들의 자부심과 애정은 각별하다. 그들은 수도 테헤란(Teheran)을 '이란의 두뇌', 성도 콤(Qom)을 '이란의 영혼'이라 부르는데, 이스파한은 '이란의 심장'이라고 여길 정도이다.

01 사파비 왕조의 성립

사파비 왕조의 민족적·종교적 기원

흔히 이란 역사에서는 1501년 사파비 왕조(Safavid Dynasty, 1501~1736)의 개창을 이란 근대화의 시작으로 본다. 사파비 왕조는 압바스 제국에 이어 이란 지방에 들어선 최대의 이슬람 국가로, 시아파 중 12이맘파(Twelver 또는 Imamiyyah)의 사상을 국교로 삼아 통치한 제국이다. '사파비'라는 명칭은 오늘날 이란령 아제르바이잔의 아르다빌(Ardabil)에 정착한 시아파 수피즘 단체인 '사파비야(Safaviyya)'에서 유래했다. 사파비 왕조를 개창한 이스마일 1세(Ismā'il I, 재위 1501~1524)는 이 단체의 마지막 수장이었다.

사파비 왕조는 기본적으로 쿠르드인, 아제르바이잔인, 조지아인, 흑해 그리스인 같은 주변 종족들을 폭넓게 포용한 결합왕조로 출발했다. 아르다빌은 서아시아 동서 교통과 남북 교류의 요충지였다. 이스마일은 이곳을 정치적 근거지로 삼고 바로 남쪽 이란 본토에 대한 통제권을 확보하는 데 성공했다. 이후 점차 이란의 문화적 정체성을 강하게 되살리는 방향으로 나라를 운영했다. 이로써 사파비 왕조는 651년 사산조 페르시아가 아랍에 의해 멸망한 후 이슬람의 심연 속에서 희미해져 가던 이란 정체성을 부활시키는 역할을 하게 되었다. 사파비 왕조에 의해 탈아랍화하면서 오늘날 이란 민족이 명확한 실체로 자리하게 된 배경이다. 무엇보다 이집트의 파티마 왕조에 이어 시아파 이슬람을 국교로 삼으면서 그동안 소수 종파로 억눌려 왔던 시아파 추종자들이 자긍심을 되찾았다. 오늘날 이란이 시아파 이슬람 국가로 성장한 배경이기도 하다. 현재 중동에는 이란, 아제르바이잔공화국, 시리아, 레바논, 바레인, 사우디아라비아 동부 지역에 걸쳐 거대한 시아파 벨트가 형성되어 있다.

사파비 제국은 전성기에 조지아 동부, 아르메니아, 캅카스 북부, 터키 아나톨리아 일부, 시리아, 이라크, 이란, 쿠웨이트, 바레인, 파키스탄, 아프가니스탄, 투르크메니스탄, 우즈베키스탄을 아우르는 광대한 영역을 점령했다.

사파비 왕조는 태동부터 왕가(王家)의 종교적 정통성을 강조했다. 이는 사파비 왕들이 자신들을 '사이이드(Sayyid)'라고 주장했다는 데서 알 수 있다. 사이이드는 이슬람 예언자 무함마드와 그의 사촌이자 사위인 알리의 자손으로 인정받는 사람들에게만 붙이는 명예로운 호칭이다. 실제로 사파비 왕조 통치자들이 사이이드인가에 대해 많은 역사학자가 의문을 제기했지만, 중요한 것은 스스로 사이이드임을 주장했다는 점이다. 현재 역사학계에서는 사파비 가문이 원래 이란령 쿠르디스탄(Kurdistan) 출신이며, 언젠가 이란령 아제르바이잔으로 이주해 11세기에 아제르바이잔의 한 작은 마을이었던 아르다빌에 정착했다는 데 대체로 동의한다.

아제르바이잔 주민들이 터키어를 구사하게 된 것은 11세기 이후의 일이다. 이 지역 주민들은 원래 이란계 쿠르드어를 사용했다. 그러다 11세기경 중앙아시아의 오우즈 튀르크(Oğuz Turk)인들이 대거 이 지역에 들어오면서 사용하는 언어에도 변화가 생긴 것이다. 사파비 건국의 주역들은 원래 쿠르드어를 구사하던 바로 그 사람들, 즉 11세기 이전에 아제르바이잔에 뿌리를 내린 사람들이다. 결론적으로 사파비 건국의 주역들은 일부 학자들이 주장하는 것처럼 원래부터 터키어를 구사한 튀르크족이 아니라 튀르크족이 들어오기 전 이 지역에 뿌리를 내리고 나중에 터키어를 받아들인 토착 이란인이라고 이란 학자들은 주장하고 있다.

왕조 개국 이전 사파비 가문은 시아파 수피 단체 사파비야의 수장직을 이어온 가문으로서 시아파 초대 이맘인 알리의 후손으로 예언자 무함마드의 혈통임을 주창했다. 그러면서도 효율적인 제국 통치를 위해 왕조를 개창한 1501년 이후 이웃 종족과의 폭넓은 결혼 정책으로 통합을 이룩하는 정책을 내세웠는데, 통혼권은 흑해 북부의 그리스인, 조지아인, 체르케스인 들을 포함했다.

사파비의 영적 중심, 수피즘

사파비라는 왕조명이 바로 이슬람 신비주의 갈래인 사피비야에서 유래한 것만 보아도 수피즘(Sufism)의 영향이 강하게 스며있음을 알 수 있다. 수피즘은 특히 14세기 몽골의 지배 이후 터키와 이란, 중앙아시아 전역에서 크게 유행했다. 승승장구하던 이슬람이 처음으로 몽골에 짓밟히고 치욕적 패배를 맛보자 알라는 항상 자신들의 편이며 이를 승리로서 확증해 주었던 이슬람의 메시지는 크게 손상되었다. 오히려 정치적으로 찢기고 영적으로 피폐한 상황에서 신앙에 대한 민중의 의존은 더욱 커져만 갔다. 이런 시대적 상황에서 이슬람 신비주의인 수피즘이 새로운 길을 제시하자 크게 인기를 끌게 된다.

종래 아랍인 예언자인 무함마드에 의해 아랍어로 계시된 신의 말씀인 《꾸란》은 아라비아반도를 벗어나 비아랍어권 세계로 전파되면서 심각한 난관에 부딪혔다. 신의 절대적 계명을 이해하는 사람들은 아랍어를 할 줄 아는 성직자 계층이나 지식인을 중심으로 극소수에 불과했다. 수피즘은 아랍어를 모국어로 사용하지 않는 많은 무슬림에게 신을 만나고 신으로부터 위안을 찾을 수 있는 대안을 창안했다. 《꾸란》을 읽고 해석할 줄 몰라도 이슬람 교리에 대한 해박한 지식이 없어도 누구나 간절히 기도하고 염원하면 전지전능하신 절대자 알라께서 찾아오실 것이며, 꾸준한 노력과 자기 수양을 통해 직접 절대자 알라를 영접할 수 있다며 다양한 의례와 신앙적 길을 활짝 열어젖힌 것이다. 이것이 바로 수피즘이다.

수피 종단들은 지도자를 중심으로 신을 만나기 위해 시대와 지역, 공동체에 따라 다양한 방식과 의례를 창안하고 집단으로 이를 실천하고 전승해 나갔다. 명상과 기도를 통해, 종교적 낭송을 통해, 춤을 통해, 심지어는 이슬람이 금하는 음주를 통해 신을 만나는 정교하고 독특한 의례를 수용하면서 이슬람은 놀라운 속도로 퍼져나갔다. 중앙아시아와 동남아시아 이슬람은 순니나 시아파를 막론하고 수피즘이 그 뿌리라 할 정

수피 댄스

수피즘의 종교 의례 중 하나로 한 자리에서 오랫동안 돌면서 신과의 영적 합일을 이루는 의식이다.

도로 토착문화를 적극 수용하면서 현지화해 나갔다. 물론 사우디아라비아의 와하브(Wahhāb)파처럼 보수적인 아랍 이슬람 세계에서는 아직도 수피즘을 이단으로 취급하지만, 12세기 이슬람 세계 최고의 철학자인 알 가잘리(Al-Ghazali, 1058~1111)가 수피즘을 정통 이슬람의 틀 속으로 받아들인 이후 수피즘은 이슬람교의 한 갈래로 중요한 역할을 해왔다.

이란 사파비 왕조의 창립에 영적인 근간이 된 사피비야 종단의 창시자는 사피아드딘(Safi-ad-din Ardabili, 1252~1334)으로 알려져 있다. 사피아드딘은 1301년경에 길란(Gilan) 지방의 수피 지도자로 떠올랐는데, 그의 높은 영적 체험과 종교적 카리스마는 사파비야라는 독립된 종단을 형성하기에 이르렀다. 곧 아르다빌의 중심 종단으로 자리를 굳혔으며, 지역 주민 대부분이 그의 추종자가 되었다고 한다. 당시 사피아드딘의 작품으로 알려진, 고대 아제르어로 쓰인 종교시가 오늘날까지 남아있다. 사피아드딘에 이어 수피 종단 지도자가 된 인물은 사드르 알딘 무사(Sadr al-Din Musa, 1305~1391)였고, 그의 아들들에게 종단의 지휘권이 계승되었다.

그러다가 1447년 사피아드딘의 4대손 샤이크 주나이드(Shaykh Junayd, ?~1460)가 사파비야의 수장이 되면서 급진화하기 시작했다. 그는 영적인 권위보다는 물질적 힘을 탐했다. 이에 당시 페르시아의 강력한 공국이었던 카라 코윤루(흑양조)의 왕 자한 샤(Jahan Shah, 재위 1438~1467)가 그를 추방했다. 그러자 샤이크 주나이드는 카라 코윤루와 경쟁관계에 있던 아크 코윤루(Ak Koyunlu, 백양조, 1378~1503)에 정치적 망명을 요청하고 아크 코윤루 왕자 우준 하산(Uzun Hasan, 재위 1457~1478)의 누이 카디자 베굼(Khadija Begum)과의 결혼을 통해 특수관계를 이어갔다. 그의 손자가 바로 사파비 왕조의 건국자 이스마일 1세이다.

이스마일 1세의 건국

이스마일 1세는 타브리즈(Tabriz)를 수도로 사파비 왕조를 건국했다. 당시 이 지역의 패권을 장악하고 있던 티무르 제국이 쇠퇴하면서 이란 지역은 내분으로 분열되었다. 동시에 다양한 신앙체계와 종파들이 각자 종교 권력 공동체를 형성하면서 쟁패했다. 그중 사파비 크즐바시(Qizilbash)가 가장 유력한 종교적 군사 공동체로 권력을 잡고 이란을 통일하게 된다. 크즐바시는 사파비야의 수장 샤이크 하이다르(Shaykh Haydar, 1459~1488)를 지지하는 일종의 종교적 군사집단에서 비롯했는데, 하이다르의 아들 이스마일 1세가 이들의 군사력을 기반으로 이러한 통합을 주도했다. 크즐바시는 이스마일을 시아파 제7대 이맘의 자손으로 간주하고 그에게 충성을 바쳤다.

이스마일은 메소포타미아에서 아프가니스탄에 이르는 지역을 통일하면서 아랍인과 튀르크인이 선호하던 '칼리프'나 '술탄' 대신 페르시아 제국 황제의 공식 칭호인 '샤한샤'를 채택하여 자신이 이란의 샤한샤임을 선포했다. 사파비 왕조가 페르시아인 즉 이란 민족의 나라임을 만방에 고한 셈이었다. 또한 독립왕조로서 사파비의 성격을 분명히 하기 위해 자신의 이름을 새긴 주화를 발행했다. 특히 시아파 주류인 '12이맘파'를 국교로 정함으로써 사파비를 이슬람 시아파의 나라로 만들었다.

이스마일은 자신의 정치적 기반인 아르다빌을 공고히 한 다음 바로 주변 지역 정복에 나섰다. 1500년 12월, 캅카스 동부의 작은 왕국 시르반(Shirvan)을 공격하여 승리했고, 북쪽으로 카스피해 서안의 데르벤트(Derbent)와 다게스탄(Dagestan) 남부까지 손에 넣었다. 1501년 아제르바이잔에서 아크 코윤루군을 격파하고 타브리즈를 점령했다. 그리고 새로운 왕조의 개창을 알렸다. 이후 아르메니아를 차지했고, 1502년에는 지금 터키 동부 지역인 에르진잔

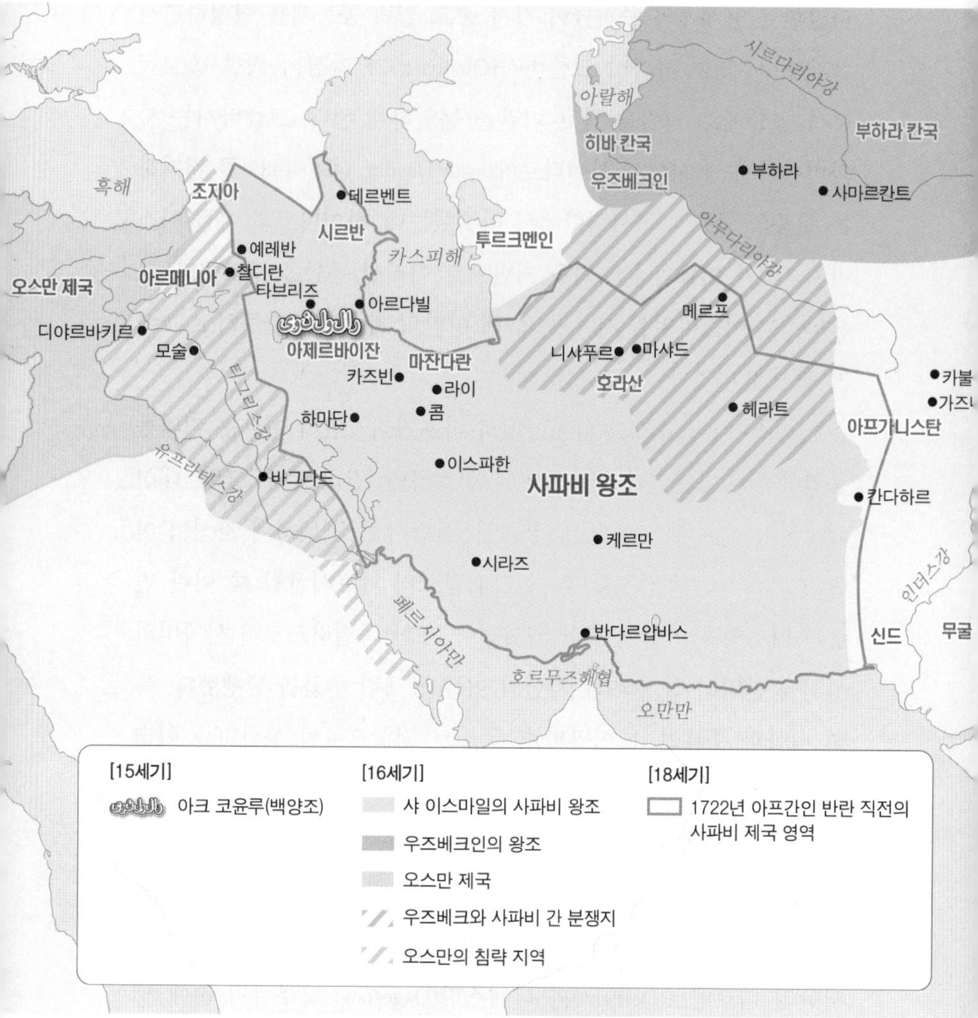

사파비 왕조의 영토 변화

16세기 사파비 왕조의 건국 때부터 18세기 멸망 때까지의 영역으로, 동북쪽으로는 우즈베크인 왕조, 동남쪽으로는 무굴 제국, 서쪽으로는 오스만 제국과 충돌했다.

(Erzincan)과 에르주룸을 수중에 넣었다. 이듬해인 1503년에는 하마단 인근에서 아크 코윤루의 잔군을 쫓아냈고, 1504년에는 시라즈와 케르만, 1507년에는 디야르바키르(Diyarbakir)와 나자프(Najaf), 시아파 성지 카르발라(Karbala), 1508년에는 반(Van), 1509년에는 아랍 문명의 심장부인 바그다드, 1510년에는 헤라트와 호라산 일부를 정복했다. 그리하여 1511년경까지 북동쪽에 강력하게 포진하고 있던 무함마드 샤이바니의 우즈베크인을 아무다리야강 북쪽으로 몰아내는 데 성공했다. 사파비 왕조는 인도의 무굴 제국이나 우즈베크계의 칸국들과 여러 차례 전쟁을 벌여 영토를 넓혀갔으며, 당시 순니파 종주국이던 오스만 제국과도 충돌했다. 동쪽의 순니파 무굴 제국과 함께 서쪽에는 또 다른 순니파 제국인 오스만이 강력한 위협으로 상존한 상황에서 같은 이슬람 제국이라고는 하지만 시아파 사파비 왕조의 입지는 순탄하지 않았다.

건국 초기 사파비와 무굴 제국의 관계

사파비 왕조가 탄생할 무렵 인도 북부에서는 무굴 제국이 발흥했다. 티무르 왕가의 후손인 바부르가 건국한 무굴 제국은 사파비와 비교적 우호적인 관계를 유지하면서 문화적으로도 폭넓게 교류했다. 시아파 정권인 사파비와 달리 무굴 제국은 순니 이슬람을 받아들였지만, 주민 절대다수는 힌두교도였다. 바부르가 사망하고 후마윤이 등극했을 때 제국을 분할 통치하던 그의

후마윤과 타흐마스프 1세의 만남

카즈빈의 궁전에서 후마윤과 만난 이란의 샤는 그를 환영하는 성대한 연회를 열었고, 그 자리에서 후마윤에게 1만 2,000명의 정예 기병을 제공하겠다고 발표했다.

형제 몇몇이 반란을 일으켰다. 그러나 더 큰 위협은 아프간계 수르인 출신인 비하르의 총독 셰르 샤였다. 벵골을 점령한 셰르 샤를 격퇴하러 나섰다가 차우사와 카나우지에서 대패한 후마윤은 동생 카므란 미르자(Kamran Mirza, 1512~1557)가 다스리던 파키스탄의 라호르로 도주했지만, 동생으로부터 아무런 도움도 받지 못한 채 1543년 사파비 왕조가 통치하는 이란 지역으로 향했다.

이란의 카즈빈(Qazvin)에서 타흐마스프 1세(Tahmasp I, 재위 1524~1576)를 만난 후마윤은 샤의 환대를 받았다. 이란의 샤는 빼앗긴 영토를 되찾으려는 후마윤에게 시아파로 개종할 것을 요구했고,

후마윤이 이에 동의하자 군사적 지원을 아끼지 않았다. 이에 후마윤은 이란 중앙부와 갠지스(Ganges)강을 연결하는 교역의 요충지인 칸다하르 등 자신의 귀환을 바라지 않던 형제들의 영토를 하나하나 공격해 빼앗았다. 1545년 셰르 샤가 사망하고 1554년 그의 아들마저 사망하자 내분에 휩싸인 수르 왕조를 공격해 잃어버렸던 북인도의 무굴 영토를 되찾고 제위를 빼앗긴 지 15년 만인 1555년 델리에서 복위했다. 후마윤의 복위 이후 무굴 제국에는 사파비 이란의 예술과 건축, 언어와 문학이 커다란 영향을 미치기 시작했다.

건국 초기 사파비와 오스만 제국의 관계

사파비 왕조의 발흥은 서쪽의 오스만 제국을 크게 자극했다. 무엇보다 순니파 이슬람 국가인 오스만 제국은 시아파 사파비 왕조의 성장과 위협을 원치 않았다. 오스만 제국은 시아파 이슬람의 확산을 막기 위해 자국 내 시아파 반왕정 성직자들을 처형하기도 했다. 이에 상대적으로 열세였던 사파비 왕조는 자구책으로 이집트와 시리아를 지배하고 있던 시아파 맘루크 왕조와 연합하여 오스만 제국을 견제하는 한편, 아나톨리아 전역에 시아 이슬람을 전파하며 오스만에 대한 저항을 유도했다. 사파비 왕조의 건립과 팽창에 결정적인 역할을 한 크즐바시도 주로 아나톨리아 동부와 아제르바이잔의 투르크멘인들로 구성되어 있었다.

이렇게 아나톨리아 투르크멘인들 사이에서 시아 이슬람이 확산되자, 오스만의 술탄 바예지드 2세는 1502년 아나톨리아반도의 시아파 주민들을 그리스 남부의 모레아(Morea)로 강제 이주시켰다. 종교를 둘러싼 양 제국의 갈등은 1514년 접경지대인 메소포타미아 북부 찰디란(Chaldiran)에서 폭발했다. 전투는 서구식 총포로 무장한 오스만군의 승리로 끝났다. 승리 후 오스만군은 사파비의 수도 타브리즈를 점령하고 약탈한 후 철수했다. 이렇게 사파비에 결정적인 타격을 입힌 오스만 제국은 2년 뒤인 1516년 기수를 남쪽으로 돌려 사파비의 동맹국인 맘루크 왕조를 공략했고, 이듬해 병합에 성공했다. 한편 찰디란 전투의 패배로 충격을 받은 이스마일 1세가 국정을 멀리하게 되면서 그를 대신해 정치와 종교를 관장할 수 있는 대리인(와킬Wakil)직과 군을 이끄는 총사령관(아미르 알우마라Amir al-umara)직을 놓고 크즐바시를 구성하고 있던 부족 간 경쟁이 심해졌다. 이스마일 사후 열 살에 샤가 된 타흐마스프 1세의 재위 초기 10년(1524~1534) 동안 이들 간의 경쟁은 내전을 방불케 할 정도로 치열했다. 혼란한 상황을 정리하고 정국의 안정을 회복한 이는 타흐마스프 1세였다.

그러나 찰디란 전투는 양국 간 갈등의 첫 신호에 불과했다. 특히 오스만의 술탄 쉴레이만 1세는 1532년부터 1554년까지 세 차례에 걸쳐 타흐마스프 1세가 다스리던 사파비 영토를 공격했다. 타흐마스프 1세는 적군이 도착하기 전에 도시에 들어가 적군이 이용할 만한 시설이나 물자를 모조리 파괴하거나 불을 지르는, 이른바 초토화작전을 구사하며 오스만군과의 정면 승부를 피하려고 했지만, 오스만을 막아내기에는 역부족이었다. 첫 번째 침략(1532~1534) 때

찰디란 전투를 묘사한 세밀화

17세기 사파비 왕조의 세밀화이다. 좌측에 신식 총포로 무장한 쪽이 오스만군이고, 검이나 활로 무장한 우측의 기병들이 사파비의 크즐바시들이다. '크즐바시'는 터키어로 '붉은 머리'를 뜻하는데, 그림에서 보듯이 전사 집단이 주로 착용하던 붉은 모자에서 유래했다.

는 오스만에 메소포타미아를 넘겨주어야 했고, 1553년부터 이듬해까지 계속된 세 번째 침략 때는 아르메니아의 예레반(Erevan)과 카라바흐(Karabakh), 아제르바이잔의 나히체반(Nakhichevan)에 이어 사파비의 교역 거점인 아르다빌이 넘어갈 위기에 처했다. 결국 타흐마스프는 1554년 에르주룸과 1555년 아마시아(Amasya)에서 평화협정을 체결하는 데 동의했다. 사파비가 바그다드를 포함한 이라크 대부분과 아르메니아 서부, 조지아 서부 등 접경 지역의 영토 일부를 오스만에 양도하는 대신, 오스만은 시아파 순례자들의 시아파 성지(이라크의 카르발라, 나자프 등) 방문과 메카와 메디나 순례를 보장한다는 내용이었다. 사파비에는 모욕적인 절충이었다. 이해 타흐마스프는 제국의 중심지를 타브리즈에서 오스만과의 국경에서 조금 더 먼 카즈빈으로 옮겼다.

그러나 오스만 내분 시기에는 사파비가 이를 활용하여 제국의 안정과 존속을 꾀했다. 오스만의 술탄 쉴레이만 1세가 46년이란 긴 통치 끝에 후계 논쟁이 본격화되자, 쉴레이만이 총애한 왕비 휘렘 술탄(Hürrem Sultan, 1502?~1558)이 자신의 아들 셀림 2세(Selim Ⅱ, 재위 1566~1574)를 술탄 자리에 앉히려 했다. 하지만 셀림은 이슬람 율법에 크게 어긋날 정도로 술에 취하는 일이 다반사였고 상대적으로 지지 기반이 약한 편이었다. 이에 휘렘의 또 다른 아들 셰흐자데 바예지드(Şehzade Bayezid, 1525~1561)가 부왕의 뜻에 반발해 반란을 일으켰다가 실패했다. 처형을 두려워한 바예지드는 1559년 사파비의 이란으로 도피했고 타흐마스프 1세는 그를 환대했다. 술탄 쉴레이만의 끈질긴 요구와 설득, 위협에도 그를 보호해 주던 타흐마스프는 결국 1561년 바예지드를 오스만 궁정에 넘겨주었다. 곧바로 바예지드는 처형당하고 말았다.

타흐마스프 1세의 통치체제 정비

1524년, 호라산 총독으로 있던 타흐마스프 1세가 샤의 자리에 올랐을 때, 아직 사파비의 국력은 궤도에 오르지 못한 상태였다. 10년 전 찰디란에서 패한 이래 오스만 제국의 위협은 여전했고, 내부적으로도 샤가 어린 탓에 크즐바시의 우두머리가 사실상 섭정의 역할을 했다. 이 자리를 놓고 크즐바시 내 부족들이 파벌을 형성하여 다투면서 사파비조는 10년 사이에 몇 번이나 내전을 방불케 할 혼란에 휩싸였다. 1526년과 그 이듬해 피의 내전이 발발했고, 1528년에는 이 혼란을 틈타 동북쪽의 우즈베크인이 사파비의 국경을 침략했다. 그 2년 뒤에도 다시 섭정 자리를 놓고 다툼이 벌어졌는데, 여기서 이긴 부족 일부가 샤를 납치하려고까지 하자 분노한 샤가 그 부족의 몰살을 명했다. 그 결과 상대 부족의 우두머리가 섭정 자리를 차지했지만, 1533년 다 자란 샤가 반역을 꾀했다며 섭정을 사형에 처하고 친정을 시작했다.

과감한 결정으로 10년의 내분을 종식시키는 데 성공한 타흐마스프 1세는 우즈베크에는 군사적 우위를 바탕으로 공세를 취한 반면, 오스만 제국에는 그들의 공세에 초토화작전을 구사하며 정면대결을 피한 결과, 아마시아 평화협정 이후 20년간 비교적 안정적으로 제국을 통치할 수 있었다.

친정을 시작한 타흐마스프는 1540년부터 캅카스 원정을 단행했다. 목적은 사파비 사회에 새로운 계층을 만들어 크즐바시의 입지를 축소하는 데 있었다. 그리하여 여러 번에 걸쳐 수십만 명의 체르케스인과 아르메니아인, 조지아인을 이란의 심장부로 이주시켰다. 특히 그곳의 기독교인들을 포로로 잡아 노예로 삼고 이들을 이란으로 끌고 와 이슬람 시아파로 강제로 개종시킨 뒤 자신의 부족에 충성하는 크즐바시와는 달리 샤에게만 충성하는 병사로 만들었다. 이는 오스만 제국의 데브시르메(피점령지 기독교 소년들을 이슬람으

《샤 타흐마스프의 샤나메》

루스탐(Rustam)이 잠자는 사이 그의 말 라크시(Rakhsh)가 사자를 죽이는 장면을 묘사한 세밀화이다. 타흐마스프 1세는 초기에 예술을 열렬히 후원했다. 특히 페르시아 세밀화에 특별한 관심을 가졌는데, 그의 재위기는 세밀화의 최전성기로 간주된다. 그 자신이 세밀화를 그리는 훈련을 받았고 재능도 있었다. 《샤 타흐마스프의 샤나메(Shahnameh of Shah Tahmasp)》는 그가 후원한 책 중 가장 유명하다. 1524년 이스마일 1세의 의뢰로 제작이 시작되었는데, 당대의 가장 유능한 궁정 화가들의 세밀화 250점이 수록되어 있다. 타흐마스프가 1566년 오스만의 새로운 술탄에게 선물했다고 한다.

로 개종시켜 정예군으로 양성하는 제도)와 매우 유사한 제도로, 그 제도에 의해 양성된 술탄의 정예부대 예니체리를 벤치마킹한 것이 분명해 보인다. 1553년 조지아의 수도 트빌리시(Tbilisi)를 공략한 후에는 약 3만 명의 현지인을 이란 중부로 이주시키기도 했다. 이들이 '노예'란 뜻의 '골라만(ḡolāmāns)' 또는 '굴람(ghulams)'으로 불리면서 사파비 왕실의 군대와 하렘, 행정에서 점차 두각을 나타냈고, 이들 중 어린 소년들이 샤의 정예병으로 키워졌다.

즉위 초기 타흐마스프는 문화 창달에 남다른 관심과 지원을 보냈다. 이때 세밀화와 캘리그래피, 제본술 등이 크게 발전했고, 신도시 건설과 확장 단계에서 조직적이고 체계적인 조경과 도시계획이 이루어졌다.

1540년대 이후로는 예술에 대한 관심을 잃고 사상적 통합과 왕권 유지를 위해 시아파 교리를 강화하는 일에 매진했다. 새 수도 카즈빈에서 시아파 사상의 기초인 초대 이맘 알리와 12이맘에 대한 예찬이 결여된 예술과 시문학을 엄격하게 통제하는 한편, 시아파 사상의 전파에 힘쓰는 모스크와 성직자들에게 세금 혜택을 주기도 했다. 더 나아가 순니파 교리의 부당성과 시아파에 대한 순니파의 역사적 박해를 강조하고, 순니파 교리 왜곡과 순니파에 대한 평가절하를 동시에 진행했다.

02 압바스 1세의 통치와 사파비의 번성

부활한 후계 분쟁

1574년 타흐마스프 1세가 후계자를 확정하지 않은 채 병석에 드러눕자 후계 분쟁이 시작되었고, 여기에 크즐바시가 개입하면서 제국은 다시 혼란에 빠졌다. 후계를 둘러싼 분쟁은 투르크멘의 피가 섞인 이스마일과 조지아인의 피가 섞인 하이다르 미르자(Haydar Mirza Safavi, 1554~1576) 간의 대결로 좁혀졌다. 크즐바시를 비롯한 모든 세력이 둘로 나뉘어 치열한 경쟁을 벌였는데, 타흐마스프가 사망한 다음 날인 1576년 5월 15일 이스마일 지지자들이 하이다르를 살해했다. 그리고 약 3개월 후인 8월 22일, 이스마일(이스마일 2세Ismā'il Ⅱ, 재위 1576~1577)이 등극했다.

그러나 혼란은 끝나지 않았다. 이스마일을 지지했던 여동생 파리 한 하눔(Pari Khan Khanum, 1548~1578)이 마치 샤인 듯 행세하자, 이스마일은 반대파는 물론 누이동생 옆에 있는 자신의 지지자들까지 숙청했다. 그리고 오스만의 술탄들이 일찍이 그랬던 것처럼 남은 형제들을 대부분 처형했다. 이 모두가 자신의 왕권을 공고히 하기 위한 조치였다. 나아가 순니 이슬람을 적극 후원했다. 이는 시아 중심으로 견고해진 권력체제를 견제하는 한편, 주변의 순니파 왕국들을 달래 외부의 위협을 줄이려던 조치였다. 그러나 이 일련의 조치들로 인해 권력의 핵심부를 장악한 시아파가 반발했고, 결정적으로 파리 한 하눔이 그에게 등을 돌렸다. 이스마일 2세는 샤의 자리에 오른 지 14개월 만에 살해당하고 말았다. 시각 장애가 있어 죽음을 면한 이스마일의 이복형 모하마드 호다반다(Mohammad Khodabanda, 재위 1578~1587)가 파리 한 하눔을 비롯한 왕실 측근들과 크즐바시 부족장들의 지지를 받아 동생이 사망한 지 2개월여 만인 1578년 2월 새로운 샤가 되었다.

하지만 이는 새로운 내분의 서막일 뿐이었다. 지난 2개월여 간 전권을 휘두르던 파리 한 하눔이 유약한 모하마드 대신 제국을 실질적으로 운영하려 한 왕비 마흐디 울야(Mahd-i Ulya, 압바스 1세의 모후)의 명으로 교살되었고(1578), 왕비 역시 그로부터 1년여 만에 크즐바시의 손에 죽임을 당했다(1579). 1586년 말에는 그녀의 큰아들 함자 미르자(Hamza Mirza)마저 의문의 죽음을 맞았다. 모하마드 재위 10년간 주변 국가들이 사파비 내부의 이런 혼란을 놓칠 리 없었다. 우즈베크가 다시 공세로 돌아섰고, 1578년에는 오스만 군대가 아마시아 협정을 깨고 조지아와 시르반을 공격하면서 다게스탄, 쿠르디스탄, 이란 북서부의 루리스탄(Luristan) 등에 진출했고, 1585년에는 사파비의 옛 수도 타브리즈를 함락했다. 오스만의 공격은 압바스 1세 때인 1590년까지 이어졌다.

내정 개혁

오스만에 타브리즈를 빼앗긴 지 2년 만인 1587년, 우즈베크가 호라산을 공격하면서 사파비는 다시 큰 위기를 맞았다. 이에 호라산의 크즐바시 지도자 무르시드 쿨리 칸(Murshid Qoli Khan)이 호라산의 명목상 총독으로 자신의 보호 아래 있던 샤의 아들 압바스 미르자를 새로운 샤로 옹립했다. 반란이었다. 그러나 샤 모하마드는 크게 저항하지 않았고, 이듬해 10월 압바스 미르자가 17세의 나이에 사파비 제국의 새로운 샤(압바스 1세Abbas I, 재위 1588~1629)로 등극했다.

압바스 1세는 나이는 어렸지만 아버지처럼 유약하지도 무능하지도 않았다. 그는 흔들리는 샤의 권위를 회복하기 위해 먼저 모후를 살해한 크즐바시를 처단했다. 즉위 이듬해(1589)에는 전권을 휘두르며 자신을 허수아비로 만들려던 무르시드 쿨리 칸을 축출했다. 이로써 사파비의 진정한 황금기 압바스 1세 시대가 열리게 되었다.

압바스 1세의 목표는 크게 세 가지였다. 첫째는 사파비 내부의 치안 확보와 법과 질서의 재건, 둘째는 우즈베크로부터 제국의 동부 지역을 탈환하는 것, 셋째는 오스만이 장악한 서부의 실지(失地)를 회복하는 것이었다. 압바스 1세가 꿈꾸는 사파비 왕조는 크즐바시의 예에서 보듯 여러 부족이 군사력을 바탕으로 권력을 분점하고 이권에 따라 이합집산을 거듭하는 불안정한 나라가 아닌, 샤를 중심으로 견고한 통치체계를 갖춘 중앙집권적인 제국이었기 때문이다. 그런 제국으로 거듭나기 위해서는 무엇보다 추락한 샤의 권위

압바스 1세

16세기 통치자, 귀족, 군인 등 당대 유명 인사의 동판 초상화 171점을 수록한 《아트리움 영웅전(Atrium Heroicum)》에 실린 압바스 1세의 초상이다.

를 회복하고 엉망진창이 되어버린 내부의 질서를 바로잡아야 했다. 그러려면 먼저 바깥으로부터의 위협을 줄여야 했는데, 서쪽의 오스만 제국이 가장 큰 걸림돌이었다. 크즐바시 후견인을 숙청한 이듬해(1590), 압바스 1세는 5년 전 오스만에 빼앗긴 타브리즈를 포함한 아제르바이잔 등 북서쪽 영토를 오스만에 양도한다는 다소 굴욕적인 조약(이스탄불 조약)을 맺는 대신 평화를 택함으로써 제국의 내실을 다질 시간을 벌었다. 가장 중요한 과제는 제국 창건과 확장의 일등 공신이지만 여러 부족의 연합체라 후계 문제가 생길 때마다 파벌을 형성하여 혼란을 부추기고 여러 번 샤를 무력하게 만든 크즐바시의 권한과 위상을 축소하는 일이었다.

이를 위해 압바스 1세는 앞에서도 언급한 굴람을 활용했다. 종래 사파비군은 튀르크계와 이란계에 의존했고, 무엇보다 다양한 튀르크족으로 편제된 크즐바시가 핵심이었다. 그런데 타흐마스프 1세 때부터 이란 내에 연고나 이해관계가 없는 캅카스의 체르케스, 조지아, 아르메니아 출신 어린 기독교인 노예를 시아파로 개종시킨 후 오직 샤에게만 충성하는 정예병으로 키웠는데, 압바스 1세는 이들을 사파비 왕조의 상비군으로 양성했다. 굴람을 상비군으로 키우는 데 필요한 재원은 종래 크즐바시 각 부족에 부여했던 지방의 조세 수취권을 빼앗아 해결했다. 예를 들어 1598년 압바스 1세는 페르시아의 실크 교역 중심지로 크즐바시 재원의 상당량을 차지해 온 카스피해 연안의 길란과 마잔다란(Mazandaran)을 왕의 직할지로 전환했다. 이는 그곳에서 거둔 조세가 크즐바시 부족이 아니라 샤의 왕실 창고로 들어간다는 의미였다.

이를 바탕으로 압바스 1세가 양성한 상비군은 기병이 중심이었는데, 1만~1만 5,000명 수준으로 당시로서는 세계 최대 규모였다. 압바스 1세 재위기 상비군의 규모는 약 4만 명에 달한 것으로 추산되는데, 이 중 3,000명은 샤를 근거리에서 호위하는 근위대였다. 굴람은 강도 높은 훈련을 받았고, 부정이나 약탈을 저지를 경우 가혹한 처벌을 받는 등 규율도 엄격했다. 찰디란 전투에서 신식 총포로 무장한 오스만군에 대패한 후 사파비 왕조도 신식 총포로 무장한 부대를 창설했다. 머스킷 총으로 무장한 보병대인 '토팡치(Tofangchi)'와 포병대인 '톱치(Tupchi)'가 그것이다. 압바스 1세는 이 두 부대의 규모도 각각 1만 2,000명으로 늘렸다. 특히 톱치는 대

머스킷 보병

압바스 1세 시대 사파비군은 1598년 영국에서 온 탐험가 앤서니 셜리와 그의 동생 로버트 셜리의 도움을 받아 영국식 군사훈련을 받았다. 무기가 주로 머스킷 총과 서구식 대포였던 만큼, 예전과는 다른 방식의 훈련이 필요했다. 그림은 압바스 1세 때 머스킷 총으로 무장한 보병을 그린 것이다. 하비브알라 마샤디(Habib-Allah Mashadi)의 작품이다.

포 500문을 한꺼번에 운영할 수 있는 규모를 유지했다. 이렇듯 압바스 1세가 굴람을 대규모의 상비군으로 양성하면서 샤에게만 충성하는 굴람이 크즐바시 대신 사파비 병력의 주력이 되었다. 병력을 유지할 재원마저 상실한 크즐바시의 입지는 이제 좁아질 수밖에 없었고, 압바스의 의도대로 점차 권력의 변방으로 밀려났다. 압바스 1세 내정개혁의 최대 성과였다.

즉위 후 약 10년에 걸쳐 굴람을 상비군으로 양성한 압바스 1세는 이를 바탕으로 자신의 제국이 번영하기를 바라며 1598년 수도를 카즈빈에서 이란 중부의 비옥한 영토인 이스파한으로 옮겼다. 그는 고대 페르시아의 전통을 이어받으면서 사파비 왕조의 시아파 이념을 구현하고 이스파한을 전 세계에서 사람들이 몰려드는 국제도시로 만들고자 했다. 그 일환으로 1606년에는 아제르바이잔의 줄파

왕의 모스크

왕의 모스크는 압바스 1세의 명으로 1611년부터 건립하기 시작한 이슬람 사원이다. 완공하는 데만 26년이 걸렸다고 한다. 위 그림은 프랑스의 건축가 파스칼 코스테(Pascal Coste, 1787~1879)가 이스파한 이맘 광장에 있는 왕의 모스크를 그린 것으로, 1841년 작품이다. 아래는 오늘날 이맘 광장의 모습이다.

(Julfa) 지역에서 실크 무역에 종사하던 아르메니아인을 대거 이스파한으로 이주시켰다. 그리고 자얀데루드(Zayanderud)강 남쪽에 이들을 위한 경제특구(신줄파New Julfa)를 설치했다. 이들에게 세금 혜택을 주고 신앙의 자유까지 보장했는데, 기독교인인 이들을 위해 교회를 지어주기도 했다. 이로써 이스파한은 당대 비단 무역의 중심지가 될 수 있었다. 그리고 '마스제데 샤(Masjed-e Shah)'라 불리는 왕의 모스크 등 새로운 모스크와 대학, '카라반세라이(caravanserai)'라 불리는 대상들의 숙소를 도시 곳곳에 세워 수도 이스파한을 '세상의 절반(네스페자한Nesf-e Jahan, 이스파한의 다른 이름인 에스파한Esfahan의 유래)'이란 찬사를 들을 정도로 새로운 도시로 정비했다.

압바스 1세의 오스만 원정

굴람을 상비군으로 양성하여 국가의 기틀을 마련하고 크즐바시의 입지를 좁혀 정치적 안정을 확보한 압바스 1세의 다음 목표는 당연히 외정이었다. 1598년, 새로운 군대를 이끌고 즉위 초에 동북쪽의 우즈베크에 빼앗겼던 호라산의 중심도시 헤라트와 마샤드를 회복했다. 이스파한으로 수도를 옮긴 것이 이 직후였다.

동북쪽 국경을 안정시킨 압바스 1세는 1603년 서쪽으로 눈을 돌려 지난 몇 차례의 전쟁에서 오스만에 빼앗긴 영토를 회복하기로 했다. 오스만이 처한 상황이 사파비에 기회가 되었다. 이즈음 오스

타브리즈 탈환

압바스 1세의 사파비군이 1603년 10월 21일 오스만에 빼앗겼던 옛 수도 타브리즈를 탈환했다. 이때 처음으로 사파비의 근대화된 포병대가 큰 역할을 했다. 타브리즈 주민들은 사파비군을 열렬히 환영했고, 도시를 점령하고 있던 오스만 병사들에게 끔찍한 보복을 가했다. 적지 않은 수의 오스만 병사가 타브리즈 주민들에 의해 목이 잘렸다. 그림은 타브리즈 탈환 후 압바스 1세 앞에서 오스만 병사들의 잘린 머리를 창에 꽂고 행진을 하는 장면으로, 1603년 이곳을 여행하던 한 유럽인이 그린 것이다.

만은 안팎으로 시끄러운 상황이었다. 밖에서는 유럽 국가와의 전쟁(13년 전쟁, 1593~1606)을 치르고 있었고, 안에서는 이슬람 신비주의 종파의 반란을 진압한 지 얼마 되지 않은 상황에서 예니체리와 시파히(Sipahi, 오스만의 기병)가 갈등을 겪고 있었다. 1603년 9월, 이를 틈타 압바스 1세가 군을 이끌고 서쪽으로 향했고, 나하반드에 이어 타브리즈를 탈환했다. 오스만과의 대결에서 사파비가 처음으로 거둔 큰 승리였다.

이후로 사파비와 오스만은 15년 가까이 공방을 벌였고, 이는 1618년 양측이 강화조약에 합의하면서 끝이 났다. 1622년 내정개혁을 추진하던 오스만의 술탄이 예니체리에게 살해당하는 사건이 발생하자, 이를 틈탄 압바스 1세가 1623년 오스만 공격을 재개하여 타흐마스프 1세 때 잃어버렸던 이라크 지역을 되찾았다. 하지만 사파비 왕조와 오스만의 전투는 이후에도 이라크 영토를 중심으로 15년가량 이어졌다. 이는 1639년 주하브 조약(Treaty of Zuhab)을 통해 일단락되었다. 오늘날 터키 남동부와 이란 북동부 간의 국경선은 이 주하브 조약이 기초가 되었다.

친유럽 정책

압바스 1세는 대항해시대 이후 유럽의 변화에 촉각을 곤두세웠다. 제국이 안정적으로 성장하고 발전하려면 오스만 같은 거대제국의 침입을 막는 것도 중요하지만, 세계로 뻗어나가고 있는 유럽 열강과 무역·통상관계를 구축하는 것도 중요했다. 물론 오스만에 제대로 맞서기 위해서라도 유럽과 손을 잡을 필요가 있었다. 16세기 들어 오스만은 유럽으로도 손을 뻗쳐온 만큼 유럽에도 적이었다. 압바스 1세는 유럽과의 관계를 위해 유럽의 상인만이 아니라 기독교 선교사의 이스파한 정착도 허용했다. 이스파한의 경제특구 신줄파의 예에서 보듯, 압바스가 자국 내 기독교인들에게 종교의 자유를 허용하는 등 관용을 베푼 배경에도 이러한 반오스만-친유럽 정책의 의지가 담겨있다고 판단된다.

우즈베크로부터 호라산을 되찾고 수도를 이스파한으로 옮

긴 이듬해(1599), 압바스 1세는 처음으로 유럽에 사절단을 파견했다. 그들은 카스피해를 건너 모스크바에서 겨울을 보낸 뒤 노르웨이와 독일을 거쳐 로마에서 교황 클레멘트 8세(Clement VIII, 재위 1592~1605)를 알현했다. 1602년 마침내 에스파냐에 도착했고, 에스파냐 왕 펠리페 3세(Felipe III, 재위 1598~1621)를 만났다. 비록 사절단이 탄 배가 귀로에 아프리카 연안에서 좌초되어 고국에 돌아오지는 못했지만, 이란-유럽 외교사에서 매우 의미 있는 사건이었다. 이를 계기로 이란과 유럽의 접촉이 잦아지고 유럽과 이란 간 문화 교류가 활발해지면서 이란 문화에 대한 유럽의 관심과 이해도 높아졌다. 셰익스피어(William Shakespeare, 1564~1616)의 희극《12번째 밤(Twelfth Night, 십이야)》에 이란의 '샤'를 가리키는 '더 소피(the sophy)'라는 표현이 등장하게 되는 배경이다.

이즈음 유럽의 대항해시대가 본격화하면서 에스파냐, 포르투갈, 네덜란드, 영국 등 유럽 열강의 페르시아만 교역권 확보 경쟁도 가속화되었다. 이러한 상황에서 압바스 1세는 유럽 열강 간의 경쟁과 이해관계에 주목하면서 국권을 지키기 위해 골몰했다. 이스마일 1세 때부터 오스만에 맞서기 위해 에스파냐와 밀월관계를 유지해 오던 사파비 왕실은 이즈음 에스파냐로부터 인도양 무역을 놓고 이권을 다투고 있던 영국 동인도회사와 관계를 단절하라는 요구를 받았다. 인도양 무역의 통로 페르시아만에서 가장 중요한 호르무즈(Hormuz) 때문이었다. 호르무즈는 페르시아만의 끝자락에 있어 인도양으로 나갈 수 있는 통로와도 같았다. 호르무즈는 1515년 이후 포르투갈의 수중에 있었는데, 1580년에 에스파냐 왕(펠리페 2세Felipe II)

이 포르투갈의 왕좌를 물려받았으니 에스파냐가 이런 요구를 하는 것도 이상한 일이 아니었다. 하지만 압바스 1세는 에스파냐의 요구를 거절하고 포르투갈로부터 페르시아만을 빼앗기로 결정했고, 이를 위해 영국에 밀착했다.

영국과는 앤서니 셜리(Anthony Sherley, 1565~1635) 형제가 이란에 도착한 1598년 이후 시종일관 좋은 관계를 유지했다. 특히 동생 로버트 셜리(Robert Sherley, 1582~1628)가 형이 떠난 후에도 1600년 5월까지 이란에 머물면서 사파비군, 그중에서도 포병대의 체계적인 훈련과 근대화에 결정적인 역할을 했고, 이것이 1603년부터 1618년까지 계속된 오스만-사파비 전쟁에서 사파비군이 거둔 혁혁한 성과로 증명된 만큼, 압바스 1세가 영국에 기우는 게 당연했다. 영국은 반오스만 동맹에는 관심이 없었지만, 사파비조와의 우호적 관계가 줄 이점을 알고 있었다. 이란 지역과의 통상이 쉬워지고, 나아가 사파비가 호르무즈해협을 장악하면 포르투갈과 에스파냐가 독점해 오다시피 한 인도양의 향료 무역이 영국 동인도회사에 유리한 방향으로 전개될 수 있다고 판단했다.

1602년 압바스 1세는 1521년부터 포르투갈이 점유하고 있던 페르시아만 서안의 바레인에서 포르투갈 해상 세력을 몰아냈고, 1622년에는 영국 동인도회사 소속 함선 4척의 도움을 받아 호르무즈해협에서 포르투갈 세력을 몰아냈다. 이렇게 포르투갈로부터 페르시아만을 빼앗으면서 사파비 왕조는 지중해와 인도양을 잇는 중계무역을 독점하게 되었다. 그렇지만 페르시아만 입구에 있는 항구 '반다르압바스(Bandar Abbas)'가 이란과 영국 동인도회사 간 교역의 중심지가 되면서 이란은 유럽 해상 세력들 간 치열한 경쟁의 중심에 서게 되었다. 영국에 이어 네덜란드 동인도회사도 압바스와 협상을 통해 반다르압바스항에 향료 거래소를 설치한 뒤 영국을 따돌리고 이란-인도 간 무역을 주도했다. 이로써 사파비 왕조는 한동안 인도의 영국 동인도회사와 인도네시아에 있는 네덜란드 동인도회사 등과 교역하면서 경제적 이익을 축적할 수 있었다.

그러나 압바스 1세 통치 말기에 조지아와 쿠르디스탄 지역에서 중앙정부에 반대하는 반란과 반정부투쟁이 빈번하게 일어나게 된다. 이러한 내란 상황은 1624년 압바스 1세가 사망할 때까지 이어졌다. 특히 1609년에 시작되어 그 이듬해까지 이어진 쿠르드 반란으로 그 거점이 되었던 딤딤(Dimdim) 지역은 반란 진압 이후 대규모 인종학살이 자행되었다. 사파비 역사학자 이스칸다르 베그 문시(Iskandar Beg Munshi, 1560~1632)의 기록에 의하면, 이 지역의 쿠르드 주민 대부분이 호라산 지역으로 강제로 이주당하고 그 자리에 튀르크계 주민인 아프샤르(Afshar)가 정착했다고 전한다. 현재도 170만 명 정도의 강제 이주당한 쿠르드인 후예들이 호라산에 거주하고 있는 것으로 알려져 있다.

03

사파비 제국의 쇠퇴와 멸망

압바스 1세의 비극

40년 이상 사파비 제국의 전성기를 이끌었던 압바스 1세가 1629년 사망하면서 제국은 내리막길을 걸었다. 오랜 기간 끊임없는 암살 위협과 궁정의 음모정치를 경험하면서 극도의 불신과 공포에 시달리던 압바스는 급기야 반란을 일으키려 한다는 소문만 믿고 자신의 장남을 처형(1614)했고, 1621년과 1627년에는 남은 두 아들마저 차례로 눈이 멀게 만들어버렸다. 왕위를 이을 왕자가 남아있지 않게 된 것이다. 그래서 죽은 장남의 아들 삼 미르자(Sam Mirza)가 1629년 17세의 나이에 샤 사피(Shah Safi, 재위 1629~1642)로 등극했다. 그 후 우즈베크 정권과 오스만 제국의 끊임없는 침략에 시달렸는데, 그때마다 조금씩 영토를 잃어갔다. 국가의 흥망이 대개 그렇듯이 내부의 갈등과 혼란도 국력 쇠퇴에 큰 몫을 차지했다.

무능한 샤들의 등장

오스만 제국이 17세기 중엽부터 내부 반란으로 몸살을 앓고 유럽 국가들과 전쟁을 치르느라 사파비 왕조를 예전만큼 신경 쓰지 못하게 되면서 사파비 왕정은 상대적으로 여유를 찾았다. 하지만 얼마 안 가 동남쪽에서 무굴 제국이 국경을 침범해 왔고, 북쪽에서도 러시아라는 새로운 적이 나타났다. 이들을 물리쳤는가 싶더니, 어느새 새로운 샤들이 국정을 등한시하는 상황이 전개되었다. 그러다 보니 군대의 기강이 무너졌고 왕실과 귀족사회에는 부패가 만연해졌다. 더욱이 시아파 성직자들의 권위와 영향력이 막강해지면서 종교가 정치를 좌우하는 현상이 발생했다. 오늘날 이란 신정정치의 단단한 형태가 이미 사파비 왕조 말기에 형성되고 있었다는 사실은 국가 흥망성쇠에 관련해 시사하는 바가 크다.

제국 약화의 배경에는 경제적 이권의 축소도 한몫을 했다. 네덜란드 동인도회사나 영국 동인도회사 같은 유럽의 해상 세력들이 인도양-페르시아만-홍해를 연결하는 교역권을 독점하면서 사파비 왕조의 경제적 원천이 위협당하거나 봉쇄되었다. 이는 이란을 육상교역에 집중하도록 만들었다. 17세기 중반 이후부터 이란 교역상들은 발트해의 나르바(Narva, 현 에스토니아)까지 진출해 경제적 이득을 챙기기도 했다.

샤 사피를 뒤이은 압바스 2세(Abbas II, 재위 1642~1666)의 통치기에 무굴 제국과 러시아의 침략(제1차 러시아-페르시아 전쟁, 1651~1653)으로부터 각각 칸다하르와 캅카스를 지켜내는 데 성공하면서 잠시 왕조의 권위와 기능이 회복되는 듯했으나, 이후 후계 분쟁과 이를 둘러싼 왕실 내부의 음모로 사파비 왕조는 더욱 병들어 갔다. 압바스 2세 이후의 샤들은 외세의 침략과 경제적 고통은 아랑곳없이 사치와 향락에 빠져 제국의 수명을 재촉했다. 정무를 거의 내팽개친 샤들은 후계문제까지도 환관이나 관료들 손에 맡겼다.

무함마드 바케르 마즐레시

술탄 후사인 시대의 울라마로, 이슬람 시아파 울라마 중 가장 큰 영향력을 행사했다.

압바스 2세의 장남으로 사파비 말기에 정치를 등한시한 첫 번째 샤로 이름을 올린 술레이만 1세(Suleiman Ⅰ, 재위 1666~1694)가 1694년 사망하자 환관과 관료들은 그의 두 아들 중 다루기 쉽고 정무에도 관심이 없는 후사인 미르자를 샤로 선택했다. 그가 술탄 후사인(Sultan Husayin, 재위 1694~1722)이다. 그는 독실한 무슬림으로, 통치 초기에 당대에 가장 권위 있고 영향력 있는 시아파 울라마(Ulama, 이슬람 신학자·법학자) 무함마드 바케르 마즐레시(Muhammad Baqer Majlesi, 1616~1698)에게 엄청난 권한을 부여했다. 이 이슬람 신학자는 수피즘에 반하는 조치들을 시행했고, 음주·매춘·춤·음악을 금지하고 공공장소에서 여성들의 행동을 제한하는 등 강경한 시아파 이슬람 정책을 추진했다.

그러나 이미 환락산업에서 거두어들이는 조세가 국가 세입의 상당량을 차지하는 상황에서 이런 정책이 오래갈 리 없었다. 무엇보다 그 울라마는 4년 만에 세상을 떠났고, 후사인의 고모할머니 마리암 베굼(Maryam Begum)이 그를 대신했다. 허수아비 샤인 술탄 후사인은 술독에 빠진 채 궁정 여인들 틈에 파묻혀 사느라 점점 더 정무에서 멀어졌다. 사파비 왕정은 마지막 회생의 기회마저 놓치고 만 것이다.

후사인 재위 말엽인 1717년부터 참다못한 순니파 이슬람교도들이 반란을 일으켰다. 1721년에는 이란 북서부 쿠르디스탄과 시르반의 순니파 무슬림 레즈긴인들이 시르반의 주요 도시 샤마히(Shamakhi)를 점령한 뒤 그곳의 시아파 주민들을 학살하고 기독교인과 외국인의 재산을 강탈했다. 이제 사파비 왕조는 주변 순니파 군소 공국들에게 좋은 먹잇감이 되었다. 1698년에는 발루치인들이 케르만 지역을 위협했고, 1717년에는 호타키스인들이 호라산 지역을 침입했다. 더욱이 1722년에는 아프간인에게 수도 이스파한을 점령당함으로써 큰 손실을 입었다. 설상가상으로 18세기부터 이웃 제정 러시아가 새로운 강국으로 성장하면서 사파비 왕조를 압박했다. 러시아-페르시아 전쟁을 일으켜 러시아는 사파비 왕조의 캅카스 북쪽 지방을 차지했다(제2차 러시아-페르시아 전쟁, 1722~1723).

사파비 왕조의 공식적인 종말은 나디르 샤(Nadir Sha)가 사파비 마지막 샤인 압바스 3세(Abbas III, 재위 1732~1736) 때의 혼란을 수습하고 아프샤르 왕조(Afsharid dynasty, 1736~1796)를 새롭게 건국한 1736년으로 보는 견해가 일반적이다. 그러나 나디르 샤는 1747년 암살당함으로써 11년의 짧은 통치를 마감했다. 지역 군소 군벌들이 난립하면서 다시 혼란에 빠진 이란은 결국 18세기 말 카자르 왕조(Kajar Dynasty, 1779~1925)에 의해 재통일되었다.

13장

아프리카의 르네상스
말리와 송가이

700년	사하라사막 서부에서 가나 왕국 출현
11세기 중엽	알무라비툰 왕국, 가나 왕국 침략
1235년	순디아타 케이타, 말리 왕국 건국
1240년	가나 왕국, 말리 왕국에 의해 멸망
1312년	무사 1세, 말리 왕국 왕위 등극
1324년	무사 1세, 메카 순례
1464년	손니 알리, 송가이 왕국 건국
1493년	송가이 왕국의 장군 무함마드 투레, 왕위 찬탈
1507년	말리 왕국에 대한 주변국과 종족의 침략 본격화
1591년	사드 왕조에 의해 송가이 왕국 멸망
1670년	바마나 왕국 정복 실패 이후 바마나의 역공으로 말리 왕국 멸망

아프리카만큼 총체적 무지와 편견에 둘러싸인 대륙도 드물다. 특히 우리 안의 아프리카는 아직도 두려운 가상 공간에 머물러있는 느낌이다. '아프리카' 하면 떠오르는 단어를 꼽으라면, 많은 사람이 '원시', '미개', '야만' 같은 문명과 반대되거나 '말라리아', '에이즈', '에볼라'같이 불편하고 부정적인 단어를 말한다. 아프리카의 역사와 문화에 대해 아는 대로 설명해 보라면, 최초의 인류인 '오스트랄로피테쿠스'를 들먹이고 나서는 곧바로 '21세기 인류의 미래를 담보할 무한한 자원의 보고'라는 식의 시사적인 답을 내놓는 정도다.

'문명(文明)'은 18세기 유럽의 계몽주의 철학자들이 '인류는 동일한 진보의 과정을 갖는다'는 지극히 유럽 중심적인 인식체계를 바탕으로 주창한 개념이다. 이어 19세기 소위 사회진화론자들에 의해 '발전'이라는 개념이 문명 담론에 적용되면서 태초의 백지상태에서 '야만(구석기시대)-미개(신석기시대)-문명(청동기 이후)'이라는 도식이 만들어졌다. 오로지 사회·경제적 조건들을 중심으로 인류의 가치와 삶을 높낮이로 측정했고, 불행하게도 이러한 사고방식은 19세기 유럽 열강의 제국주의적 침략과 식민지 쟁탈을 정당화하기 위한 개념으로 무분별하게 퍼져나갔다. 특히 아프리카 사회의 후진성을 설명하면서 유럽 학자들이 습관처럼 들먹이는 '무문자(無文字) 사회로서 아프리카'라는 인식도 문명의 본질을 고려하지 않은, 역사 이해가 부족한 데서 비롯한 결과라 여겨진다. 아프리카는 '기록으로서의 역사'보다는 '기억으로서의 역사'라는 전통이 강한 사회였다. 기록은 처음부터 기록자의 주관이 개입될 여지가 큰 데다가 후일 권력자들에 의해 의도적으로 수정되고 미화되고 조작될 수 있지만, 공유된 기억은 가락 하나 숨소리 하나 틀릴 여지가 없다. 왜냐하면 유형, 무형의 유산을 보존하고 전통을 이어가는 수백, 수천만 개의 공유되는 기억이 상존하기 때문이다.

무엇보다 아프리카에도 20세기까지 한 치의 빈틈없는 찬란한 역사와 문화와 전통이 이어져 왔다. 그리스-로마만큼 가르치지 않았을 뿐이다. 나일강을 따라 북에서 남으로 이집트 문명과 수단 누비아 문명이 일어난 이래, 기원전 1000년경부터 20세기 후반까지 수많은 왕국이 아프리카 전역에서 흥망을 거듭했다. 이런 왕국들이 20세기에 강대국의 이해관계에 따라 갈가리 찢겨 '국민국가'라는 괴물로 독립할 때까지 아프리카를 지켜왔다. 이 장에서는 지중해와 대서양이 만나는 북아프리카를 매개로 이슬람화한 오리엔트 및 유럽과 연계를 맺고 유럽의 르네상스 시기 가장 아프리카적인 번영을 누렸던 말리 왕국과 송가이 왕국을 중심으로 아프리카 대륙의 역사와 문화를 살펴보고자 한다. 아프리카는 인류문명의 중심인 중동-오리엔트 지역과 깊은 관계를 지속해 왔으며, 결코 문화 주변부에만 머물지 않았다는 사실을 되새길 필요가 있다.

01 사하라 이남 서아프리카의 이슬람 왕국

아프리카 역사의 면면

기존 세계사는 수천 년간 아프리카의 역사와 문화를 계승해 왔던 많은 왕국에 대해 거의 다루지 않고 있다. 최근 들어 아프리카 역사에 관한 책들이 비교적 활발하게 소개되고 있는 점은 고무적이지만, 이 책들 역시 주로 서양과 이슬람이 남긴 기록에 의지하고 있다. 이것이 아프리카 역사 재구성의 한계다.

하지만 사하라사막을 가로지르는 무역을 통해 아프리카의 왕국들은 경제적인 번영을 누렸으며, 상당한 수준의 문화를 발달시켜 왔다. 이집트 문명과 나일강 남쪽의 수단 누비아(Nubia) 문명을 제외하더라도 나일강을 젖줄로 쿠시 왕국(Kingdom of Kush, 기원전 1000~350)과 악숨 왕국(Kingdom of Aksum, 기원전 80~940)이 번성했고, 유럽의 중세에 해당하는 시기 아프리카 서부에서는 가나 왕국(Ghana Empire, 700~1240)이 번성했다. 유럽의 르네상스 시기에는 말리 왕국(Mali Empire, 1235~1670)과 송가이 왕국(Songhai Empire,

1464~1591)이 가오(Gao)나 팀북투(Timbuktu)를 중심으로 당시 지구상의 어느 왕국이나 도시와 견주어봐도 뒤지지 않는 수준 높은 문명을 일구며 과학기술의 발전을 주도했다. 아프리카 동남부에서는 쇼나 조각(Shona Sculpture)으로도 잘 알려진 짐바브웨 왕국(11세기~1450), 아프리카 남부에서는 무타파 왕국(Kingdom of Mutapa, 1430~1760), 동부에서는 에티오피아 왕국(1137~1975), 중부와 서부에서도 각각 콩고 왕국(1390~1914)과 베냉 왕국(1180~1987)이 번성했다. 아프리카 대륙의 지리적 장벽과 생태환경의 다양성으로 인해 일사불란한 통일왕국을 이룰 수는 없었지만, 20세기까지도 크고 작은 왕국이 흥망을 거듭하며 아프리카다운 면면한 역사를 이어왔다.

아프리카의 역사와 문화는 이슬람 세력이 북아프리카로 진입한 후 아랍인들이 아프리카에서 긴밀한 교역활동을 벌이면서 외부세계에 좀 더 구체적이고 상세하게 알려지기 시작했다. 교역 과정에서 이들이 얻은 아프리카에 대한 정보는 매력적인 교역의 필요성 때문에 이슬람 세계로, 나아가 유럽으로 점차 퍼져나갔다. 그 결과 이슬람의 대상들이 사하라 이남의 황금과 아프리카 북부에서 생산되는 소금을 교환하는 중계무역에 뛰어들었고, 적잖은 수익을 올렸다. 특히 13~16세기 사하라 이남의 왕국들은 황금이 넘쳐나는 나라로 알려져 서양인들의 호기심을 자극했다. 이후 많은 서양인이 황금을 찾아 이곳으로 몰려들었다. 이 장에서는 주로 이슬람과 관계를 맺으며 가장 왕성하게 교류했던 중세 이후 아프리카 왕국들을 중심으로 살펴보고자 한다.

가나 왕국

가나 왕국은 사하라 이남 서아프리카 최초의 중앙집권적인 왕국이다. 가나 왕국의 원래 이름은 '목동(waga)의 땅(dou)'을 의미하는 '와가두(Wagadou)'이다. '가나'는 와가두 왕국의 통치자 칭호였다. 가나 왕국은 8세기경 사하라사막의 서쪽 지역에서 등장했다. 오늘날의 모리타니, 세네갈, 말리에 해당하는 지역이다.

가나 왕국은 이슬람 상인들로부터 중계무역을 배워 사하라사막 북쪽 지중해 연안과 사헬지대(Sahel zone, 사하라사막과 중부 사바나 기후 지역 사이에 넓게 띠 모양으로 분포하는 반건조기후지대로 오늘날 세네갈 북부, 모리타니 남부, 말리 중부, 니제르 남부, 차드 중남부, 수단 남부와 에리트레아, 에티오피아 북부를 포함)를 가로지르며 아프리카 남쪽을 연결하는 사하라 횡단무역에 뛰어들었다. 사하라 남쪽의 금·상아·소금 등이 이 횡단무역의 주요 물품이었는데 주로 낙타 대상들을 통해 이러한 물품을 북아프리카, 서아시아, 유럽의 물품과 교환했으며, 큰 수익을 올리며 번성했다. 콜라너트(cola nut)도 이때 유럽으로 전해졌다. 수도인 쿰비 살레(Koumbi Saleh)가 바로 이 교역의 중심도시로서 이곳에는 대시장이 형성되었으며, 당시 인구도 2만 명에 달해 사하라 남부에서 가장 번성한 도시로 알려졌다.

가나 왕국의 왕들은 이슬람교로 개종하지는 않았지만, 이슬람 상인들을 위한 구역을 따로 설치하여 교역활동을 권장했다. 그러나 11세기 중엽에 주변 국가들을 이슬람화하려는 세력(알무라비툰 왕국)

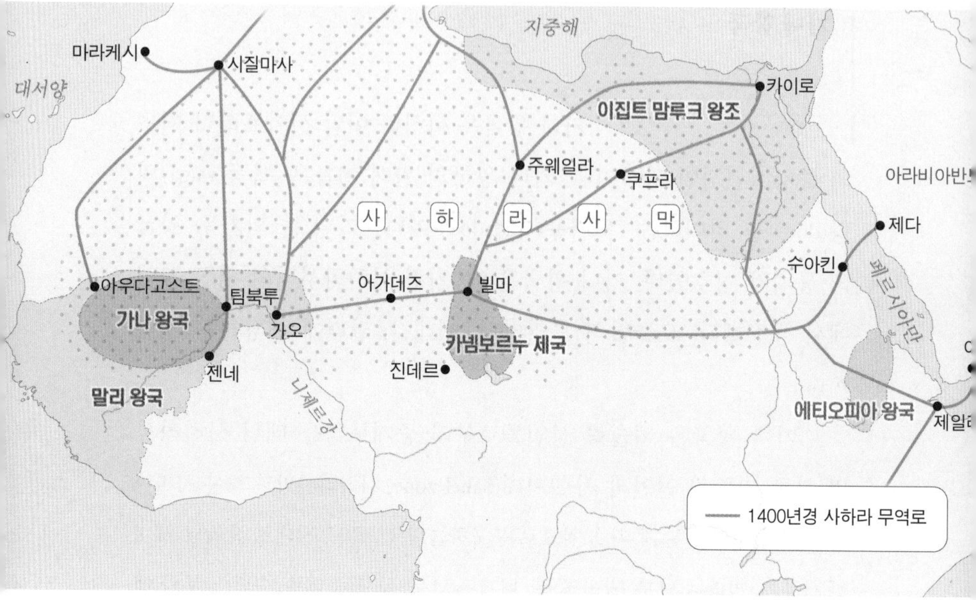

사하라 무역로

1400년경 사하라 횡단무역의 주요 경로를 보여주는 지도이다. 13세기까지 가나 왕국의 광역과 13~15세기 말리 왕국의 광역도 지도에 표시되어 있다. 젠네에서 팀북투를 거쳐 모로코의 시질마사(Sijilmasa)까지 이어지는 서쪽 교역로가 가장 활발했다.

의 침략을 받으면서 급격히 쇠퇴했고, 1240년 결국 말리 왕국에 의해 멸망하고 말았다. 오늘날의 가나 공화국과는 국명만 같을 뿐 아무 관계가 없다.

말리 왕국

말리 왕국은 1235년 만딩고(Mandingo)인 출신인 순디아타 케이타(Sundiata Keita, 재위 1235~1255)가 니아니(Niani, 지금의 아프리카 기니 동부)를 수도로 삼아 세운 나라로, 1240년 북쪽의 가나 왕국을 무너뜨린 후 영토를 더욱 넓혀갔다. 서아프리카에 존속한 가나 왕국의 계승국이라 할 수 있다. 오늘날의 기니, 기니비사우, 감비아, 세네갈, 모리타니, 말리, 코트디부아르 지역에 해당한다. 말리 왕국의 통치조직과 경제적 번영은 서아프리카 전역에 긍정적 자극을 주었고, 아프리카 서부를 관통하는 니제르(Niger)강을 따라 그들의 언어, 법률체계, 관습, 종교 등이 널리 퍼져나가는 계기가 되었다.

무엇보다 사하라 이남 왕국으로서는 드물게 말리 왕국은 이슬람교를 받아들였고, 당시 아랍-이슬람 세계와 폭넓은 교류를 했다. 말리 왕국은 사하라사막을 통해 이루어지는 모든 무역활동에 세금을 부과했고, 그 수입으로 경제적 풍요를 누렸다. 상아와 콜라너트가 주요 수출품이었다. 특히 말리 왕국은 가나 왕국 시대에 개발된 금광을 더욱 체계적으로 관리하며 채굴한 금을 유럽이나 아랍 지역에 내다팔아 엄청난 부를 축적했다. 당시 말리 왕국의 공식 통화가 금과 금가루였을 정도로 금이 많이 나는 금의 왕국이었다.

말리 왕국은 9대 왕 무사 1세(Musa Ⅰ, 재위 1312~1337, '만사 무사'로 더 유명함. '만사Mansa'는 말리 왕국 왕의 칭호) 때 가장 넓은 영토를 확보했으며, 당시 세계 금 생산량의 거의 절반을 차지할 정도로 많은 양의 금을 생산했다. 만사 무사는 주변의 교역도시들을 정복하고 여러 나라에 관리를 파견하는 등 왕국의 영향력을 확대해 나갔으며, 왕국 곳곳에 학교와 이슬람 사원을 세웠다. 이때 축조된 이슬람 대사원이 흙벽돌로 지은 젠네 대모스크(Great Mosque of Djenné)이다.

서아프리카의 랜드마크, 젠네 대모스크

말리 왕국의 중심도시 젠네에 13세기경 세워진 이슬람 대사원이다. 말리 왕국의 이념적 성격과 국가의 규모, 경제적 풍요를 짐작할 수 있는 문화유산이다. 젠네 대모스크 건립에 관한 기록은 팀북투의 연대기 작가 압둘사디(Abd al-Sadi)가 1655년경에 집필한 《수단의 역사(Tarikh al-Sudan)》란 책에 처음으로 등장한다. 그러나 유럽인들에게 젠네 대모스크가 알려진 것은 19세기에 와서였다. 프랑스의 탐험가 르네 까예(René Caillié, 1799~1838)가 1828년 이 지역을 탐험한 후 프랑스로 돌아와 젠네 대모스크를 소개했다.

젠네 대모스크는 참 대단한 건축물이다. 석재가 부족한 환경에서 진흙 벽돌만으로 이 거대하고 위대한 모스크를 축조했다는 사실은 아프리카의 역사와 문화에 대한 기존 관념을 깨뜨리기에 충분하다. 이 벽돌은 진흙을 햇볕에 말려 구운 뒤 진흙 석고를 씌운 것이다. 매년 우기에 모스크의 진흙이 비에 쓸려 나가지 않도록 3미터 높이에 가로, 세로 각각 75미터에 달하는 기단을 쌓은 후, 그 위에 모스크를 지었다. 가운

젠네 대모스크

말리 왕국의 대표적인 건축물로 세계에서 가장 큰 진흙 벽돌 모스크이다. 건축기술은 물론 진흙의 질감과 독특한 외관이 돋보인다.

데 미너렛의 높이는 16미터에 달한다. 90개의 흙벽돌 기둥을 올리고, 미너렛 꼭대기에는 타조알 모양을 장식해 놓았다. 흙벽돌 기둥 중간중간에 야자나무를 잘라 만든 막대기 여러 개를 가로로 쌓아 기온이 급격히 떨어지거나 올라갈 때 건물이 무너지는 것을 방지했다. 이를 '토론(Toron)'이라 부르는데, 매년 벽을 보수할 때마다 발판으로도 활용된다고 한다. 편의성과 실용성을 미학적인 마무리로 변화시킨 천재적인 창조성에 탄복한다.

모스크 정면은 종교적 기능을 반영하여 메카가 있는 동쪽을 향하도록 했다. 이슬람 사원은 모두 하느님이 계시는 메카를 향해야 한다. 이슬람 교도가 예배시에 향하는 방향을 '끼블라(qiblah)'라 한다. 모스크 내부에서도 특히 성지 메카의 방향에 면하는 내벽에 설치되는 아치형 니치(niche)인 미흐라브(Mihrab)가 가장 화려한 건축 공간이다. 실내에는 창을 내어 밝은 빛이 모스크 안 모랫바닥에 내리쬐게 설계해 놓았다. 원초적이고 가장 소박한 신의 모습을 지상에 구현해 놓았다. 젠네 대모스크는 이슬람 문화의 영향을 받은 수단-사하라 양식 건축물의 걸작으로 평가받고 있다. 서아프리카의 가장 유명한 랜드마크로서 1988년 유네스코 세계문화유산에 등재되었다.

만사 무사의 메카 순례

만사 무사는 선대왕이 대선단을 구성하여 대서양 원정을 떠난 후 귀환하지 못하고 실종되자 1312년 권력을 잡았다. 그는 가오와 팀북투 두 도시를 개발하여 당시 세계에서 가장 부유한 도시들로 발전시켰고, 가오에 대모스크를, 수도 팀북투에 거대한 왕궁을 건설했다. 더욱이 아프리카 최고의 학문의 전당으로 일컬어진 상코레(Sankore) 대학을 설립하기도 했다. 상코레 대학은 아프리카는 물론 이슬람 세계에도 널리 알려진 교육과 학문의 중심지로, 아프리카 대륙에서는 고대 알렉산드리아 도서관(Library of Alexandria) 이후 가장 많은 서적을 보유하고 있었다. 소장한 필사본이 약 100만 권으로 당시 세계 최대 규모의 도서관을 가진 학문의 전당이었고, 학생 수도 한때 2만 5,000명에 달했다고 한다.

만사 무사는 신분과 출신을 따지지 않고 기술과 능력에 따라 이슬람 세계 각지에서 뛰어난 학자, 예술가, 건축가, 장인 들을 불러 모아 그들의 재능을 활용했다. 그리고 금광과 말리 북서부 타우데니(Taoudenni) 같은 암염(巖鹽) 채굴지에서 산출되는 막대한 양의 황금과 소금, 아프리카 코끼리의 상아 등을 북아프리카와 중동 전역으로 수출하면서 국가경제의 기틀을 다졌다.

독실한 무슬림인 만사 무사는 1324년 메카로 순례를 떠나게 되는데, 엄청난 순례 행렬의 규모와 부의 과시는 유럽과 이슬람 세계에 커다란 반향을 불러일으켰다. 이 순례 이벤트는 말리 왕국의 존재를 세상에 알리는 대사건이었다. 당시 말리 왕국은 실제로 하급 관리나 일반 백성도 쉽게 금으로 치장하고 다닐 정도로 금이 흔했다고 한다. 메카 순례에 동원된 사람만 해도 6만 명이나 되었는데, 그중 1만 2,000명은 그를 수행하는 노예였다. 만사 무사가 순례길에 가져간 금은 무게만 10톤에 가까웠다고 하니, 다소 과장되었다 하더라도 당시 말리 왕국의 풍요로운 금 경제를 짐작하고도 남는다. 아랍인 역사학자 알마크리지(Al-Maqrizi, 1364~1442)의 기록에 의하면, 만사 무사 일행이 지나가는 길에 금을 주고 튀르크나 에티오피아 출신 여성 노예들을 마구잡이로 사들인 탓에 금값이 폭락하여 카이로 경제가 파탄날 지경이었다고 한다. 또 다른 아랍인 역사학자 이븐 할둔(Ibn Khaldūn, 1332~1406)도 금과 보물을 잔뜩 실은 100마리의 코끼리와 수백 마리의 낙타가 행렬을 이루고 1만 2,000명의 노예가 호위하고 있는 모습을 전하고 있다.

1326년 메카 순례를 마치고 돌아올 때, 만사 무사는 알안달루

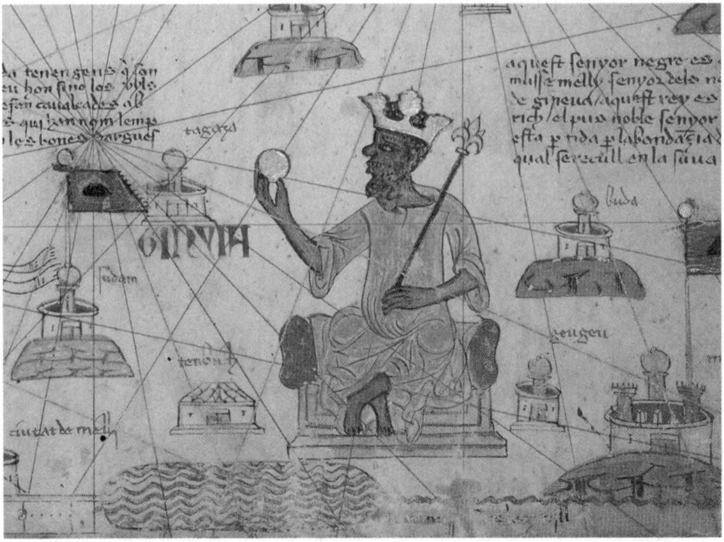

만사 무사

1375년에 제작된 《카탈루냐 지도첩(Catalan Atlas)》에 등장하는 만사 무사의 모습이다. 황금 동전을 손에 쥔 채 왕좌에 앉아있는 모습으로 묘사되었다.

스 출신 시인이자 건축가인 아부 이스하크 알사힐리(Abu Ishaq al-Sahili, 1290~1346)를 비롯한 기술자들을 대거 자신의 왕국으로 데려와 모스크와 학교를 짓고 왕궁을 신축하게 하는 등 그들에게 말리 왕국의 도시를 아름답게 꾸미는 일을 맡겼다.

만사 무사의 메카 순례는 이슬람 세계에 말리 왕국의 존재를 널리 알리는 계기가 되었다. 이 소문은 카이로에 있던 유럽 상인들에 의해 유럽 전체로 퍼져나갔다. 이것이 유럽과 북아프리카 사람들이 금이라는 매력적인 부를 찾아 너도나도 말리를 찾게 된 계기였을 것이다. 그러나 말리 왕국은 15세기 무렵부터 지방 실력자들의 반란과 내분으로 점차 쇠퇴하기 시작했고, 1507년 이후 디아라(Diara), 풀로(Fulo), 송가이 등 주변 종족과 왕국의 끊임없는 공격에 시달렸다. 그러던 1670년 만사 마마 마간(Mansa Mama Maghan)이 바마나 왕국(Bamana Empire, 1640~1861) 정복에 실패한 후 오히려 바마나의 역공을 받아 멸망하고 말았다. 말리의 역사성은 1958년 이 지역에 말리 공화국이 탄생하면서 명맥이 이어지고 있다.

송가이 왕국과 팀북투

송가이 왕국은 원래 말리 왕국의 속국이었으나 말리 왕국을 무력화시키고 서아프리카에서 번성한 이슬람 국가다. 송가이 왕국을 세운 사람은 손니 알리(Sọnni Ali, 재위 1464~1492)다. 그는 사하라 교역의 실권자인 투아레그인을 복속하고 말리 왕국 등 주변을 정복하여 넓은 영토를 확보했다. 그리고 정복지에서 나오는 부를 바탕으로 강력한 중앙집권국가의 기틀을 마련했다. 손니 알리는 세제를 정비하여 국가의 안정에 힘쓰는 한편, 이슬람교와 이슬람 상인들을 보호하는 정책으로 대외 교역을 활성화했다. 젠네, 팀북투, 우알라타(Oualata) 같은 송가이 왕국의 주요 도시들은 교역·종교·학문의 중심지로 발전했다. 그의 아들 손니 바루(Sonni Baru, 재위 1492~1493)가 왕위를 이었지만, 장군 무함마드 투레(Muhammad Ture)에게 왕위를 찬탈당했다. 무함마드 투레는 '아스키아 대왕(Askia the Great, 재위 1493~1528)'으로도 불리는데, 관료제를 도입하고 무역에 관한 조치와 규제를 표준화하는 등 정치와 경제를 개혁하여 제국을 안정궤도에 올리는 데 크게 기여했다. 그는 말리 왕국 만사 무사의 전승에 따라 메카를 순례하기도 했다. 그러면서 수많은 마드라사와 모스크를 설립하고 아프리카에서 이슬람이 널리 확산하는 데 큰 역할을 했다.

송가이 왕국의 경제적 기반 역시 가나 왕국과 말리 왕국처럼 엄청난 양의 금과 소금이었다. 송가이 사회는 최상위에 국가를 운영하는 왕족과 귀족이 있었고, 그 밑에 여러 부족의 부족장과 금속세공인, 어부, 목수 같은 직능이 있는 자유인이 있었고, 전쟁포로나 이주민 등으로 이루어진 노예들이 최하층으로 국가경제에 동원되었다. 왕국의 기틀을 완성한 아스키아 대왕의 통치 아래 송가이 왕국은 전성기를 맞이했다. 그러나 아스키아 대왕이 죽은 후 후계를 둘러싸고 분쟁이 일어나면서 왕국은 급격히 쇠퇴하기 시작했다. 결국 1591년 사헬 금광을 노리고 북쪽에서 침략해 온 모로코의 사드 왕조(Saadi dynasty, 1510~1659)에 의해 멸망했다. 송가이 왕국 이후 서아프리카에는 소규모 왕국들이 난립하여 지역별로 고유한 정체성을 이어갔다. 곧이어 포르투갈을 중심으로 유럽의 본격적인 노예 사냥터가 되면서 오랜 전통과 역사적 정통성을 상실해 갔다.

역사의 현장에서

책, 소금, 황금이 같은 무게로 거래되는 도시 팀북투

21세기가 되자마자 여러 기관에서 21개의 새로운 '세계 7대 불가사의' 후보를 선정했다. 그 가운데 말리 왕국과 송가이 왕국의 중심도시였던 아프리카의 팀북투가 있다. 팀북투는 현재 아프리카 서부 말리 공화국 중부에 있는 도시다. 도시 전체가 유네스코 세계문화유산으로 등재되어 있다. 14세기경 사막 한가운데 진흙으로 벽돌을 만들어 거대한 도시를 건설했다는 사실은 참으로 놀랍고 불가사의한 일이다. 또한 일반적으로 모스크의 지붕은 돔으로 덮여있는 데 반해, 팀북투에 세워진 이슬람 사원들의 지붕은 뾰족한 탑처럼 생겼다.

이곳에는 3개의 유명한 모스크가 있다. 상코레 모스크(Sankore Mosque, 989년 설립), 시디 야히야 모스크(Sidi Yahya Mosque, 1400~1440년에 설립), 징게레베르 모스크(Djinguereber Mosque, 1327년 건립)가 그것이다. 니제르강 남쪽의 젠네 대모스크도 이 시기 서부 아프리카를 대표하는 모스크로 잘 알려져 있다. 서아프리카의 전통적인 진흙 벽돌 건축 양식으로 만들어진 이슬람 사원과 마드라사를 중심으로 팀북

상코레 모스크

진흙 벽돌로 만들어진 팀북투의 모스크들은 햇볕을 받으면 금이 가기 때문에 해마다 진흙 반죽을 덧칠하는 방식으로 수백 년 동안 지켜져 왔다.

투는 14세기부터 16세기까지 아프리카 이슬람 선교와 연구의 중심지 역할을 했다. 특히 세계에서 가장 오래된 대학 가운데 하나인 상코레 대학은 상코레 모스크 안에 세워졌는데, 당시 학생 수만 2만 5,000명에 달했다고 한다.

이러한 문화적 번성은 물론 단단한 경제력이 뒷받침되었기에 가능했다. "팀북투에서는 책과 소금과 황금이 같은 무게로 거래된다"는 말이 있을 정도로 학문이 발달한 도시였다. 13세기에서 16세기에 걸쳐 유명한 학자들이 팀북투에 자리를 잡고 이슬람 학문뿐만 아니라 다양한 일반 학문을 전파했다. 이 시기에 집필된 수천 권의 서적들은 오늘날까지 남아있어서 당시 아프리카의 사회상을 연구하는 데 소중한 자료가 된다.

유럽에 소개된 팀북투

프랑스 탐험가 르네 까예가 그린 아프리카 도시 팀북투로 유럽에 처음 소개된 팀북투의 이미지를 확인할 수 있다.

만사 무사의 메카 순례를 계기로 알려진 황금의 도시 팀북투는 1828년 프랑스인 르네 까예에 의해 유럽인들에게 소개되었다. 그 이전까지 유럽인들에게 이 도시는 실제 존재하는 도시라기보다는 전설과 신화 속에 존재하는 환상의 도시로 여겨졌다. 그래서 '팀북투'라는 말 자체가 '아주 머나먼 곳'이라는 뜻으로 쓰이기도 했다. 이 도시도 결국 16세기 모로코군의 공격으로 송가이 왕국이 멸망하면서 쇠퇴하기 시작했다. 이후 포르투갈인들이 새로운 항로를 개척하면서 사하라 횡단무역의 중심지로서 기능을 완전히 잃어버렸고, 아프리카 바깥 세계의 관심으로부터도 멀어졌다. 오랫동안 모래 먼지에 뒤덮여 있던 팀북투에 대한 관심이 최근 다시 높아지면서 많은 관광객이 팀북투를 찾고 있다. 팀북투에는 아직 해독하지 못한 옛날 문서들이 남아있으며, 건조하고 뜨거운 기후로부터 이 진흙도시가 남긴 유산을 보존하려는 국제사회의 노력이 계속되고 있다.

02 아프리카 문화

아프리카의 문화적 다양성

세계사 통사나 문화사 서술에서 아프리카만이 갖는 독특한 문화적 특성이 종종 무시되거나 충분히 고려되지 못하는 경우가 많다. 가장 큰 이유는 하나의 문화로 설명할 수 없는, 수백 개의 종족집단이 만들어내는 아프리카의 문화적 다양성 때문일 것이다. 흔히 서구사회에서 분류하고 정의한 종교·신앙·철학·의례 같은 개념들이 정확하게 맞아떨어지지도 않는다. 서로 복합적으로 혼재되어 있기 때문일 것이다. 아프리카 출신의 종교철학자 존 음비티(John Samuel Mbiti, 1931~2019)의 표현대로 아프리카는 "성(聖)과 속(俗), 종교적인 것과 비종교적인 것, 삶의 영적인 면과 물질적인 면 간의 형식적인 구분이 존재하지 않는 사회다". 그럼에도 아프리카 대륙에 뿌리를 내렸고 지금도 전승되고 있는 주요한 종교적 의례나 영성적 관점, 시간관 등을 살펴보는 것은 큰 의미가 있다.

종교

아프리카 종교에는 문자로 쓰인 경전이나 창시자, 외워야 할 기도문이 따로 없다. 구성원 모두의 기억에 살아 있고, 일상의 삶 속에 녹아 역동적이고 유기적으로 살아 움직인다.

아프리카 전통 종교는 개인의 의례라기보다는 집단 의례에 뿌리를 두고 있다. 공동체의 삶 속에서 개인의 존재와 일상적인 삶이 영위되는 특징을 갖고 있다. '나는 존재한다. 우리가 존재하기 때문에'라는 의식이 하나의 명제처럼 강한 사회이기 때문이다. 따라서 한 인간의 존재는 공동체의 삶이나 의례, 집단기억, 공동체가 밟고 살아가는 땅, 축제와 함께할 때 비로소 의미를 갖게 된다. 실존 자체가 종교 현상인 셈이다.

그런 점에서 아프리카에서 종교를 버린다는 것은 자기와 관계 맺은 모든 인연을 벗어던지고 집단을 떠나는 자기 파문을 의미한다. 아프리카를 연구한 문화인류학자들은 자신이 딛고 있는 땅을 떠나 돌아올 수 없는 다른 곳으로 가는 이동행위도 종교적 파문이라고 설명하곤 했다. 식민지 시대 자신의 땅과 기억 공간, 의례의 집단성을 등지고 낯선 대륙으로 끌려갔을 노예들은 그런 면에서 일종의 '영적인 살인'을 당한 셈이다. 평생 아프리카 문화를 연구한 영국의 인류학자 에드워드 에반스-프리차드(Edward E. Evans-Pritchard, 1902~1973)는 자신이 아무리 노력해도 "아프리카 종교로 개종할 수 없었던 것은 그 땅에서 태어나지 않았고, 처음부터 그곳의 물과 공기를 마시지도 않았기 때문"이라고 했다. 아프리카의 종교적 특성을 설명해 주는 대목이다.

이슬람과 기독교가 맹렬한 기세로 아프리카 대륙으로 진출해서 성공할 수 있었던 데는 이러한 종교 혼합적인 아프리카인의 영성적 특성도 한몫했다. 그들에게는 이슬람도 기독교도 모두 아프리카 종교의 한 형태로 보였을 것이기 때문이다. 이슬람은 아프리카의 뿌리 깊은 일부다처제와 그들의 전통 관습인 여성 할례의식을 혼입(混入)했고, 전략적으로 아랍의 전통과 아프리카의 문화를 접목하고 절충하는 선택을 할 수밖에 없었다. 이슬람의 아프리카 문화 수용은 종교적 성공과 함께 종족성을 초월하는 이슬람교의 평등 지향적 특성이 가져다준 순조로운 종족 결합, 그리고 스와힐리어라는 언어적 접목으로도 나타났다.

기독교도 아프리카 토착 관습과 습합(習合)하면서 무늬만 기독교인 새로운 토착 종교 형태로 아프리카 곳곳에 뿌리를 내렸다. 현재 아프리카 토착 교회는 수천 개에 달한다. 4세기에 국교로 선포된 에티오피아 정교회를 필두로 시온주의자 교회, 메시아닉 교회, 알라두라(Aladura) 오순절 교회 등이 아프리카 전통문화를 받아들여 정착한 교회이다.

자연관과 시간관

아프리카 종교에서는 자연도 그 구성의 일부다. 그 구도를 인간중심적으로 설명해 보면, 신은 인간의 창조자

이고 인간의 삶을 지탱해 주는 존재다. 그들이 만물에 깃들어 있다고 믿는 정령은 인간의 운명을 설명해 주고 인도해 준다. 동물과 식물, 사물과 자연현상은 인간이 사는 환경을 이루고 인간에게 생존수단을 제공한다. 사실은 인간을 위한 것이라기보다는 인간도 신비로운 순환과 윤회관계의 일부로서 함께 살아가고 존재하는 것이다. 살아가는 시간 속에서 인간은 자연을 이해하고, 동시에 자연을 통해 자신의 시간좌표를 설정해 가는 것이다. 수단 남부 라투카(Latuka)인들의 달[月] 이름에서 이런 관계를 엿볼 수 있다. 예를 들면 그들에게 10월은 '태양의' 달이다. 왜냐하면 이때 태양이 가장 강하게 내리쬐기 때문이다. 12월은 '아저씨에게 물을 주어라' 달이다. 가뭄으로 물이 귀해지고 모든 사람이 갈증을 겪는 시기이다. 6월은 '입이 더러운' 달이다. 추수가 시작되어 아이들이 알곡을 입에 넣고 씹고 다니니 지저분하다는 의미다.

아프리카 전통사회에서 그들의 깊은 영성적 사고를 이해하기 위해서는 그들의 독특한 시간관을 이해할 필요가 있다. '과거-현재-미래'라는 순환적 시간의 흐름에서 특히 과거가 강조되고 상대적으로 미래가 약하게 작동된다. 스와힐리인들의 예에서 보듯이 그들의 인식 속에 시제는 과거를 의미하는 '자마니(Zamani)'와 현재 시제인 '사사(Sasa)'라는 두 축으로 굴러간다. 이런 순환 구도에서는 앞으로 닥칠 가까운 미래는 사사의 범주에 속하며, 먼 미래는 그들의 인식 속에 들어올 자리가 없다. 과거인 자마니는 길고 오래간다. 그것은 망각이고 시간의 무덤이다. 그러나 기억의 축적인 자마니는 현실 공간에 살아있는 사람들을 위한 소중한 데이터베이스이다. 일상으로 끄집어내고 기억하며 살아가는 데 필요한 삶의 지침서로 삼기 때문이다.

특이한 시간 순환 개념의 하나는 사사와 자마니가 공존하는 기간을 설정하고 있다는 점이다. 죽음은 실존 공간을 떠나 자마니로 가는 것이다. 그것은 서서히 망각의 공간, 기억이 축적된 장소로 이동하는 과정이다. 그런데 망자가 바로 자마니의 영역에 묻히는 것은 아니다. 공동체 안에 망자를 기억하는 사람이 살아있고, 망자가 생전에 했던 말과 행동을 그대로 답습하고 있는 한, 그는 '살아있는 사자(Living Dead)'로서 사사의 세계에 머물러있다. 관념적으로만 그를 살아있는 사람으로 간주하는 것이 아니라, 식사 때 숟가락을 같이 올리거나 살아있을 때처럼 대화도 나누면서 그의 지혜와 가르침을 스스로 확인하고 실천하는 시간 의례 기간을 가진다. 아무도 그를 기억하지 못할 때 비로소 그는 자마니의 세계에서 안식하게 된다.

03 아프리카의 이슬람화

북아프리카

아프리카 대륙도 인근 아라비아반도에서 시작된 거대한 이슬람의 파고 앞에서 결정적 변화의 순간을 맞게 된다. 7세기 초 무함마드가 이슬람교를 창시한 이래 아라비아반도를 넘어 가장 먼저 이슬람의 영향을 받게 된 지역이 아프리카였다. 아라비아반도 남단의 예멘과 지부티를 잇는 좁은 해협을 645년경 이슬람군이 건넌 이후 동아프리카와 북아프리카는 거의 반세기 만에 이슬람화가 완성될 정도로 이슬람이 빠르게 확산되었다. 7세기 중엽에는 아프리카 동부 해안에 이슬람 상인들을 위한 교역의 거점 마을들이 생겨날 정도였다. 다른 방향으로는 이슬람 상인과 정치 세력이 이집트에 상륙해서 지중해의 북아프리카 해안가를 따라 700년경 대서양 연안까지 진출했다. 이어 711년에는 좁은 지브롤터해협을 건너 이베리아반도로 진출했고, 몇 년 후에는 유럽의 중심부를 위협했다. 북아프리카의 아랍계 이슬람 상인이 이슬람화한 토착

베르베르인과 함께 사하라사막을 건너면서 이슬람교가 서아프리카까지 전해졌다. 8세기경에는 가나 왕국이 이슬람 상인들과 교역하면서 성장하기 시작했다. 또한 10세기 이후 인도양을 항해하는 이슬람 상인의 거류지가 생겨났고, 아랍어의 영향을 받은 스와힐리어가 만들어져 아프리카 일대에서 널리 사용되었다.

물론 북아프리카에서도 9세기부터 여러 이슬람 왕국이 본격적으로 출현하기 시작했다. 10세기 초 북아프리카 중서부에서 출발한 파티마 왕조(Fātima dynasty, 909~1171)는 10세기 중엽에 이집트, 그 이후에는 시리아까지 지배했다. '파티마'란 왕조의 이름은 이슬람 예언자 무함마드의 딸인 파티마에서 비롯되었다. 시아파인 파티마 왕조는 자신들이 내세운 칼리프만이 이슬람 세계의 유일한 칼리프라고 주장했다. 시리아 다마스커스의 우마이야 왕조와 바그다드 압바스 왕조의 칼리프에 비해 파티마 왕조의 칼리프는 종교 지도자로서의 이미지가 훨씬 컸다.

12세기 후반에는 이집트에서 순니파 아이유브 왕조가 탄생하여 파티마 왕조를 멸망시키고 십자군으로부터 예루살렘을 탈환했다. 이에 제3차 십자군 전쟁(1189~1192)이 발발했다. 13세기 중엽에는 맘루크 왕조가 아이유브 왕조를 멸망시키고 시리아의 몽골군을 격퇴했고, 지중해와 인도양 무역을 지배하며 이슬람 문화를 보호했다. 아이유브 왕조와 맘루크 왕조를 거치면서 이집트는 비교적 안정되어 농업 생산력이 크게 향상했고, 지중해와 인도양 무역의 이익을 독점하여 카이로가 순니파 이슬람 학문의 중심지가 되었다.

카이루완 대모스크

670년 아랍의 장군 우크바 이븐 나피(Uqba ibn Nafi)가 건립한 카이루완 대모스크(Great Mosque of Kairouan)는 마그레브(Maghreb, 리비아 · 튀니지 · 알제리 · 모로코 등 아프리카 북서부 일대의 총칭)에서 가장 오래된 모스크이다. 북아프리카 튀니지의 중북부에 있는 도시 카이루완에 있다. 카이루완은 북아프리카에 진출한 아랍인들이 처음으로 세운 도시이다.

북아프리카의 모로코에서는 11세기 후반에 알무라비툰 왕국, 12세기 전반에 알무와히둔 왕국 같은 이슬람 국가가 등장하여 사하라사막 이남에 이슬람교를 전파했다. 알무라비툰 왕국이 이슬람 상인들과 금, 소금 등을 교역하던 가나 왕국을 패퇴시킴으로써 서아프리카의 이슬람화가 촉진되어 말리 왕국, 송가이 왕국 같은 이슬람 국가가 등장하게 되었다.

사하라 남쪽까지 전파된 이슬람

현재의 아프리카를 보면 많은 국가가 이슬람교를 믿고 있다. 아프리카 최대 종교다. 이슬람이 아프리카의 주류 종교로 뿌리내리는 과정에서는 역사적으로 두 가지 방식이 작동했다. 하나는 북아프리카의 경우처럼 무력을 통한 이슬람화 방식이다. 북아프리카에서는 아랍계 무슬림의 정복활동을 통해 이슬람이 확산되었는데, 토착민들이 큰 저항 없이 지배 종교이고 번창하는 세력인 이슬람과 아랍 정치집단을 수용함으로써 가능했다. 다른 하나는 다른 지역에서도 작동한 방식이었는데, 특히 동아프리카에서는 교역활동을 통해 이슬람이 확산되었다. 단, 아랍의 지배 세력이 주도하는 이 교역활동에서는 서로의 관계가 호혜적이고 평등하지는 않았지만, 16세기 유럽인들이 행했던 약탈과 착취 수준의 교역과는 근원적으로 달랐다.

초기 아랍 무슬림은 수적으로 절대적 열세였기 때문에 종교의 확산보다는 교역을 통해 수익을 올리는 데 더 큰 관심을 보였다. 그렇지만 아랍계 지배 세력이 기본적으로 무슬림에게 유리한 정책을 폈기 때문에 삶의 편의를 위해 이슬람교로 개종하는 사람이 많았다. 그 결과 오늘날의 소말리아, 수단, 에티오피아, 케냐, 탄자니아, 잔지바르(Zanzibar), 마다가스카르 등 아프리카 동부 해안지대에는 이슬람이 널리 퍼져나갔지만, 내륙에서는 여전히 아프리카 전통 신앙이 굳건히 유지되었다.

서아프리카의 이슬람화는 동아프리카와 비교해 확산의 폭이 크지 않았지만, 이곳 역시 아랍 상인들이 진출하여 활발히 교역활동을 펼친 결과, 그들의 종교도 서서히 뿌리를 내렸다. 서아프리카는 오래전부터 사하라사막을 가로지르는 무역을 통해 부를 쌓았고, 그 부를 바탕으로 거대한 왕국을 건설하기도 했다. 8세기 이후 아랍 상인들이 사하라 횡단무역에 참여하면서 종래의 정치적·경제적 판도에 변화가 일어났다. 주요 거래 품목은 금이었으며, 이때부터 부분적으로나마 노예무역도 시작되었다. 권력과 첨단기술을 가진 새로운 문명의 전달자로서 이슬람 상인들의 역할과 교역의 이점 때문에 서아프리카에서도 커다란 군사적 충돌 없이 이슬람화가 진행되었다.

이처럼 사하라 이남 서아프리카 지역에서 최초로 이슬람교로 개종한 사람들은 사하라사막을 통한 장거리 무역에 종사하던 상인 계층이었다. 이곳의 토착 지배자들은 무역을 장려하기 위해 이슬람 상인을 위한 구역을 따로 마련해 주기도 했다. 이렇게 토착 지배자의 친이슬람 정책이나 성향으로 인해 일반 대중의 이슬람에 대한 태도도 다른 지역과는 달랐다. 즉, 서아프리카에서는 다른 지역과 달리 이슬람 세력과의 충돌이나 갈등이 크지 않았다. 초기 개종자들은 이슬람을 수용하는 동시에 자신들의 전통과 관습도 어느 정도 유지하는 신앙생활을 이어간 것으로 보인다.

상인을 따라 사하라 이남 지역에 들어온 이슬람 학자들도 이 지역 주민들에게 좋은 평판을 얻었다. 그들은《꾸란》의 문구를 이용해 부적을 만들거나,《꾸란》이 적힌 판자를 갈아 약초와 섞어서 약을 만들기도 했다. 현지 주민들은 이슬람 선교사들이 만든 약과 부적이 질병이나 미래의 불행을 막을 수 있다고 믿었다. 그 때문에 그들을 의사나 지식인으로서 존경하는 풍조까지 생겼다. 특히 서아프리카 지역의 이슬람화 과정에서는 이슬람 신비주의자들인 수피들의 영향이 지대했다. 수피들은 술이나 돼지고기를 금하는 것 같은 종교적 금기는 유지했지만, 근엄한 아라비아반도의 이슬람과는 달리 일부다처, 여성 할례 같은 아프리카의 토착 관습이나 민간신앙들을 재해석해서 이슬람의 교리 속으로 끌어들이거나 그대로 인정함으로써 이슬람이 아프리카 사회에 수용되는 기틀을 마련했다.

아랍 문화와 아프리카 문화의 융합, 스와힐리 문화

아프리카에 아랍 문화가 급속히 밀려 들어오고 이슬람이 새로운 지배 이데올로기로 확산함에 따라 두 문화가 융합하거나 혼재하는 모습이 뚜렷해졌다. 이를 '스와힐리 문화'라 하는데, 오늘날 아프리카 문화를 설명하는 개념이 되었다. 스와힐리 문화는 특히 8세기 이후 아랍 문화와 이슬람의 영향을 직접적으로 받은 아프리카 동부에서 더욱 두드러졌다. '스와힐리(Swahili)'는 '해안'이라는 뜻이다. 그리고 아프리카어에 아랍어를 접목한 새로운 언어인 스와힐리어가 탄생했다. 스와힐리어를 사용하게 되면서 이슬람교를 믿는 사람들을 '스와힐리인'이라고 부르게 되었다.

아프리카 동부 해안지대를 따라 확산된 스와힐리 문화에는 지역에 따라 다양한 토착문화 요소들이 뒤섞여 있지만, 기본적으로는 아랍어와 이슬람교를 그 바탕으로 했다. 현재 아프리카의 대표적인 언어인 스와힐리어에는 아랍어 비중이 20~30퍼센트를 차지한다. 약 5,000만 명 정도가 스와힐리어를 사용하는 것으로 알려져 있다. 우리 주변에서도 스와힐리어에서 유래된 단어를 종종 만날 수 있다. 예를 들면 '사파리'라는 말은 스와힐리어로 '여행'을 뜻하고, 아프리카에서 가장 높은 산인 '킬리만자로'는 스와힐리어로 '빛나는 산', '하얀 산'이라는 뜻인데, 이는 정상에 쌓여있는 만년설 때문에 지어진 이름이라고 한다.

14장

인류 최대의 대제국 오스만

1299년 오스만 공국 수립

1326년 오르한, 부르사 점령 후 수도로 삼음

1363년 무라드 1세, 에디르네로 천도

1394년 바예지드 1세, 콘스탄티노플 포위

1402년 앙카라 전투에서 티무르군에 참패

1412년 메흐메드 첼레비(메흐메드 1세), 발칸반도의 영토 되찾으며 오스만 제국 재통합

1453년 메흐메드 2세, 콘스탄티노플 정복

1463년 제1차 오스만-베네치아 전쟁

1481년 이탈리아 원정 추진 중 메흐메드 2세 사망

1499년 제2차 오스만-베네치아 전쟁

1516년 칼리프위가 오스만 제국으로 공식 이양

1529년 쉴레이만 1세, 헝가리 탈환, 제1차 빈 포위

1618년 사파비 제국에 캅카스 지역 헌납

1683년 제2차 빈 포위 실패

1770년 러시아와의 전쟁에서 대패

1839년 탄지마트 정책 시행

1876년 오스만 제국 최초의 헌법 제정

1877년 러시아, 오스만 제국에 전면전 선포. 오스만 참패

1878년 술탄 중심의 전제군주제 복구

1908년 연합진보위원회가 반술탄 혁명에 성공

1922년 무스타파 케말의 술탄제 폐지 개혁안이 통과되며 오스만 제국 종말

1923년 터키 공화국 수립

오스만 제국은 20세기까지 존속한 인류역사상 최대의 제국이다. 페르시아 제국, 로마 제국과 함께 '세계 3대 제국'이라고도 한다. 13년 만에 분할된 알렉산드로스 제국이나 반세기 만에 와해되어 쪼개진 몽골 제국 등과 비교해 보아도 인구나 지배 영역, 문화 수준, 세계관 등에서 명실상부한 대제국이다. 소수집단에 대한 자치권 부여와 인재등용의 정책인 밀레트 제도와 맹렬한 정복전쟁의 과정에서 대제국 건설의 선봉장이 된 예니체리 등을 통해 발칸반도를 포함한 남동부 유럽과 서아시아, 북아프리카에 이르는 세 대륙을 석권했다.

셀주크 튀르크 시대 유력한 가문 출신이었던 건국자 오스만 가지는 우리와 언어적·문화적 뿌리를 공유한 '흉노-돌궐-위구르-셀주크 튀르크'의 후예였다. 셀주크 튀르크가 비잔티움 제국을 몰아내고 1071년 이후 유라시아 대륙의 서쪽 끝인 아나톨리아반도에 정착하면서 지리적으로는 멀어졌지만, '한민족'과 알타이 문화를 공유하면서 맺었던 역사적 친근성을 강하게 갖고 있는 나라이다. 그럼에도 오스만 제국은 '중세-근대-현대사'를 거쳐오면서 유럽과는 줄곧 적대적 이해관계에 있었기 때문에 상대적으로 왜곡되고 평가절하된 측면이 강하다.

오늘날 터키 서쪽의 '부르사'라는 자그만 도시에서 출발한 오스만 제국은 1453년 콘스탄티노플을 점령하고 비잔티움 제국을 무너뜨린다. 이로써 긴긴 중세가 끝나고 진정한 근세로 나아가는 인류사의 새로운 문이 활짝 열리게 되었다. 콘스탄티노플은

'이스탄불'로 이름을 바꾸었고, 동양과 서양, 이슬람과 기독교, 흑해와 지중해가 만나는 문명 간 교류와 창조의 접점으로서 인류 사회의 진보와 혁신에 크게 이바지했다. 그러나 자신들의 종교에 대한 선험적 우월감, 기득권에 안주한 매너리즘의 만연, 내부 혁신의 좌초와 권력 다툼, 식민지 쟁탈 시대를 본격적으로 경영해 나가는 유럽 강국들의 시민의식과 산업기술혁명에 대한 벤치마킹 실패, 물질 자본주의에 대한 이해 부족 등으로 18세기 이후 제국은 급속히 쇠퇴하게 된다. 결정적으로 제1차 세계대전이 발발하자 독일, 오스트리아 등과 함께 동맹국에 가담하여 패전함으로써 거대한 제국은 산산조각이 나면서 무너지게 된다. 하나의 아랍 공동체가 22개의 개별 국가로 나뉘어 독립하고, 팔레스타인 문제가 발생한다. 발칸반도를 뺏김으로써 보스니아 무슬림 학살, 코소보 내전, 체첸 사태 같은 복잡한 갈등과 분열의 상처들이 생겨난다. 모두 오스만 제국의 와해에서 연유한 비극적인 사건들이다. 1922년 마지막 술탄 메흐메드 6세가 폐위됨으로써 623년 대제국의 운명은 끝이 났다. 이어 1923년 터키 공화국이 설립되어 오늘날의 터키로 이어지고 있다.

01

오스만 제국의 성립과 발전

오스만 건국과 영토 확장

'오스만(Osman)'이란 제국의 명칭은 건국자인 오스만 가지(Osman Gazi, 후일 오스만 1세로 기록, 재위 1299~1326)에서 유래했다. 그가 오스만 공국을 수립한 1299년경부터 술탄 메흐메드 6세(Mehmed VI, 재위 1918~1922)가 폐위되는 1922년까지를 오스만 제국의 존속기간으로 본다. 약 623년간 아시아, 아프리카, 유럽 등 세 대륙을 석권했고, 흑해, 에게해, 지중해, 페르시아만 바다를 독점했으며, 카스피해와 대서양은 물론 인도양까지 영향을 미쳤던, 인류 중·근세사를 통틀어 최대의 제국이었다.

제국의 창설자로 알려진 오스만 1세는 오우즈 튀르크 계통의 카야인 출신인데, 카야인들은 1071년 셀주크 튀르크와 비잔티움 제국이 격돌한 만지케르트 전투 이후 튀르크인의 아나톨리아 정복에 적극 가담한 것으로 알려져 있다. 얼마 지나지 않아 이 지역에는 룸셀주크가 들어섰는데, 13세기 말 몽골의 서진으로 이 셀주크 세력이 점차 약화되자, 당시 카야인을 이끌던 오스만 가지가 아나톨리아의 쇠위트(Söğüt)에서 룸 셀주크로부터 독립하여 작은 공국을 세웠다. 쇠위트는 비잔티움 제국과 접경한 지역이었다. 이는 오스만의 공국이 곧 비잔티움 쪽으로 영토를 넓혀갈 수 있다는 의미이기도 했다. 이후 오스만 군대는 북쪽과 서쪽 양 방향으로 진군을 계속했고, 마르마라(Marmara)해 인근까지 영토를 확장했다. 그리고 수년에 걸친 공성전 끝에 실크로드 거점도시 부르사(Bursa)를 점령하고 첫 수도로 삼으면서 공국에서 하나의 왕국으로 성장하는 계기를 마련했다. 이때가 1326년 4월이었는데, 오스만 1세가 병사하고 그 아들 오르한 가지(Orhan Gazi, 재위 1326~1362)가 오스만 공국의 수장인 베이(Bey) 자리에 오른 직후였다. 이때부터 행정과 재정, 군대가 정비되어 국가체제의 기틀이 잡혀갔다. 특히 오르한은 비잔티움의 군제를 도입하여 기독교 용병을 모집했다. 이는 '가지(Ghazi 또는 Gazi)'라 불리던 튀르크인 이슬람 전사에 전적으로 의존하던 오스만군의 약점을 보완하고 오스만군의 비잔티움 공략에도 전술적·심리적으로 효과를 가져다주었다.

오스만 제국은 건국 초기부터 내분에 휩싸인 노쇠한 비잔티움 제국을 목표로 맹렬한 정복전쟁을 시작했다. 1300년부터 1481년까지는 급격한 영토 팽창기였다. 특히 오스만 1세와 그의 아들 오르한, 이어 무라드 1세(Murad I, 재위 1362~1389), 바예지드 1세(Bayezid I, 재위 1389~1402)를 거치며 아나톨리아의 비옥하고 방대한 영토 대부분을 차지했다.

아직 국력이 약한 상황에서 오르한은 비잔티움 제국의 아시아

비잔티움 도시 부르사의 성문

오스만의 군대가 부르사를 함락하기까지는 6~9년이 걸렸다. 투석기 같은 공성전을 치를 무기가 없는 데다 이 정도 규모의 요새화된 도시를 점령한 경험이 없었기 때문이다. 오스만 군대는 부르사를 포위하여 보급을 차단하고 주변의 작은 요새들을 공격해 점령하는 전술로 1326년 4월 6일 마침내 부르사를 함락했다.

거점도시인 이즈니크(İznik, 1331)와 이즈미트(İzmit, 1337)를 차지한 후 비잔티움 제국과의 정면 대결보다는 황위를 둘러싼 내분을 적극적으로 이용했다. 특히 아홉 살 난 비잔티움의 황제 요한네스 5세 팔라이오로고스(Johannes V Palaiologos, 재위 1341~1391)의 즉위 과정에서 발생한 내전(1341~1347)에 힘입어 오르한은 비잔티움 황제 자리를 탐내던 칸타쿠제노스(Kantakouzenos)의 딸 테오도라(Theodora,

1330~1396)와 결혼하여 비잔티움 문제에 깊숙이 개입하면서 기회를 노렸다. 내전 중이던 1346년 칸타쿠제노스에게 고용된 오스만군이 다르다넬스해협을 건너 트라키아 지방까지 진출했다. 유럽 땅에 오스만의 첫 깃발을 꽂은 것이다. 1347년 내전에서 승리함으로써 마침내 요한네스 6세(재위 1347~1354)로서 요한네스 5세와 함께 비잔티움을 공동 통치하게 된 칸타쿠제노스의 승인 아래 1352년에는 오스만군이 유럽의 관문인 갈리폴리(Gallipoli, 터키의 겔리볼루Gelibolu)를 차지함으로써 유럽 진출을 위한 교두보를 마련했다. 이로써 발칸 남동부 트라키아 지방을 연결하는 물자 교통로를 통제하게 되었는데, 이는 결과적으로 오스만의 국가 재정에 큰 보탬이 되었다. 이후 50년간 오스만은 본격적으로 비잔티움 제국을 포위하면서 트라키아, 마케도니아, 불가리아를 넘어 멀리 세르비아까지 영토를 넓혀나갔다.

1362년 오르한을 이은 그의 아들 무라드 1세는 더욱 적극적으로 유럽 진출을 시도했다. 1362년에 발칸반도의 비잔티움 도시 아드리아노플(Adrianople)을 점령하여 에디르네로 이름을 바꾸고 이듬해 새로운 수도로 삼았다. 무라드 1세는 이렇게 수도를 유럽의 한 도시로 옮기는 것으로 콘스탄티노플에 대한 압박을 더욱 가시화했다. 1371년에는 마케도니아의 세레스(Seres)까지 영토를 확장했고, 1385년에는 불가리아의 소피아(Sofia)를 손에 넣었다. 무라드 1세는 발칸에서 직접 통치보다는 조공과 유사시 군사지원을 조건으로 기존 군주를 인정하고 활용하는 간접 통치 방식을 택했다. 필요한 물자와 정복활동에 필요한 군사력을 동원할 수 있을 뿐만 아니라, 정복 후 주민들의 저항을 최소화할 수 있다는 점 때문이었다. 기존 군

코소보의 무라드 1세 무덤

무라드 1세는 1389년 코소보에서 세르비아인의 손에 암살당했다. 정확히 언제 어떻게 암살되었는지는 확실하지 않다. 이곳은 무라드 1세의 내부장기를 묻은 무덤으로 그 아들 바예지드 1세가 세운 것이다. 전투가 벌어졌던 코소보 들판에 있다.

주의 생명과 재산을 보호해 주고, 정복지의 문화와 전통을 인정해 주는 무라드 1세의 통치 방식은 그 후 오스만 제국 대외정책의 기본 노선으로 정착되었다.

1352년 갈리폴리 공격으로 시작된 오스만 공국의 발칸 공략은 무라드 1세 재위 말년인 1389년 코소보 전투에서 세르비아-보스니아 연합군을 물리치면서 마무리되었다. 발칸반도에 단단한 거점을 확보한 오스만 제국의 칼날은 이제 다시 동쪽으로, 쪼그라들 대로 쪼그라든 비잔티움 제국의 심장부인 콘스탄티노플을 향하고 있었다.

티무르의 침공과 오스만의 위기

무라드 1세를 이은 바예지드 1세는 1387년 비잔티움 제2의 도시 테살로니카(Thessalonica)를 손에 넣고 1391년 동쪽 아나톨리아반도의 튀르크계 공국들을 복속한 뒤, 1394년 콘스탄티노플을 포위하여 비잔티움에 대한 압박 수위를 더욱 높였다. 이에 위기감에 휩싸인 유럽이 헝가리를 중심으로 십자군을 편성했으나, 1396년 불가리아 북부 다뉴브(Danube)강 우안에 있는 니코폴리스(Nicopolis)에서 바예지드 1세에 의해 격퇴당했다. 이로써 다뉴브강 이남에 대한 오스만의 통치권이 확보되면서 바예지드 1세의 명성은 유럽뿐만 아니라 이슬람 세계에도 널리 알려졌다. 이를 계기로 바예지드 1세는 바그다드의 압바스 제국이 몽골군에게 멸망(1258)한 뒤 카이로에서 명목만 유지하던 칼리프로부터 '술탄'이란 칭호를 받아 명실상부한 이슬람 세계의 지도자로 부상했다.

그러나 술탄 바예지드에게는 만만치 않은 운명이 기다리고 있었다. 중앙아시아의 새로운 세력인 티무르의 강력한 도전에 대응해야 했기 때문이다. 인도 정복에 나섰던 티무르는 오스만 제국의 위협에 맞서 서부전선을 안정적으로 보호하는 것이 더욱 시급하다고 판단했다. 그는 방향을 돌려 오스만 제국의 내륙도시 앙카라로 향했다. 두 제국은 1402년 앙카라평원에서 맞붙었다. 오스만 제국은 참패했고, 바예지드는 티무르군에 포로로 잡히는 수모를 당한 끝에 이듬해 유배지 사마르칸트에서 사망했다. 1403년 티무르는 바예지드의 아들 중 한 명인 메흐메드 첼레비(Mehmed Çelebi)를 오스만의 왕

니코폴리스 전투

바예지드 1세가 불가리아 니코폴리스에서 중세 마지막 대규모 십자군을 물리치며 비잔티움에 타격을 준 전투이다. 1398년 장 프루아사르(Jean Froissart)의 그림으로, 프랑스 국립도서관 소장품이다.

으로 임명했다. 그러나 다른 왕자들이 그를 왕으로 인정하지 않았고 이후 오스만은 이들 간의 싸움으로 몸살을 앓았다. 그러나 티무르는 중국의 명나라 정벌을 위해 곧 오스만 영토를 벗어나 사마르칸트로 회군했고, 오스만 제국은 다시 힘을 키울 수 있었다. 1412년 아나톨리아를 다스리던 메흐메드 첼레비가 발칸반도의 오스만 영토를 점령하고 무너져 가던 오스만을 통합하는 데 성공했다. 그리고 이듬해 메흐메드 1세(Mehmed I, 재위 1413~1421)로 술탄 자리에 올랐다.

메흐메드 1세의 후계자인 무라드 2세(Murad II, 재위 1421~1444, 1446~1451)는 1422년 에게해의 항구도시 테살로니카를 포위한다. 비잔티움의 황제가 무라드 2세의 숙부인 무스타파 첼레비(Mustafa Çelebi, 1380~1422)를 부추겨 무라드 2세에 대한 반란을 획책했기 때문이다. 도시를 방어할 인력도 장비도 제공할 여력이 없었던 비잔티움의 황제는 1423년 비잔티움 제국에서 콘스탄티노플 다음으로 중요한 테살로니카를 베네치아 공화국(Republic of Venezia, 697~1797)에 양도하는 조건으로 지원을 요청했다. 베네치아는 지금까지 흑해와 오스만 지배하의 중요한 무역로를 활용하면서 오스만과 우호적인 관계를 유지했다. 그러나 베네치아가 비잔티움으로부터 테살로니카를 확보하여 오스만이 마케도니아를 지나 베네치아의 호수와도 같은 아드리아(Adria)해로 진출하는 것을 저지하려 했기 때문에 양국 간의 충돌은 피할 수 없었다. 테살로니카를 둘러싼 양국의 갈등은 장기화했다(1423~1430). 베네치아는 거듭 사절을 보내 매해 공물을 바치는 대신 테살로니카를 베네치아의 영토로 인정해달라고 설득했지만, 이를 받아들일 의사가 없었던 오스만은 테살로니카 포위를 풀지 않았다. 다만 이때 다뉴브강과 트란실바니아알프스(Transylvania Alps) 사이에 놓인 왈라키아(Walachia)를 헝가리가 점령함으로써 헝가리와 격돌을 해야 했기에 테살로니카에 병력을 집중할 수 없었을 뿐이다. 1428년 강화조약으로 발칸 서부를 안정시킨 무라드 2세는 1430년에 강력한 함대를 앞세워 베네치아를 격파할 수 있었다. 아드리아해의 제해권을 장악하고 1432년 베네치아와 평화조약을 체결함으로써, 지중해에 대한 통제권을 바탕으로 교역을 통한 수익 증대를 꾀할 수 있었다. 1439년에는 세르비아를 완전히 점령해 오스만의 위세를 떨쳤으나, 1443년부터 이듬해까지 유럽 연합군에 거듭 패하면서 에디르네 강화조약에 서명하고 열두 살짜리 아들 메흐메드 2세에게 왕위를 양도했다. 그러나 유럽 연합군이 강화조약을 파기하고 오스만을 침략하자 무라드 2세는 어린 아들을 대신하여 1444년 유럽 연합군을 바르나(Varna)에서 격파했고, 이후 복위하여 오스만을 다스리던 중 1451년 병사했다.

02

콘스탄티노플 함락과 비잔티움 제국의 멸망

콘스탄티노플 정복의 배경

무라드 2세가 사망하자 그의 아들 메흐메드 2세(Mehmed II, 재위 1444~1446, 1451~1481)가 술탄으로 복위했다. 그의 정치적 야심과 지상 과제는 선왕들의 유업이기도 한 비잔티움 제국을 점령하고 세계제국을 건설하는 것이었다. 콘스탄티노플 정복은 그 시작이었다. 이에 메흐메드는 유능한 예니체리 사령관들의 조언을 토대로 콘스탄티노플 공략을 국가 최우선 정책으로 확정했다. 오스만 내부의 패권 다툼에서 세력 약화를 우려한 재상과 정통 튀르크 귀족 관료들은 이 정책을 강하게 반대했다. 그들은 비잔티움 공격이 교황과 유럽 국가들을 자극하여 또 다른 십자군 원정을 유발하게 될 것이라는 명분을 내세웠다.

술탄 메흐메드 2세의 의지는 확고했다. 오스만이 세계제국으로 발돋움하려면, 특히 동방무역의 이익을 독점한 오스만이 지중해와 유럽으로 향하는 교역로를 확보하기 위해서라도 콘스탄티노플은 반드시 점령해야 했다. 이슬람교의 예언자 무함마드도 콘스탄티노플 점령을 당부한 바 있었다. 그의 언행을 기록한 《하디트》에 이러한 가르침이 나와있다.

무엇보다 비잔티움 제국은 이미 사방이 오스만 제국에 둘러싸여 수도 콘스탄티노플 하나만 덩그러니 남은 처지였다. 더욱이 골든혼(Golden Horn, 터키어로 할리츠Haliç) 저편의 갈라타(Galata) 지역은 이미 제노바 공화국(Republic of Genova, 11세기~1797)사람들 것이었고, 황제에게 속한 지역은 사실상 콘스탄티노플 중심의 한 성곽도시에 불과했다. 하지만 그 천년 묵은 성곽이 문제였다. 삼각형의 도시를 감싸고 있는 이중 삼중의 성벽은 콘스탄티노플을 그야말로 철옹성으로 만들었다. 그때까지 아랍인들은 7차례에 걸쳐 콘스탄티노플 점령을 시도했지만 성공한 적은 단 한 차례도 없었다. 그래서 비잔티움 정복은 무슬림에게 일종의 영광스러운 사명 같은 것이 되었다.

이런 콘스탄티노플의 성곽을 무너뜨리려면 지금까지와는 다른 무기가 필요했다. 그래서 인류 전쟁사에 처음으로 중화기가 등장했다. 헝가리 기술자 '우르반(Urban)'이 만든 엄청난 크기의 청동제 대포였다.

비잔티움과 다른 유럽 국가와의 군사적 연계를 차단할 필요도 있었다. 이에 메흐메드 2세는 1451년 비잔티움에 속한 보스포러스 해협(Bosporus Strait, 흑해와 마르마라해를 잇는 길고 좁은 해협)의 유럽 쪽 해안에 '루멜리 히사르(Rumeli hisarı)'라 불리게 될 요새를 축조하기 시작했다. 아시아 쪽 해안에는 이미 바예지드 1세 때 건설한 요

다르다넬스 건(Dardanelles Gun)

1453년 콘스탄티노플이 함락된 지 얼마 지나지 않은 1464년에 제조된 오스만의 대포이다. 콘스탄티노플 함락 당시 쓰였던 대포를 모델로 제작한 것이다. 사진에 보이는 것처럼 두 부분으로 나뉘어있는데, 한쪽엔 돌로 제작된 포탄, 다른 한쪽에는 화약을 담았다. 두 부분은 나사로 고정한다. 총길이는 5.2미터, 무게는 16.8톤이다. 한 번에 300킬로그램 무게의 돌 포탄을 최장 1,600미터까지 발사할 수 있었다. 현재 영국의 포츠머스(Portsmouth)에 있는 포트 넬슨(Fort Nelson)의 왕립 무기고(Royal Armouries)에 소장되어 있다. 이 대포를 에디르네에서 콘스탄티노플로 옮기는 데만도 엄청난 인력이 동원되었다. 100마리의 황소가 대포를 실은 마차를 끌었고, 앞에서 수백 명의 인부가 마차가 지나갈 수 있도록 길을 평평하게 고르는 작업을 했다고 한다.

새(아나돌루 히사르Anadolu hisarı)가 있었기에 이렇게 유럽 쪽 해안에도 요새를 구축하면 오스만이 아시아와 아랍, 동방에서 출발한 실크로드 교역 상단의 마지막 관문인 보스포러스해협을 완전히 장악할 수 있을 것이기 때문이었다. 다시 말해 비잔티움과 베네치아, 제노바의 배들이 지금까지처럼 자유롭게 콘스탄티노플을 드나들 수 없게 되므로 비잔티움에 경제적 압박을 가할 수 있게 된다. 또한 오스만군이 콘스탄티노플을 포위하는 동안 기독교 세계가 흑해를 통해 군사적으로든 물질적으로든 콘스탄티노플을 지원할 가능성도 차단할 수 있다. 요새를 완공한 1452년 8월 메흐메드 2세는 오스만 전역으로 전령들을 보내 군사를 모았다.

침공 준비를 완료한 술탄 메흐메드 2세는 수도 에디르네를 출발하여 1453년 4월 5일 콘스탄티노플 성문에 도착했다. 술탄은 이슬람 선통에 따라 재상 마흐무드 파샤(Mahmud Paşa, 1420~1474)를 비잔티움 황제에게 파견해 유혈 충돌 없는 항복을 요구했다. 예상했던 대로 황제가 항복을 거부하자, '샤드(Shad)'라고 불리는 대포와 함께 본격적인 공세를 시작했다. 한편, 해상에서도 오스만 함대가 보스포러스해협을 따라 골든혼 진입을 시도했다. 하지만 골든혼의 해협 입구에는 육중한 쇠사슬이 쳐져있어 이를 뚫지 못하면 어떠한 배도 들어갈 수 없었다. 그래서 술탄은 기가 막힌 전술을 생각해 냈다. 야음(夜陰)을 이용해 바깥 바다에서 안쪽 바다로 배를 옮긴다는 계획이었다. 배 밑에 기름을 친 둥근 목재를 깔아 야간에 보스포러스해협에서 곧바로 갈라타의 언덕으로 배를 끌어올린 뒤, 갈라타 성벽을 우회해 골든혼 안으로 함대를 진입시킨다는 계획이었다. 그 결과 4월 22일 하룻밤 사이에 67척의 오스만 함선이 기적처럼 골든혼에 진입했다. "배가 산으로 간다"는 세계 전쟁사에 길이 남을 전술이었다. 그러나 콘스탄티노플의 성벽은 좀처럼 무너지지 않았고, 포위전은 장기화할 조짐이 보였다. 그러던 5월 29일 새벽, 오스만의 10만 대군이 일제히 공격을 감행했고, 대포 우르반이 불을 뿜

콘스탄티노플 함락

가운데 위에서 아래로 이어진 좁은 바다가 바로 골든혼이다. 그 왼쪽이 갈라타 지역으로, 성곽을 우회해 배를 보스포러스해협에서 골든혼으로 옮기고 있는 오스만군이 묘사되어 있다. 프랑스의 삽화가 장 르 타베르니에(Jean Le Tavernier)의 작품(1455년경)이다.

었다. 비잔티움의 결사항전은 끝이 났다. 톱카프(Topkapı) 성벽이 무너지면서 콘스탄티노플은 일시에 점령되었다.

점령된 콘스탄티노플은 오스만 군대의 전통적 군율에 따라 3일간 약탈이 허용되었다. 3일째 되던 날, 술탄 메흐메드 2세는 모든 무질서를 종식하고, 비잔티움 시민의 생명과 종교의 자유를 보장한다고 선언했다. 비잔티움 제국의 상징인 하기아 소피아(Hagia Sophia, '성스러운 지혜'란 의미) 성당을 이슬람 사원으로 개조함으로써 비잔티움의 패망과 함께 동방 기독교의 정신적 구심체가 이슬람교의 오스만 제국에 귀속되었음을 분명히 했다. 비잔티움 제국의 공식적인 멸망이 확인된 셈이었다.

하기아 소피아

360년 콘스탄티누스 2세 때 지어지기 시작해 오랫동안 동방 기독교의 중심이었던 하기아 소피아는 1453년 메흐메드 2세가 콘스탄티노플에 입성하면서 모스크로 사용되었다. 중앙홀의 정면에 메카의 방향을 나타내는 미흐라브가 있는데, 그 천장에는 아기 예수를 안은 성모 모자이크가 남아있다. 이슬람 훼손을 금하고 기독교와 이슬람이 공존하게 한 오스만 제국의 공생의 철학이 엿보인다. 1935년부터 박물관으로 쓰였는데, 2020년 에도르안 대통령의 지시로 다시 모스크로 바뀌었다.

이어서 술탄은 도시의 대대적인 복원과 정비에 착수했다. 단순히 새로운 정복자들을 위한 도시가 아니라, 토착 비잔티움인과의 공존이 가능한 국제적 성격의 도시로 만들 계획이었다. 조세제도를 확립해 비잔티움 장인과 무역상의 이익을 보장하고, 밀레트 제도를 통해 다양한 종교와 문화의 개체성을 인정해 주었다. 이로써 술탄의 보호 아래 비튀르크인, 비무슬림 복속민은 그들의 종교 지도자를 중심으로 종교의식, 언어, 관습을 보존할 수 있게 되었다. 또, 파괴된 비잔티움 건물이 복원되고 이슬람 건축물이 신축되었다. 거리가 정비되고 상수도 시설이 확충되었다. 특히 세계 교역의 중심지로서 콘스탄티노플의 기능을 극대화하여 다양한 산업과 무역업이 활성화되고, 장인과 상인을 위한 경제 법규가 마련되었다. 술탄 메흐메드 2세에게는 후일 정복자란 의미의 '파티(Fatih)'란 칭호가 주어졌다.

콘스탄티노플 정복의 세계사적 의미

콘스탄티노플 정복은 세계역사에 한 획을 긋는 큰 사건이었다. 역사가들은 이로써 유럽의 중세가 종식되고 근대가 시작되었다고 평가하곤 한다. 흔히 서유럽인은 동방과 접경한 비잔티움을 가톨릭에서 떨어져 나간 정교회의 나라라는 종교적 편견을 바탕으로 과소평가하곤 하지만, 사실 비잔티움은 수준 높은 문화를 발전시켜 나가며 서유럽에 긍정적 영향을 주었다. 이제 유럽은 오스만 제국이라는 동방문화권과 직접 접촉함으로써 동방의 새로운 기운과 문명을 급속도로 받아들이게 되었다. 이로 인해 르네상스가 시작되었을 뿐만 아니라, 유럽인들이 '지리상의 발견'이라 불렀던 대항해시대가 도래했다. 그렇지만 오스만의 콘스탄티노플 진출로 인해 오리엔트 지역을 통한 종래의 동서 교역로가 차단되면서 유럽인들이 동방으로 향하는 새로운 항로를 발견하게 되었다는 주장은 설득력이 없다. 왜냐하면, 신항로 탐험은 오스만이 유럽으로 진출하기 훨씬 전에 이미 포르투갈인들이 시작한 일이기 때문이다. 게다가 튀르크인들이 유럽에 진출한 후 동서 교역로는 오히려 더욱 활성화되었다. 사실 포르투갈과 에스파냐가 신항로 탐험에 나선 것은 이탈리아 상인들이 '지중해-홍해-인도양 루트'를 이용하는 유럽과 동방 간 무역의 이익을 독점하다시피 했기 때문이다. 그래서 소외된 이베리아반도의 상인들이 지중해와 홍해를 거치지 않고 곧바로 대서양으로 나가는 또 다른 항로를 개척하게 된 것이다.

콘스탄티노플 함락으로 오스만 내부도 변화했다. 데브시르메를 통해 성장한 그룹이 점차 정통 튀르크 귀족을 누르고 권력을 장악해 나간 것이다. 이는 콘스탄티노플 정벌에 반대한 튀르크 귀족 출신 재상 할릴 파샤(Halil Paşa)가 정벌이 끝난 후 처형되고, 데브시르메 출신 이샤크 파샤(İshak Paşa)가 재상에 임명되는 과정에서 확연히 드러났다.

이슬람 세계에서도 제국으로 성장한 오스만의 술탄 메흐메드 2세가 명실공히 가장 강력한 지도자로 부상했다. 당시 이슬람 세계의 실력자인 이집트의 맘루크조 술탄이 오스만 술탄에게 축하 사절을 파견했고, 맘루크조 치하의 망명 압바스조 칼리프도 모스크에서 오스만 술탄의 업적을 기리게 했다. 한편, 유럽에서는 교황을 중심으로 콘스탄티노플 회복을 위한 십자군 결성이 논의되었으나, 로마 가톨릭의 콘스탄티노플 정교회에 대한 적대감과 유럽 각국의 내부 권력 다툼으로 결실에 이르지 못했다.

03 오스만의 황금기

흑해와 지중해 동부까지 장악한 메흐메드 2세

1453년 술탄 메흐메드 2세의 콘스탄티노플 정복 이후 오스만은 명실상부한 제국으로 발돋움했다. 이로부터 쉴레이만 대제가 제국을 통치한 16세기 후반까지 약 100여 년간이 오스만 제국의 전성기로서 그 영토가 북으로 헝가리에서 러시아 남부에 이르고, 남으로는 북아프리카의 알제리에서 페르시아만까지 이르렀다. 과거 이슬람 세력권의 대부분을 차지한 셈이었다.

1453년 콘스탄티노플을 점령한 파티 술탄 메흐메드 2세는 1460년까지 계속해서 세르비아를 공략(1454~1459)했고, 비잔티움 황제의 형제들이 다스리던 펠로폰네소스반도의 모레아를 정복(1458~1460)했다. 이후 아나톨리아반도로 눈을 돌려 주변 세력 평정에 착수했다. 술탄은 보스포러스와 골든혼 내해의 갈라타까지 영향력을 확장하여 흑해 무역을 완벽하게 독점하려는 제노바 공화국의 흑해 교역 중심지인 아마스라(Amasra, 아나톨리아 중북부의 흑해 연안

도시)를 공략했다. 재상 마흐무드 파샤가 이끄는 오스만의 150척 함대가 아마스라로 진격했고, 술탄 자신도 아나톨리아의 내륙도시 볼루(Bolu)를 거점으로 아마스라를 육지에서 공격하여 1461년 오스만에 귀속시켰다.

아마스라 정복의 여세를 몰아 또 다른 흑해 중부의 교역 중심지 시노프(Sinop)와 비잔티움의 잔존 세력인 트라브존 왕국(Empire of Trebizond, 1204~1461)을 공격했다. 이 왕국은 1204년 제4차 십자군 원정으로 콘스탄티노플이 폐허가 되다시피 했을 때 비잔티움 황제의 손자 알렉시오스 콤네노스(Alexios I Komnenos, 재위 1204~1222)가 아나톨리아 북동부 흑해 연안의 트라브존(Trabzon)으로 피신하여 건국한 나라였다. 오스만의 트라브존 공략은 카슴 파샤(Kasım Paşa)가 지휘하는 300여 척의 함대를 이용한 해상 진격과 술탄의 육로를 통한 대포 공격이 병행되었다. 트라브존 황제 다비드 콤네노스(David Komnenos, 재위 1460~1461)는 동맹관계에 있던 아크 코윤루의 우준 하산(Uzun Hasan, 재위 1457~1478)으로부터 지원이 무산되자 스스로 항복했다. 이리하여 1461년 10월 26일, 트라브존 왕국은 오스만 제국에 정복되어 역사의 무대에서 사라졌다.

아나톨리아 내륙 평정에 착수한 메흐메드 2세는 1466년 카라만 공국(Beylik of Karaman, 1250~1487)을 공략했다. 셀주크조의 옛 수도인 코니아를 중심으로 셀주크조의 계승국을 자처한 카라만 공국은 오스만에 협조하기를 거부하며 끈질긴 후방 위협 세력으로 존재해 왔다. 1466년의 이 공격으로 오스만이 카라만 영토 대부분을 장악했다.

한편, 콘스탄티노플이 함락되고 10년 만에 로마 교황을 중심으로 오스만 제국에 대항할 새로운 십자군이 결성되었다. 역사에 '제1차 오스만-베네치아 전쟁(1463~1479)'으로 기록될 갈등이 시작된 것이다. 동방무역으로 번성한 베네치아는 콘스탄티노플이 함락된 후 교역로의 새로운 주인인 오스만과 우호적인 관계를 희망했고, 함락 과정에서 해군력에 손실을 입은 오스만도 해상왕국인 베네치아를 공략하기보다는 그와의 공존을 모색했다. 그러나 오스만이 1458년 그리스 남동부의 섬들을 공격한 데 이어 1463년 약속한 공물을 바치지 않았다며 보스니아를 정복하자, 에게해와 아드리아해를 누비던 베네치아는 이를 직접적인 위협으로 간주하고 급하게 돌파구를 모색했다. 그리하여 같은 해 베네치아가 헝가리와 동맹을 맺고 교황도 부르고뉴 공국(Duchy of Bourgogne, 918~1482)과 동맹을 맺음으로써 새로운 십자군의 탄생을 예고했다. 이 새로운 십자군은 아나톨리아 동부와 지중해 남부의 반오스만 세력인 아크 코윤루, 아나톨리아 남동부의 카라만 공국, 흑해의 크림 칸국(Crimean Khanate, 1441~1783) 같은 오스만의 다른 경쟁자들과도 손을 잡았다. 이해 베네치아는 3년 전 오스만이 점령한 모레아를, 헝가리는 보스니아를 공격했다. 나아가 오스만의 중요한 교역항인 에게해의 이즈미르(İzmir)를 공격하기에 이르렀다. 이후 1466년까지 모레아와 에게해의 여러 섬을 둘러싸고 양측의 공방이 이어졌다. 1466년에는 메흐메드 2세가 베네치아의 원조를 바탕으로 오랫동안 오스만에 저항해 온 알바니아로 진격했다.

1467년 이후 교착상태에 빠져있던 양측의 싸움은 1473년에 다시 급물살을 탔다. 이해 6월, 마흐무드 파샤가 지휘하는 오스만 함대가 아테네에 연한 베네치아의 교역 거점인 유비아(Euboea)섬을 공격했다. 술탄 메흐메드 2세도 육로로 그리스 남부의 테르모필레 협곡을 넘어 유비아 성채에 도착했다. 이로써 이 요새는 17일 만에 함락되었다. 1475년에는 오스만 재상 게디크 아흐메드 파샤(Gedik Ahmed Paşa)가 이끄는 300척의 함선과 4만의 군사가 흑해 북부를 공격했다. 크림 칸국이 흑해무역을 독점한 제노바에 대항하기 위해 오스만에 원군을 요청했기 때문이다. 오스만군은 제노바의 무역 거점인 크림반도의 케페(Kefe, 현지명 페오도시아Feodosia)를 점령한 후 흑해와 연결된 아조프(Azov)해로 진입하여 아조프성과 만구프(Mangup)성을 차지했다. 이로써 흑해는 오스만의 내해가 되었는데, 육해상 실크로드의 중개지가 오스만의 통제 아래 놓이게 된 셈이었다.

그럼에도 베네치아가 해상 공격을 멈추지 않자, 1477년 하듬 쉴레이만 파샤(Hadım Sülayman Paşa, 1467~1547)가 지휘하는 오스만 함대가 그리스의 코린트해협 북부 요새인 레판토(Lepanto)를 공격했다. 동시에 게디크 아흐메드 파샤가 알바니아 중북부도시 크루여(Krujë)를 공격했고, 술탄 메흐메드 2세도 직접 참전했다. 1478년 6월 결국 크루여 시민들의 안전보장을 조건으로 크루여는 무혈 정복되었다. 이어 아드리아해에 연한 알바니아 북부의 항구도시 슈코더르(Shkodër)를 포위했다. 이 포위전이 결국 승패를 갈랐다. 베네치아로 통하는 전략적 요충지인 까닭에 도시의 알바니아인과 베네치아인들은 끝까지 저항하려 했지만, 오스만군의 맹포격에 결국 무릎을

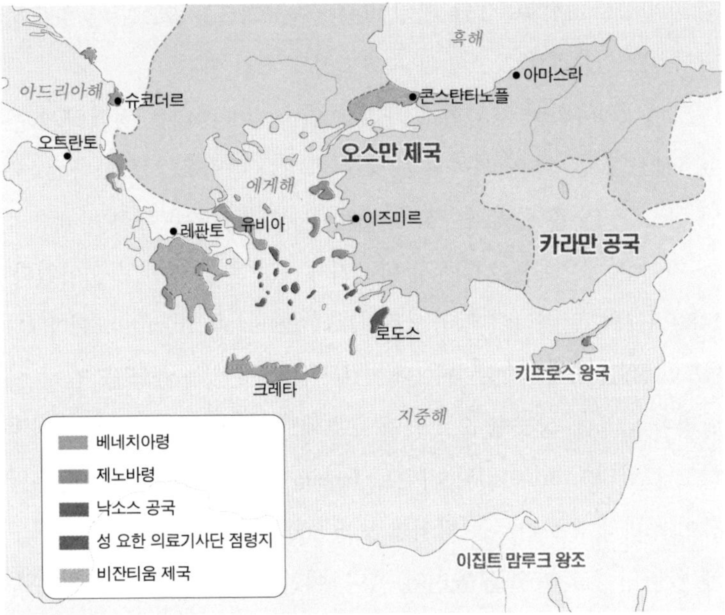

1450년경의 지중해 동부

흑해에 이어 다시 에게해와 지중해 제해권 투쟁으로 전환한 오스만 해군은, 메시흐 파샤(Mesih Paşa)를 보내 1479년 로도스(Rhodos)섬을 공격했다. 당시 로도스는 1291년 예루살렘 왕국(Kingdom of Jerusalem, 1099~1291)이 무너졌을 때 나온 '성 요한 의료기사단(Knights Hospitalers)'이 점령하고 있었는데, 지중해와 에게해 진출항으로서 중요한 역할을 하고 있었다. 오스만이 로도스를 공략한 데는 지정학적 의미도 있지만, 기사단의 해적행위가 오스만 상인들의 무역활동에 적지 않은 타격을 주었기 때문이다. 하지만 이 공격은 실패로 끝났고, 1522년 쉴레이만 1세 때야 로도스는 오스만의 수중에 들어온다. 그런데 이때 살아남은 기사단 병력이 30여 년 뒤 오스만의 지중해 패권에 결정적인 타격을 가하게 된다. 살아남은 기사단은 떠돌다가 1530년 신성 로마 제국의 배려로 몰타섬에 자리 잡는데, 이들이 1565년 몰타를 정복하러 온 이슬람 함대를 긴 공방 끝에 격파한다. 정확히 지중해를 서부와 동부로 나누는 이 몰타섬 공략에 실패함으로써 오스만의 지중해 패권이 흔들리게 된다.

꿇고 말았다. 1479년 1월 베네치아는 슈코더르를 오스만에 양도하면서 이스탄불에서 오스만과 평화협정을 체결했다.

베네치아와의 평화협정 체결로 알바니아 전역을 장악하게 된 메흐메드 2세는 이탈리아와 교황령에 대한 공략을 시도했다. 1453년 콘스탄티노플 함락 후 '로마의 카이사르', 즉 로마 제국의 계승자를 자처한 메흐메드 2세에게 이탈리아 공략은 당연한 수순이었다. 1480년 7월, 알바니아에서 오트란토해협(Otranto Strait, 이오니아해와 아드리아해를 연결하며 알바니아와 이탈리아를 구분 짓는 해협)을 건너 이탈리아 남부에 상륙한 오스만의 아흐메드 파샤는 오트란토를 점령하고 브린디시(Brindisi)와 타란토(Taranto)를 공격했다. 하지만 보급품이 부족해 오트란토를 방어할 보병 800명과 기병 500명만 남겨둔 채 알바니아로 기수를 돌려야 했다. 이탈리아 원정은 이듬해에 속개할 예정이었다. 그러나 오스만 제국이 동서 로마를 모두 지배하는 역사적 위업을 눈앞에 둔 시점에서 술탄 메흐메드 2세가 사망했다. 1481년 5월 3일이었다. 오스만의 계속적인 침략 위협에 시달려 온 로마와 유럽은 즉시 축제 분위기에 휩싸였다. 파티 술탄의 사망은 오스만의 정복 사업을 얼마간 둔화시키는 요인이 되었지만, 그의 업적은 이미 향후 4세기 동안 번성할 오스만 제국의 기틀을 다지기에 충분했다.

대제국 건설을 위한 정복 사업과 함께 술탄 메흐메드 2세는 정치·행정·종교제도를 공고히 하고 글자 그대로 '법전'을 의미하는 《카눈나메(Kanunname)》를 편찬했다. 그가 직면한 가장 큰 문제는 정복 사업과 그에 따른 새로운 정치·사회조직을 운영하는 데 필요한 재원을 조달하는 일이었다. 기존 조세제도에 의하면 점령지에서 거둔 조세는 대부분 군사 지원 및 행정적 복속을 전제로 토착 지배자에게 귀속되었으므로, 중앙정부가 충분한 재원을 확보하는 데는 그다지 도움이 되지 못했다. 중앙정부의 재원 조달을 위해 메흐메드 2세가 채택한 새로운 방법은 화폐개혁과 몇몇 주요 물품에 대한 전매제도의 도입이었다. 나아가 모든 과세 대상 토지를 술탄의 직할지로 귀속시켰다. 이 과정에서 수많은 개인 토지와 와크프(Vakıf, 종교단체)의 토지, 귀족과 관료의 토지가 몰수되었기 때문에, 울라마나 관료, 귀족, 심지어는 예니체리 군부마저 극심하게 반대했다. 하지만 메흐메드 2세는 각 이해계층 간의 대결과 상호 견제의 방법으로 자신의 입지를 구축했고, 내부의 불만을 정복전쟁으로 희석시켜 나갔다.

내치에 집중한 바예지드 2세

술탄 메흐메드 2세의 적극적이고 대대적인 정복 사업에 비하면, 술탄 바예지드 2세(Bayezid II, 재위 1481~1512)의 치세는 내실을 다지는 안정기였다고 할 수 있다. 이 시기에는 이전 술탄들이 이룩한 정복활동의 위업을 계승함과 동시에 메흐메드 2세의 급진적 내치로 야기된 정치·경제·사회적 불만들도 상당 부분을 해소해 16세기 후대 술탄들이 제국을 더욱 확장할 수 있는 기반이 마련되었다.

우선 바예지드 2세는 메흐메드 2세가 국가에 귀속한 종교단체와 관료, 귀족, 군인 들의 토지를 환원했다. 아울러 제국 전체에 균등한 조세제도를 확립하여 이들이 더는 불평 없이 국가에 충성을 다하도록 했다. 안정적인 경제정책으로 화폐가치가 회복됨으로써 메흐메드 2세가 시작한 광범위한 경제개혁이 결실을 거두었다. 행정조직에서도 복속을 통한 간접 통치 방식에서 제국 전 지역에 대한 직접 통치가 확립되었다. 이로써 중앙정부가 균형 예산을 편성하여 세출이 정규 세입 규모에 따라 결정되었다.

문화적인 면에서도 술탄은 지난 반세기 동안 계속된 유럽화 경향에 부정적이었다. 그리하여 터키어와 이슬람 전통이 다시 강조되었다. 특히 동부 아나톨리아 부족들 사이에 확산되던 시아파 이슬람으로부터 정통파(순니파) 이슬람을 지키기 위해 여러 종교 기구를 설립했다. 그러나 술탄 자신이 말년에 이슬람 신비주의인 수피즘에 몰입하면서 순니 이슬람 보호정책은 다소 약화되었다.

대외정책에 있어서는 불필요한 원정을 삼가고 평화와 현상 유지 노선을 고수했다. 물론 반란 같은 불가피한 사태 발생과 군부 실세인 예니체리의 전쟁 드라이브로 몇 차례 원정을 감행하기도 했다. 유럽에서는 1482년 헤르체고비나(Herzegovina)를 점령함으로써 북으로 다뉴브강과 사바(Sava)강이 오스만 영토의 경계가 되었다. 두 강이 만나는 지점에 있는 베오그라드(Beograd)만이 오스만의 통제 밖에 있었다.

동부 아나톨리아에서는 아버지대에 영토 대부분을 잃고 겨우 숨만 쉬던 카라만 공국을 완전히 주저앉히고(1487) 유프라테스강 유역까지 진출함으로써 당시의 강대국 맘루크조와 접경하게 되었다. 양국 간의 충돌은 맘루크조가 점령하고 있던 이슬람 성지 메카와 메디나에 대한 야심 때문에 전쟁으로 발전했다. 그러나 이 전쟁(제1차 오스만-맘루크 전쟁, 1485~1491)에서는 양국 모두 뚜렷한 성과를 얻지 못했다. 유럽 전선에서는 베오그라드 정복에 나섰으나 실패로 끝났고, 트란실바니아(Transylvania)와 크로아티아, 카린티아(Carinthia, 현 오스트리아 남부의 케른텐Kärnten) 등지에 파견되었던 침공군은 철수했다. 결국 1495년 바예지드는 더 이상의 공략을 중지하고 헝가리와 새로운 평화협정을 체결했다.

얼마 후 술탄의 관심은 다시 유럽 최대의 적수인 지중해의 베네치아로 향했다. 그사이 베네치아는 1479년에 오스만에 복속된 모레아, 달마티아(Dalmatia), 알바니아 등을 선동하여 그곳에 해군기지를 구축했다. 이에 상응해 술탄 바예지드 2세도 모레아에 있는 베네치아의 주요 교역항을 점거하여 동지중해에 대한 오스만의 제해권 확보를 꾀했다. 술탄은 베네치아와 전쟁(제2차 오스만-베네치아 전쟁, 1499~1503)을 벌여 결국 펠로폰네소스반도를 손에 넣음으로써 지중해 동부를 장악했다. 이로써 오스만은 새로운 해상강국으로 부상했다.

통치 말년에는 아나톨리아 동부 공략에 나섰다. 그곳에서는 오늘날 이란의 아르다빌을 중심으로 사파비조가 새로운 세력을 키우고 있었다. 사파비조는 1501년 이스마일 1세가 아크 코윤루를 멸하고 시아파 이슬람을 근간으로 이란 지역에 세운 국가였다. 이스마일 1세 통치하에서 사파비조는 아나톨리아 전역에 수많은 종교 인사를 파견하여 이단적 종교 메시지를 전하고 오스만에 대한 정치적 저항을 유도했다. 이 지역에 대한 이스마일 1세의 종교적 침투와 반 오스만 성향은 새로운 위협으로 성장했다. 그런데 술탄 바예지드 2세 자신이 정통파 순니 사상 대신 초자연적이고 신비적인 수피 사상에 탐닉하고 실세인 예니체리에 대한 신뢰를 저버리자, 예니체리 군벌 세력들이 집단 반발하면서 바예지드가 지명한 아흐메드(Şehzade Ahmed, 1465~1513) 대신 셀림 1세를 새 술탄으로 옹립했다.

명실상부한 이슬람 세계의 최고 통치자 셀림 1세

셀림 1세(Selim I, 재위 1512~1520)의 즉위 과정은 잔혹하기로 유명하다. 그는 아버지로부터 술탄 자리를 찬탈하자마자 경쟁관계에 있던 자신의 형제들은 물론 그 아들들, 즉 조카마저 살해했다. 심지어 자신이 가장 유능한 후계자감으로 선택한 쉴레이만을 술탄으로 만들기 위해 다른 형제들을 모두 정리해 주었다. 예니체리나 관료의 지지를 등에 업고 술탄 자리에 도전할 가능성이 있는 왕실 구성원들을 모두 제거한 것이다.

관료나 실세 예니체리의 권력 농단을 사전에 차단하고 술탄으로서 자신이 국정을 확실히 주도하겠다는 의지의 표명이었다. 술탄 즉위 후 자신의 형제들을 잠재적 위협으로 간주하고 살해하는 행위는 이후 오스만 왕실의 전통처럼 굳어져 갔다. 이는 술탄 1인에게로 권력이 집중되어 내부가 안정된 상태에서 대외정복에 매진하기에

야우즈 셀림 모스크와 셀림 1세의 초상화

터키어로 '야우즈(Yavuz)'는 '냉혈한(冷血漢)'이란 의미이다. 자신에게 반기를 든 자는 모두 냉혹하게 처벌했던 데서 붙은 별칭이다. 야우즈 셀림 모스크(Yavuz Selim Mosque)는 셀림 1세의 아들 쉴레이만 대제가 아버지를 기리기 위해 건립한 모스크다. 현존하는 술탄의 모스크 중에서 두 번째로 오래된 것으로, 1527~1528년 사이에 완공되었다. 골든혼이 내려다보이는 이스탄불의 한 언덕에 자리하고 있다.

안성맞춤이었다.

첫 번째 목표는 동쪽의 시아파 이슬람 제국 사파비조였다. 셀림 1세는 우선 4만 명에 달하는 아나톨리아 동부의 사파비 추종 세력을 축출하고 1514년 여름 본격적인 이란 원정을 시작했다. 그의 목표는 시아파로부터 정통 순니파 이슬람을 보호하고, 사파비의 영토를 병합하는 것이었다. 양측의 주력부대가 그해 8월 찰디란에서 격돌했다. 검과 활 같은 구식 무기에 의존한 사파비군이 대포와 화약, 머스킷 같은 신식 무기로 무장한 오스만군의 상대가 될 수는 없었다. 사파비군은 대패했고, 이후 20년간은 오스만의 위협이 되지 못했다.

이렇게 동부전선을 안정시킨 술탄 셀림 1세는 2년 뒤인 1516년 또 다른 시아파 이슬람 왕조인 맘루크조를 공격하기 위해 아나톨리아를 넘어 남쪽의 시리아로 향했다. 이해 8월 시리아 북부 다비크(Dabiq)에서 벌어진 전투에서 승리함으로써 시리아를 수중에 넣었다. 이때 맘루크조에 망명 중이던 압바스조의 명목상 칼리프 알 무타와킬 3세(Al-Mutawakkil III, 재위 1508~1516)로부터 공식적으로 칼리프위(位)를 이양받았다. 1516년 8월 29일의 일이었다. 이슬람 세계의 칼리프위가 공식적으로 오스만 제국에 귀속되는 순간이었다. 이로써 1922년 터키 공화국 신정부가 칼리프제를 공식적으로 폐지할 때까지 이스탄불이 순니파 이슬람 세계의 중심 역할을 하게 된 것이다. 오스만군은 계속해서 남쪽으로 향했고 적수가 되지 못한 이집트의 맘루크 왕조는 이듬해 멸망했다. 이는 곧 시리아와 팔레스타인, 아라비아반도 서부 연안, 종국에는 이집트가 오스만 제국

예언자 무함마드의 편지

오스만의 맘루크조 정복과 함께 칼리프위의 상징으로 공식 종교행사 때 사용하던 예언자 무함마드의 외투, 수염, 인장, 검, 활 등 성물들이 이스탄불로 옮겨져 현재 이스탄불 톱카프 궁전 박물관 성물관(聖物館)에 소장되어 있다. 사진의 유물도 이곳에 보관된 이슬람 성물 중 하나로, 무함마드가 당시 이집트 통치자에게 보낸 편지이다. 오른쪽이 실제 편지이고, 왼쪽은 편지 내용을 필사한 것이다.

의 수중에 들어갔다는 의미였다. 이뿐만 아니라 맘루크 왕조의 통치 아래 있던 이슬람의 성지 메카와 메디나가 오스만에 귀속되었다는 뜻이기도 했다. 그리하여 셀림 1세는 오스만 제국의 술탄으로서는 처음으로 '성스러운 두 도시의 종(Ḫādimü'l-Ḫaremeyn)'이라는 칭호를 얻었다. 메카와 메디나의 수호자라는 의미다.

오스만의 최전성기를 이끈 술탄 쉴레이만

유럽인들은 '위대한 쉴레이만(Suleiman the Magnificent)', 튀르크인들은 '입법자 술탄 쉴레이만(Kanunî Sultan Süleyman)'이라 부르는 쉴레이만 1세(Süleyman I, 재위 1520~1566) 시대에 오스만 제국은 최대의 영토를 자랑하며 최고의 황금기를 누렸다. 특히 세계정복으로 국가 재정이 크게 늘자 제국의 신민과 관료에게 새로운 조세를 부과할 필요가 없었기에, 쉴레이만 1세는 오스만 제국 역사상 가장 부유하고 가장 강력한 술탄으로 군림할 수 있었다. 이제 남은 목표는 중부 유럽이었다.

중부 유럽에는 1273년 이후 신성 로마 제국(Holy Roman Empire, 962~1806)의 황제를 배출하며 오늘날의 오스트리아 영토를 소유하게 된 유럽 최고의 왕가 합스부르크가(House of Habsburg)가 버티고 있었다. 북상하는 오스만과 합스부르크가의 피할 수 없는 충돌이 서서히 다가오고 있었다.

술탄 쉴레이만 1세는 1521년 8월 세르비아의 베오그라드를 획득하고 유럽을 동서로 가로지르는 다뉴브강을 넘어 북부로 진출하기 시작했다. 1526년 8월 29일 헝가리 남부 모하치(Mohács)에서 헝가리 국왕 러요시 2세(Lajos II, 재위 1516~1526)가 전사하는 대승을 거두고 9월에 헝가리의 수도 부다(Buda)에 진입했지만, 헝가리를 병합하지 않고 철군했다. 이 때문에 헝가리에는 권력의 공백이 발생한다. 모하치 전투에서 전사한 헝가리 국왕에게 후사가 없었기 때문이다. 이에 오스트리아 대공이던 합스부르크가의 페르디난트 1세

모하치 전투

1526년 모하치 전투는 헝가리 역사에서 가장 비극적인 사건으로 평가되곤 한다. 이후 1918년 헝가리 공화국이 탄생할 때까지 400년 가까이 완전한 독립국으로서 헝가리 왕국이 역사의 무대에서 사라지기 때문이다. 모하치 전투는 무엇보다 합스부르크가의 영토가 '합스부르크 군주국' 혹은 '합스부르크 제국'이라 불릴 만큼 넓어진 계기가 되었다. 1516년 에스파냐의 왕위를 상속받고 1520년 신성 로마 제국의 황제로 등극한 카를 5세의 동생으로서 보름스(Worms) 협약에 의거해 카를 5세로부터 오스트리아 통치권을 넘겨받은 합스부르크가의 페르디난트 1세가 모하치 전투를 계기로 세 조각난 헝가리의 서부를 장악했기 때문이다. 이 지역은 향후 오스트리아-합스부르크 영토로 귀속된다. 그림은 헝가리 시게트바르(Szigetvár)성에 전시된 오스만 세밀화의 일부로 모하치 전투를 묘사했다. 오른쪽에 대포를 앞세운 군대가 오스만군이다. 위쪽에 군악대를 포함한 보병들이 예니체리이고, 아래쪽이 오스만의 중장기병 시파히다.

(Ferdinand I, 1503~1564)가 러요시 2세의 아내가 자신의 누이임을 들어 헝가리 국왕을 자처했지만, 헝가리 귀족 일부가 헝가리 동부 트란실바니아의 총독 야노시 자포야(János Zápolya)를 헝가리 왕(야노시 1세János I, 재위 1526~1540)으로 옹립했다. 이에 페르디난트가 직접 오스트리아군을 이끌고 헝가리로 진격하여 수도 부다를 비롯한 주요 지역을 점령해 나갔다. 수세에 몰린 야노시 1세는 봉신이 되겠다는 조건으로 쉴레이만에게 원군을 청했고, 1529년 쉴레이만이 친히 군대를 이끌고 헝가리 전역을 탈환했다. 그리고 같은 해 오스트리아로 진격하여 빈(Wien)을 포위했다(제1차 빈 포위). 빈을 함락하는 데는 실패했지만, 오스만이 이렇게 합스부르크가의 심장부인 빈을 포위함으로써 유럽에 위망을 떨쳤고, 합스부르크와 오스만 간 기나긴 대결의 역사가 본격적인 막을 올리게 되었다.

1532년에도 술탄 쉴레이만은 오스트리아 원정에 나서 10만 명 이상의 포로와 엄청난 전리품을 획득했다. 그 결과 이듬해 오스트리아와 오스만이 이스탄불에서 평화협정을 체결함으로써 남중부 헝가리가 오스만 제국에 귀속되었다.

오스만 제국과 유럽의 대결은 해상에서도 이어졌다. 술탄 쉴레이만은 1533년 북아프리카 해안에서 활동하던 해적 출신으로 유럽인들에게는 '바르바로사(Barbarossa, 이탈리아어로 '붉은 수염'이란 뜻)'로 더 잘 알려진 하이레딘 파샤(Hayreddin Paşa, 1534~1546)를 오스만 해군 총사령관으로 임명하고 본격적인 해전에 나섰다. 뛰어난 전술가로 유명한 바르바로사는 1538년 9월 그리스 북서부의 도시 프레베자(Preveza) 근해에서 벌어진 해전에서 '신성동맹(Holy League)'이란 이름으로 로마 교황령과 에스파냐, 제노바와 베네치아가 결성한 연합함대를 격퇴했다. 이로써 1503년 이미 베네치아와의 오랜 전쟁으로 확보한 오스만의 동지중해 해상권을 재확인했다. 이어 베네치아가 에게해의 마지막 보루였던 모레아와 달마티아의 베네치아 영토를 오스만에 양도함으로써, 동지중해에서 오스만의 우위를 인정했다. 이러한 상황은 1571년 레판토 해전에서 오스만 함대가 에스파냐 함대에 대패하기 전까지 30년간이나 유지되었다.

바르바로사가 1546년에 이스탄불에서 사망한 후에는 마찬가지로 북아프리카 해안을 누비던 해적 출신 투르구트 레이스(Turgut Reis, 1485~1565, 여기서 레이스Reis는 오스만 해군 제독을 의미)가 오스만 함대를 지휘했다. 그는 1551년 리비아의 트리폴리(Tripoli)를 점령했는데, 이로써 북아프리카의 지중해 연안도 오스만이 통제하게 되었다. 쉴레이만 통치 말엽인 1565년에는 오스만 해군이 투르구트의 지휘 아래 몰타(Malta) 원정을 단행했다. 몰타섬은 지중해 서부와 동부를 가르는 시칠리아섬과 북아프리카 튀니지 사이에 있어서 지중해의 패권을 다투는 세력들에겐 전략상의 요충지였다. 그러나 이 몰타 원정에서 투르구트가 전사하고 오스만 함대가 퇴각함으로써, 지중해에서 오스만의 우위가 흔들리기 시작했다.

15세기 말 대서양에서 아프리카 남단을 돌아 인도로 가는 항로를 개척한 포르투갈이 16세기 초부터 인도 서남부 해안의 고아(Goa)와 캘리컷(Calicut, 현재 인도의 코지코드Kozhikode)을 식민지로 삼아 그곳을 거점으로 향신료와 후추로 대표되는 인도양 무역을 독점하다시피 했다. 그러자 이를 막기 위해 술탄 쉴레이만은 지중해

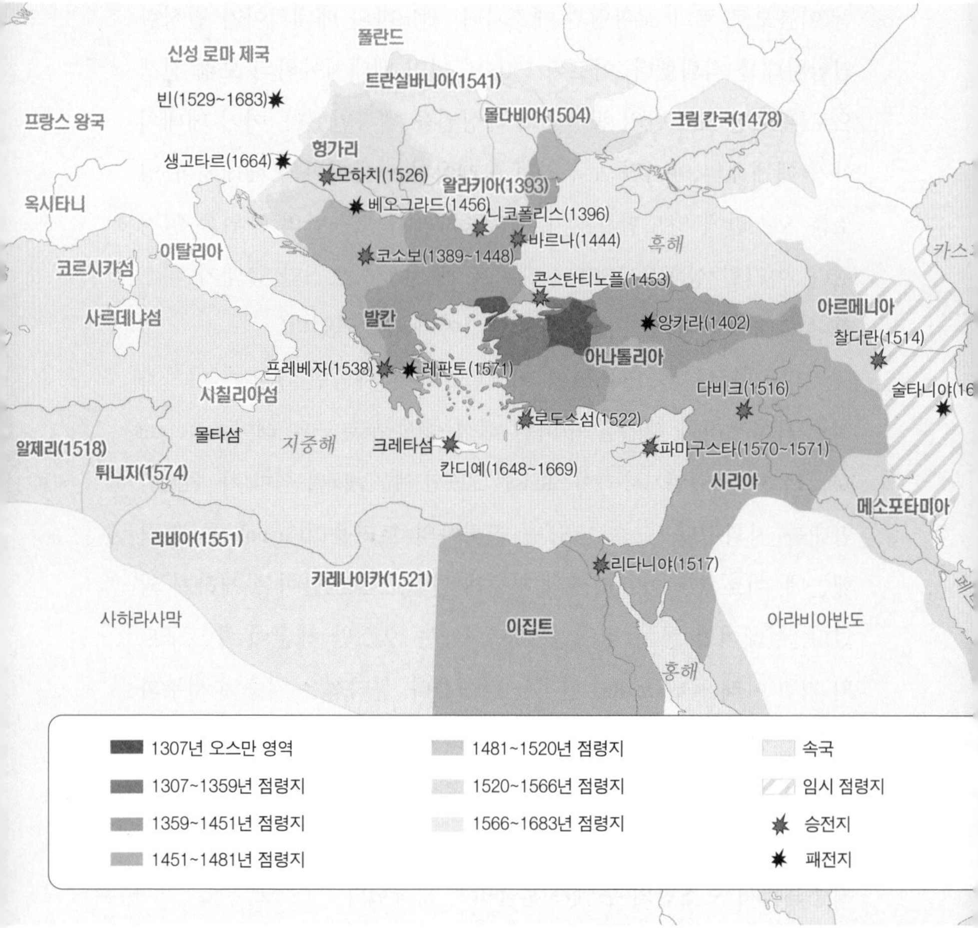

오스만 제국의 영토 확장

1307년에서 1683년까지 오스만 제국의 영토 변화를 나타낸 지도이다. 1453년 콘스탄티노플 정복 이후 쉴레이만 1세 때까지 약 100년 동안 급속도로 확장하며 최고의 전성기를 누렸다.

에서 페르시아만이나 홍해를 통과하여 인도양으로 나가는 종전의 해상 교역로를 복구하는 일에 나섰다. 오스만 제국은 이미 맘루크 왕조를 병합한 1517년에 이집트의 수에즈(Suez)에 해상기지를 설치하여 홍해를 통해 인도양을 항해하기 시작했다. 그리고 1534년 이라크 대부분을 장악한 술탄 쉴레이만은 1538년에 바스라에 해군 함대를 진주시켜 페르시아만을 통제하기 시작했고, 아라비아반도 서남단 예멘의 아덴(Aden)을 점령하여 홍해에서 아라비아해로 나가는 길목을 장악했다. 1551년경에는 피리 레이스(Piri Reis, 1465?~1554)로 하여금 아라비아반도 동남단 오만의 무스카트(Muscat)를 정복하게 하여 페르시아만에서 아라비아해로 나가는 길목을 장악했다. 모두 지중해에서 인도양으로 진출하는 데 거점 역할을 할 항구들이었다.

이를 통해 오스만 제국은 종전의 해상 교역로를 어느 정도 복구했다. 그러나 후추의 원산지이자 동남아에서 나는 향신료의 유통 기지인 인도에 직접 식민지를 개척해 자국의 선박으로 인도양과 대서양을 거쳐 리스본까지 한 번에 후추와 향신료를 실어나르는 포르투갈을 당해낼 재간은 없었다. 게다가 포르투갈은 말레이반도의 말라카(Malacca)까지 점령하여 향신료의 원산지까지 획득했다. 결국 무역의 중심이 지중해에서 대서양으로 옮겨간 것이다. 오스만 제국 쇠퇴의 원인 중 하나다.

04

오스만 제국의 거버넌스와 문화

중앙정부

제국 중앙정부의 중심은 오늘날의 내각에 해당하는 '디완(Divan)'이다. 국가의 모든 주요 업무가 디완에서 논의되고 결정되었다. 디완은 파티 술탄 메흐메드 2세 시대까지는 매일, 16세기에는 주 4회, 17세기 중엽 이후로는 주 2회, 18세기 초에는 주 1회 소집되었다.

초기에는 술탄이 직접 주재하다가 점차 '사드라잠(Sadrazam)'이라 불리는 총리대신이 주재하게 되었다. 술탄은 관심 있는 사안이 생기면 디완 회의를 창살 뒤에서 참관하기도 했다. 디완에는 '와지르(Vezir, 아랍어 Wazir)'라 불리는 일반 대신은 물론, 카자스케르(Kazasker, 법무대신), 데프테르다르(Defterdar, 재무대신), 니샨즈(Nişancı, 외무대신) 등이 참석했는데, 이들은 '디완 에르카느(Divan Erkanı)', 즉 '내각 구성원'이라 불렸다.

디완이 끝나면 각 대신은 지정된 공관에서 결정 사항을 처리

디완 회의장

오스만 제국의 심장부 이스탄불의 톱카프 궁전에 있는 디완 회의장이다. 톱카프 궁전은 15세기 중엽부터 19세기 중엽까지 약 400년 동안 오스만 제국의 술탄이 거주한 궁전이다. 모두 4개의 중정과 하렘으로 구성되어 있는데, 디완 회의장은 그중 제2중정에 있다. 이곳에서 디완 회의가 열리는 동안 건물 뒤에 보이는 '정의의 탑'에서 사방을 감시하며 첩자의 접근을 막았다고 한다.

했는데, 디완이 열리는 장소를 쿱베알트(Kubbealtı), 총리 공관을 처음에는 '파샤 카프스(Paşa Kapısı)', 후일에는 '바브 알리(Bab-ı Ali)'라 불렀다. 따라서, 바브 알리가 통상 오스만 정부를 지칭하는 용어가 되었다.

무프티와 파트와

그 밖에 사법 총책임자인 무프티(Mufti)가 19세기 이후에 내각 구성원으로 참여했는데, 원래 독립적인 학자로 활동했지만, 오스만 제국 시대에 이르러 관료체계에 편입되었다. 무프티 임면권은 술탄에게 있었는데, 오스만 술탄은 수도뿐만 아니라 각급 지방행정구역에도 무프티를 임명했다. 그중에서도 수도에 임명한 무프티가 오스만 최고위 무프티였다. 제국 초기에는 사법 업무가 카자스케르에 집중되었으나, 점차 이슬람법에 따른 종교적인 업무는 무프티가 관장하게 되었다. 마흐무드 1세(Mahmud I, 재위 1730~1754) 때에 이르러 무프티는 '셰이휠리슬람(Şeyhülislam)'으로 개칭되어 국가 업무나 디완의 결정 사항(전쟁, 평화협정, 사형 등)이 이슬람법과 종교에 근거한 것인지에 대한 유권해석을 내렸다. 그가 내린 유권해석에서 지지받지 못하면 술탄도 함부로 자신의 결정을 이행할 수 없었다. 절대적 권위를 가진 셰이휠리슬람은 오늘날의 대법원장에 해당하며, 그의 유권해석을 '파트와(fatwa)'라 했다.

지방행정구역

오스만 제국의 가장 큰 행정구역 단위는 '에야레트(Eyalet)'다. 1500년경에는 유럽, 특히 발칸반도의 루멜리(Rumeli, 터키어로 '로마인들의 땅'이라는 의미)와 아나돌루(Anadolu, 아나

카자스케르와 베이레르베이

오스만 제국에 있는 스웨덴 대사관의 정치가 클라에스 롤람브(Claes Rålamb, 1622~1698)가 그린 《롤람브 코스튬 북(The Rålamb Costume Book)》(1675)에는 관료부터 일반인까지 당시 사람들의 복식을 확인할 수 있는 121점의 그림이 실려있다. 왼쪽은 루멜리의 카자스케르, 오른쪽은 보스니아의 베이레르베이이다. 스웨덴왕립도서관 소장품이다.

톨리아), 룸(Rum), 카라만(Karaman)이 가장 중요한 에야레트였다. 에야레트의 장은 '베이레르베이(Beylerbeyi)'라 불렸는데, 행정 및 사법 문제에 관해 전권을 행사했을 뿐만 아니라, 군사령관으로서 내란 평정과 전쟁을 진두지휘했다. 그중에서도 루멜리와 아나돌루 베이레르베이의 권한이 가장 막강했다. 소요나 전쟁이 일어나면, 일어난 지역의 베이레르베이가 우익에 서서 군대를 지휘했다. 예를 들어 루멜리 지역에서 소요나 전쟁이 일어나면 루멜리 베이레르베이가 군의 우익을, 아나돌루 베이레르베이가 좌익을 맡았다.

16세기에는 셀림 1세와 쉴레이만 1세의 계속된 정복활동으로 영토의 팽창이 극대화되면서 에야레트의 수가 급증했는데, 새로운 정복지를 제국의 행정구역으로 편입하는 동시에 종래의 에야레트도 재편했기 때문이다. 그 결과 1527년에는 8개로 확인되는 에야레트가 1607년에는 무려 32개로 증가했다. 이 에야레트 가운데는 루멜리, 보스니아, 아나톨리아, 트라브존, 다마스커스처럼 제국의 직접적인 통제 아래 있는 에야레트가 많았지만, 크리미아(Crimea), 왈라키아, 몰다비아(Moldavia)처럼 토착 왕조가 통치권을 행사하는 에야레트가 있는가 하면, 이집트, 아비시니아(Abyssinia), 바그다드, 바스라처럼 매년 세입의 일부를 중앙정부에 바치며 상당한 자치권을 행사하는 에야레트도 있었다. 술탄 쉴레이만 시대까지는 베이레르베이가 에야레트의 장이었지만, 그 후로는 와지르가 베이레르베이 자리를 대체하는 사례가 많아졌다.

에야레트는 다시 여러 개의 산자크(Sancak)로 구분되는데, 산자크는 오스만 시대에 가장 먼저 설치된 행정구역이기도 하다. 에야레트는 오스만이 유럽으로 세력을 확장해 나가는 과정에서 산자크보다 더 큰 행정구역이 필요해졌기 때문에 생긴 것이다. 아나돌루 에야레트에는 술탄의 아들이 통치하는 산자크가 있어 베이레르베이와 특수한 관계를 맺으며 균형을 유지했다. 산자크의 장은 '산자크베이(Sancakbeyi)'이라 불렸다. 산자크는 다시 '카자(Kaza)', 카자는 다시 '쾨이(Köy)'로 행정구역이 세분화되었다.

수도인 이스탄불은 다른 행정구역과는 다르게 운영되었다. 이곳에서는 예니체리 아아스(Yeniçeri ağası)와 수바시(Subaşı)가 치안을, 셰흐레미니(Şehremini)가 행정을, 타흐트 카디(Taht Kadısı)가 사법을 관장했다. 같은 직책에서의 서열은 각자가 받는 아크체(Akçe, 오스만의 화폐 단위)의 수준으로 결정되었다. 오스만 제국 시대 지방행정구역의 골격이 현대 터키 사회에서도 상당부분 응용되어 유지되고 있다.

군사조직

오스만군은 크게 중앙 상비군인 카프쿨루(Kapıkulu)와 지방군으로 나눌 수 있다. 카프쿨루는 3개월마다 국가로부터 급료(울루페Ulufe)를 받았으며, 일부는 이스탄불에, 일부는 국경 성채에 주둔했다. 그들은 기능에 따라 다시 보병과 기병으로 나뉜다.

오스만군의 중추인 카프쿨루 보병은 수행하는 임무가 다른 7개 부대로 구성되었다. 예니체리(Yeniçeri), 아제미(Acemi), 제베지(Cebeci), 톱추(Topçu), 톱아라바즈(Top arabacı), 훔바라즈(Humbaracı), 라음즈(Lağımcı) 오자으(Ocağı, 터키어로 '난로'란 뜻, '부대'로 해석하면 무방)가 그것이다. 예니체리는 처음에는 전쟁에서 포로로 잡혔거나 노예로 사들인 기독교 인구로 충원하다가 무라드 1세 때부터 주로 데브시르메를 통해 충원했다. 데브시르메에서 선별된 아이들이 군복무할 나이가 되면 아제미 오자으에 들어가 고된 훈련을 받고 예니체리로 충원되었다. '아제미'는 터키어로 '미숙한'이란 뜻으로, 아제미 오자으는 예니체리 훈련병 부대로 볼 수 있다. 예니체리 중에서도 술탄의 직속부대 베일릭(beylik) 예니체리가 오스만군의 최정예였다. 이들은 이스탄불과 그 주변에 배치되었고, 루멜리의 방비를 책임졌다. 규모가 가장 큰 실질적 주력부대는 제마아트(cemaat) 예니체리였는데, 수도권을 제외한 요충지에 배치되었다. 그 외에 급여를 받지 못하는 예니체리도 있었는데, 바로 세크반(sekban) 예니체리다. 경장보병으로 적을 추격하는 임무를 맡았고 전리품을 챙겨 생활했다. 제베지 오자으는 무기 제작과 관리를 담당하는 부대로, 전시에는 무기를 수송하는 임무를 맡았다. 톱추 오자으는 포병대다. 톱아라바즈는 대포를 싣는 마차를 담당하는 부대이고, 훔바라즈는 대포를 제작하고 관리하는 부대다. 라음즈는 일종의 공병대로, 주로 공성전에서 성벽을 파괴하는 임무를 맡았다.

'카프쿨루 쉬바리레리(Kapıkulu süvarileri)'라고도 불리는 카프쿨루 기병은 모두 6개 부대로 구성되었는데, 그중에서도 '카프쿨루 시파히(Kapıkulu sipahi)'는 귀족 가문 출신의 중장기병들로, 술탄의 근위대와 의장대를 구성했다. 카프쿨루 기병은 이스탄불, 부르사, 이즈미르, 에디르네 등 제국 중심부의 전략적 요충지에 주둔하면서 궁성의 외곽 방어를 담당했다.

지방군은 '트마르(Tımar, 터키어로 '봉토'를 의미)'를 받아 그곳에서 거주하며 조세를 거두어 생활하는 중장기병 '트말르 시파히(Tımarlı Sipahi)'가 주력군이었다. 이들은 대부분 튀르크인이었는데, 봉토를 소유한 게 아니라 수취권만 가졌다는 점만 제외하면 중세 유럽의 기사들과 별 차이가 없었다. 그 외 정찰대이자 선발대의 역할을 하는 경장기병 '아큰즈(Akıncı)'와 마치 국경 수비대처럼 중요한 도로, 교량, 산길 등을 돌아가며 지키는 '데르벤치(Derbentçi)'가 있었다. 아큰즈와 데르벤치는 비정규군으로, 특히 아큰즈는 보수를 받지 못해 국경지대에서 약탈로 먹고살았다. 데르벤치는 필요할 때마다 중요 도로 등이 있는 마을의 주민을 한꺼번에 징집해 충원했는데, 이들은 그 대가로 세금을 일부 면제받았다.

데브시르메와 예니체리

'데브시르메(Devşirme)'는 술탄 무라드 1세 때 도입한 제도로, 주로 정복전쟁 과정에서 부모를 잃고 고아가 된 정복지의 기독교 가정 소년들을 이스탄불로 데려와 관료나 군인으로 키우는 일종의 특수 인력 충원제도이다.

무라드 1세는 튀르크 귀족들의 전폭적인 지지를 기반으로 등극했지만, 그들의 커가는 힘에 위협을 느끼고 그들을 견제할 세력을 필요로 하게 된다. 그래서 튀르크 귀족과 인연이 없는 새로운 정복지, 그중에서도 발칸반도의 기독교 가정 출신 어린 소년들을 데려다가 왕실학교 엔데룬(Enderun)에서 튀르크화를 위한 특수교육과

데브시르메

특별히 훈련받은 오스만의 관료와 그의 보조가 기독교 가정의 소년들을 대상으로 데브시르메를 통해 자격을 갖춘 아이들을 선별하고 있는 모습이다. 선별된 아이들은 아래쪽에 보이는 것처럼 붉은색 의상을 입게 된다. 그림을 보면 관료가 그들에게서 거둔 주화를 들고 있다. 옆에 앉은 보조는 무언가를 적고 있는데, 소년들의 출신지와 혈통, 생년월일, 외모 등을 적었다.

쉴레이만 1세의 생애와 업적을 담은 《쉴레이만나메(Süleymanname)》(1588)의 한 장면으로 톱카프 궁전 박물관에 소장되어 있다.

이슬람 개종을 통해 술탄에게만 충성하는 예니체리 근위병이나 고위 관료로 충원하고자 했다. 이들 중에 나중에 총리대신이나 군사령관의 지위까지 오른 인물이 적지 않다. 이들은 우선 엄선된 아나톨리아의 튀르크계 무슬림 가정에 보내져서 튀르크-이슬람적인 환경에서 풍속을 익히면서 교육을 받다가 군복무가 가능한 나이가 되면 아제미 오자으에 들어가 고된 군사훈련과 엄격한 정신교육을 받았다. 예니체리 부대원이 주로 이 아제미 오자으 출신이다. 그중에서도 뛰어난 이들은 술탄의 안전을 책임지는 근위대에 배속되었다.

'새로운 군대'란 의미의 예니체리는 오스만 제국의 최정예 보병대로, 정기적으로 급료를 받는 근대적인 의미의 정규군에 가까웠다. 예니체리는 앞서 찰디란 전투에서 보았듯 16세기 초에 이미 총기로 무장했고, 군악대도 있었다. 워낙 규율이 엄격하고 훈련 강도가 높아 오스만의 영토 확장 과정에서 일등 공신 역할을 했다. 데브시르메 제도를 도입하면서 주로 이를 통해 선발된 유럽의 기독교 가정 출신 고아 소년들이 예니체리로 성장했다. 무슬림 가정이나 유대인 가정 출신은 애초에 데브시르메 대상이 아니었으므로 무슬림 가정 출신이 예니체리가 되기는 불가능에 가까웠다.

그러나 시간이 갈수록 관계(官界)나 군대의 요직에 데브시르메를 거친 사람들이 많아지자, 사회적으로 데브시르메를 출세의 지름길로 인식하는 분위기가 형성되었고, 나중에는 무슬림 가정에서도 관리들에게 뇌물을 주고 아들을 데브시르메에 내보내는 기현상이 일어났다. 이런 상황이 계속되면서 데브시르메는 오히려 제국의 발전을 해치는 장애물로 작용해 결국 1683년에 폐지되었다.

소수민족 보호제도, 밀레트

밀레트 제도는 오스만 제국 다문화 포용 정책의 핵심이다. '밀레트(millet)'는 아랍어 '밀라(milla)'에서 유래한 용어로, 터키어로 '종교', '종교 공동체', '민족'이라는 세 가지 뜻이 있다. 하지만 각 밀레트의 성격을 들여다보면, 민족보다는 종교 공동체의 성격이 강하다. 즉, 이 제도는 제국의 신민을 종교에 따라 구분하여 각 종교 공동체에 귀속하고, 자신들의 율법과 관습에 따른 자치를 허용하는 제도이다. 제국의 모든 구성원들에게 일정한 통치의 독자성을 인정한 것은 물론, 제국 내에 편입된 피지배계층에게 자신들의 종교와 민족적 정체성을 보장해 주는, 당시로서는 획기적인 소수민족 보호정책이다. 따라서 밀레트 내에서는 독자적인 관습법과 제도가 통용되었고, 종교 공동체인 만큼 종교 지도자가 밀레트를 이끌었다. 다만 그들은 오스만 술탄에게 복종해야 했다.

오스만 제국에서는 각각 무슬림, 그리스 정교도, 아르메니아 기독교인, 유대교도로 구성된 4개의 공동체가 가장 대표적이고 중요한 밀레트였다. 이슬람 밀레트는 이슬람 최고 지도자를 의미하는 셰이휠리슬람, 아르메니아 기독교 밀레트와 그리스 정교회 밀레트는 각 교구의 총대주교(Patriach), 유대교 밀레트는 랍비(Rabbi)가 수장이었다. 밀레트의 수장들은 전체 구성원에 대한 책임과 함께 국가에 대한 조세의 의무를 갖고 있었다. 1856년에는 개혁법령이 공포되면서 그때까지 비무슬림에게 부과되던 지즈야가 폐지되었고, 이에 따라 비무슬림도 군역의 의무를 지게 되었다. 비무슬림 중에는 술탄 압둘하미드 2세(Abdülhamid II, 재위 1876~1909) 시기에 근위대장으로 봉직한 그리스인이 있었다. 그러나 이는 예외적인 사례일 뿐, 비무슬림들은 일반적으로 군역 대신 병역세를 납부하는 제도를 선호했다.

각 밀레트는 무슬림과 관련된 송사 외에는 오스만 중앙정부의 간섭 없이 결혼, 이혼, 출생, 사망, 교육, 언어, 전통 등에서 완전한 자치를 누렸다. 또, 모든 밀레트 구성원은 개인의 능력에 따라 출세를 할 수도 있었고, 개종하여 다른 밀레트로 이주할 수도 있었다. 그러나 실제로 개종에 의한 밀레트의 이동은 각 밀레트가 가지는 사회·종교적 연대감 때문에 거의 일어나지 않았고, 국가도 사회의 안정과 균형을 위해 불필요한 개종과 그에 따른 밀레트 이주를 권장하지 않았다. 따라서 밀레트는 오스만 제국 500년 역사를 통틀어 이질적이고 다양한 민족과 종교를 포용하고 오스만 제국이란 이름 아래 통합하는 원동력으로 작용하면서, 민족 간의 갈등이나 분쟁 없이 안정된 국가를 유지하는 초석이었다고 할 수 있다.

밀레트가 이질적인 민족집단 내의 자치와 결속의 바탕이었다면, 민족 간 화합에 기여하고 이질적 민족들을 공동의 목표 아래 결합한 제도는 '길드(guild)', 즉 장인 조합이었다. 길드는 종교나 민족적 요소보다는 공통의 경제적 가치와 사회적 신뢰를 바탕으로 운영되는 집단이므로 밀레트 간 조화와 협력을 이끌어낼 수 있었고, 이를 통해 제국의 균형 있는 발전에 크게 이바지했다.

법전의 완비

오스만 사회는 종래의 이슬람 사회와 달리 세속법이 이슬람법과 공존하며 이슬람법 못지 않게 중요한 역할을 한 사회였다. 종래의 이슬람 사회는 모든 것을 이슬람법인 샤리아(Sharī'ah, 아랍어로 '길'이란 뜻)에 의존했다. 샤리아는 모든 무슬림 사회의 모법(母法)으로, 《꾸란》과 《하디트》에 근거해 무슬림의 종교 생활만이 아니라 세속적 생활까지 규제하는 포괄적인 법체제이다.

무엇보다 인간에 의해 만들어진 인위적인 법이 아니라 신의 계시에 의한 것이므로, 이를 올바르게 이해하고 실제적인 인간행위에 적용하려면 여기에 정통한 법학자들이 필요했다. 울라마가 바로 그런 사람들이다. 울라마 중에서도 무프티는 파트와를 발행할 수 있는 권위 있는 학자들인데, 오스만 시대에는 이 무프티가 관료체제에 편입되어 중앙정부는 물론 지방정부에서도 활발히 활동했다. 오스만 시대 샤리아의 해석과 적용을 관장하는 최고 책임자는 최고위 무프티, 즉 셰이휠리슬람과 법무대신인 카자스케르였다.

그러나 샤리아는 예배·단식·순례 같은 신앙생활이나 결혼·이혼·장례 같은 관습에 대해서는 내용이 비교적 상세한 반면에, 국가 운영과 관계되는 문제, 예를 들면 국가의 재정·세금·행정 같은 문제에 관해서는 그다지 세세하지 못했고, 무엇보다 국가의 규모나 조직의 변화를 따라가지 못했다. 이것이 파티 술탄 메흐메드 2세가 '카눈(Kanun, 터키어로 '법'을 의미)'이라 불리는 세속적 법체계를 도입한 배경 중 하나였다. 물론 그가 세속법을 제정한 가장 큰 이유는 술탄 1인에게로 권력이 집중되기를 바란 때문이었다. 디완의 구성원을 술탄의 권위를 위협하던 튀르크 귀족에서 데브시르메를 통해 관료로 성장한 사람들로 바꾸고, 마드라사의 울라마를 술탄이 최종 임면권을 갖는 제국의 관료로 만든 사람도 메흐메드 2세였다.

오스만 제국 최초로 성문화된 이 세속법은 메흐메드 2세 시절 중앙집권화 정책의 완결편이었다. 여기에 오스만 제국 고위 관료들의 직책, 역할과 책임, 급여, 처벌에 관한 조항이 처음으로 나열되었다. 술탄은 그때까지 전해온 법령들을 취합하고 시대에 맞게 정비하여 《카눈나메》란 법전을 편찬했다. 그리고 울라마들에게 샤리아에 어긋나는 세속적 조항을 폐기할 권한을 주었다. 하지만 그들은 술탄의 카눈에 별다른 이의를 제기하지 않았다. 술탄이 임면권을 갖는 공무원들이었기 때문이다. 이때의 법전은 국가의 재정 관련 조항에 초점이 맞추어져 있었다. 자국민들에게는 '입법자(터키어로 카누니Kanuni)'로 불리던 술탄 쉴레이만은 메흐메드 2세의 《카눈나메》에 형법, 물권법, 군법 등에 관한 조항을 추가하고 기존에 부족했던 내용을 보완하여 법전을 완비했다. '카누니' 시대에 완결된 이 법전은 이후 '오스만법(Kanuni Osmani)'으로 알려지며 300년 동안 오스만 세속법 체계의 근간이 되었다. 물론 술탄들이 수많은 포고(페르만Ferman)를 공표했지만, 법의 테두리를 벗어나지 않았음은 특기할 만하다.

교육과 문학

오스만 제국이 문화적으로 번성한 가장 중요한 요인 중 하나가 바로 교육이다. 오스만 사회는 교육을 중시했다. 오스만 제국에서 가장 중요한 교육기관은 오늘날 대학에 해당하는 마드라사였다. 1331년 부르사의 이즈니크에 처음으로 마드라사가 설립된 이래, 16세기부터 오스만 전역에 마드라사가 들어서면서 최고의 학교가 되었다. 마드라사는 이미 아나톨리아 셀주크 시대에 설립되었는데, 오스만 시대에 와서 더욱 확대되었다.

일반적으로 공동체의 중심을 상징하는 모스크가 세워지고, 그 주위로 학교(마드라사), 목욕탕, 병원, 도서관이 부속 건물로 들어섰다. 마드라사에서는 종교교육과 일반교육으로 나뉘어, 각각 당대의 뛰어난 학자들을 통해 집중교육이 이루어졌다. 교육은 매일 4시간씩 금요일을 제외한 주 6일 동안 진행했다.

이와 함께 궁정학교 엔데룬이 오스만의 중요한 고등교육기관이었다. 이곳에는 데브시르메 제도를 통해 엄선된 우수한 발칸의 기독교 가정 출신 소년들과 오스만 고위 관리의 자제들이 입학했다. 그들은 엔데룬에서 제국의 고위 관리나 군 장교로 성장하는 데 필요한 수업을 마치고, 여러 궁성조직에서 업무를 익혔다. 그런 다음 산자크베이로 파견되어 지방행정을 익히고, 능력과 성과에 따라 점차 고위직으로 승진하여 중앙무대에 진출했다.

문학에서는 16세기가 오스만-튀르크 문학의 고전시대를 맞았다. 바키(Baki, 1526~1600), 라미 첼레비(Lami Çelebi, 1472~1532), 하얄리 베이(Hayali Bey, ?~1557), 네피(Nef'i, 1572~1635), 바으다틀르 루히(Bağdatlı Ruhi, ?~1605) 등이 이 시기에 활동한 고전시인들이다. 또, 피르 술탄 압달(Pir Sultan Abdal)은 종교시, 쾨로루(Köroğlu)는 음유시인으로 유명했다. 에블리야 첼레비(Evliya Çelebi, 1611~1682)는 오스만 제국을 두루 여행하면서 당시 오스만의 사회와 경제 상황을 《세야하트나메(Seyahatname, 여행기)》에 담았는데, 오늘날에도 귀중한 자료로 활용되고 있다.

16세기에는 세밀화가 술탄들이 후원하는 일종의 궁중예술의

《수르나메 휘마윤》

1582년 술탄 무라드 3세의 아들 메흐메드의 할례를 기념하는 축제의 과정을 담은《수르나메 휘마윤》1582년판의 한 장면으로, 쉴레이마니에 모스크(Süleymaniye Mosque)의 모형을 운반하고 있는 행렬을 묘사했다. 이 축제는 무려 52일간 계속되었는데, 날짜별로 무슨 일이 있었는지 설명과 함께 세밀화로 자세하게 기록했다. 글은 필명이 '인티자미(İntizami)'로 알려진 작가가 썼고, 세밀화는 대부분 나카시 오스만(Nakkaş Osman)을 비롯한 궁정 화가들의 작품이었다.

형태를 띠며 발달했는데, 실제로 톱카프 궁전 안에 2개의 회화 아카데미가 있었다. 이 아카데미 출신 화가들의 손에서 당시 궁정과 이스탄불의 사회상을 사실적으로 표현한 세밀화들이 탄생했다. 예를 들어, 술탄들의 생애를 담은《셰힌샤나메(Şehinşahname)》(1581)에는 술탄들의 초상화와 공적 혹은 사적인 생활, 재위기의 역사적 사건 등이 세밀화로 생생하게 표현되어 있다. 쉴레이만 1세와 무라드 3세(Murad III, 재위 1574~1595) 때 세 번에 걸쳐 발행한《수르나메 휘마윤(Surname-I Hümayun)》은 궁중 행사를 담은 책으로, 주로 왕자들의 할례를 기념하는 축제와 왕실의 결혼식 과정을 행사 순서대로 글과 함께 세밀화로 자세히 묘사했다. 한 마디로, 오스만의 예술은 개념과 실천 면에서 튀르크적인 셀주크와 맘루크의 분위기를 바탕에 깔면서도, 다문화 공존이라는 정책의 영향으로 기독교-유럽적인 요소와 이슬람적인 요소가 조화를 이루고 있다고 하겠다.

05

오스만 제국의 쇠퇴와 개혁운동

제국의 쇠퇴

16세기 중엽에 영토와 국세가 절정에 달했던 오스만 제국은 17세기에 들어 쇠퇴하기 시작했다. 내적으로는 귀족과 지방 영주들의 세력이 커지면서 술탄에게 집중되었던 권력이 흔들리기 시작했고, 예니체리의 반란과 권력 남용, 피정복지에 대한 과중한 세금, 관료와 군부의 부패 등으로 사회가 혼란해졌기 때문이다. 특히 군부의 부패는 심각한 수준이었다. 외적으로는 포르투갈에 이어 네덜란드와 에스파냐, 영국이 유럽과 아시아를 잇는 해상무역에 뛰어들면서 성장한 해군력으로 오스만 제국의 물자 보급로에 타격을 입혔다. 특히 1571년 레판토에서 에스파냐 해군 제독이 이끄는 연합함대와의 해전에 패하면서 에스파냐에 지중해 제해권을 빼앗겼다. 1603년에는 크즐바시 제압에 성공한 사파비 제국의 압바스 1세가 오스만의 동부를 공략하면서 1618년 결국 캅카스 대부분을 빼앗겼다. 17세기 중엽부터는 오스트리아-합스부르크와 중부 유럽을 놓고 다시 한번 격돌했지만, 1683년 두 번째로 빈 공략에 실패하면서 몇 년 뒤에는 헝가리마저 합스부르크에 빼앗기는 등 중부 유럽에서 상당한 영토를 상실했다.

데브시르메 그룹의 국정농단

오스만을 제국의 반열에 올려놓은 메흐메드 2세에 의해 디완에 처음으로 진출한 이래, 결국 무소불위의 권력을 독점한 데브시르메 출신 고위 관료와 군사령관이 제국의 와해를 촉진한 독버섯이었다. 그들은 술탄이 될 왕자들이 교육받을 기회를 차단했다. 자신들의 권력을 유지하기 위해 술탄의 우매화를 조장한 것이다. 그래서 16세기 중엽 이후 오스만의 왕자들은 하렘의 별궁에 기거하면서 철저히 제한된 교육을 받았다. 대외 원정에 참여하여 전술을 익히고, 베이레르베이나 산자크베이로서 구체적 통치 경험을 쌓던 왕자들의 모습은 찾아보기 힘들었다. 그들은 이제 하렘의 궁녀들 틈에서 유희에 몰두했고, 그 모습 그대로 대제국의 술탄 자리에 올랐다. 이리하여 술탄 쉴레이만 이후 몇 차례 부흥의 호기를 맞았음에도, 이를 활용할 능력을 갖춘 술탄이 거의 나오지 않았다.

물론 술탄 중에는 데브시르메 그룹 간 갈등과 경쟁을 이용해 파벌과 정치적 음모의 온상인 재상의 권력을 축소하려 한 사람이 없지 않았다. 결국 데브시르메 출신으로 무려 15년 가까이 제국의 재상으로서 무소불위의 권력을 휘두른 소콜루 메흐메드 파샤(Sokollu Mehmed Paşa, 1505~1579)가 1579년 암살된 이후 재상의 권력은 약해졌다. 문제는 이 권력이 술탄이 아니라 이제 하렘으로, 얼마 후에는 예니체리 사령관에게 넘어갔다는 점이다. 결과적으로 누가 정권을 잡더라도 이미 마비된 제국의 행정을 되살릴 수 없었고, 이질적인 계층과 정치 세력 간의 갈등도 줄어들지 않았다.

경제적 혼란

정치와 군부의 부패와 무질서는 곧바로 경제적 혼란으로 이어졌다. 최초의 경제위기는 16세기 말에 시작되었다. 이때 네덜란드와 영국이 함대를 앞세워 오스만의 주요 해상 교역로를 봉쇄하면서 오스만 경제에 심각한 타격을 입혔기 때문이다. 이와 함께 세력이 강대해진 유럽 열강과의 전쟁은 승산 없이 장기화하거나 오스만군이 패전하는 경우가 잦아졌다. 그로 인해 그간 점령지에서 거두던 세금과 그들이 바치던 연공, 조공 등이 줄어들면서 국고의 수입이 현저하게 줄어들었다.

인플레이션은 또 오스만의 전통 산업과 무역의 퇴조를 초래했다. 엄격한 가격억제정책에 의해 제품의 품질이 저하되었고, 저가의 고품질 유럽 상품이 오스만과의 자유무역협정을 통해 대량으로 오스만 시장에 유입되었다. 이런 상황에서 오스만 제국의 제조업은 거의 도산할 지경에 이르렀다. 그러나 오스만 제국은 적어도 17세기까지는 아직 유럽에 위협적인 존재였다. 그들은 오스만의 쇠퇴를 매우 조심스럽게 판단하려 들었다. 왜냐하면, 오스만은 내부 반란을 효과적으로 제압해 나가고 있었고, 아나톨리아와 유럽 원정을 계속하고 있었기 때문이다.

19세기에 들어 상황은 더욱 급변했다. 나폴레옹(Napoléon, 재위 1804~1815)의 이집트 원정을 계기로 유럽 각국이 오스만 영토를 더욱 빠르게 잠식해 나갔고, 그리스가 독립을 선포했다. 또, 이집트 총독 무함마드 알리(Muhammad Ali, 1769~1849)가 1831년 오스만의 심장부 이스탄불의 코앞까지 진격하며 이집트의 독립을 꿈꾸었고, 그 한 해 전에는 프랑스가 알제리를 점령했으며, 영국은 예멘의 아덴을 점령했다.

빈 포위 실패와 카를로비츠 조약

쉴레이만 1세 사후 하렘으로 넘어갔던 오스만의 실권이 17세기 중엽 알바니아계 쾨프륄뤼(Köprülü) 가문의 손에 들어갔다. 이 집안은 이후 약 50년 동안 무려 6명의 재상을 배출하며 공직자의 뇌물 수수를 금지하고 흐트러진 예니체리의 군기를 바로잡는 등 제국 내부의 썩은 살을 도려내려 했다. 이 가문이 배출한 두 번째 재상 파즐 아흐메드(Fazıl Ahmed, 1635~1676)는 내부 개혁과 함께 영토 확장을 추진했다. 슬로바키아 남부(1663)와 크레타섬(1669)을 정복한 데 이어, 1672년에는 폴란드-리투아니아 연방을 격파하고 우크라이나 중부 포돌리아(Podolia)를 획득했다. 이때가 바로 오스만 제국의 영토가 절정에 달한 시기였다.

파즐 아흐메드를 이어 재상직에 오른 카라 무스타파(Kara Mustafa, 1634~1683)는 그 가문이 배출한 세 번째 재상으로, 오스트리아 원정에 나섰다. 당시 동유럽은 30년 전쟁(독일을 무대로 벌어진 종교전쟁, 1618~1648)의 여파에 시달리고 있었는데, 오스트리아-합스부르크가의 수중에 있던 헝가리 서부에서 프로테스탄트들이 오스트리아의 프로테스탄트 탄압에 반기를 들었다(1681~1682). 이에 반란군과 국경지대에서 전투를 벌이던 오스트리아군이 헝가리 중부로 진격하자, 오스만 제국은 1682년 6월 오스트리아 원정을 선포했다. 그리고 이듬해 7월 14일, 오스만군이 빈에 도착했다. 오스만군이 원정 결정 후 실제로 빈에 발을 디딜 때까지 1년여 사이에, 오스트리아의 레오폴트 1세(Leopold I, 재위 1658~1705)는 교황과 베네치아, 폴란드와 동맹을 맺고 빈을 방어할 준비를 했다.

1683년의 이 전투는 술탄 쉴레이만 1세가 이끈 1529년의 빈 포위와 구분하기 위해 '제2차 빈 포위'라고 부르기도 한다. 빈 전투는 2개월간의 포위 끝에 9월 11일 양측의 전면전으로 치달았다. 9월 11일과 9월 12일 양일간 벌어진 이 혈투는 오스트리아의 레오폴트가 교황과 베네치아, 폴란드-리투아니아 연방과 결성한 신성동맹의 8만여 기독교 연합군이 오스만 제국의 15만 병사와 맞서는, 기독교 문명과 이슬람 문명의 운명을 건 일전이었다. 이 전투에서 오스만 제국은 완벽하게 패했다. 이로써 이슬람 문명은 711년 지브롤터 해협을 건너 유럽에 상륙한 이래 유럽을 정복할 마지막 기회를 놓

제2차 빈 포위

1683년 7월에 포위를 시작한 오스만 군대는 무리한 포격이나 정면 공격 대신 성벽 주변에 참호를 파고 도시를 철저히 봉쇄하는 작전을 폈다. 8월 들어 독일 전역에서 모집한 원군이 빈 외곽에 도착했고, 9월 초에는 폴란드의 얀 3세 소비에스키(John III Sobieski, 재위 1674~1696)가 이끄는 폴란드-리투아니아 연방군이 다뉴브강을 건넜다. 하지만 8만여 독일-폴란드 연합군이 인근에 총집결했다는 소식을 듣고도 오스만군은 3만에 불과한 타타르 기병대에 후방을 맡긴 채 포위에 집중했다. 9월 11일 새벽, 도착한 연합군에게 얼마간 당하고 나서야 병력 대부분을 동원해 반격에 나섰다. 수적으로 우세한 병력으로 시간을 버는 동안 포위망에 남겨둔 정예 예니체리와 시파히가 빈을 함락하리라 기대했다. 그러나 오스만군은 얀 3세 소비에스키가 이끄는 2만 기병대의 엄청난 돌격에 결국 무너지고 말았다. 그림은 9월 12일 독일-폴란드 연합군이 오스만군의 후방을 공격하는 장면을 묘사한 현대 무명화가의 작품이다. 오스트리아 빈 육군사박물관 소장품이다.

쳤고, 기독교 유럽은 732년 프랑스 파리 교외 푸아티에(Poitiers)에서 이슬람군의 북상을 막아낸 이래 두 번째로 맞이한 절체절명의 위기를 극복했다. 당시 유럽의 최강국 오스트리아-합스부르크가의 심장부인 빈이 뚫렸다면 유럽은 이슬람화라는 대재앙을 피할 수 없었을 것이다.

역사상 가장 큰 규모의 기병전으로 알려진 이 전투에서 승리하면서 유럽에서는 이교도에 대한 공동 대응의 기운이 세차게 일어났다. 유럽 각국이 이 승리를 이합집산하던 과거를 잠시 잊고 무적이라 여기던 대제국 오스만을 무릎 꿇릴 전화위복의 호재로 삼았다. 빈을 사수한 이듬해(1684), 교황의 주도로 새로운 신성동맹이 결성되었다. 이번에는 기존의 동맹국은 물론, 신성 로마 제국의 제후국들과 에스파냐까지 동맹에 참여했다. 1686년에는 러시아가 처음으로 이 유럽 국가들의 동맹에 가담했다.

1683년의 실패로 오스만 제국은 오스트리아-합스부르크가의 수도 빈을 점령하여 헝가리를 통째로 접수하고 서유럽으로 진군한다는 꿈을 완전히 포기해야 했다. 그와 반대로 오스트리아-합스부르크가는 오스만이 지배하던 헝가리 중부와 트란실바니아를 수중에 넣었다. 오늘날의 헝가리 영토를 통째로 삼킨 것이다. 그리고 이를 계기로 30년 전쟁으로 흔들리던 권위를 회복하고 세력을 더욱 키워나갈 수 있었다. 베네치아는 아드리아해 연안과 모레아에 자리잡은 오스만의 교역도시를 공격하고 지중해 동쪽 끝 레반트 앞바다를 노렸다. 러시아는 부동항을 얻기 위한 남하정책에 더욱 박차를 가했다. 그러나 유럽에서 합스부르크가의 확장을 막기 위해 16세기부터 오스만과 동맹관계에 있던 프랑스 그리고 러시아를 경계한 스웨덴은 유럽의 신성동맹에 맞서 오스만을 지원했고, 영국과 네덜란드는 중립을 지켰다. 이들은 오스만의 술탄과 무역협정을 맺고 오스만의 조차지에서 통상 이익을 극대화하고 있었기 때문에 오스만이 건재하기를 바랐다. 특히, 러시아와 오스트리아는 오스만에 대한 직접 공격과 함께, 오스만 제국 치하의 비무슬림 복속민들과 연대해 내부 봉기를 조장했다. 오스만은 가능한 곳에서는 무마책을 사용하고, 무마가 좌절된 발칸 지역에서는 오스트리아와 러시아의 패권 다툼을 이용했다.

1683년 오스만의 제2차 빈 포위에서 시작된 오스만과 신성동맹 간 전쟁은 1699년 카를로비츠 평화조약(Treaty of Karlowitz) 체결로 끝났다. 이 조약으로 오스만은 유럽에서 영향력을 상실했다. 헝가리 전역과 트란실바니아 지역은 오스트리아, 포돌리아와 우크라이나는 폴란드, 모레아와 달마티아 연안은 베네치아에 각각 귀속되었다. 카를로비츠 조약은 오스만 역사의 한 분수령이 되었다. 유럽은 점차 오스만 제국의 위협으로부터 벗어났다. 오스만의 유럽 쪽 국경인 발칸의 사바강과 다뉴브강 이북, 즉 세르비아 중북부·헝가리 남부·루마니아 서부 지역을 놓고 오스트리아와 오스만이 이후에도 몇 차례 공방을 주고받기는 했지만, 발칸에서 오스만의 퇴조는 뚜렷했다. 문제는 오히려 유럽 국가들 사이에서 증폭되었다. 오스만 제국의 후퇴로 생겨난 힘의 공백을 틈타 유럽 각국이 치열한 각축전을 벌였기 때문이다. 소위 '동방문제'라 일컬어지는 발칸 및 서아시아에서 유럽의 이해관계는 제1차 세계대전이 끝나고 오스만 제국이 해체될 때까지 유럽 정치의 기본 현안이 되었다.

1739년 베오그라드 조약(Treaty of Beograd)으로 오스트리아와 오스만의 발칸을 둘러싼 공방이 끝나면서 오스만의 유럽 전선은 이후 약 30년간 소강상태로 머물렀다. 이 시기에 오스만은 제2의 개혁기를 맞아 제국의 정치·경제·군사 면에서 획기적 변화를 시도했다. 그러나 러시아가 말썽이었다. 1762년 궁정 쿠데타로 차르의 자리에 오른 러시아의 여제 예카테리나 2세(Ekaterina II, 재위 1762~1796)가 폴란드-리투아니아 연방을 합병하고, 흑해 연안 오스만의 속국 크림 칸국을 점령했다. 흑해를 통해 지중해로 진출할 계획이었던 러시아는 카를로비츠 조약으로 폴란드에 넘어간 우크라이나의 반폴란드 세력을 지원했다. 1768년, 우크라이나의 반폴란드 무장세력 코사크(Cossack)가 러시아로부터 돈을 받고 크림 칸국의 영토인 우크라이나 남서부의 발타(Balta)에 들어가 주민들을 학살하고 마을을 송두리째 불태웠다. 이에 오스만의 술탄 무스타파 3세(Mustafa Ⅲ, 재위 1757~1774)가 러시아에 전쟁을 선포했다.

1769년 1월, 오스만-크림 칸 연합군이 우크라이나의 러시아 영토를 공격하자, 9월에 러시아군이 우크라이나를 통해 오스만의 속국이던 몰다비아(오늘날 몰도바와 루마니아 북동부)로 진격했고, 10월에 몰다비아의 수도 야시(Jassy)를 점령했다. 그리고 계속 남쪽으로 진격하여 11월에는 왈라키아의 수도 부쿠레슈티(București)를 점령했다. 이듬해 8월에는 오스만-크림 군대와 몰다비아의 카굴(Kagul, 오늘날 몰도바의 카훌Cahul)에서 격돌했다. 여기서 오스만군이 대패했다. 해상에서도 러시아의 발틱 함대가 서쪽으로 북해를 돌아 다시 동쪽으로 지중해까지 진출하여 1770년 6월에 오스만 해군을 격퇴했다. 이듬해에는 오스만-크림 군대가 발칸에 묶여있는 틈을 타 러시아의 또 다른 주력군이 크림반도 진입에 성공했다. 러시아가 이렇게 육상과 해상에서 모두 엄청난 승리를 거두며 남하하자, 불안해진 오스트리아와 프로이센 왕국(Kingdom of Preussen, 1701~1918)이 러시아의 확장을 막기 위해 중재에 나섰다. 1774년 프로이센의 왕 프리드리히 2세(Friedrich II, 재위 1740~1786)의 중재로 오스만과 러시아 사이에 퀴췩 카이나르자(Küçük Kaynarca) 조약이 체결되었다. 이 조약으로 크림 칸국은 독립국이 되었다. 하지만 실상은 러시아의 속국이 된 것이나 다름없었다. 그리고 오스만은 러시아에 흑해의 거점 항구 아조프항과 케르치(Kerç)항을 양도해야 했다. 이로써 러시아는 흑해를 마음대로 드나들 수 있게 되었다. 18세기 초 러시아를 강대국의 반열에 올려놓은 표트르 대제(Peter the Great, 재위 1682~1725)의 남하정책이 큰 성공을 거두게 된 셈이었다. 1783년에는 러시아가 크림 칸국을 아예 병합해 버렸다. 이제 오스만은 러시아의 육군뿐만 아니라 크림반도에서 내려오는 러시아의 해군까지 걱정해야 할 상황에 이르렀다.

빈 전투와 문화 교류

두 문명 간 전면전은 무기 제조기술의 상호 전파와 문화 교류를 촉진하는 계기가 되었다. 오스만 제국 내에 유럽풍 문화가 널리 퍼지고, 유

오스만의 군악대 '메흐테르'

모차르트의 〈피아노 소나타 11번〉은 마지막 3악장에 적힌 '터키풍으로(Alla Turca)'라는 주 때문에 '터키 행진곡'으로 알려졌다. 오스만 제국은 세계 최초로 군악대를 정규군으로 편성하여 심리전에 활용한 나라다. 오스만 군악대 메흐테르는 큰 북과 피리를 중심으로 역동적인 행진곡풍의 리듬을 연주했다. 유럽군에는 공포스러운 소리였을 것이다. 후일 유럽 음악에도 이러한 문화적 충격이 반영되었다. 왼쪽 세밀화에 그려진 사람들이 바로 예니체리의 군악대 메흐테르다. 이들은 전장을 따라다니며 전투 리듬에 맞춰 악기를 연주했다. 이들의 음악은 공격이나 후퇴를 알리는 커뮤니케이션 수단이기도 했다. 1720년판 《수르나메 휘마윤》에 수록된 세밀화로, 이스탄불 톱카프 궁전박물관 소장품이다.

럽에는 터키의 커피 원두가 소개되어 이후 유럽에 카페문화가 활짝 꽃을 피우게 되었다. 모차르트의 〈피아노 소나타 11번〉(1783)과 베토벤의 부수음악 〈아테네의 폐허(Die Ruinen von Athen)〉(1811)의 4번 곡은 모두 '터키 행진곡'이라는 별칭으로 불린다. 오스만 군악대 '메흐테르(Mehter)'의 리듬을 응용한 음악이기 때문이다. 오스만의 전투병과 함께 군악대가 유럽에 등장하면서 오스만 군악대의 리듬이 18~19세기에 빈을 중심으로 유럽에 널리 유행했다. 그래서 이 시기 음악 중에는 터키풍의 리듬을 도입한 작품이 제법 많다. 유럽인들은 음악뿐만 아니라 다양한 분야에서 터키 스타일을 모방했다.

전 세계의 입맛을 사로잡은 프랑스의 페이스트리 '크루아상(Croissant)'도 빈 포위전과 밀접한 관계가 있다. 포위된 성 안 지하에서 빵을 굽던 제빵사들이 오스만 군대가 성안으로 진입하기 위해 밤새 성벽 밑에 땅굴을 파는 소리를 공포 속에서 견뎌야 했는데, 승리 후 제빵사들이 적의 깃발에 그려진 초승달 모양의 페이스트리를 구워 승리를 자축한 데서 유래되었다고 한다. 페이스트리를 가리키는 프랑스어 '뷔엔나즈리(Viennoiserie)'는 '빈풍의 빵'을 의미한다. 오스트리아에서 유행한 초승달 모양의 페이스트리 '킵펠(Kipferl)'은 튀르크인들로부터 승리를 쟁취한 것을 기념한다. 적을 집어삼킨다는 의미도 내포되어 있을 것이다. 오스트리아의 킵펠이 프랑스에 퍼지게 된 것은 1770년 프랑스 왕 루이 16세(Louis XVI, 재위 1774~1792)의 왕비 마리 앙투아네트(Marie Antoinette, 1755~1793)가 고향 오스트리아를 그리워하며 향수에 젖어있을 때 왕실 주방장이 그녀를 위해 고향의 페이스트리를 만든 데서 유래했다고 한다. 그것이 후일 프랑스의 크루아상으로 널리 퍼지게 되었다.

탄지마트 정책의 실패

오스만이 육지만이 아니라 바다에서까지 러시아의 침공을 걱정해야 할 상황이 오자, 러시아의 표트르 대제가 그랬듯 오스만도 서구식으로 군대를 개혁해야 한다는 주장이 제기되었다. 이 주장에 공감한 셀림 3세(Selim III, 재위 1789~1807)는 오스만 역사상 처음으로 군대를 서구식으로 개편하려 했지만, 자신들이 누리던 특권을 잃고 싶지 않았던 예니체리가 반란을 일으켜 오히려 권좌에서 쫓겨났다. 하지만 셀림 3세의 사촌 술탄 마흐무드 2세(Mahmud II, 재위 1808~1839)가 피의 숙청을 단행한 끝에 권력 남용의 대명사였던 예니체리를 해산(1826)하고 서양식 군대를 창설했다. 그리고 그의 두 아들 압둘메지드(Abdülmecid, 재위 1839~1861)와 압둘아지즈(Abdülaziz, 재위 1861~1876)가 아버지의 개혁 의지를 계승하여 일련의 근대식 대개혁을 단행하는데, 이를 '탄지마트(Tanzimat, 개혁)'라 한다.

탄지마트는 개혁적 술탄과 주로 프랑스에서 교육받은 관료들이 주도했는데, 서구 열강에 맞설 수 있는 국력을 기르는 것이 그들의 목표였다. 탄지마트는 1839년 술탄 압둘메지드가 귈하네 칙령(Hatt-ı Şerif of Gülhane)을 공표하면서 공식화되었다. 이 칙령에 명시된 '모든 오스만 국민의 생명과 명예, 재산의 안전을 보장한다'는 조항은 종교나 민족과 상관없이 모든 국민이 법적·사회적으로 평등하다는 의미였다. 이 칙령으로 시작된 탄지마트의 주요 내용 중에는 지폐 도입과 우체국 개설 및 민법·형법 개편(1840)을 필두로 군대의 근대적 개편(1843~1844), 노예제 폐지와 노예무역 금지(1847), 근대적 대학교 설립(1848), 상법 및 무역법 제정(1850), 종교와 관계없이 모든 국민의 완전한 법적 평등을 약속하는 '제국 개혁 칙령(Hatt-ı Hümayun)'의 공표(1856), 공개재판, 군현제도의 실시, 중앙은 행의 역할을 할 오스만 은행 설립(1856), 근대적 징병제 도입(1856), 토지법 제정(1857), 동성애의 비범죄화(1858), 민간인을 위한 고등교육기관 설립(1859), 언론과 저널리즘에 관한 법 제정(1864) 등이 포함되었다. 술탄과 개혁 세력은 이 같은 총체적 개혁으로 국가체제를 근대화하려 했다. 그러나 개혁은 국내 보수 세력의 반대와 러시아와 오스트리아의 간섭을 받아 그다지 성과를 거두지 못했다.

탄지마트의 절정은 술탄 압둘아지즈 내각의 수상 미드하트 파샤(Midhat Paşa, 1822~1884)를 비롯한 개혁 세력이 주도한 오스만 제국 헌법 '카누니 에사시(Kanun-ı Esasi)'의 제정이었다. 탄지마트를 공식화한 1839년의 귈하네 칙령과 종교의 자유를 명시한 1856년의 제국 개혁 칙령은 사실 '칙령'이라는 용어에서 알 수 있듯, 술탄의 마음이 바뀌면 언제든 무효가 될 수 있는 술탄의 개혁 약속에 지나지 않았다. 그러나 헌법은 술탄도 함부로 바꿀 수 없는 구속력 있는 조치였기에 의미가 달랐다. 특히 오스만 제국 최초의 헌법인 1876년의 이 헌법은 상·하 양원으로 구성되는 의회의 설립을 명시함으로써 오스만 제국의 정치체제를 '헌법과 의회에 근거하는 술탄-칼리프국' 즉, '메슈루티예트(Meşrutiyet, 입헌군주제)'로 규정함으로써 술탄의 권력을 제한하는 것이기도 했다. 그래서 이 헌법을 주도한 미드하트는 술탄 압둘아지즈를 이은 새로운 술탄 압둘하미드 2세(Abdülhamid II, 재위 1876~1909)에 의해 비참한 운명을 맞게 되고, 의회는 설립 2년 만에 해산되고 만다. 1876년에 공포된 이 헌법은 '인종이나 종교와 관계없이 제국 내 모든 시민의 동등한 권리를 보장'하고, 내각 중심의 국정 운영, (이슬람법이 아닌) 시민법에 토대한 독

오스만 의회

1876년 제정된 오스만 제국 헌법에 따라 의회가 구성되었으나 2년 만에 해산한다. 그림은 1877년 의회 회의 모습이다.

립된 사법부 운영, 언론의 자유, 근대적인 조세 및 형벌제도 등을 명시하고 있다. 그러나 이러한 획기적인 내정개혁은 러-터 전쟁의 발발과 오스만의 패배로 한계에 부딪혔다.

제국의 위기와 러-터 전쟁

1875년 발칸반도의 오스만 영토에서 반란이 일어났다. 1873년 가뭄과 1874년 홍수로 아나톨리아에 기근이 찾아오고 농지가 부족해지면서 세금을 징수할 수 없게 되자, 오스만 정부는 이듬해 파산을 선언하고 발칸반도에서 거두던 세금을 인상할 수밖에 없었다. 이에 발칸의 오스만 속국에서 반란이 일어나기 시작했다. 1875년 헤르체고비나를 선두로 보스니아와 불가리아, 이어 세르비아와 몬테네그로에서도 꼬리에 꼬리를 물고 반란이 일어났다.

크림 전쟁(1853~1856)으로 발칸에서 물러나야 했던 러시아는 이를 다시 한번 발칸의 오스만 영토를 넘볼 기회로 보고, 이들이 모두 슬라브인의 나라라는 점을 이용했다. 즉, 러시아는 같은 슬라브인의 나라로서 범슬라브주의를 표방하며 발칸의 슬라브인들 사이에 의도적으로 반튀르크 정서를 자극해 반란을 부추겼다. 오스만 자체의 힘으로는 통제할 수 없는 지경이 되기를 바란 것이다. 하지만 서구 열강이 크림 전쟁 때처럼 개입할 것을 우려한 러시아는 반란 진압을 구실로 발칸에 출병하기에 앞서 서구 열강에 제안하여 국제회의를 열고 오스만에 내정개혁을 요구하는 공동 권고를 하게 했다. 오스만이 이를 거부하자 오스트리아로부터 중립을 확약받은 다음, 1877년 오스만에 전면전을 선포했다. 유럽 전선의 가지 오스만 파샤(Gazi Osman Paşa, 1832~1900), 아나톨리아 동부 전선의 아흐메드 무흐타르 파샤(Ahmed Muhtar Paşa, 1839~1919)가 영웅적으로 저항했지만, 결국 오스만이 러시아에 참패했다.

이스탄불 함락을 눈앞에 둔 시점에서 양국은 1878년 3월 이스탄불 근교에서 아야스테파노스(Ayastefanos, 오늘날 예실쾨이Yeşilköy) 조약을 체결했다. 이 조약으로 오스만은 루마니아와 세르비아, 몬테네그로의 독립을 인정할 뿐만 아니라, 불가리아의 자치권 확대에 동의하고 흑해 서부의 도브루자(Dobruja) 지역과 동부 아나톨리아 일부를 러시아에 할양해야 했다. 그 밖에 열강이 강요하는 개혁도 수락할 수밖에 없었고, 막대한 전쟁 배상금도 지불해야 했다.

술탄 압둘하미드 2세와 청년 튀르크당

크림 전쟁 참전을 계기로 유럽 열강이 오스만 제국의 내정에까지 개입하기 시작한 1876년에 등극한 술탄 압둘하미드 2세는 서구 지향적인 정치개혁을 중단하고, 무슬림의 자주성과 이슬람 이념의 통일을 바탕으로 하는 보수정치로 회귀했다. 그는 먼저 1878년 헌법의 효력을 중지시켜 의회를 해산했다. 이로써 최초의 헌법이 명시한 입헌군주제가 폐지되고 술탄 중심의 전제군주제가 복구되었다. 1883년에는 이 오스만 헌법을 주도한 미드하트 수상을 처형했다. 나아가 비밀경찰과 검열제도를 통해 강압적인 전제정치를 펼쳤다.

그리고 프랑스가 튀니지를 점령(1881)하고 영국이 수에즈운하 보호를 구실로 이집트를 사실상 장악(1882)하는 것을 보고 외교 노선에서 친독일정책을 표방했다. 제국 안팎의 모든 이슬람 세력을 자신을 중심으로 결집해 기독교 서유럽의 압력에 맞서려는 의도로 범이슬람 운동(Pan-Islamism)을 적극적으로 추진했다. 그러나 술탄 압둘하미드 2세는 제국 와해의 위기 속에서도 다방면의 협력체제를

청년 튀르크당의 진군

1908년 5월, 청년 튀르크당 지도부가 술탄에게 최후통첩을 보내 입헌군주제로 복귀할 것을 요청했다. 하지만 술탄이 호응하지 않자, 이해 6월 12일 마케도니아의 제3군이 수도 이스탄불을 향해 진군하기 시작했고, 놀란 술탄은 다음날 의회를 개회했다. 결국 청년 튀르크당 혁명은 성공했고, 6월 24일에 헌법이 부활했다. 1909년 선거에서 청년 튀르크당의 핵심 정당인 연합진보위원회가 총 104명의 의석을 차지하며 정권을 장악했다. 사진은 이스탄불의 마크리쾨이(Makriköy, 현 바크르쾨이Bakırköy)로 진군하는 청년 튀르크당의 행동대원들 모습이다.

구축하려 했다. 일본에 사절단을 파견했고, 1909년에는 대한제국에 비밀리에 사절을 보내 당시 한반도 사정을 정탐하기도 했다.

그러나 오스만 제국 내에는 여전히 입헌군주제를 추구하며 술탄의 전제정치에 항거하는 세력이 있었다. 이들을 통칭하여 '청년 튀르크당(Jön Türkler)'이라 했다. 처음에는 비밀결사로 출발했으나, 점차 청년 장교와 젊은 지식인들이 가담하자, 1906년에 공식적으로

'연합진보위원회'를 창설하고 국내외에서 반정부 활동을 강화했다. 1908년 여름, 연합진보위원회 지도부가 모든 반술탄 세력을 결집하여 혁명을 성공시켰다. 이로써 효력이 정지되었던 1876년의 헌법이 재발효되었고, 같은 해 12월에는 해산되었던 의회가 부활했다. 이듬해에는 술탄 압둘하미드 2세가 폐위되고 청년 튀르크당이 정식 정당으로 승격하여 이후 11년 동안 정권을 잡았다.

오스만 제국의 종말과 터키 공화국의 탄생

제1차 세계대전 중 독일과 오스트리아, 즉 동맹국의 편에 섰던 오스만 제국은 동맹국이 협상국에 패하면서 패전국이 되어 제국이 와해되는 운명을 맞았다. 당초 오스만 제국은 중립을 표방했으나, 협상국의 한 축인 러시아가 제국의 동부를 침략해 옴에 따라 대안 없이 동맹국에 가담하여 국권을 지키려 했다. 그러나 1918년 10월 패전국이 되자마자 협상국인 영국과 프랑스, 이탈리아의 군대가 차례로 오스만 영토를 노리고 이스탄불에 진입했다. 이듬해 5월 그리스마저 같은 목적으로 군대를 파견하자, 다급해진 술탄 메흐메드 6세(Mehmed VI, 재위 1918~1922)가 세계대전 중 트리폴리에서 혁혁한 전과를 올린 무스타파 케말(Mustafa Kemal, 1881~1938)을 흑해 연안의 삼순(Samsun)에 파견했다. 그러나 청년 튀르크당의 일원으로 1908년 혁명에도 참여한 무스타파 케말은 삼순에서 오히려 공화국을 선포했다. 이듬해 협상국 측은 술탄을 위협해 세브르 조약(Treaty of Sèvres)을 체결했다. 그 결과 오스만 제국은 이스탄불 인근과 아나톨리아 동부를 제외한 영토 대부분을 상실하고 말았다. 메소포타미아와 팔레스타인은 영국령, 시리아와 레바논은 프랑스령이 되었고, 에게해의 모든 섬이 그리스로 넘어갔다. 동쪽의 아르메니아는 독립을 선포했다. 케말은 독립전쟁(1919~1923)에 나섰고, 1921년 앙카라 근처 사카리아에서 승리하고 이즈미르를 되찾는 데 성공했다. 지금의 터키 영토 대부분을 수복한 셈이었다.

1922년 10월, 케말은 칼리프제는 유지하되 종교적 권한만 남기고 술탄제는 폐지한다는 내용의 개혁안을 의회에서 통과시켰다. 오스만 제국의 마지막 술탄 메흐메드 6세는 11월 17일 오스만을 떠났다. 이로써 1299년 이래 623년간 이어지던 오스만 제국은 끝이 났다. 이슬람 세계의 지도국으로서 지위도 이것으로 막을 내렸다. 1923년 로잔 조약(Treaty of Lausanne)에서 최종적인 영토 조정이 이루어졌고, 같은 해 10월 터키 공화국이 설립되었다. 그리고 국민적 영웅으로 부상한 무스타파 케말이 신생 터키 공화국의 초대 대통령이 되었다. 칼리프제도 이해 3월에 폐지되었다.

이슬람 문화권을 지배하던 오스만 제국의 멸망은 아랍 민족들에게 새로운 자주의식과 독립의 기운을 고취했다. 그러나 이미 중동-서아시아의 이권에 혈안이 되어있던 서구 열강들의 개입과 분열 책동으로 사분오열되는 비극을 맞았다. 그리하여 아랍어, 이슬람교, 아랍인이라는 공통분모로 단일 문화권을 형성하고 있던 아랍은 오늘날 22개 개별 국가로 분할되었으며, 이해관계의 변화에 따라 협력과 분쟁을 거듭하고 있다.

특히 제1차 세계대전 중에 영국은 아랍인들에게는 후사인-맥마흔 서한(Husain-Mcmahon Correspondence, 1915~1916)을 통해 전후 오스만의 영토인 팔레스타인 지역에 아랍 국가가 들어서는 것을 지지한다 전하고, 유대인에게는 밸푸어 선언(Balfour Declaration, 1917)을 통해 팔레스타인 지역에 유대 민족의 국가를 세우라고 부추겼다. 그러면서 정작 프랑스와는 비밀리에 사이크스-피코 협정(Sykes-Picot Agreement, 1916)을 맺어 영국의 팔레스타인 통치를 약속받았다. 그리고 실제로는 유대 국가 이스라엘의 건국을 도왔다. 서로 모순되는 이 행보는 중동 지역에서 끊이지 않는 분쟁의 불씨가 되었다. 오랫동안 이 지역에서 평화롭게 공존해 왔던 아랍인과 유대인이 유럽 열강의 책략으로 서로 화해할 수 없는 적대관계로 변모하게 된 것이다. 오늘날 중동의 갈등과 분열, 아랍과 이스라엘의 갈등은 오스만 제국의 와해로 인한 역사적 후유증인 셈이다.

15장

타지마할을 낳은 제국
무굴

1206년	인도 북부에 델리 술탄국 건국
1504년	바부르, 아프가니스탄의 카불 점령
1526년	바부르, 이브라힘 로디를 꺾고 무굴 제국 선포
1527년	칸와 전투에서 라지푸트군 대파
1530년	바부르, 아그라에서 병사
1540년	비하르 총독 셰르 샤, 델리 점령 후 수르 왕조 개창
1555년	후마윤, 라호르와 델리, 아그라 탈환
1556년	아크바르 1세 즉위
1576년	벵골 지역, 무굴 제국에 귀속
1658년	아우랑제브, 쿠데타로 왕위 즉위
1687년	남인도 정벌
1739년	아프샤르 왕조, 델리 약탈
1757년	영국 동인도회사, 벵골 플라시에서 프랑스에 승리
1857년	세포이 항쟁, 영국 정부가 바하두르 샤 2세 폐위, 무굴 제국 멸망

무굴 제국은 1526년부터 1857년 영국에 의해 멸망할 때까지 330년 넘게 인도 아대륙에 번성했던 이슬람 왕조다. 1526년 중앙아시아의 티무르 제국이 멸망한 이후 유라시아 대륙에는 적어도 3개의 이슬람 제국이 등장했다. 오스만 제국, 사파비 제국, 무굴 제국이 그들이다. 1300년경 아나톨리아반도 서부 부르사에서 출발한 오스만 제국은 1453년에 콘스탄티노플을 정복함으로써 비잔티움 제국을 멸하고 이 무렵 중부 유럽으로 빠른 속도로 북상

하고 있었고, 오늘날의 이란 영토에는 사파비 왕조가 옛 티무르 제국과 맞먹을 만큼 광대한 영토를 자랑하며 번성하고 있었다. '이슬람 3제국 시대'라 할 만했다. 이 세 제국은 유럽의 르네상스와 종교개혁, 대항해시대와 궤를 같이하면서 세계사의 흐름을 주도했고, 인류문명에 지대한 공헌을 했다. 그렇지만 사파비 왕조는 물론 인도의 무굴 제국도 인도 아대륙에 국한된 지역국가로 평가절하되면서 제국의 실체와 문명의 깊이를 제대로 고찰할 기회가 많지 않았다. 결론적으로 무굴 제국은 중앙아시아 티무르 제국의 후예다. 티무르 제국 왕가의 후손 바부르가 권력투쟁에 패배하면서 새로운 세상을 찾아 그 이전부터 끊임없는 침략과 약탈의 대상이 되었던 인도 북쪽으로 진입했다. 바로 그 바부르가 무굴 제국의 창건자이다.

그 이전 왕조들도 그러했지만, 무굴 제국은 토착문화와 융합하고 종교 간 화해와 다른 가치에 대한 관용을 바탕으로 독특하고 창의적인 문화를 이룩했고, 주변 문화에도 커다란 영향을 끼쳤다. 이슬람의 종교적 가치와 티무르 제국이 남긴 찬란한 페르시아 문명, 중앙아시아 튀르크인들에게서 물려받은 역동적인 유목문화를 토착 힌두적 토양에 새롭게 이식함으로써 다원성이 마음껏 발현되는 최고의 문화 용광로를 가동할 수 있었다. 수학·천문학·의학 분야는 물론, 건축 분야에서도 타지마할로 대표되는 불멸의 문화를 꽃피웠다. 인도의 무굴 제국은 1857년 영국이 인도 아대륙에 잔혹한 식민 통치를 시작하면서 끝을 맺었다.

1947년 마하트마 간디의 주도로 인도는 영국에서 분리독립 하는 데 성공했지만, 800년 이상 인도 아대륙의 정치와 경제를 주름잡았던 북부의 이슬람 공동체가 동서 파키스탄으로 떨어져 나가 오늘의 파키스탄과 방글라데시가 되었다. 오랜 사회적 연계망과 삶의 기반을 포기할 수 없었던 약 2억 명(14.23퍼센트)에 달하는 인도 본토의 이슬람 공동체는 인도 서부를 중심으로 지금도 활발할 경제활동에 종사하고 있다.

01 무굴 제국의 건국

무굴 이전 인도의 이슬람 역사

무굴 제국이 들어설 무렵, 인도에는 이미 수백 년간 크고 작은 이슬람 왕국들이 존재해 왔기에 이슬람 왕국이라는 종교적 정치체제가 크게 낯선 상황은 아니었다. 아라비아반도에서 출현한 이슬람이 무서운 속도로 뻗어나가는 과정에서 인도는 7세기 초에 이미 서남부 해안의 케랄라(Kerala) 지역을 통해 이슬람을 받아들였다. 그리고 11세기 초 이슬람화한 튀르크인과 아프간 군대가 인도 북부의 힌두 왕국들을 향해 진군을 시작했다. 아프가니스탄의 가즈니(Ghazni)에서 일어난 이란-튀르크계 이슬람 왕국 가즈나(Ghaznavids, 962~1186)가 그 주인공이었다. 힌두 역사는 인도 북부를 점령한 가즈나의 술탄 마무드(Mahmud, 재위 999~1030)를 이곳에 이슬람을 이식한 잔혹한 파괴자나 약탈자로 기록하고 있지만, 술탄 마무드의 목표는 개종도 힌두교 성상 파괴도 아니었다. 가즈나에 필요한 물자의 충당과 이를 위한 약탈이었다. 종교적 박해는 그의 관심사가 아니었다. 그래서 서로 다른 두 종교의 공존이 가능했다.

1206년에는 이슬람의 무력 침략에 익숙해진 인도 북부에 이슬람 왕국이 세워졌다. 바로 델리 술탄국(Delhi Sultanate, 1206~1526)인데, 인도에서 본격적인 이슬람 왕조의 역사가 시작되는 중대한 전환점이었다. 따라서 1526년 바부르가 아프가니스탄의 카불(Kabul)에서 남쪽으로 눈덮힌 힌두쿠시산맥을 넘어 인도에 들어왔을 때 극복해야 할 상대는 힌두교도들이 아니라 바로 같은 이슬람을 믿는 델리 술탄국의 술탄 이브라힘 로디(Ibrahim Lodi, 재위 1517~1526)였다.

이슬람은 페르시아만-인도 서남부–동남아시아–중국 동남부를 잇는 오랜 해상 교역로를 통해 자연스럽게 인도에 전파되었다. 7세기 초부터 이미 그런 흔적을 남겼다. 인도 서남부 해안 케랄라주의 트리수르(Thrissur) 지구에 있는 체라만 주마 모스크(Cheraman Juma Mosque)가 바로 그 첫 번째 흔적이다. 629년에 설립된 모스크로, 인도 아대륙을 통틀어 현재도 사용되고 있는 가장 오래된 모스크다. 7세기 중엽에는 이미 케랄라의 말라바르(Malabar)를 중심으로 아랍인 공동체가 형성되어 있었다. 이 시기에 우마이야 왕조의 바스라 총독 무함마드 이븐 카심(Muhammad Ibn Qasim, 695~715)이 오늘날 파키스탄 남동부의 신드를 침공(711)한 뒤 지배한 적이 있지만, 이슬람의 무력 침략이 본격화한 것은 앞에서 언급했듯 11세기 초였다. 이 시기에 중앙아시아의 가즈나 왕조가 인도 북서부의 힌두 왕국들을 공략하기 시작했다.

가즈나가 1186년 아프가니스탄 중부 구르(Ghur)에서 세력을 키운 이슬람 구르 왕조(Ghurid Dynasty, 879~1215)에 멸망한 후 인도

쿠투브 미나르

맘루크 왕조의 개창자 쿠투브 우딘 아이바크 때 건설되기 시작한 쿠투브 미나르(Kutub Minar)는 1368년 투글라크 왕조 때 완공된다. 힌두교와 이슬람 양식이 혼합된 72.5미터 높이의 미너렛이다.

북부는 다시 구르 왕조에 시달렸다. 구르 왕조는 한때 이란 동부 호라산을 차지하고 인도 북부는 물론 동쪽으로 벵골(Bangal)만까지 세력을 뻗으며 광대한 영토를 자랑했다. 구르 왕조가 멸망하면서 중앙아시아에는 호라즘샤 왕국이 등장했고, 인도 북부에는 멸망한 구르 왕조의 튀르크족 노예 출신 장군 쿠투브 우딘 아이바크(Kutub Uddin Aybak, 재위 1206~1210)가 인도 북부를 장악하고 델리를 중심으로 또 다른 이슬람 국가를 세웠다. 건국자가 노예 출신 튀르크족 전사인 까닭에 그가 세운 왕조를 '맘루크 왕조(1206~1290)'라고 하는데, 맘루크조는 이후 320년간 델리를 중심으로 인도 아대륙을 다스린 이슬람 왕국인 델리 술탄국의 첫 번째 왕조이다. 델리 술탄국은 쿠투브 우딘 아이바크의 맘루크 왕조에 이어, 할지 왕조(Khalji Dynasty, 1290~1320), 투글루크 왕조(Tughluq Dynasty, 1320~1414), 사이드 왕조(Sayyid Dynasty, 1414~1451), 로디 왕조(Lodi Dynasty, 1451~1526)가 차례로 경영했다.

무굴 제국의 시조 바부르

무굴 제국의 건국자 바부르(Bābur, 재위 1526~1530)는 티무르의 5대손이다. '무굴 제국은 티무르 제국의 재생'이라는 표현은 이런 역사적 사실에서 비롯되었다. 바부르의 고조부가 티무르 사후 후계 분쟁에서 밀린 티무르의 3남 미란 샤다. 바부르가 태어날 즈음 그의 아버지 우마르 샤이흐는 오늘날 우즈베키스탄의 동부 페르가나(Fergana) 지방을 다스리고 있었는데, 1475년 그가 죽자 바부르가 영지를 물려받았다. 바부르는 1501년 우즈베크인이 점령한 사마르칸트를 공격하다가 실패하고 오히려 그들에게 쫓겨 3년간 도피 생활을 했다. 그러나 그사이 군대를 모았고, 1504년에 그들을 이끌고 힌두쿠시산맥을 넘어 아프가니스탄의 카불을 점령했다. 지배체제를 정비하고 카불에 안착한 후에도 중앙권력에 대한 미련을 버리지 못한 바부르는 여러 차례 티무르 제국의 수도 사마르칸트를 공략하려 했다. 하지만 번번이 실패로 끝나자 생각을 바꿔 20년 이상 통치하던 카불을 떠나 남쪽의 인도로 관심을 돌렸다.

1526년 4월 21일, 바부르는 델리 북쪽의 파니파트(Panipat)에서 델리 술탄국 로디 왕조의 술탄 이브라힘 로디를 상대로 대승을 거두고 곧바로 델리로 진격했다. 그리고 6일 뒤 자신이 무굴 제국의 '파디샤(Padishah, 무굴 제국 통치자 칭호)'임을 선포했다. 그러나 몽골계 무슬림인 바부르를 '침략자'로 간주한 토착 힌두 세력의 저항과 집요한 방해가 뒤따랐다. 오랫동안 인도 북부에서 이슬람 로디 왕조를 몰아내는 데 앞장서 왔던 메와르(Mewar, 오늘날 인도 북부 라자스탄Rajasthan주 중남부)의 라지푸트(Rājpūt) 통치자 라나 상가(Rana Sanga, 재위 1508~1528)도 그중 한 사람이었다. 라지푸트는 인도 북서부에서 오랫동안 넓은 영토를 차지하고 세력을 유지해 온 호전적인 크샤트리아(Ksatriya) 집단인데, 이 라지푸트의 일원인 라나 상가는 인도 북부의 여러 라지푸트 통치자가 내어준 라지푸트군과 11세기부터 가즈나군과 함께 인도에 들어와 이미 토착화한 아프간계 무슬림들을 동원해 바부르의 군대에 맞섰다. 바부르는 1527년 3월 16일, 라자스탄주 칸와(Khanwa)의 벌판에서 라나 상가의 라지푸트군을 대파했다.

이제 바부르에게 맞설 토착 힌두 세력은 없었다. 그러나 이 전투 후 3년 만인 1530년 12월 26일, 바부르는 아그라(Agra)에서 병사하고 만다. 사후 아그라에 매장되었으나, 9년 후 그의 유언에 따라 마음의 고향 카불로 이장되었다. 세상에서 가장 아름다운 정원 중 하나로 꼽히는 바부르의 정원이 조성된 배경이다. 바부르의 정원은

바게 바부르

1528년경 아프가니스탄 카불에 바부르의 명으로 조성된 정원이다. 바부르의 마지막 안식처이기도 하다. '바그(Bagh)'가 페르시아어로 '정원'이란 의미이니, 바게 바부르(Bagh-e Babur)는 곧 '바부르의 정원'이란 뜻이다. 바부르는 페르시아식 정원을 유난히 사랑했는데, 페르시아식 정원은 일단 사각형의 땅을 4면으로 구획한 뒤 가운데 수로를 만들어 물이 흐르게 하는 것이 특징이다. 이 수로가 관개와 장식 양면에서 중요한 역할을 한다. 4면으로 구획된 부분은 파라다이스와 조로아스터교의 4원소인 하늘·땅·물·식물을 상징한다.

최초의 무굴식 정원으로, 타지마할 정원의 원형이라고 할 수 있다. 바부르가 인도 아대륙에 건설하고자 했던 제국은 인도 문화와 이슬람 문화를 통합한 창의적이고 위대한 국가였다. 그의 치적과 생애는 회고록《바부르나마》에 잘 수록되어 있다.

후마윤의 델리 수복

바부르에 이어 아들 후마윤(Humayun, 재위 1530~1540, 1555~1556)이 2대 술탄으로 등극했다. 그러나 후마윤이 가야 할 길은 너무 멀었다. 라자스탄과 구자라트(Gujarat) 등지의 토착 힌두 세력은 물론, 아프간계 무슬림들이 바부르 사후 힘을 모으기 시작했기 때문이다. 특히 아프간계 수르인 출신으로 바부르 시대에 인도 북동부 비하르(Bihar) 지방의 총독을 지낸 셰르 샤(Shër Shāh)가 가장 큰 위협 세력이었다. 1537년 비하르를 넘어 벵골 지역을 손에 넣은 셰르 샤는 1539년과 1540년 각각 비하르 남서쪽 갠지스강 유역의 차우사(Chausa)와 아그라 동쪽의 칸나우지(Kannauj)에서 벌어진 전투에서 연이어 후마윤의 무굴군을 대파했다. 이때 후마윤은 아그라로 후퇴했다가 델리를 거쳐 라호르(Lahore)로 갔고, 셰르 샤(재위 1540~1545)는 델리를 수도로 수르 왕조(Sūr Dynasty, 1540~1556)를 개창했다.

한편, 라호르에서도 형제들로부터 아무런 도움을 받지 못한 후마윤은 이후 카불을 거쳐 1543년 사파비 왕조의 이란으로 향했다. 헤라트에 있는 사파비 왕조의 궁정에서 피난처를 찾은 후마윤은 셰르 샤와 그 후계자 이슬람 샤(Islam Shāh, 재위 1545~1554) 사후 벌어진 수르 왕조의 후계 갈등을 델리의 왕좌를 되찾을 기회로 보았다. 1554년부터 사파비 왕조의 도움을 받아 군사를 모으기 시작했고, 1555년 라호르를 탈환했다. 후마윤은 곧이어 수르의 새 통치자 시칸다르 샤(Sikandar Shāh, 재위 1555)로부터 델리와 아그라를 회복함으로써 제국을 위기에서 지켜냈다. 그리고 1556년 1월, 어이없는 사고로 죽음을 맞았다. 이제 제국은 아들 아크바르 1세(Akbar I, 재위 1556~1605)가 떠안게 되었다.

02 무굴 제국의 번영과 쇠퇴

아크바르 대제의 문치와 다문화 포용정책

아크바르는 흔히 '아크바르 대제'로 불린다. 아프가니스탄 카불에서 자라면서 강인한 유목 전사의 기질을 듬뿍 경험한 그는 13세에 즉위해 49년을 재위했다. 역량을 발휘하여 무굴 제국을 반석 위에 올리는 데 충분한 시간이었다. 아크바르 대제 재위기에도 가장 강력한 적은 역시 서쪽의 아프간인이었다. 후마윤이 사망하고 6개월 만인 1556년 7월, 아프간계 수르 왕조의 군대가 어린 술탄이 다스리는 무굴의 영토를 침략해 델리와 아그라를 점령한 것이다. 그러나 이해 11월, 아크바르의 섭정 바이람 칸(Bairam Khan, 1501~1561)이 이끄는 무굴군이 파니파트에서 수르 왕조의 재상이자 사령관인 헤무(Hemu)를 처단함으로써 제국 성장의 첫 번째 걸림돌을 제거했다. 헤무가 전사하자 아그라와 델리는 별다른 저항 없이 무굴군에 접수되었다. 그 이후로는 종횡무진이었다. 서쪽으로는 구자라트(1573)와 카슈미르(Kashmir, 1586), 신드(1591),

칸다하르(아프가니스탄 남부, 1595), 동쪽으로는 벵골(1576)까지 영토를 넓혔고, 1600년대 초에는 인도 중앙부의 빈디아(Vindhya)산맥을 넘어 데칸(Deccan) 지역을 손에 넣었다. 이로써 그는 남북으로 데칸 고원에서 아프가니스탄의 카불, 동서로 벵골만에서 아라비아해에 이르는 대제국을 건설할 수 있었다.

제국의 영토 팽창이나 효율적인 제국 운영을 위해 아크바르 대제가 도입한 가장 인상적인 제도 중 하나는 '만사브다르(Mansabdar)'다. '다르(Dar)'는 페르시아어로 '가진 사람'을 뜻한다. 따라서 '만사브다르'는 '만사브를 가진 사람'이라는 의미인데, '만사브(Mansab)'란 아랍어로 '등급' 혹은 '지위'를 뜻한다. 아크바르는 만사브를 33단계로 위계화하고 단계별로 만사브다르가 지휘할 수 있는 군인과 자기르(jagir, 봉토) 혹은 현금으로도 지급되는 급여의 양을 규정했다. 가장 낮은 단계의 만사브다르는 10명, 가장 높은 단계의 만사브다르는 1만 명의 병사를 지휘할 수 있었다. 왕자를 비롯해 지방의 총독(수바흐다르Subahdar), 고위 관료, 군 지휘관과 장교 등이 만사브다르가 될 수 있었는데, 가장 높은 단계의 만사브다르는 왕자나 라지푸트 수장들의 몫이었다.

또한 만사브다르의 급여에는 개인 급여 외에 자신이 지휘하는 병사들에게 지급할 급여가 포함되었다. 급여는 대개 봉토로 지급되며, 토지소유권이 아니라 지급된 토지에서 세금을 거둘 수 있는 권리를 주는 것이었다. 급여는 때때로 현금으로 지급되기도 했다. 예를 들면 병사 5,000명을 책임지는 만사브다르는 1개월마다 약 3만 루피, 3,000명을 책임지는 만사브다르는 약 1만 7,000루피를 받았다. 또한 단계별로 유지해야 하는 말, 코끼리, 낙타, 노새, 수레의 수도 규정하고 있다. 예를 들면 병사 5,000명을 책임지는 만사브다르는 말 340필, 코끼리 100마리, 낙타 400마리, 노새 100마리, 마차 100대를 자신이 받은 급여로 유지해야 했다. 규정은 술탄이 바뀔 때마다 조금씩 달라지기도 했다. 무굴 제국은 상비군의 규모는 작았지만, 이 만사브다르 제도를 통해 안정적으로 병력을 충원했다.

아크바르는 다양한 문화를 포용하여 제국 내부의 결속을 다지고 종교와 인종을 가리지 않고 능력에 따라 인재를 등용하여 제국을 운영했다. 아크바르 시대 무굴 제국이 번영할 수 있었던 이유다. 아크바르는 중앙집권적 통치체제를 구축했지만, 혼인정책과 외교를 통해 정복지의 통치자들을 포용했고 피정복민의 고유한 종교적 신념과 관습을 인정했다. 아크바르 대제 자신이 힌두교도인 라지푸트인 공주를 왕비로 맞았다.

더 나아가 서로 다른 우주관과 시간관을 가진 무슬림과 힌두교도가 서로 이해하고 화합할 수 있도록 노력했고, 적확한 정책을 주저 없이 시행했다. 우주가 불과 몇천 년에 걸쳐 생성되었다는 기독교와 이슬람교의 주장을 영겁의 시간 속에서 생명이 있는 모든 것이 윤회한다고 믿는 힌두교도나 불교도가 받아들이기는 불가능한 일이었다. 그러나 아크바르는 서로의 다름을 인정하고 각각의 종교 속에서 보편적 진리를 찾아가도록 유도했고, 무슬림이라면 누구나 당연하다고 여겼던 지즈야를 폐지하는 용단을 내렸다. 지즈야는 이슬람 국가에서 무슬림이 아닌 사람들에게 부과하는 일종의 인두세이다. 다시 말해 종교에 근거한 차별을 없앴다는 말이다. 이렇게 이슬람 국가에서 무슬림의 기득권을 포기하는 정책을 추진한 예는 유례를 찾아보기 힘들다.

계층과 신분, 종교에 상관없이 골고루 인재를 등용한 정책도 국가 부흥을 위한 중요한 기반이 되었다. 힌두 학자와 관료도 이슬람인들과 아무 차별 없이 등용하고 신임했다. 이 시기 인도에서 다양한 종교가 서로 영향을 주고받으며 서로 다른 교리를 절충한 종교가 탄생한 것도 어쩌면 당연한 결과일지 모른다. 힌두교의 전통 신앙체계에 이슬람을 접목하거나 이슬람의 영향을 받은 시크(Sikh), 카비르(Kabīr), 다두(Dadu), 미라바이(Mirabai) 같은 새로운 종교나 종파들이 우후죽순처럼 생겨났다. 그중 카비르파의 개조 카비르 다스(Kabīr Das, 1440~1518)는 이슬람교를 믿는 방직공 출신이다. 그는 무슬림과 힌두인들이 서로 형제라고 가르쳤으며, 모든 종교 의례는 물론 힌두교의 신성한 실, 이슬람교의 카바, 기독교의 십자가같이 물건을 성물로 신성시하는 행위를 배격하고 비난했다. 시크교 창시자로서 '구루 나나크(Guru Nanak)'로 더 잘 알려진 나나크(1469~1539)는 카스트 제도의 철폐를 주장하고 우상 숭배를 일절 배격함으로써 이슬람의 영향을 크게 받았다. 아크바르는 시크교에도 호의적인 태도를 보이며 정착할 땅이 없어 유랑 생활을 하던 그들에게 정착지를 마련해 주기도 했다. 아크바르의 배려 덕분에 1580년 이후 시크교도들은 펀자브 지방에 자리 잡았다. 펀자브(Punjab) 지방은 오늘날에도 시크교의 중심지이자 시크교도들의 성역이다.

아크바르 대제는 단순히 종교에 따른 차별을 금지하는 데서 그치지 않았다. 진정한 소통과 협업은 상대에 대한 이해에서 시작된

아크바르의 종교 모임

1571년부터 10여 년간 무굴 제국의 수도였던 파테푸르 시크리에 있는 기도자들을 위한 성소 이바다트 카나(Ibadat Khana)에 다양한 종교 지도자들을 초빙해 환담을 나누는 아크바르의 모습이다. 아크바르는 예수회 선교사들과 기독교 교리에 대해 열성적으로 토론했고, 궁정의 이슬람 신학자들 사이에서 신학적 입장을 중재하는 역할도 했다.

다는 신념으로 궁정에서 주기적으로 종교 간 논쟁의 장을 열어 상대 종교의 주장을 이해하고 지식을 넓힐 기회를 마련했다.

제국이 지속적으로 성장하려면 통치체제만큼 중요한 것이 바로 문화다. 특히 다양한 문화와 종교, 민족이 혼재하는 제국에서 통치자가 다양성을 인정하는가 아닌가의 문제는 때로 제국의 운명을 결정하기도 한다. 이런 점에서 아크바르 대제는 특별하다. 아크바르 시대 문화의 밑바탕에는 의심의 여지없이 이란(페르시아) 문화가 있었다. 아케메네스조 페르시아-파르티아-사산조 페르시아, 이후 사파비 왕조까지 1,200년을 이어온 이란 문화가 오스만 제국과 멀리 이베리아반도의 알안달루스는 물론 바로 접경한 중앙아시아의 티무르 제국과 인도의 무굴 제국에 끼친 영향은 심대하고 지속적이었다. 무굴 제국의 학문·전통·사상·건축·예술 분야에 이란 문화가 끼친 영향은 거의 절대적이다. 아크바르 시대 18명의 각료 중에 이란 출신이 11명, 중앙아시아 출신이 3명, 힌두 인도인과 무슬림 인도인이 각각 2명이었던 점만 봐도 이란 문화와 이란 출신 인물들의 역할과 기여도를 짐작할 수 있다. 사상적인 면에서 본다면 아크바르는 '빛의 철학'이라 불리던 이란 출신의 이슬람 철학자 수흐라와르디(Shahab al-Din Suhrawardi, 1154~1191)를 계승한 학파(Hikmat al-Ishraq)의 영향을 많이 받았다. 이 학파는 《꾸란》을 문자 그대로가 아니라 우회적이고 상징적으로 해석하면서 이슬람 이전에도 지혜가 있었던 사실을 인정하고 종교 통합적인 신비주의 경향을 띠었다. 아크바르의 통치철학은 물론 당시 인도의 상황과도 맥을 같이하는 사상이었다.

아크바르는 그 자신이 문학 애호가였다. 그리고 그가 세운 도서관에는 산스크리트어, 우루드어, 페르시아어, 그리스어, 라틴어, 아랍어, 카슈미르어로 쓰인 2만 4,000여 권의 도서가 비치되어 있었다. 더욱이 파테푸르 시크리(Fatehpur Sikri)에는 여성들만 이용할 수 있는 도서관이 있었다. 제국 전역에 무슬림과 힌두교인을 같이 교육하는 학교의 설립을 지시하기도 했다. 이는 당시 유례를 찾아보기 힘들 만큼 획기적인 조치로, 다양한 문화와 종교의 공존을 인정하는 데서 나아가 이것이 가능한 교육 인프라를 구축하려 한 것이다.

아크바르 통치가 보여준 공평한 토지세, 그밖에 종교와 민족을 가리지 않는 인재등용, 종교적 관용 등은 유럽 계몽주의 시대를 훨씬 앞서고 있으며, 오늘날에도 쉽게 보기 힘든 모습이다.

아크바르의 치세를 기점으로 중앙의 통치체제와 지방행정구역이 정비되면서 제국은 급속히 팽창해 나갔다. 주변 군소국가들이 복속하면서 경제적 풍요도 이어졌다. 현재의 방글라데시인 벵골 지역이 인도에 귀속(1576)된 것도 아크바르 시대였다. 여기서 주목할 점은 아크바르가 당시 세계 최강의 제국으로 승승장구하던 오스만 제국의 술탄 쉴레이만 1세와도 외교적으로 교류했다는 사실이다. 두 황제는 같은 이슬람 제국의 수장으로서 편지를 주고받으며 대항해시대 이후 본격적으로 인도 진출을 꾀하던 포르투갈 세력에 공동으로 맞설 방안을 논의하기도 했다. 1585년에는 랠프 피치(Ralph Fitch, 1550~1611)라는 영국 상인이 엘리자베스 1세(Elizabeth I, 재위 1558~1603)의 친서를 들고 아크바르의 궁정을 찾기도 했다. 당시 무굴 제국의 위상을 단적으로 설명하는 장면이다.

아크바르 대제가 세상을 떠나고 자한기르, 샤자한, 아우랑제브로 이어지는 시기, 즉 17세기가 정치적으로나 문화적으로나 무굴 제국 최고의 전성기였다.

자한기르와 샤자한, 아우랑제브

아크바르 대제의 뒤를 이은 술탄은 자한기르(Jahāngīr, 재위 1605~1627)였다. 모친은 인도 라지푸트 출신이었지

자한기르 즉위 축하연

1600년 아크바르가 원정을 위해 수도를 비웠을 때 자한기르가 반란을 일으켜 스스로 제위에 올랐다. 부왕 아크바르가 자신이 아닌 자신의 아들 후스라우 미르자(Khusrau Mirza, 1587~1622)를 후계자로 세우려 했기 때문이다. 그러나 아크바르는 서둘러 말머리를 돌려 아그라로 돌아왔고 순식간에 아들의 반란을 제압했다. 아크바르 사후 자한기르가 즉위하자 얼마 지나지 않아 후스라우 미르자는 조부 아크바르가 자신을 후계로 세우려 했다는 사실을 명분 삼아 쿠데타를 일으켰다. 이 과정에서 시크교의 구루 아르잔(Guru Arjan)이 후스라우를 축복했는데, 이 사실을 안 자한기르가 반란 제압 후 아르잔을 처형했다. 시크교단과 무굴 황실의 갈등은 이때부터 시작되었다. 그림은 《자한기르나마(Jahangirnama)》의 한 장면으로, 1600년 자한기르가 스스로 제위에 오른 후 추종자들과 이를 축하하고 있는 모습이다. 상트페테르부르크 오리엔트 연구소 소장품이다.

만, 자신은 티무르의 후손이라는 사실에 남다른 자긍심을 가졌다. 자한기르 시대에도 제국의 번영은 계속되었다. 하지만 이는 선왕 아크바르가 상업을 장려하고 보호한 덕분에 무굴 제국의 경제 규모가 종전의 3배에 달하고, 라지푸트 같은 토착 힌두 지배층과 통혼을 하거나 그들을 무굴 궁정의 고위직으로 등용하여 회유하는 등 정복지에 뛰어난 정치력을 발휘한 덕분이었다. 자한기르 치세를 연구한 학자들의 주장에 따르면, 당시 무굴 국고에는 금 7톤, 은 1,116톤, 다이아몬드 500만 캐럿, 루비와 에메랄드가 각각 650만 캐럿 이상, 진주와 각종 보석이 무게를 달 수 없을 정도로 많았다고 한다. 이는 당시 유럽의 어떤 나라도 따라갈 수 없을 정도로 엄청난 규모였다.

자한기르도 아크바르 시대의 정치적 회유책을 이어갔지만, 공교롭게도 그의 시대에 시크 교단과 정부의 사이가 나빠졌다. 즉위 초 자한기르의 장남이 반란을 획책했는데, 그 배후에 시크교도가 있었기 때문이다. 이 결정적 사건으로 무굴 제국 내내 정부와 시크교의 관계는 회복하기 힘들 정도로 불편했다. 시크교와의 갈등은 물론 종교적이라기보다는 정치적인 갈등이었다. 자한기르의 종교관 자체는 선왕의 종교관과 크게 다르지 않았다. 시크교를 제외하면 선왕 때와 마찬가지로 종교에 대한 관용적인 정책을 유지했다. 그러나 치세 후반에 술과 아편에 빠졌고 페르시아계 황후 누르 자한(Nur Jahan, 1577~1645)이 국정을 좌우하기에 이르렀다. 자한기르와 함께 그녀의 이름이 새겨진 동전이 발행될 정도였다. 이때 무굴 제국은 칸다하르를 사파비 왕조에 빼앗겼다.

자한기르가 1627년 사망하자, 치열한 후계 다툼이 벌어졌다. 자한기르의 다섯째 아들 샤리야르 미르자(Shahryar Mirza, 1605~1628)가 계모이자 장모인 누르 자한의 지지를 바탕으로 술탄을 자칭했고 약 3개월간 권좌를 유지했다. 그러나 그를 내쫓고 자한기르의 셋째 아들 샤자한(Shāh Jahān, 재위 1628~1658)이 결국 제위에 올랐다. 샤자한은 종교적 관용과 고른 인재등용이라는 선대왕들의 정책을 계승했다. 더욱이 지역 토호들의 반란을 효과적으로 제어하는 동시에 현실에 안주하지 않고 주변국들을 계속해서 정복하여 무굴 제국의 판도를 넓혔다. 사파비 왕조에 빼앗겼던 칸다하르도 되찾았다.

여기에는 든든한 재정과 강력한 군대가 바탕이 되었다. 당시 무굴 제국의 보병은 90만 명이 넘었고, 기병은 18만 5,000명에 이르렀다. 정복으로 인한 연간 세입은 약 3,770만 파운드로 아크바르 시절의 2배에 달했다. 이 시기에 너무도 잘 알려진 타지마할(Tāj Mahal)을 건설한 것도 재정이 뒷받침했기 때문이다. 자신의 세 번째 황후 뭄타즈 마할(Mumtaz Mahal, 1593~1631)이 14번째 아이를 낳다가 죽자, 그녀를 기리기 위해 인류역사상 가장 아름답고 정교한 묘당을 지은 것이다. 그의 치세를 흔히 '무굴 건축의 황금기'로 표현할 만큼 샤자한은 무굴 제국 전역에 수많은 기념비적 건축을 남겨놓았다. 그중 아그라에서 수도를 옮길 요량으로 델리에 조성한 도성의 건물들은 타지마할과 함께 샤자한 시대 무굴 건축의 대표작이라 할 만하다. 도성은 자신의 이름을 따 '샤자하나바드(Shahjahanabad)'라 하고 오늘날 '델리의 레드포트(Red Fort)'라 불리는 성채 '랄 킬라(Lal Qila, '붉은 요새'란 뜻)'와 이슬람 사원인 '자마 마스지드(Jama Masjid, '금요일 모스크'란 뜻)'를 세웠다. 아그라성(Agra Fort)을 포함해 모든 건물이 그의 개인적 영감과 애착 없이는 불가능했을 작품이다. 카슈미르에는 777개의 정원을 조성했다고 전해진다.

그러나 이 같은 대규모 공사에는 막대한 재정이 소요된다. 그리고 국고는 신민의 세금으로 충당된다. 결국 샤자한은 과중한 과

델리 성채 랄 킬라

흔히 아그라의 레드포트와 구분하기 위해 델리의 레드포트라 부른다. 사진은 레드포트 성곽의 라호르 게이트다. 델리 성채는 샤자한의 의뢰로 1639년에 건설이 시작되었다. 성곽은 이처럼 이 지역에 많은 적색 사암으로 축조되었고, 내부는 인도의 전통 양식과 페르시아 궁정 건축 양식이 결합한 건물들로 채워졌다. 샤자한 시대 무굴 건축의 정수이다.

세로 민심까지 잃게 되었고, 1658년에 아들인 아우랑제브에 의해 축출되어 아그라성에 유폐되는 신세가 되고 말았다.

아우랑제브(Aurangzeb, 재위 1658~1707)는 쿠데타에 따른 내부 반발을 무마하고 정복전쟁을 재개했다. 특히 1686년과 1687년에 차례로 남인도의 무슬림 왕국인 비자푸르 술탄국(Bijapur Sultanate, 1489~1686)과 골콘다 술탄국(Golconda Sultanate, 1518~1687)을 격파함으로써 무굴 제국 역사상 최대 판도의 제국을 건설했다.

모든 제국의 존속은 그것을 유지할 수 있는 인재와 경제력, 체계화되고 정교한 통치체제를 필요로 한다. 아우랑제브 시대 무굴 제

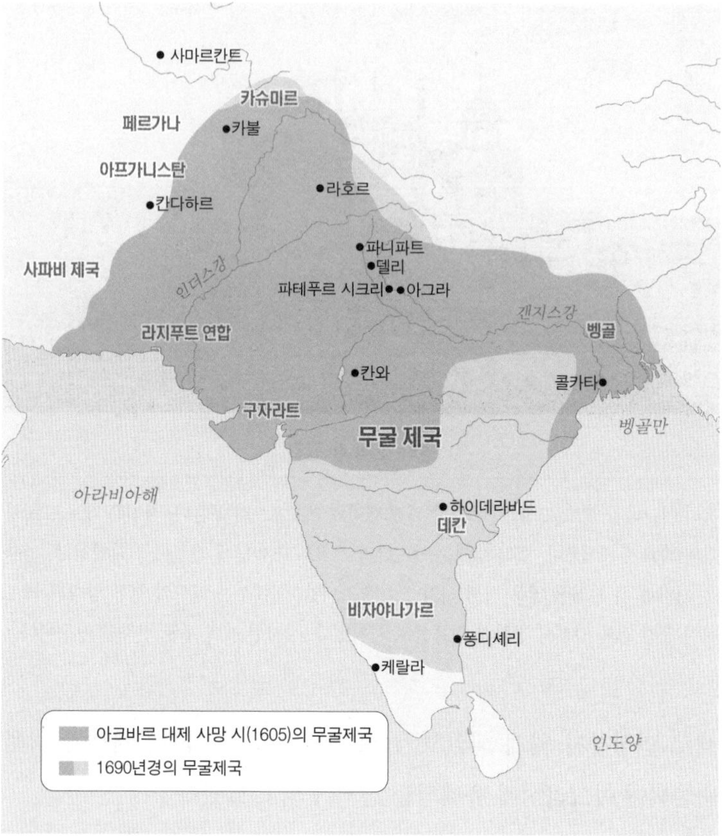

17세기 무굴 제국의 영토 확장

아크바르 대제는 서쪽으로 구자라트와 칸다하르, 동쪽으로 벵골까지 영토를 넓히며 제국의 기반을 다졌다. 이후 17세기 내내 영토를 확장해 갔는데, 아우랑제브 시기 남인도 상당 부분을 정복함으로써 무굴 제국 최대 영토를 획득하게 된다.

국의 영토는 최대치에 도달했지만, 사회·문화·경제 등 모든 분야에서 쇠퇴의 그림자가 드리우기 시작했다. 무엇보다 오랫동안 선대 술탄들이 유지해 온 종교적 관용의 문을 서서히 닫고 말았다. 재위 20년을 넘기면서 아우랑제브는 독실한 순니파 무슬림으로 행동하면서 힌두교도와 시크교도를 차별하기 시작했다. 아크바르가 폐지했던 지즈야를 1679년에 부활시킨 것이 그 첫 신호였다. 그리고 이러한 정책 변화는 제국의 분열과 반란을 초래했다. 시크교도들은 1675년 그들의 구루가 아우랑제브에게 처형당한 후 공개적으로 돌아섰다. 무엇보다 데칸 지역의 힌두 왕국인 마라타 왕국(Mahratta Empire, 1674~1818)의 왕 삼바지(Sambhaji, 재위 1681~1689)가 1689년 무굴군에게 잡혀 참혹하게 처형된 일을 계기로 마라타인들이 남인도 전역으로 퍼져 무굴 제국에 저항하기 시작했다. 이런 와중에 아우랑제브가 전쟁 도중 데칸고원에서 전사하자, 후계 문제가 불거졌다.

바하두르 샤 1세와 제국의 쇠퇴

아우랑제브의 세 아들 사이에 치열한 후계 분쟁과 내전을 거쳐 둘째인 샤 알람(Shah Alam)이 바하두르 샤 1세(Bahadur Shāh I, 재위 1707~1712)로 즉위한다. 바하두르 샤 1세는 내분으로 인해 생긴 깊은 상처를 수습하기 위해 아우랑제브 사후 독립을 선언한 라지푸트 토후국들을 정복한 뒤 아우랑제브와 달리 힌두 귀족들과 라자(Raja, 토후)들을 유화책으로 다독였다. 또한 남인도 전역을 휩쓸던 마라타인들로부터 충성을 맹세받았다. 하지만 바하두르 샤 1세는 즉위할 때 이미 63세의 고령이었기에 꺼져가는 제국을 되살리기에는 시간이 너무 부족했다.

바하두르 샤 1세가 재위 5년 만에 사망하자, 권력을 둘러싼 암투는 더욱 치열해졌다. 끝없는 분쟁과 혼란 속에 술탄이 수시로 교체되었고, 그럴수록 군벌과 궁정 귀족들의 세력이 커져갔다. 바하두르 샤 1세 사후 그의 손자 무함마드 샤(Muhammad Shāh, 재위 1719~1748)가 제위에 오른 1719년까지 7년 동안 무려 5명의 술탄이 교체되었다. 중앙정부의 혼란은 지방정부의 이탈을 초래했고, 바깥에서 제국의 영토와 부를 노리던 주변국에는 호재가 되었다. 아우랑제브 사후 데칸 총독을 지낸 니잠 울 물크(Nizam-ul-Mulk)가 무굴 궁정의 타락상에 실망하고 재상직에서 물러난 후 영지 하이데라바드(Hyderabad)로 내려가 독립을 선포하고 아사프 자흐 1세(Asaf Jah I, 재위 1724~1748)로 등극(1724)한 데 이어, 벵골도 독자 세력을 갖춤(1727)으로써 제국의 주요 지역이 사실상 독립국으로 변했다. 제국 재정의 절반을 담당하던 벵골과 군사적으로 강성한 하이데라바드의 독립은 무굴 제국에 엄청난 타격을 주었다.

1737년에는 아우랑제브 사후 재건된 마라타 왕국의 군대가 인도 북서부 구자라트부터 동쪽으로 말와(Malwa), 북중부의 분델칸드(Bundelkhand)를 병합한 뒤 무굴 제국의 수도인 델리를 공격했다. 2년 뒤인 1739년에는 사파비 왕조를 멸하고 이란 지역을 장악한 아프샤르 왕조의 나디르 샤가 가즈니, 카불, 신드, 라호르를 함락한 데 이어 델리 인근 카르날(Karnal)에서 무함마드 샤가 이끄는 무굴군을 3시간 만에 대파하고, 델리로 입성해 철저하게 약탈했다. 이후로 제국의 쇠퇴에 가속도가 붙었다. 중앙정부의 통제력은 더욱 약해져 인도 북부는 아프샤르 왕조에서 독립한 아프간계 두라니 왕조(Durrāni dynasty, 1747~1842)와 마라타 왕국의 대결장이 되었다. 1761년 두라니군이 파니파트에서 마라타군을 대파했지만 내부 사정으로 인해 인도에서 물러났고, 이후로 인도 전역이 마라타 왕국을 중심으로 힌두계 왕국과 이슬람계 술탄국인 마이소르 왕국(Kingdom of Mysore, 1399~1799), 하이데라바드 왕국(Hyderabad State, 1724~1853) 등이 서로 쟁패하면서 분할되는 양상이었다.

1601년 동인도회사를 설립하여 본격적인 인도 진출을 구상하던 영국이 이런 기회를 놓칠 리 없었다. 이미 마드라스(Madras, 1639)와 뭄바이(Mumbai, 1661), 콜카타(Kolkata, 1690)를 획득한 영국은 마찬가지로 동인도회사를 재건하여 찬다나가르(Chandannagar, 1673)와 퐁디셰리(Pondicherry, 1674)를 획득한 프랑스와 1757년 벵골의 플라시(Plassey)에서 충돌했고, 여기서 프랑스 동인도회사-벵골 연합군에 승리했다. 이제 풍요롭던 벵골의 징세권은 영국 동인도회사로 넘어갔다. 이후 영국은 동인도회사를 내세워 마이소르(1767~1799), 마라타(1775~1819), 시크(1845~1849) 같은 왕국들과 전쟁을 벌이면서 인도를 서서히 점령해 나갔다.

1857년 5월에는 영국 동인도회사에 고용된 인도인 용병 '세포이(Sepoy)'들이 반영항쟁에 돌입했다. 그런데 제20대 술탄 바하두르 샤 2세(Bahadur Shāh II, 재위 1837~1857)가 항쟁을 지원하자, 이해 9월 영국 정부가 직접 군대를 파견해 델리를 점령하고 바하두르 샤

처형당하는 세포이

세포이 항쟁은 안 그래도 세포이의 동남아시아 파병 문제와 차별 대우로 불만을 품고 있던 세포이들에게 소기름과 돼지기름을 바른 탄약통이 지급되면서 촉발되었다. 총에 총알을 장전하기 위해서는 탄약통 끝을 입에 물어야 했는데, 여기에 소와 돼지기름을 칠해놓은 것이다. 대부분이 힌두교나 이슬람교도였던 세포이들은 이를 자신들의 종교를 모독하는 처사로 받아들이고 탄약통을 입에 물길 거부했다. 명령을 거부하는 세포이들에게 족쇄를 채우자 이 소식을 들은 동료들이 분노하여, 일제히 영국에 대항하기 시작했다. 이것이 이내 영국 동인도회사의 폭압적인 식민지 지배에 대한 항거로 발전했다. 영국은 이 사건을 '세포이 반란'이라고 하지만, 인도는 '세포이 항쟁' 혹은 '제1차 독립전쟁'으로 규정한다. 그림은 1857년 9월 8일 영국 군인들이 사로잡은 세포이들을 처형하고 있는 장면이다. 대포 입구에 매달아 폭살했다. 1858년 런던 출판사에서 발행한 판화의 한 장면이다.

2세를 폐위하여 추방했다. 이로써 무굴 제국은 330년 만에 역사 속으로 사라졌다. 세포이 항쟁은 이후에도 계속되다가 1859년에 최종적으로 진압되었다. 이후 영국은 정부가 인도를 직접 관할하기로 결정하고 영국 동인도회사를 해체한 후 1877년 영국령 인도 제국을 선포했다.

역사의 현장에서

사랑의 메카, 아그라의 타지마할

인도를 떠올리면 왠지 신비와 환상의 이끌림으로 마음이 설레곤 한다. 그리고 항상 타지마할이 인도의 상징처럼 나를 유혹해 온다. 누더기 같은 옷을 걸치고 쓰러질 듯이 초라한 몸매로 가난에 찌들어있는 사람들의 모습은 아무래도 좋다. 인도에는 정신이 있어 좋다. 타지마할을 보는 것만으로도 이 모든 것은 상쇄되고도 남으리라. 불교가 창시되었고, 힌두교를 믿고 있는 인도에서 이슬람 문화의 유적인 타지마할이 갖는 의미도 색다르다.

이른 아침 델리에서 출발한 버스는 외국인 관광객과 보따리 상인을 잔뜩 실은 채 아그라로 향했다. 아그라 일대에서 벌어진 무슬림과 힌두교도 간 유혈 충돌이 아직 수습되기 전이니, 여행을 자제해 달라는 한국 대사관 직원의 걱정 어린 충고가 생각났으나, 타지마할을 떠올리면 도저히 포기할 수 없는 여행이었다. 군데군데 차를 세우고 차 안을 검문하는 군인들의 날카로운 눈초리가 섬뜩하여 불안감이 커진다. 연신 땀을 닦는 나의 모습이 안쓰러운지 옆에 앉은 하얀 수염이 인상적인 노인이 색색의 재료에 향료를 더해 나뭇잎에 싸서 건네

준다. 맵고 상쾌한 맛에, 혀끝에 향기가 돌면서 정신이 번쩍 들었다. 혀가 빨갛게 물들었다. 일종의 씹는 향료인데, 마약 같은 효과가 있는 것 같았다. 나이가 50대 중반이라는 그 노인 아닌 노인은 "아그라는 수백 년 동안 이슬람 문화가 지배하던 곳인데, 힌두교도들이 기득권을 내세우며 행패를 부린다"라며 인도 정부의 소극적인 대응에 불만을 털어놓았다. 보아하니 무슬림이다.

델리에서 남쪽의 아그라에 이르는, 190킬로미터의 황량한 벌판에는 40도를 웃도는 더위와 끝없이 펼쳐지는 대자연의 위력만이 가득했다. 숨쉬기도 어려운 건조한 더위 속에 염소를 치고 밭을 가는 농부들의 모습이 보인다. 이것이 13억 인도인의 저력인가 보다. 에어컨도 없이 4시간을 달린 버스는 긴 경적 소리와 함께 아그라에 도착했다. 그토록 그리던 꿈의 도시 아그라다.

곧바로 자무나(Jamuna) 강가에 자리한 타지마할로 향했다. 순백의 대리석이 조화된 아름다운 자태에 그저 멍하게 몇 시간이고 앉아서 바라보기만 했다. "인간이 만든 최고의 걸작"이라는 어느 시인의 말에 공감하는 순간이었다. 인도 최대의 이슬람 국가 무굴 제국의 5대 황제 샤자한에 의해 17세기에 건축된 타지마할은 현존 인도-이슬람 건축의 압권일 뿐만 아니라 세계 건축사에 우뚝 선 예술의 결정체이다. 힌두 왕비의 아들로 힌두 혈통을 이어받은 샤자한은 남다른 예술적 재능을 지닌 인물로, 특히 건축을 사랑했다. 타지마할을 비롯해 델리의 레드포트와 자마 마스지드를 세웠고, 아그라성을 재건했다.

그러나 그가 이 모든 것보다 사랑한 존재는 아름다운 왕비 뭄타즈 마할이었다. 그는 잠시도 왕비를 혼자 두지 않았다. 전국을 순회할

뭄타즈 마할

아그라의 부유한 페르시아 귀족 가문 출신으로 본명은 아르주만 바누 베굼(Arjumand Banu Begum)이다. '뭄타즈 마할'은 샤자한이 그녀에게 준 칭호로, 페르시아어로 '궁전의 귀인'이란 뜻이다. 자한기르의 황후 누르자한의 조카딸이기도 하다. 뭄타즈 마할은 19세에 샤자한과 결혼했고, 1631년에 출산 후유증으로 사망했다. 그림은 그녀의 초상화가 아니라 후대에 그려진 상상화다. 황실 여인의 실물을 보며 그린 초상화는 없다.

때도, 심지어는 정복전쟁에도 그녀를 데리고 다녔다. 그녀는 자식을 14명이나 낳았고, 결국 출산 후유증으로 사망했다. 39세의 젊은 나이였다.

타지마할은 샤자한이 사랑하는 왕비 뭄타즈 마할의 죽음을 애도하며 자신의 온갖 예술적 정열과 국력을 쏟아 22년에 걸쳐 완성한 궁전 형식의 묘당이다. 그녀가 떠난 후 젊고 야망에 찼던 샤자한은 점차 감정적으로 변해갔다. 뭄타즈 마할이 없는 이 세상은 그에게 의미가 없어 보였다. 말년에 그는 권좌에서 쫓겨나 자신이 재건한 아그라성에 유폐되었다. 그러나 다행히도 그곳에서는 자무나 강가의 타지마할이 바라다보였다. 너무나 낭만적이었던 황제의 사랑은 저세상에서도 계속되었을 것이다. 죽은 뒤 왕비 옆에 나란히 묻혔으니 말이다.

타지마할의 묘당

타지마할은 무굴 건축의 상징이라 할 수 있다. 묘당 입구(왼쪽)는 모스크의 아치 양식을 닮아있고, 묘당 앞으로는 무굴식 정원이 펼쳐져 있다.

타지마할은 페르시아풍의 이슬람 양식에 인도 고유의 미를 가미한 것이 특색이라 하겠다. 입구에 들어서자 남북으로 긴 페르시아풍의 분수 정원이 사랑의 순례객들을 묘 궁전으로 인도한다. 백색 대리석 벽돌로 정교하게 쌓아 올린 중앙 돔 사방을 4개의 작은 돔이 장식하고, 역시 4개의 원형 미너렛이 건물의 네 방향에 솟아있다.

건물 입구의 형태와 아치는 전형적인 이슬람 모스크 양식인데, 세계 각지에서 운반해 온 색색의 대리석으로 꾸며져 있다. 견고한 백색 대리석은 인도의 마캄(Makham) 지방에서, 흑색 대리석은 남인도, 녹색 대리석은 남아프리카와 러시아에서 각각 운송되어 왔다고 한다. 특히 정문의 아치와 내부 벽면은 백색 대리석 바탕에 연꽃, 재스민, 장미 무늬를 음각한 뒤, 청옥, 루비, 진주, 산호, 벽옥 등 42종의 각기 다른 형형색색의 주옥으로 상감 처리했는데, 화려한 조화와 예술적 조각술에 경탄을 금할 수 없다. 더욱이 장식에 인도의 연꽃 문양을 강조함으로써 인도-이슬람 예술이라는 독특한 영역을 일구어냈다. 외부 벽면은 대리석 양각으로 꾸미고, 사방의 기둥 면은 서로 다른 색깔의 대리석 조각을 V자형으로 연결하여 정연하게 구성했는데, 바로 앞에서도 평면을 8각의 기둥으로 착각할 정도로 정밀한 조각 건축미를 보여준다.

높이가 75미터나 되는 타지마할의 내부에는 입구 1층 정중앙에 뭄타즈 마할의 관과 샤자한의 관이 나란히 남북으로 안치되어 있다. 얼굴을 서쪽 메카 방향으로 향하게 하여 전통적인 이슬람 묘지 구조를 갖추고 있다. 더욱 재미있는 것은 1층의 두 관은 유골이 없는 빈 관이고, 실제 관은 지하 묘실에 똑같은 위치에 놓여있다는 사실이다. 당

1층의 묘실

왼쪽이 샤자한의 관, 오른쪽이 뭄타즈 마할의 관인데, 둘 다 빈 관이다. 지하 묘실에 두 사람의 실제 관이 있는데 그곳의 뭄타즈 마할의 관 아래에는 기단이 없다.

시에는 왕족의 묘실에 일반인은 출입할 수 없었다. 따라서 똑같은 형태의 묘실을 하나 더 만들어 애틋한 사랑의 순례자들을 위해 참배의 기회를 주고자 했던 것일 테다.

샤자한의 비통한 마음을 느껴보고자 자무나강 저편의 아그라성으로 가보았다. 성안의 팔각형 탑 '무삼만 부르즈(Musamman Burj)'에서 바라다본 타지마할은 마침 석양의 붉은 빛으로 긴 그림자를 자무나 강변에 드리우고 있었다. 이곳에서 오직 죽은 뭄타즈만 생각하며 추억과 비애 속에 만년을 보냈다고 생각하니, 천하를 얻은 황제의 말로가 너무나 애틋하고 비통하여 절로 콧등이 시큰하다.

인도인 남녀가 뭄타즈 마할의 묘에 장미 꽃송이를 던지고 향을

무삼만 부르즈

무삼만 부르즈는 아그라성에 있는 팔각형의 탑이다. 샤자한이 개인적으로 손님을 접대하는 홀인 디와네카스(Diwan-e-Khas)와 가깝다. 멀리 타지마할이 보인다.

피우며 힌두식으로 기도하고, 또 엎드려 불교식으로 절하는 모습에서 종교를 초월한 아름다운 사랑의 희구를 읽을 수 있었다. 사랑의 메카요, 인도 건축의 금자탑인 타지마할을 만나는 일은 이제 우리가 세상에 태어난 보람을 하나 더하는 것일 테다.

03 무굴 제국의 거버넌스와 경제

지방행정구역

무굴 제국의 지방행정구역은 아크바르 대제 시기에 정비되었다. 처음에는 영토를 12개의 '수바흐(Subah)'로 나눴는데, 정복활동의 결과 영토가 확장되면서 치세 말기에는 15개가 되었다. 수바흐는 오늘날의 주(州)와 비슷한 개념으로 보면 무방하다. 수바흐의 관할권자는 '수바흐다르'로 불렸다. 수바흐는 다시 사르카르(Sarkar)로 나눴고, 사르카르는 다시 파르가나(Pargana)나 마할(Mahal)로 세분했다. 후대의 통치자들이 정복을 거듭할수록 수바흐의 개수는 늘어났고, 제국의 쇠락이 분명해진 18세기부터는 많은 수바흐가 점차 독립하거나 마르타 왕국에 지배당했다.

다양한 종족과 종교, 문화를 인정한 무굴 제국의 중앙정부는 원칙적으로 지방행정에 개입하지 않았다. 그 결과 인도 서부 혹은 북부의 대표적인 혈족 공동체인 마라타, 라지푸트, 파슈툰(Pashtun), 힌두 자트(Hindu Jat)와 종교 공동체에서 비롯한 시크 등은 군사적·

행정적으로 상당한 자율성을 보장받았다. 그들은 중앙정부와의 협력 또는 경쟁을 통해 무굴 제국을 이끄는 중심 세력이 되거나 독립 왕국을 세워 제국 정부에 저항했다.

글로벌 공업의 중심지

무굴 시대에는 제국 전역에 도시와 도시를 연결하는 광범위한 도로망이 구축되었다. 이를 통해 경제 교류가 활성화되어 도시와 상공업이 발달할 수 있었다. 물류의 핵심인 도로망의 정비와 보수 및 관리를 위해 이를 전담하는 공공시설국도 설치했다. 활발한 경제 교류는 국내에 국한되지 않았다. 무굴 시대는 서유럽의 해상 강국들이 대서양 항로를 통한 동방무역을 독점하기 위해 치열하게 경쟁한 시대이기도 하다. 이 시기에는 포르투갈, 네덜란드, 영국 등과의 교역을 통해 인도의 원자재와 면제품 등이 유럽 시장으로 수출되었다. 특히 벵골 지방의 면직물과 실크가 무굴의 주된 수출품이었다. 벵골의 면직물과 실크는 유럽은 물론 인도네시아, 중앙아시아, 일본까지 팔려나갔다. 그 지역에서 면직물이 '다카(daka)'라 불릴 정도로 널리 퍼졌다. 영국 동인도회사가 인도를 점점 더 탐하게 된 이유도 인도산 면직물을 유럽에 내다 팔면 엄청난 수익을 낼 수 있었기 때문이다. 그래서 인도인들이 손으로 짠 면직물이 기존의 후추나 향료를 제치고 영국 동인도회사의 주된 무역품이 되었다.

이로써 17세기 인도의 무굴 제국은 세계 최대의 경제권으로 성장하게 되는데, 1700년 인도는 전 세계 생산의 24.4퍼센트를 차지했다. 특히 제조업 분야를 중심으로 1750년까지 글로벌 공업 생산량의 약 4분의 1을 생산했다. 임금 수준이나 노동생산성도 동시대 유럽에 비하면 월등히 높았다.

무굴 제국의 경제는 17세기 말과 18세기 초를 기점으로 점차 쇠락하게 되는데, 새로운 경작기술이 개발되거나 농법이 개량되지 못한 채, 과도한 경작으로 인해 토지가 산성화되고 농업생산력이 감소한 것이 가장 큰 원인이었다. 더욱이 행정질서가 무너지면서 관리들의 착취와 사치가 심해졌고, 이로 인해 농민들의 부담이 가중되었다. 무엇보다 영토 확장과 반란 진압을 위한 끊임없는 군비 지출이 국가의 경제를 더욱 악화시켰다.

지방행정구역의 정비와 영토 확장, 경제 인프라 구축을 통한 국내 경제의 활성화와 유럽과의 무역으로 아크바르 시기에 이미 무굴 제국은 120개의 대도시와 3,200개의 마을이 자리를 잡았다. 각 도시에는 25만 명에서 50만 명의 인구가 거주하고 있었고, 벵골만의 다카(Dhaka)에 약 100만 명, 델리에 약 60만 명, 라호르에 약 70만 명, 아그라 같은 수도에는 거주민이 약 80만 명에 이르렀다.

역사의 현장에서

무굴 제국의 향기가 살아있는 파키스탄의 라호르

놀라운 포용력을 간직한 종교, 이슬람

무굴 시대에는 이슬람과 힌두 문화가 만나면서 그 어디에서도 흉내 낼 수 없는 화려하고 우아한 예술이 탄생했다. 타지마할로 대표되는 무굴 예술은 특히 건축에서 뛰어난 기량을 발휘했고, 세밀화나 세공, 왕궁이나 정원 건축에서도 아름다움을 맘껏 뽐냈다. 무굴 제국의 예술적 향기는 광대한 제국 곳곳에 아직도 강하게 남아있다. 파키스탄 제2의 도시인 라호르 역시 아크바르가 통치하던 16세기 후반 한때 무굴 제국의 수도로서 인도의 델리, 아그라와 더불어 무굴 문화의 정수를 잘 간직하고 있다. 지금도 무굴 제국 시대의 많은 이슬람 문화유적과 유물이 남아있다. 세계에서 두 번째로 큰 바드샤히 모스크(Badshahi Mosque), 아름다운 궁정 요새인 라호르 성채 등 화려하고 장대한 이슬람 유적을 구경하다 보면 무굴 제국의 영광이 지금도 계속되고 있는 듯 느껴질 정도다. 그래서 "라호르를 보지 않으면 세상에 태어나지 않은 것과 같다"라는 말이 있을 정도로, 라호르는 갖가지 문화유적과 예술품 등 볼거리로 가득하다.

라호르는 어디를 가나 붉은빛으로 가득하다. 붉은색은 무굴 제국의 영화와 권위의 상징이다. 영국 식민지 시대의 붉은 빅토리아식 건물은 물론, 무굴 제국 시대의 궁전과 모스크도 대부분 붉은 사암(모래가 뭉쳐서 단단히 굳어진 암석)으로 치장되어 있다. 게다가 내리쬐는 건조한 태양에 수만 년간 달구어진 대지마저 붉은 흙이다.

라호르를 호흡하기 위해 시내로 나왔다. 도시 언저리에는 빛바랜 가난의 흔적이 오랜 역사만큼이나 쓸쓸하게, 군데군데 모습을 드러내고 있었다. 그래도 라호르는 16~18세기 무굴 제국의 영광과 역사적 광채가 살아있는 천년 고도이기에, 이곳 사람들의 자부심과 긍지만은 조금도 퇴색되지 않은 듯했다. 이들은 지금도 많은 사람이 라호르를 보지 못한 채 살아가는 것을 안타까워한다.

이슬람은 완벽한 혼합문화의 성격을 띤다. 7세기 아라비아반도의 척박한 오아시스 도시에서 싹튼 이슬람은 유일신 알라의 계시를 담은 종교성과 선험적 우월감, 열정에 불타는 유목 전사들의 신앙심으로 튼튼한 용광로의 기틀을 갖추는 데 성공했다. 하지만 그 용광로를 채울 문화적 콘텐츠는 아직 성숙하지 못한 상태였다. 이때 이슬람은 정복지의 문화적 전통과 다양한 예술 장르를 폭넓게 받아들이고 아우르는 놀라운 포용력을 보여주었다. 메카를 기점으로 동서로 퍼져나간 이슬람은 다양한 문화를 만나면서 건축에는 세련미가, 미술에는 화려함이 더해졌고, 이는 이슬람 문화를 더 풍성하게 만드는 계기가 되었다. 이슬람의 위대함은 이처럼 자기와 다른 생각을 받아들여 새로운 문화를 창출해 내는 힘에 있다.

비잔티움과 페르시아라는 그 당시 세계 최고 수준의 두 문명을 일시에 제압하고 받아들인 이슬람은, 서쪽으로는 북아프리카를 거쳐 에스파냐 땅 그라나다에 알함브라 궁전이라는 걸출한 건축 예술을 남겼다. 그리고 실크로드를 따라 동쪽으로 가서는 인도의 토착문화까지 받아들여, 타지마할이라는 인류 최고의 건축을 남겼다. 하지만 인도의 아그라가 타지마할이라는 한 점으로 기록된다면, 파키스탄의 라호르는 이슬람 문화 시대를 활짝 연 무굴 제국의 박물관이나 다름없다. 지금도 이곳에서는 무굴 제국이 꽃피운 독특한 이슬람 문화의 화려함과 역동성이 살아 숨쉬고 있다.

시내를 대충 둘러보고 곧장 바드샤히 모스크로 달려갔다. 여행하면서 가장 가보고 싶었던 곳을 먼저 찾는 것은 나의 오랜 습관이다. 그래야 원하는 곳을 마음껏 둘러볼 수 있고, 나머지 것들을 포기해도 마음이 덜 아프기 때문이다.

모스크에 가려면 먼저 로슈나이 게이트(Roshnai Gate)를 통과해야 한다. 문으로 들어가니 책에서만 보아왔던 넓은 정원이 나를 반겼다. 하주리 정원(Hazuri Bagh)이다. 붉은 사암이 깔린 정원 한가운데서 대리석 분수가 물을 뿜고, 하얀 대리석으로 지은 파빌리온은 세 방향으로 펼쳐져 있었다.

이제 모스크로 향할 차례다. 계단을 올라 모스크 정문을 지나니, 바드샤히 모스크가 핑크빛 모습을 드러냈다. 아우랑제브 치세인 1674년부터 공사를 시작해서 30년 만에 완공되었다고 한다. 3개의 하얀 대리석 돔이 그렇게 아담하고 우아할 수가 없다.

모스크를 둘러싼 사방 모퉁이에 작고 하얀 돔을 얹은 붉은색 미

바드샤히 모스크·하주리 정원·라호르 성

제일 앞쪽에 3개의 돔을 얹은 건물이 바드샤히 모스크, 모스크 정문을 나서면 나타나는 공간이 하주리 정원, 그 뒤가 바로 라호르 성채다. 하주리 정원과 라호르 성채 사이에 보이는 하얀색 문이 라호르 성의 정문 알람기리 게이트(Alamgiri Gate)로, 아우랑제브 치세인 1674년에 세워졌다. 하주리 정원은 1799년 펀자브의 시크교도들을 규합해 시크 왕국(Sikh Empire, 1799~1849)을 세운 란지트 싱(Ranjit Singh)이 조성한 정원인데, 정원 왼쪽에 서있는 하얀 건물은 란지트 싱의 유골함을 보관하기 위해 그 아들들이 지은 건물이다. 명칭이 '란지트 싱의 삼매경(Samadhi of Ranjit Singh)'이다. 여기서 '삼매경(三昧境)'은 불교, 시크교, 힌두교, 자이나교에서 명상의 최고 단계를 일컫는 말이다.

너렛이 우뚝 서있었는데, 파란 하늘과 기가 막힌 조화를 이뤘다. 미너렛의 높이는 정확하게 정원과 맞닿은 적색 사암으로 쌓은 담 한 면의 3분의 1 길이로 설계되었다고 한다.

평일인데도 모스크 안은 기도드리는 사람들로 가득했다. 실내 장식과 아라베스크는 화려한 페르시아 양식과 동양적인 신비로움을 간직한 인도 양식이 잘 조화를 이루어 무굴 문화 특유의 독특한 색채를 마음껏 뽐내고 있었다. 특히 이 모스크에는 이슬람을 완성한 예언자 무함마드의 머리카락, 그의 딸인 파티마와 사위 알리의 유품들이 보존되어 있어, 파키스탄 무슬림들의 중요한 순례지로 꼽힌다. 모스크의 지도자인 이맘의 허락을 얻어 204개의 나선형 계단을 돌고 돌아 미너렛 꼭대기에 올랐다. 라호르 성채를 비롯한 구시가 전경이 손에 잡힐 듯 한눈에 들어왔다.

외부는 투박하게, 내부는 화려하게

미너렛에서 내려와 한숨 돌린 뒤, 이웃의 라호르 성채를 둘러보았다. 라호르 성채는 무굴 제국의 전성기를 이끈 아크바르 대제가 1584년부터 1598년까지 라호르에 살면서 건설한 궁전과 도시 성곽이다. 도시 전체를 붉은 벽돌담으로 둘렀는데, 한 면의 길이가 자그마치 380미터에 이르며, 문이 12개나 된다고 한다. 아크바르 대제에 이어 자한기르와 샤자한이 부속 건물과 묘당, 정원을 증축하여 오늘날의 모습을 갖추었다.

특히 '거울 궁전'이라 불리는 쉬시마할(Sheesh Mahal)이 가장 인상적이었다. 이곳은 왕비가 거주하던 공간으로, 벽면과 천장 전체를

쉬시마할

라호르 요새 북서쪽 구역에 위치한 쉬시마할은 샤자한이 건설하고, 후에 시크 왕국 시기 란지트 싱이 추가 건축을 했다. 다소 투박해 보이는 대리석 기둥으로 지지한 5개의 아치로 구성된 파사드(façade)와 달리 그 안쪽은 '거울 궁전'이라는 명성에 걸맞게 값비싼 반사 유리 타일을 써 화려하게 장식되어 있다.

거울 모자이크와 프레스코, 유리, 진주 등으로 꾸며놓았다. 어떤 궁전에서도 본 적이 없는 화려한 아라베스크의 색감과 기하학적 균형이 극치를 이루고 있었다. 이 역시 왕비 뭄타즈 마할을 위해 타지마할을 건설한 샤자한이 만들었다고 한다.

시내에 나온 김에 서점에서 전공 책을 몇 권 사고, 근처에 있는 차만 아이스크림 가게를 찾았다. 라호르 사람들이 즐기고 자랑하는

샬라마르 바그

샬라마르 바그는 인간이 자연의 모든 요소와 완벽하게 조화를 이루며 공존하는 지상낙원을 염두에 두고 설계한 페르시아식 파라다이스 정원이다. 이 정원의 파빌리온 역시 흰 대리석으로 지은 것이다. 샤자한 치세인 1641년에 조성하기 시작해 이듬해 완성했다. 1981년 유네스코 세계문화유산으로 등재되었다.

차만 아이스크림은 과일을 듬뿍 갈아 넣은 뒤 피스타치오와 아몬드를 버무려 독특한 향과 맛을 가미한 것이다.

아이스크림의 달콤한 맛을 음미하면서 시민들이 즐겨 찾는 무굴 시대의 정원인 샬라마르 바그(Shalamar Bagh)로 향했다. 입구에서 시작된 기다란 수로와 화단은 3단으로 꾸며져 있는데, 점점 높이가 낮아지면서 왕의 침소에까지 다다르게 설계되어 있다.

04 무굴 제국의 문화

학문과 언어

무굴 제국은 수바흐마다 마드라사를 건립했다. 학생들은《꾸란》과 이슬람 신학과 법학(샤리아)을 배웠을 뿐만 아니라, 과학 같은 세속 학문을 함께 배웠다. 무굴 제국 시대의 학문은 이미 동시대 오스만 제국이나 사파비 왕조와 교류하면서 세계 최고 수준에 도달했으며, 르네상스 이후 유럽의 예술과 과학적 진보로부터도 영향을 받았다. 후마윤 시대에 이슬람 천문대의 전통에 근거한 천문대가 설립되었는데, 이슬람 천문학의 기본에 인도 고유의 천문 지식이 더해지면서 상당한 학문적 성과를 거두었다.

티무르 시대를 이어 무굴 시대에도 궁중에서는 페르시아어가 사용되었다. 그러나 군대에서는 힌디어, 페르시아어, 아랍어 등 다양한 언어가 혼용되었다.

융합을 기반으로 한 무굴 예술

무굴 제국은 이슬람 문화에 페르시아는 물론 힌두 문화를 융합한 독특한 문화를 창출했다. 무굴 제국의 예술에서 단연 돋보이는 장르는 세밀화였다. 무굴 제국의 세밀화는 크게 두 종류로 나뉘는데, 하나는 인도 북서부 라지푸타나(Rajputana)에서 발전한 '라지푸트 회화'이고, 또 하나는 무굴 궁정에서 발달한 '궁정 세밀화'이다. '라지푸트 회화'는 16세기경부터 인도 북서부 라지푸타나의 라지푸트 라자들의 후원 속에서 발달한 양식으로, 동시대 무굴 궁정의 세밀화와는 달리, 힌두교, 특히 서민들 사이에 널리 퍼진 비슈누(Viṣṇu) 신앙에 기반을 둔 종교적이고 신비한 관념세계를 그린 것이 특징이다. 라지푸트 회화는 윤곽선이 뚜렷하고 색이 선명하며, 사람과 동물은 매우 사실적으로 묘사하지만, 배경은 단순하고 대담하게 표현한다.

궁정 세밀화는 페르시아의 세밀화에 라지푸트 회화의 영향이 더해진 것으로, 황제나 궁정 귀족들의 초상화와 궁정 행사, 생활 모습, 역사적 사건 등을 소재로 삼았다. 무굴 시대의 세밀화는 특히 인물과 동물을 사실적으로 묘사하고 원근법과 명암을 대비하여 입체감을 살리는 것이 특징이다. 색채 사용이 자유롭고 과감하며 때로는 금가루를 사용해 화려하기까지 하다. 즉, 사파비 제국이나 오스만 제국, 티무르 제국 시대의 세밀화에 비해 훨씬 사실적이고 장식적이다.

다양한 인종과 신앙이 용광로처럼 어울리는 무굴이라는 캔버

〈크리슈나와 라다로 분한 기샨가르의 라자 사반트 싱과 그의 아내 바니 타니〉(1760년경)

18세기 사반트 싱(Savant Singh)의 치세 기샨가르(Kishangarh) 궁정의 화가였던 니할 찬드(Nihâl Chand, 1710~1782)의 작품이다. 그는 사반트 싱을 위한 독특한 스타일의 라지푸트 회화 작품들을 생산했는데, 대부분 그들 부부를 젊고 아름다운 청년 크리슈나(Kṛṣṇa)로 분한 힌두교의 비슈누 신과 우유 짜는 처녀 라다(Radha)로 표현했다.

〈조신(朝臣)을 접대하는 바부르〉(1580~1585년경)

사파비와 무굴의 궁정에서 활동한 페르시안 세밀화 화가 파룩 벡(Farrukh Beg)의 작품이다. 종이에 금을 섞어 만든 불투명한 물감으로 그린 다음 테두리를 둘렀다. 전체적으로 색이 선명하고 화려하며 인물 표현이 상당히 사실적이다.

스에서 표현되는 문화는 새로운 '인도스러움'을 만들어냈다. 이 시대 인도스러움의 특성들은 건축에서 단연 돋보였다. 무굴 시대 인도에는 수많은 왕궁과 성곽, 공공 건물, 모스크 등이 건립되었다. 무굴 술탄들이 조성한 물이 흐르는 아름다운 정원은 페르시아식 정원에 인도 양식을 결합한 무굴식 정원들이다. 이 가운데 자한기르가 누르 자한을 위해 조성한 카슈미르의 샬리마르 바그(Shalimar Bagh)와 샤자한이 조성한 라호르의 샬라마르 바그(Shalamar Bagh) 등은 오늘날에도 그 아름다움을 간직하고 있다. 성 같은 거대한 건축물들은 아크바르 시대에 조성이 시작되었다고 볼 수 있다. 아그라성과 파테푸르 시크리의 성이 대표적이다.

아크바르는 라지푸트인 출신 후궁들을 위해 구자라트 양식을 도입하기도 하고 페르시아의 양식을 본받기도 했다. 페르시아식 건축 양식은 후에 무굴 제국의 중요한 건축 양식으로 자리잡게 된다. 샤자한 때는 여기에 섬세한 힌두 장식과 조형미가 더해져 웅장하면서도 세련된 건축물들이 많이 세워졌다. 그중 가장 유명한 것은 역시나 타지마할이다.

자한기르와 샤자한은 튀르크어와 페르시아어에 관심이 많았다. 그 덕분에 문학작품과 역사서가 페르시아어로 기록되는 일이 많았다. 그 외 산스크리트어로 쓰인 인도의 대서사시들을 이들 언어로 번역하기도 했다. 예를 들면 아크바르는 산스크리어로 쓰인 인도 고대의 대서사시 《마하바라타(Mahābhārata)》를 페르시아어로 번역하게 했고, 이는 세밀화를 삽화로 곁들인 《라즘나마(Razmnama)》로 재탄생했다. 더욱이 페르시아의 천문학과 철학을 받아들여 무굴의 학문과 접합시키기도 했다.

이 시기의 공예품은 상류층의 사치품이 발달했다. 주로 금이나 은, 그 외의 보석으로 장식한 무기와 장신구, 섬세한 문양이 새겨진 그릇 등이 대표적이다. 질 좋고 화려한 비단과 벵골의 고급 면직물도 이들을 위한 사치품이었다.

역사의 현장에서

남인도의 정신을 담은 영성의 큰 그릇, 퐁디셰리

인도를 이해하는 방식은 저마다 다르다. 오랜 문명과 영성이 충만한 영혼의 안식처라는 찬사와 함께 차별과 가난이 카스트와 종교의 이름으로 대물림되는 나라라는 비난도 있다. 그래서 인도를 하나의 모습으로 정리할 수는 없을 것 같다. 인도인들은 아직도 다른 사람은 흉내 낼 수 없는 저만의 삶의 철학을 갖고 신에게 순응하는 지혜를 알고 있다. 이승에서의 짧은 생애가 아니라, 전생-이생-내세를 아우르는, 시작도 끝도 없는 영겁의 시간을 살고 있다. 나는 그런 인도를 남부 타밀나두(Tamil Nadu)주 퐁디셰리에서 만날 수 있었다.

북인도는 아무래도 수많은 외침을 통해 다양한 문화가 뒤섞였고, 무엇보다 300여 년간 이슬람 제국의 통치를 겪으면서 건축이나 관습에서 힌두와 이슬람의 문화가 융합한 모습이 뚜렷하다. 그래서 인도 토착문화의 숨결을 느끼기 위해 남쪽 끝의 타밀나두주, 그 주의 중심도시인 퐁디셰리로 가보기로 했다. 첸나이(Chennai)에서 남쪽으로 약 60킬로미터 거리에 있는 벵골만의 코로만델(Coromandel) 해안을 따라 2시간을 달리면 드라비다인의 문화와 남인도 토착 힌두교

아르주나의 고행

《마하바라타》 속 아르주나의 고행을 묘사했다는 암석 부조다. 높이 12미터에 폭 30미터로, 세계 최대 규모다. 천상에 있던 갠지스강이 시바의 명령에 따라 지상으로 하강하는 장면을 그렸다고 해석해서 '갠지스강의 하강(Descent of the Ganges)'이라 부르기도 한다.

가 강하게 뿌리내리고 있는 힌두교 유적지 마말라푸람(Mamallapuram)에 도착한다. 유네스코 세계문화유산 지대인 이곳에서는 '해변 사원'과 하나의 바위를 뚫어 아르주나(Arjuna), 비마(Bhima), 다르마라자(Dharmaraja) 등 《마하바라타》에 등장하는 다섯 판다바(Pandava) 형제들로 형상화한 '다섯 라타(Panch Rathas)', 야외의 거대한 바위에 부조한 '아르주나의 고행(Arjuna's Penance)' 등 힌두 최고의 걸작들을 만날 수 있다. 바위를 비누 조각 다루듯이 자유자재로 다루면서 힌두 서사시와 신들의 이야기를 조각으로 재현했다. 남인도에서만 느낄 수 있는 토착 드라비다인의 힌두 신앙은 1시간을 더 남쪽으로 달려 퐁디셰리까지 이어진다.

17세기부터 프랑스의 지배를 받아서인지 경찰의 빨간 모자나 바둑판처럼 구획된 거리가 다른 인도 도시보다 질서정연하다고 느끼게끔 만든다. 유럽 식민시대 건물도 더러 눈에 띈다. 일찍부터 멀리 로마와 교역을 시작했고, 아랍과 중국을 잇는 해상 실크로드의 중간 기착지로 번성하다가, 1674년 이후에는 프랑스의 식민 통치를 경험했다. 서양과 동양, 중동까지 온몸으로 호흡한 도시지만, 놀랍게도 가장 인도다운 정취와 맑은 문화가 잘 남아 계승되고 있다. 퐁디셰리의 매력이다.

퐁디셰리 시내를 남북으로 가로지르는 강줄기를 중심으로 동쪽은 프랑스풍이고 서쪽은 토착 인도의 기운이 물씬하다. 마침 휴일 오후라 해변 길을 따라 길게 늘어서 있는 휴식처에는 시민들이 시원한 바다를 향해 앉아 각자 준비해 온 음식을 나눠 먹으며 이야기꽃을 피우고 있었다. 프랑스 영사관을 중심으로 1791년에 세워진 동정녀 마리아 성당(Immaculate Conception Cathedral), 고딕 양식과 스테인드글라스가 돋보이는 성 하트 성당(Basilica of the Sacred Heart of Jesus) 사이에서 인도인들은 담담하게 너무도 인도적인 자신의 삶을 살아가고 있었다.

시내 중심을 이루는 해변의 간디(Gandhi) 동상은 아이들의 미끄럼틀로 변해있었다. 동상을 막는 철책도 없고, 장난치는 아이들을 야단치는 어른도 없다. 근엄한 간디가 아니라 인도인들의 사랑 속에서 아이들과 함께 뒹구는 간디의 모습이 오히려 자연스러웠다. 시간을

랑골리

쌀가루, 석횟가루, 색모래, 꽃잎 등의 안료를 사용하여 집 마당이나 거실의 바닥을 장식하는 그림이다. 랑골리는 남인도 첸나이와 하이데라바드 등지에서 볼 수 있는 남인도의 전통이다. 타밀어로는 '코람(kolam)'이라고 한다. 집안의 무사 안녕을 기원하며 부의 여신인 '락쉬미'를 환영하는 의미도 있다.

보내며 흥겹게 이야기를 주고받는 시민들의 소리는 알아들을 순 없었지만 향긋한 카레 향을 머금은 신화처럼 내 귓전을 맴돌았다.

길에서 만나는 남인도 사람들은 매우 긍정적이다. 담담하면서도 서두르지 않고 각자가 처한 운명과 삶에 초연한 것 같다. 자신에게 직접적인 피해가 없는 한, 인상 한번 찡그리는 일이 없었다. 예고 없이 카메라를 들이대도 누구 하나 불편해하거나 손사래 치지 않았다. 무심한 그들의 행동에 사진 찍는 내가 더 무안할 정도였다.

해 질 녘, 해변 길 뒤편 골목길로 접어들었다. 인도 서민들의 동네였다. 집마다 밀짚을 피워 빵을 굽고 그 불에 냄비를 올려 요리를 한다. 카레 냄새가 타는 밀짚에서 뿜어내는 자욱한 연기에 섞여 골목으로 퍼져나간다. 너무도 익숙한 인도의 향기이고 인도의 언어다. 식구들이 일터에서 돌아오는 시간, 집안을 지키던 할머니는 밖에 나와 마당을 쓸고 길바닥의 꽃 그림을 다시 정돈한다. 그들은 매일 아침 일찍 일어나 신을 맞이하는 꽃 그림을 길바닥에 그린다. '랑골리(Rangoli)'라 부르는 이 꽃 그림은 악귀를 집안으로 들이지 않겠다는 세계 공통의 소박한 믿음의 표현 같았다. 골목마다 길바닥에 각양각색의 기하학적인 꽃문양이 그려져 있다. 대칭과 비율을 맞춰 정성을 다해 그린 그림이다. 집 문간에 서서 귀가할 식구들을 기다리고 있는 할머니에게 다가갔다.

"이 꽃을 누가 그렸나요? 왜 그리나요?"

"제가 그렸지요. 신의 얼굴입니다. 모든 식구가 신의 가호 속에서 하루를 시작하고 하루를 마무리합니다. 집을 나설 때 한 번, 집에 돌아올 때 한 번 더 밟고 오지요. 그러면 사악한 기운을 막아줍니다. 그리고 그때마다 신과 함께 있음을 감사드리고 자신을 정화하는 소중한 기회가 됩니다."

어떤 철학자도 이보다 더 훌륭하게 대답할 수는 없었다. 무엇보다 남인도 사람들은 모두 천부적인 민중 예술가 같았다. 삶 속에 깊숙이 영혼이 밴 최고의 설치미술가들이다. 나는 이보다 더 큰 감동을 느끼며 바라본 그림이 없었던 것 같다.

오로빌

'동트는 새벽 마을'이라는 뜻의 오로빌은 1968년 건립되었다. 오로빌의 중심에 위치한 금빛 구체인 마트리만디르(Matrimandir) 명상 센터는 우주 어머니의 성소이자 오로빌의 영혼을 상징한다. 마트리만디르 주변은 우주 어머니의 권능을 상징하는 12개의 정원이 있고, 크게 주거·산업·문화·국제 구역 등 4개로 나뉘어 마을이 구성되어 있다.

철학·생태 마을 '오로빌'

그래서인지 퐁디셰리에는 인도의 철학자이자 독립운동가인 스리 아우로빈도(Sri Aurobindo, 1872~1950)가 세운 명상센터 '스리 아우로빈도 아슈람(Sri Aurobindo Ashram)'이 있고, 여기서 12미터 떨어진 곳에 아우로빈도의 영적 동반자 미라 알파사(Mirra Alfassa, 1878~1973)가 아우로빈도의 뜻을 이어 세운 세계적인 영적 공동체 오로빌(Auroville)이 있다. 오로빌은 종교와 문화, 언어와 삶의 방식을 막론하고 한 공동체 안에서 모두 조화롭게 살아보자는 실험이자, 갈등과 증오의 시대에 자연에 순응하며 공동체 정신을 회복해 인간 원래의 영성적 상태로 되돌아가자는 철학으로 운영되는 공동체다. 124개국으로부터 받은 기부금과 자원봉사로 운영되는 이 마을에는 필자가 방문할 당시 40개 나라에서 온 1,800여 명이 공동체 생활을 하고 있었다.

이 공동체가 얼마나 성공할지 아직 잘 모르겠다. 다만 이곳 사람들은 적은 돈으로 느리게 살면서 자족하고, 자기 힘으로 삶을 꾸리면서 노동의 소중함을 깨닫는 것 같다. 모든 종교행위가 가능하고 모든 문화와 전통이 존중되는 오로빌 정신에서 새로운 희망을 보았다. 정신적 진화가 뒷받침되지 아니한 물적 진보만으로 세상을 바꿀 수 없다는 단순한 진리를 퐁디셰리에서 다시 한번 확인했다.

부록

참고문헌

국문 문헌

가와다 준조, 임경택 옮김, 2004,《무문자 사회의 역사: 서아프리카 모시족의 사례를 중심으로》. 논형.

강정인, 2004,《서구중심주의를 넘어서》, 아카넷.

강철구, 2004,《역사와 이데올로기: 서양 역사학의 유럽중심주의에 대한 비판적 검토》, 용의 숲.

계명대학교 실크로드중앙아시아 연구원, 2021,《위대한 유산 아나톨리아》, 청아.

고일홍, 2017,《동서양의 접점: 이스탄불과 아나톨리아》, 서울대학교출판원.

고일홍, 〈문명의 빈곤과 문명 이전의 풍요〉,《인물과 사상》 2009년 12월호(통권 140호), 154~169쪽.

국립중앙박물관, 2008,《페르시아 황금의 제국》, (재)국립중앙박물관 문화재단.

권영필, 2007,《실크로드 미술》, 열화당.

김경미, 2020, 〈신석기시대 거주지 차탈휘윅(Çatalhöyük)의 삶과 예술〉,《동서인문학 58》. 계명대학교 인문과학연구소, 145~178쪽

김경미, 2020,《위대한 유산 페르시아》, 계명대 실크로드중아아시아 연구원.

김기협, 2021, 〈김기협이 발굴한 오랑캐의 역사 16-동양과 서양 사이 구멍난 새로운 세계사 정리〉,《월간중앙》 2021년 2월호.

김기협, 2022,《오랑캐의 역사》, 돌베개.

김산해, 2022,《최초의 역사 수메르》, 휴머니스트.

김산해, 2020,《최초의 신화 길가메쉬 서사시》, 휴머니스트.

김승철, 2013,《지중해 삼국지》, 알트.

김영애·이병도 외, 2000,《동남아의 종교와 국가》, 한국외국어대학교출판부.

김정위, 1989,《중동사》, 대한교과서주식회사.

김정위 편저, 2001,《이란사》. 한국외국어대학교출판부.

김중순, 2018,《횡으로 읽는 문명 이야기: 중반구와 글로벌 르네상스》, 소통.

김호동, 2016,《아틀라스 중앙유라시아사》, 사계절.

라드너, 카렌, 서경의 옮김, 2021,《바빌론의 역사》, 더숲히스토리.
라이언스, 조너선, 김한영 옮김, 2013,《지혜의 집, 이슬람은 어떻게 유럽 문명을 바꾸었는가》, 책과 함께.
라인하르트, 볼프강 편, 이진모·공원국 옮김, 2020,《하버드-C.H.베크 세계사 1350~1750: 세계 제국과 대양》, 민음사.
라피두스, 아이라, 신연성 옮김, 2008,《이슬람의 세계사》, 이산.
로댕, 막심, 김종철 옮김, 1983.《마호멧》, 두레.
로버츠, J.M., 김기협 옮김, 2007,《히스토리카 세계사 1~10》, 이끌리오.
루, 조르주, 김유기 옮김, 2013,《메소포타미아의 역사 1-2》, 한국문화사.
루이스, 버나드, 이희수 옮김, 1998,《중동의 역사》, 까치.
루이스, 버나드, 김호동 옮김, 2001,《이슬람 1400년》, 까치.
말루프, 아민, 김미선 옮김, 2002,《아랍인의 눈으로 본 십자군 전쟁》, 아침이슬.
반잔, 안나, 송대범 옮김, 2008,《페르시아 고대 문명의 역사와 보물》, 생각의 나무.
반호프, 클라아스, 배희숙 옮김, 2015,《고대 오리엔트 역사》, 한국문화사.
발레리 베린스탱, 1998,《무굴 제국》, 시공사.
버넬, 마틴, 오홍식 옮김, 2006,《블랙 아테나: 서양 고전 문명의 아프리카·아시아적 뿌리》, 소나무.
베이징대륙교문화미디어 엮음, 한혜성 옮김, 2010,《생명의 강 티그리스와 유프라테스》, 산수야.
사세휘, 1986,《세계사를 서양인의 눈으로 보지 말고 동양인의 눈으로 보자》, 한국경제신문사.
소병국, 2020,《동남아시아사》, 책과 함께.
손주영·황병하, 2012,《1400년 이슬람 문명의 길을 걷다》, 프리마.
손주영 역주, 2009,《꾸란 선》, 한국외국어대학교 출판부.
스타, 프레더릭, 이은정 옮김, 2021,《잃어버린 계몽의 시대: 중앙아시아의 황금기, 아랍 정복부터 티무르 시대까지》, 길.
아슬란, 뤼스템, 김종일 옮김, 2019,《트로이, 신화의 도시》, 청아.
아일리프, 존, 이한규·강인황 옮김, 2002,《아프리카의 역사》, 이산.
에코, 움베르토, 2015~2016,《중세 I-II-III-VI》, 시공사.
안사리, 타밈, 류한원 옮김, 2011,《이슬람의 눈으로 본 세계사》, 뿌리와 이파리.
암스트롱, 카렌, 유혜경 옮김, 2002,《마호메트 평전》, 미다스북스.
양승윤, 2000,《동남아의 이슬람》, 한국외국어대학교출판부.

올리브, 롤랜드, 배기동·유종현 옮김, 2001, 《아프리카: 500만 년의 역사와 문화》, 여강출판사.
요시다 야츠히코, 하선미 옮김, 2010, 《세계의 신화 전설》, 혜원.
윌레뜨, 프랭크, 최병식 옮김, 1992, 《아프리카 미술》, 동문선.
유재원, 2010, 《터키, 1만 년의 시간여행》, BM책문.
유용태, 2008, 《고대 페르시아의 역사》, 살림.
음비티, 존 S.,정진홍 옮김, 1979, 《아프리카의 종교와 철학》, 현대사상사.
이옥순·한건수 외, 2007, 《오류와 편견으로 가득한 세계사 교과서 바로잡기》, 삼인.
이주엽, 2020, 《몽골제국의 후예들》, 책과 함께.
이한규·이혜령 외, 2016, 《세계의 역사》, 한국방송통신대학출판부.
이희수, 2005, 《터키사》, 대한교과서주식회사.
이희수, 2012, 《이슬람과 한국문화》, 청아.
이희수, 2015, 《이슬람 학교 1~2》, 청아.
이희수, 2015, 《터키박물관 산책》, 푸른숲.
이희수, 2018, 《터키사 100》, 청아.
이희수, 2021, 《이희수의 이슬람》, 청아.
이희숙, 2016, 《이슬람 건축의 동양과 서양》, 아담북스.
이희철, 2012, 《히타이트 점토판 속으로 사라졌던 인류의 역사》, 도서출판 리수.
자린쿠, 압둘 호세인, 태일 옮김, 2011, 《페르시아 사산제국 정치사》, 예영.
전국역사교사모임, 2005, 《살아있는 세계사 교과서 1~2》, 휴머니스트.
조두상, 2016, 《히타이트 제국 문자와 페니키아 문자 기원》, 한국문화사.
조철수, 2005, 《수메르 신화: 인류의 역사시대를 시작한 고대 메소포타미아 사람들의 이야기》. 서해문집.
지로도, 알레산드로, 송기형 옮김, 2015, 《철이 금보다 비쌌을 때: 충격과 망각의 경제사 이야기》, 까치.
코르방, H., 김정위 옮김, 1997, 《이슬람 철학사》, 서광사.
클로, 앙드레, 배영란·이주영 옮김, 2016, 《술레이만 시대의 오스만 제국》, W 미디어.
프로코피우스, 곽동훈 옮김, 2015, 《프로코피우스의 비잔틴제국 비사》, 들메나무.
피르다우시, 아불 카셈, 부희령 옮김, 2014, 《샤나메》, 아시아.
피츠로이, 찰스, 우진하 옮김, 2014, 《18세기 오스만제국의 수도 이스탄불을 가다》, 시그마북스.
황병하, 1998, 《이슬람 사상의 이해》, 조선대학교출판국.

외국어 문헌

Abisaab, Rula, 2015, 《Converting Persia: Religion and Power in the Safavid Empire》, Bloomsbury Academic.

Alp, Sedat, 1999, 《Hititlerde Sarki, Muzik ve Dans》, Kavaklidere Kultur Yayinlari, Ankara.

Aslan, Rüstam, 2019, "Archaeological Site of Troy", Ertürk, Nevra & Karaku, Özlem(ed.), Unesco World Heritage in Turkey. Turkish National Commission for UNESCO. Ankara.

Ayala, Gianna, 2017, "Palaeoenvironmental reconstruction of the alluvial landscape of Neolithic Çatalhöyük, central southern Turkey: The implications for early agriculture and responses to environmental change", 《Journal of Archaeological Science》 87: 30-43.

Axworthy, Michael, 2007, 《Iran Empire of the Mind》, Penguin Books, London.

Axworthy, Michael, 2008, 《A History of Iran》, Basic Books, NY.

Bryce, Trevor, 2005, 《The Kingdom of the Hittites》. New Ed, New York: Oxford University Press.

Bryce, Trevor, 2012, 《Life and Society in the Hittite World》. Oxford University Press, Oxford.

Captivating History, 2022, 《Timbuktu: A Captivating Guide to an Important Ancient City and How It Became a Part of the Wealthy Mali Empire During the Reign of Mansa Musa》, Captivating History,

Clare, Lee, 2019, "Göbekli Tepe", Ertürk,

Cook, M.A. (ed.), 1976, 《A History of the Ottoman Empire to 1730》, Cambridge.

Coppens, Phillip. 2009, "Gobekli Tepe: the World's oldest temple" 《Nexus Magazine》, Vol.16, No.4.

Dale, Stephen F., 2018, Babur, 《Timurid Prince and Mughal Emperor 1483~1530》, Cambridge University Press, NY.

Daryaee, Touraj, 2008, 《Sasanian Iran》, Mazda Publishers, California.

Daryaee, Touraj, 2009, 《Sasanian Persia, The Rise and Fall of an Empire》, I.B.Tauris.

David Westerlund and Ingvar Svanberg, eds., 1999, 《Islam Outside the Arab World》, Richmond: Curzon Press.

Der, Linsay & Issavi, Justine, 2017, "The Urban Quandary and the 'Mega-Site' from the Çatalhöyük Perspective", 《Journal of World Prehistory》, Vol. 30: 189-206.

Elspeth, R. M., 2015, 《Aspects of Empire in Achaemenid Sardis》, Cambridge: Cambridge University Press.

Erb-Satullo, Nathaniel, 2019, "The Innovation and Adoption of Iron in the Ancient Near East", 《Journal of Archaeological Research》 27: 557-607.

Faruqui, Munis, 2012, 《The Princes of the Mughal Empire, 1504–1719》 Cambridge University

Press. NY.
Ferdowsi, Ruben Levy(trs.) 2003, 《SHAHNAMEH, The Epic of the Kings》, Yassavoli, Tehran.
Hassan, Ibrahim Hassan, 《Islamic History and Culture》, Cairo.
Hitti, Philip K, 1961 《The Near East in History》 D.Van Nostrand Co.: NY.
Gresky, Julia, 2017, "Modified human crania from Göbekli Tepe provide evidence for a new form of Neolithic skull cult", 《Science Advances》, 3: 1-10.
Haddow, Scott D. & Knusel, Christopher J., 2017, "Skull Retrieval and Secondary Burial Practices in the Neolithic Near East: Recent Insights from Çatalhöyük, Turkey", 《Bioarchaeology International》, Vol. 1, No.1-2: 52-71.
Heller, Andre, Rolliger, Robert(ed.), 2015, "Why the Greeks Knows so Little about Assyrian and Babylonian History", 《Mesopotamia in the Ancient World》. Münster: Ugarit Verlag, 331-348.
Hodder, Ian(ed), 2013, Substantive Technologies at Çatalhöyük: Reports from the 2000-2008 Seasons. London: British Institute at Ankara.
Human, Helen, 2019, "Neolithic Site of Çatalhöyük", Ertürk, Nevra & Karaku, Özlem(ed.), Unesco World Heritage in Turkey. Turkish National Commission for UNESCO. Ankara: Grafiker.
Karal. E. Ziya, 1983, 《Osmanlı Tarihi》, Vol. V-VIII, Ankara.
Larsen, C. S., 2015, "Bioarchaeology of Neolithic Çatalhöyük: Lives and Lifestyles of an Early Farming Society in Transition", 《Journal of World Prehistory》, Vol. 28: 27-68.
Ledger, Marissa L.,2019, "Parasite Infection at the early farming community of Çatalhöyük", 《Antiquity》, 93, 369: 573-587.
Lee, Hee Soo, 1988, Islam ve Turk Kulturunun Uzak Dogu'ya Yayilmasi, Diyanet Vakfi, Ankara.
Lee, Hee Soo, 2021, Korea and the Muslim World: A Historical Encounter, IRCICA, Istanbul.
Liebhart, Richard & Stephens, Lucas, 2015, "Tumulus MM Fit For a King", 《Expedition Magazine》, Penn Museum, Vol. 57, Issue 3: 1-11.
Lyndon, Dan-Cohen, 2020, 《African Empires》, Watts Publishing, London.
Mackey, Sandra, 1998, 《The Iranians Persia, Islam and the Soul of A Nation》, Pluume, NY.
Macqueen, J.G., 2013, The Hittites and their Contemporaries in Asia Minor. Revised and Enlarged Ed., London: Thames & Hudson.
Mokhberi, Susan, 2019, 《The Persian Mirror: French Reflections of the Safavid Empire》 Oxford University Press, NY.
McMahon, Gregory(ed., 2011, 《The Oxford Handbook of Ancient Anatolia:(10,000-323 BCE)》, New York: Oxford University Press.
Meskell, Lynn, 2015, "A Society of things: animal figurines and material scales at Neolithic

Çatalhöyük Perspective", 《World Archaeology》, Vol. 47(1): 6-19.

Millek, Jesse, 2021, "Why Did the World End in 1200 BCE?", 《The Ancient Near East Today》, Vol. IX, No. 8: 1-7.

Moreu, Carlos J., 2003, "The Sea Peoples and the Historical Background of the Trojan War", 《Mediterranean Archaeology》 16: 107-124.

Muhly, James D., 1974, "The Hittites and the Aegean World", 《Expedition Magazine》, Penn Museum, Vol. 16, Issue 2: 2-10.

Munn, Mark, 2008, "Kybele as Kubaba in a Lydo-Phrygian Context", Collins, Billie Jean(ed.), An Offprint from Anatolian Interfaces Hittites, Greeks and Their Neighbours, Atlanta: Oxbow Books, 159-164.

Nakamura, Carolyn & Meskell, Lynn, 2009, "Articulate Bodies: Forms and Figures at Çatalhöyük", 《Journal of Archaeological Method Theory》, Vol. 16: 205-230.

Newman, J. Newman, 2012, 《Safavid Iran: Rebirth of a Persian Empire》, Bloomsbury, Edinburgh.

Oventoom, Nikolaus Leo, 2020, 《Reign of Arrows: The Rise of the Parthian Empire in the Hellenistic Middle East》, Oxford University Press.

River, Charles, 2017, 《Phrygia: The History and Legacy of the Ancient Phrygian Kingdom in Anatolia》, CreateSpace Independent Publishing Platform.

Schachner, Andreas, 2019, "Hattusha: The Hittite Capital", Ertürk, Nevra & Karaku, Özlem(ed.), Unesco World Heritage in Turkey. Turkish National Commission for UNESCO. Ankara: Grafiker, 112-131.

Schmidt, Klaus, 2013, "Adler und Schlange: 'Großbilder' des Göbekli Tepe und ihre Rezeption", 《Der Anschnitt Zeitschrift fuer Kunst und Kultur im Bergbau》, Beiheft 25, Anatolian Metal VI: 145-152.

Schmidt, Klaus, 2006,, "Animals and a Headless Man at Göbekli Tepe", 《Neo-Lithics》 2/2006: 38-40.

Selsky, David, 2019, "The Sedanthropocene: Nomadism, Ecology, Hypernormalization: Toward Reimagining the Holocene", 《Societies》 9(1):21: 1-13.

Steadman, Sharon R., 2011, 《The Oxford handbook of ancient Anatolia, 10,000-323 B.C.E.》, Oxford: Oxford University Press.

Tsetskhladze, Gocha R., 2019, Phrygia in Antiquity, from the Bronze Age to the Byzantine Period》, Peteers.

Walls, Neal H., 2005, 《Cult Image and Divine Representation in the Ancient Near East》. Boston: American Schools of Oriental Research.

World Book, 2009, 《Africans of the Ghana, Mali, and Songhai Empires》, World Book Inc. Chicago.

사진 출처

14 shutterstock
29 임근선
46 위키미디어 커먼즈 © Teomancimit
48 (위) 위키미디어 커먼즈
48 (아래) 위키미디어 커먼즈 © Klaus-Peter Simon
52 shutterstock
56 위키미디어 커먼즈 © Nevit Dilmen
63 임근선
67 위키미디어 커먼즈 © tobeytravels
69 임근선
74 임근선
77 위키미디어 커먼즈 © Mbzt
84 임근선
88 Schøyen Collection
93 위키미디어 커먼즈 © Osama Shukir Muhammed Amin FRCP
98 위키미디어 커먼즈 © Mike Peel
106 (왼쪽) 위키미디어 커먼즈 © Noumenon
106 (오른쪽) 위키미디어 커먼즈 © Bjørn Christian Tørrissen
108 임근선
109 위키미디어 커먼즈 © Bjørn Christian Tørrissen
111 위키미디어 커먼즈 © Klaus-Peter Simon
114 위키미디어 커먼즈
119 홍영사
121 (위) © Uncharted Ruins
121 (아래, 왼쪽) 위키미디어 커먼즈 © Bernard Gagnon
121 (아래, 오른쪽) 위키미디어 커먼즈 © Bernard Gagnon
122 (위) © A. D. Riddle

122 (아래, 왼쪽) 위키미디어 커먼즈 © Francesco Bandarin
122 (아래, 오른쪽) 위키미디어 커먼즈 © Carole Raddato
124 위키미디어 커먼즈 © Carole Raddato
129 위키미디어 커먼즈 © Krähenstein
131 위키미디어 커먼즈 © Iocanus
144 임근선
146 위키미디어 커먼즈 © Vikiçizer
149 위키미디어 커먼즈
153 flickr © Carole Raddato
164 © The Circle of Ancient Iranian Studies
166 위키미디어 커먼즈 © Prioryman
167 위키미디어 커먼즈 © Truth Seeker
169 위키미디어 커먼즈 © Patrick C
171 임근선
174 (위) 홍영사
174 (아래) 위키미디어 커먼즈 © Carole Raddato
176 위키미디어 커먼즈 © Ggia
178 위키미디어 커먼즈 © Carole Raddato
180 shutterstock
186 shutterstock
191 위키미디어 커먼즈 © Tavasoli mohsen
195 shutterstock
198 shutterstock
200 (위) shutterstock
200 (아래) 위키미디어 커먼즈 © Ninara
207 임근선
210 위키미디어 커먼즈 © Lucas
214 위키미디어 커먼즈 © The Trustees of the British Museum
223 임근선
229 위키미디어 커먼즈 © Pentocelo
231 임근선
233 임근선

237 임근선
246 (위, 왼쪽) 위키미디어 커먼즈
246 (위, 오른쪽) 위키미디어 커먼즈
246 (아래) 위키미디어 커먼즈 © Sailko
252 위키미디어 커먼즈 © CNG
253 위키미디어 커먼즈
255 (위) 위키미디어 커먼즈 © CNG
255 (아래) 위키미디어 커먼즈 © CNG
257 위키미디어 커먼즈
259 위키미디어 커먼즈 © Arashk rp2
260 위키미디어 커먼즈 © CNG
261 위키미디어 커먼즈
263 국립경주박물관
267 (위) 위키미디어 커먼즈
267 (아래) 위키미디어 커먼즈 © CNG
269 위키미디어 커먼즈 © Véronique Dauge
273 위키미디어 커먼즈 © Bernard Gagnon
283 위키미디어 커먼즈 © Diego Delso
288 위키미디어 커먼즈 © Metropolitan Museum of Art
291 임근선
297 위키미디어 커먼즈 © dynamosquito
300 위키미디어 커먼즈
304 위키미디어 커먼즈
305 위키미디어 커먼즈 © Jan Smith
314 © 권태균
324 위키미디어 커먼즈
328 위키미디어 커먼즈 © Karbobala
331 임근선
339 위키미디어 커먼즈
342 영국 국립도서관
347 위키미디어 커먼즈
349 위키미디어 커먼즈

358 위키미디어 커먼즈
362 위키미디어 커먼즈
364 위키미디어 커먼즈 © Victorgrigas
366 위키미디어 커먼즈
367 위키미디어 커먼즈 © Tagarino
376 위키미디어 커먼즈 © Doron
379 임근선
382 위키미디어 커먼즈 © Wayne McLean
391 임근선
393 위키미디어 커먼즈 © David Stanley
399 위키미디어 커먼즈
401 위키미디어 커먼즈
403 shutterstock
406 위키미디어 커먼즈 © Doron
410 shutterstock
411 위키미디어 커먼즈 © Ekrem Canli
412 shutterstock
414 (위) 위키미디어 커먼즈 © shakko
414 (아래) 위키미디어 커먼즈 © Doron
417 위키미디어 커먼즈
425 위키미디어 커먼즈 © kallerna
427 임근선
429 (위) shutterstock
429 (아래) shutterstock
435 위키미디어 커먼즈 © Schluchtenbummler
437 임근선
438 위키미디어 커먼즈
443 shutterstock
444 위키미디어 커먼즈 © Carlos Delgado
446 (위) 위키미디어 커먼즈 © comakut
446 (위) 위키미디어 커먼즈 © jvwpc
457 shutterstock

460 임근선
462 위키미디어 커먼즈
465 위키미디어 커먼즈
468 위키미디어 커먼즈
473 위키미디어 커먼즈
475 위키미디어 커먼즈
476 (위) 위키미디어 커먼즈
476 (아래) shutterstock
478 위키미디어 커먼즈
485 위키미디어 커먼즈
496 임근선
499 shutterstock
502 위키미디어 커먼즈
506 shutterstock
507 shutterstock
516 위키미디어 커먼즈 © Colin Hepburn
527 위키미디어 커먼즈 © Citrat
529 shutterstock
531 위키미디어 커먼즈
536 위키미디어 커먼즈
538 위키미디어 커먼즈
539 (위) shutterstock
539 (아래) shutterstock
547 임근선
553 (위) 위키미디어 커먼즈 © VikiPicture
553 (아래) 위키미디어 커먼즈
555 위키미디어 커먼즈 © yanabi dot com
557 위키미디어 커먼즈
560 임근선
563 위키미디어 커먼즈 © l0da_ralta
565 위키미디어 커먼즈
570 위키미디어 커먼즈

577 위키미디어 커먼즈
584 위키미디어 커먼즈
589 위키미디어 커먼즈
593 위키미디어 커먼즈
596 위키미디어 커먼즈
607 shutterstock
610 위키미디어 커먼즈 © Danial f4
617 위키미디어 커먼즈
620 위키미디어 커먼즈
623 위키미디어 커먼즈 © A.Savin
624 임근선
628 위키미디어 커먼즈
632 위키미디어 커먼즈
633 (위) 위키미디어 커먼즈 © Kristian Bertel
633 (아래) 위키미디어 커먼즈 © Habeeb
635 shutterstock
636 위키미디어 커먼즈
643 (위) 위키미디어 커먼즈 © Idaudpota
643 (아래) 위키미디어 커먼즈 © Muddiii
645 shutterstock
646 위키미디어 커먼즈 © Muhammad Ashar
649 (위) 위키미디어 커먼즈
649 (아래) 위키미디어 커먼즈
653 위키미디어 커먼즈 © Bernard Gagnon
655 위키미디어 커먼즈 © Vighnesh Nandavar
657 위키미디어 커먼즈

찾아보기

ㄹ

ㅁ

ㅂ

ㅅ

ㅈ

ㅊ

ㅋ

ㅌ

ㅍ

인류 본사

오리엔트-중동의 눈으로 본 1만 2,000년 인류사

1판 1쇄 발행일 2022년 6월 27일
1판 5쇄 발행일 2023년 7월 10일

지은이 이희수

발행인 김학원
발행처 (주)휴머니스트출판그룹
출판등록 제313-2007-000007호(2007년 1월 5일)
주소 (03991) 서울시 마포구 동교로23길 76(연남동)
전화 02-335-4422 **팩스** 02-334-3427
저자·독자 서비스 humanist@humanistbooks.com
홈페이지 www.humanistbooks.com
유튜브 youtube.com/user/humanistma **포스트** post.naver.com/hmcv
페이스북 facebook.com/hmcv2001 **인스타그램** @humanist_insta

편집주간 황서현 **편집** 하빛 최인영 신영숙 **디자인** 박진영
조판 홍영사 **지도** 임근선 **용지** 화인페이퍼 **인쇄** 청아디앤피 **제본** 민성사

ISBN 979-11-6080-532-1 03900